D1935084

Großer Lernwortschatz

ENGLISCH

15 000 Wörter zu 150 Themen

Erweiterte und aktualisierte Neuausgabe

Hans G. Hoffmann
Marion Hoffmann

Hueber Verlag

Hans G. Hoffmann ist Englischlehrer und Autor zahlreicher englischer Lehrwerke, Selbstlernkurse, Grammatiken, Wörterbücher und Übungsbücher.

Marion Hoffmann ist Englischlehrerin, Autorin und Leiterin des Victor-Klemperer-Kollegs in Berlin.

Das Werk und seine Teile sind urheberrechtlich geschützt. Jede Verwertung in anderen als den gesetzlich zugelassenen Fällen bedarf deshalb der vorherigen schriftlichen Einwilligung des Verlags.

Hinweis zu § 52a UrhG: Weder das Werk noch seine Teile dürfen ohne eine solche Einwilligung überspielt, gespeichert und in ein Netzwerk eingespielt werden. Dies gilt auch für Intranets von Firmen und von Schulen und sonstigen Bildungseinrichtungen.

5. 4. 3. | Die letzten Ziffern
2011 10 09 08 07 | bezeichnen Zahl und Jahr des Druckes.
Alle Drucke dieser Auflage können, da unverändert, nebeneinander benutzt werden.
1. Ausgabe © 1997 Hueber Verlag
Erweiterte und aktualisierte Neuausgabe:
© 2003 Hueber Verlag, 85737 Ismaning, Deutschland
Redaktion: Gaby Bauer-Negenborn, Starnberg; Valerio Vial, Ismaning
Umschlaggestaltung: Parzhuber & Partner, München
Zeichnungen: Katja Lechthaler, München
Layout: Kerstin Rieger, Ismaning
Satz: XPAGE DTP-Service, Fürstenfeldbruck; Kerstin Rieger, Ismaning
Druck und Bindung: Ludwig Auer GmbH, Donauwörth
Printed in Germany
ISBN 978-3-19-009493-6

Einführung

Mit dem *Großen Lernwortschatz Englisch* steht Ihnen ein neuartiges Lern- und Nachschlagewerk zur Verfügung, das sich in Schule, Hochschule, Beruf und Alltag vielseitig nutzen lässt:

- Als thematischer „Sprachgenerator", mit dem Sie sich gezielt und systematisch auf ein bestimmtes Sachgebiet vorbereiten können (Politik, Rechtswesen, Soziales, Wirtschaft, Fremdenverkehr, Religion, Kunst, Literatur, Technik, Wissenschaft, Computer usw. – es sind 150 Themen!). Sie finden direkt verwertbares sprachliches Material für Schülerarbeiten, Sachdiskussionen, Vorträge, Mediennutzung, berufliche Aufgaben und private Interessen.
- Als englisch-deutsches und deutsch-englisches Wörterbuch. Über die beiden umfangreichen Register können Sie ein gesuchtes englisches oder deutsches Wort schnell auffinden und sich über Bedeutung, Aussprache, Gebrauch und verwandte Ausdrücke informieren. Sie werden feststellen, dass dieser Wortschatz auch hochaktuelle Begriffe enthält, die in den meisten Wörterbüchern fehlen (wie zum Beispiel *internetfähig, Schattenwirtschaft, Scheinselbständigkeit, schwarze Kassen, Werbemüll, Zwangspfand* und *zuspammen*).
- Als universaler *companion*, der Ihnen über zahlreiche sprachliche und landeskundliche „Extras", Zitate und eine Kurzgrammatik wichtige Kenntnisse und mancherlei *food for thought* vermittelt.

Wie finden Sie benötigtes Sprachmaterial?

Zugang zum thematisch geordneten Wortschatz haben Sie über das Inhaltsverzeichnis (S. 5–8), das englische (S. 341–392) und das deutsche (S. 393–436) Register.

Angenommen, Sie suchen Wortschatz zum Thema *Schule.*
Im Inhaltsverzeichnis stoßen Sie schnell auf Kapitel 9 *Education = Bildungswesen.* In den fünf Unterkapiteln 9.1 bis 9.5 können Sie gezielt das finden, was Sie interessiert.

Was tun Sie, wenn Sie „Ihr" Thema nicht im Inhaltsverzeichnis finden? Versuchen Sie es mit dem Stichwort *school* über das englische Register. Dort finden Sie 10 Seitenverweise – vielleicht ein bisschen viel, denn Sie haben keine Lust, alle genannten Seiten aufzuschlagen, um das für Sie relevante Kapitel zu finden?

Jetzt hilft Ihnen das „Eingrenzen": Sie sehen, dass sich die Verweise auf die Seiten 148 bis 154 (vielleicht noch 159) konzentrieren, d.h. die Wahrscheinlichkeit ist groß, dass in diesem Teil des Buches das Thema *school* schwerpunktmäßig behandelt wird. In der Tat: die Seiten 148 und 149 sind den *educational facilities = Bildungseinrichtungen* gewidmet, Sie sind also mitten im Thema.

Aber wie helfen Sie sich, wenn Sie unter zahlreichen Seitenverweisen keinen Schwerpunkt ausmachen können?
Suchen Sie ein Stichwort, das zu Ihrem Thema gehört, aber zu speziell ist, um an vielen Stellen vorzukommen – zum Beispiel den Begriff *Gymnasium.* Da es sich um ein deutsches Wort handelt, suchen Sie es im deutschen Register. Dort gibt es nur eine Fundstelle: Seite 148. Sie schlagen diese Seite auf und finden so die ausführliche Behandlung des Themas, die Sie suchen.

Wie prägen Sie sich neuen Wortschatz ein?

Dafür gibt es viele individuelle Methoden, unter denen die folgenden die am häufigsten angewandten sind:

- Sie lernen den spaltenweise angeordneten Wortschatz nach Möglichkeit laut, erst links – rechts und dann rechts – links.
- Sie testen sich, indem Sie zunächst die deutsche Entsprechung des englischen Eintrags abdecken, die deutsche Übersetzung aus dem Gedächtnis sprechen und dann das Blatt nach unten schieben, um die Übersetzung für die Überprüfung Ihrer Eigenleistung „freizugeben".
- Später verfahren Sie entsprechend mit der englischen Spalte, d.h. Sie sprechen die englische Übersetzung, während der Eintrag in der linken Spalte abgedeckt ist, und überprüfen dann durch Herabschieben des Blattes Ihre Antwort.
- Nehmen Sie sich nie einen zu langen Abschnitt vor! Mehr als acht Einträge sollten Sie nicht auf einmal lernen.
- Begrenzen Sie Ihre Lernsitzungen. Jeden Tag eine Viertelstunde ist besser als einmal die Woche zwei Stunden üben.

Was machen Sie mit „hartnäckigen Verweigerern", d.h. Wörtern oder Wortfolgen, die Sie sich nicht merken können? Schreiben Sie sie auf Zettel im Format DIN A7 – das Englische auf die eine Seite, das Deutsche auf die andere. Legen Sie die Zettel an auffälliger Stelle in Ihrer Wohnung aus oder tragen Sie sie bei sich, damit Sie immer wieder einmal üben oder sich testen können.

Schließlich: Wörter lernen sich am besten und nachhaltigsten in der Gesellschaft anderer Wörter. Also nicht einfach *speech = Rede*, sondern *make / give / deliver a speech* (S. 103), damit Sie die idiomatisch üblichen „Begleiter" gleich mitlernen.

Was ist das Besondere an diesem Buch?

Bei der Erstellung dieses Wortschatzes wurde ein großes, d.h. viele Millionen Wörter umfassendes englisches Textkorpus genutzt. Außerdem wurde von den enormen durch das Internet gebotenen Recherchiermöglichkeiten Gebrauch gemacht. Aus dieser Arbeitsweise erklärt sich, dass die Wortauswahl aktuell und die gewählten Anwendungsbeispiele authentisch und wirklichkeitsnah sind.

Die über 400 farblich gekennzeichneten „Extras" geben Ihnen Hinweise zur Grammatik, zur Begriffsdifferenzierung, zur Landeskunde, zu Idiomatik und Slang, zu speziellen Wortfamilien, Begriffsfeldern, Ausspracheproblemen usw.

Jedes Unterkapitel wird mit einem treffenden, witzigen, herausfordernden, zum Nachdenken anregenden Zitat oder Sprichwort eröffnet, das sprachlich und/oder inhaltlich mit dem Kapitelthema zusammenhängt.

Auf Abweichungen zwischen britischem (BE) und amerikanischem (AE) Englisch wird konsequent hingewiesen. Aus Platzgründen sind allerdings regelmäßige Schreib- und Ausspracheunterschiede nicht aufgeführt, sondern es erscheint in der Regel die britische Variante. Auf den Seiten 338 und 339 sind die häufigsten Unterschiede in Listen übersichtlich zusammengefasst.

Verfasser und Verlag

Inhaltsverzeichnis

Human beings
Der Mensch

1 **Personal data**
Angaben zur Person

2 **Parts of the body**
Körperteile

3 **Outward appearance**
Äußere Erscheinung

4 **Childhood and youth**
Kindheit und Jugend

5 **Middle age and old age**
Mittlere Jahre und Alter

6 **Personality and behaviour**
Persönlichkeit und Verhalten

7 **Senses and sensations**
Sinne und Sinneseindrücke

8 **Feelings and attitudes**
Gefühle und Einstellungen

9 **Morality and immorality**
Moral und Unmoral

10 **Human relations**
Menschliche Beziehungen

11 **Sexuality**
Sexualität

12 **Personal hygiene**
Körperpflege

13 **Death**
Tod

Personal data
Angaben zur Person

There are three things I always forget. Names, faces, and – the third I can't remember. (*Italo Svevo, Italian novelist, 1861–1928*)

name [neɪm]	**Name**
What's your name?	Wie heißt du / ist Ihr Name?
Her maiden name is Smith.	Ihr Mädchenname ist Smith.
Sarah Smith, née [neɪ] Welsh	Sarah Smith, geb. Welsh
first name / forename / given name / Christian ['krɪstʃən] **name**	**Vorname**

In der heutigen multikulturellen Gesellschaft (= *multicultural society*) wird *Christian name* auf Formularen etc. weitgehend vermieden, da Nichtchristen (= *non-Christians*) und Atheisten (= *atheists* ['eɪθiɪsts]) ihre Vornamen nicht als *Christian names* auffassen. Die Bezeichnung *given name* ist besonders sinnvoll bei Angehörigen von Kulturgemeinschaften, in denen der „Vorname" auf den Familiennamen folgt, wie etwa bei Chinesen, Japanern, Koreanern etc.

surname / last name / family name	**Familienname; Nachname; Zuname**
middle name [mɪdl 'neɪm]	**mittlerer Name; zweiter Vorname**
George Bush's middle name is Walker.	George Bushs zweiter Vorname ist Walker.

Idiom: *Courtesy* ['kɜ:təsi] *is his middle name.* (= Er ist die Höflichkeit in Person.)

nickname ['nɪkneɪm]	**Spitzname**
date of birth [bɜ:θ]	**Geburtsdatum**
She was born on the sixth of May / on May (the) sixth, nineteen sixty-two (on 6 May, 1962 / May 6, 1962).	Sie ist am sechsten Mai neunzehnhundertzweiundsechzig / am 6. Mai 1962 geboren.
When is / When's your birthday?	Wann hast du / haben Sie Geburtstag?
It's his birthday today.	Er hat heute Geburtstag.
She has a birthday next Monday.	Sie hat nächsten Montag Geburtstag.

Vermeiden Sie die abgekürzte Form:
6/5/62 heißt BE 6. Mai, AE dagegen 5. Juni!

age [eɪdʒ]	**Alter**
What age are you? / What's your age?	Wie alt bist du / sind Sie?
place of birth [bɜ:θ]	**Geburtsort**
place of residence ['rezɪdəns]	**Wohnort**

nationality [næʃə'nælәti]	**Nationalität; Staatsangehörigkeit**
What nationality are you?	Welche Staatsangehörigkeit haben Sie?
marital status ['mærɪtl steɪtәs]	**Familienstand**
Married, single, or divorced?	Verheiratet, ledig oder geschieden?
sex: male [meɪl] – **female** ['fiːmeɪl]	**Geschlecht: männlich – weiblich**
height [haɪt] – **weight** [weɪt]	**Größe – Gewicht**
What height are you?	Wie groß sind Sie / bist du?
What weight are you?	Was wiegen Sie / wiegst du?
religion [rɪ'lɪdʒәn] – **religious affiliation** [әfɪli'eɪʃn]	**Religion – Religionszugehörigkeit**
What's his religious affiliation?	Was ist seine Religion(szugehörigkeit)?
address [ә'dres]	**Adresse; Anschrift**
He can be reached at this address.	Er ist unter dieser Adresse zu erreichen.
What's your e-mail address?	Wie ist deine E-Mail-Adresse?

Courtesy is his middle name.

Parts of the body
Körperteile

The body is a machine of the nature of an army, not of that of a watch, or of a hydraulic apparatus. Of this army each cell is a soldier, each organ a brigade. (*Thomas Henry Huxley, English biologist, 1825–1895*)

head [hed]	**Kopf**
from head to toe [təʊ]	von Kopf bis („Zeh") Fuß
skull [skʌl]	**Schädel**
brain [breɪn]	**Gehirn**
He died of a brain tumour ['tju:mə].	Er starb an einem Gehirntumor.
hair [heə]	**Haar; Haare**
I had my hair cut.	Ich ließ mir die Haare schneiden.
face [feɪs]	**Gesicht**
eye [aɪ]	**Auge**
She's blind [blaɪnd] in one eye.	Sie ist auf einem Auge blind.
nose [nəʊz]	**Nase**
He's got a runny nose.	Ihm läuft die Nase.
mouth [mauθ]	**Mund; Maul**
tooth [tu:θ] – **teeth** [ti:θ]	**Zahn – Zähne**
tongue [tʌŋ]	**Zunge**
lip [lɪp]	**Lippe**
He kissed [kɪst] her lips.	Er küsste sie auf die Lippen.
ear [ɪə] – **eardrum** ['ɪədrʌm]	**Ohr – Trommelfell**
an infection of the middle ear	eine Mittelohrentzündung
neck [nek]	**Hals** (*von außen gesehen*)
He broke his neck.	Er brach sich das Genick.
throat [θrəʊt]	**Kehle; Hals** (*von innen gesehen*)
I've got a sore [sɔ:] throat.	Ich habe Halsschmerzen.
shoulder ['ʃəʊldə]	**Schulter**
He just shrugged [ʃrʌgd] his shoulders.	Er zuckte nur mit den Achseln.
arm [ɑ:m]	**Arm**
She has broken her arm.	Sie hat sich den Arm gebrochen.
elbow ['elbəʊ]	**Ell(en)bogen**
hand [hænd]	**Hand**
He injured ['ɪndʒəd] his hand.	Er verletzte sich an der Hand.
finger ['fɪŋgə]	**Finger**
(finger)nail [('fɪŋgə)neɪl]	(Finger-)Nagel
leg [leg]	**Bein**
I need to stretch my legs a bit.	Ich muss mir ein bisschen die Beine vertreten.
knee [ni:]	**Knie**
My left knee hurts [hɜ:ts].	Mir tut das linke Knie weh.
foot [fʊt] – **feet** [fi:t]	**Fuß – Füße**

Sentences with body idioms

*I'd keep him at **arm's** length* [leŋθ]. (= Ich würde ihn mir vom Leibe halten.)
*Get off my **back**!* (= Lass mich endlich in Ruhe!)
*I've got a **bone** to pick with you.* (= Ich habe mit dir ein Hühnchen zu rupfen.)
*I must get this off my **chest**.* (= Ich muss mir das von der Seele reden.)
*I'm up to the **eyes** in work.* (= Ich stecke bis über beide Ohren in Arbeit.)
*He wouldn't raise a **finger*** ['fɪŋgə] *to help us.* (= Er würde keinen Finger krumm machen, um uns zu helfen.)
*I really put my **foot** in it.* (= Ich bin ganz schön ins Fettnäpfchen getreten.)
*She's been living from **hand** to **mouth** these last six months.* (= Sie lebt seit einem halben Jahr von der Hand in den Mund.)
*I can't make **head** or tail of it.* (= Ich werde daraus nicht schlau.)
*I couldn't find it in my **heart*** [hɑ:t] *to tell her the truth* [tru:θ]. (= Ich konnte es nicht übers Herz bringen, ihr die Wahrheit zu sagen.)
*The company is on its last **legs**.* (= Die Firma pfeift auf dem letzten Loch.)
*She's a real pain in the **neck**.* (= Sie geht mir schwer auf den Wecker.)
*He had the **nerve** to call me a miser* ['maɪzə]. (= Er besaß die Frechheit, mich einen Geizhals zu nennen.)
*We paid through the **nose**.* (= Wir haben einen Wahnsinnspreis bezahlt.)
*That remark really went under my **skin**.* (= Diese Bemerkung ist mir wirklich unter die Haut gegangen.)
*It's on the tip of my **tongue*** [tʌŋ]. (= Es liegt mir auf der Zunge.)
*She's got a sweet **tooth**.* (= Sie isst gern Süßigkeiten / ist ein Süßschnabel.)

chest [tʃest]	**Brust(korb)**
breast [brest] – **breasts**	**Brust – Brüste**
Breast milk is best for babies.	Muttermilch ist für Babys am besten.
rib [rɪb]	**Rippe**
heart [hɑ:t]	**Herz**
He's had a heart condition for years.	Er ist seit Jahren herzkrank.
lung [lʌŋ] – **lungs**	**Lungenflügel – Lunge**
liver ['lɪvə]	**Leber**
kidney ['kɪdni]	**Niere**
perform [pə'fɔ:m] a kidney transplant	eine Nierentransplantation durchführen
stomach ['stʌmək]	**Magen; Bauch**
on an empty stomach	auf nüchternen Magen
abdomen ['æbdəmən]	**Unterleib**
the bowels ['baʊəlz] / **the intestines** [ɪn'testɪnz]	**der Darm**
When did you last have a bowel movement ['mu:vmənt]?	Wann hatten Sie das letzte Mal Stuhlgang?
faeces ['fi:si:z] – **stools** – **motions**	**Stuhl; Kot**
He's got blood [blʌd] in his faeces / motions.	Er hat Blut im Stuhl.
buttocks (*Mit Pluralverb!*) ['bʌtəks]	**Gesäß; Hintern; Hinterteil**
a smack on the buttocks	ein Schlag / Klaps auf den Po
anus ['eɪnəs]	**After; Anus**

bladder ['blædə]	**Blase**
urine ['jʊərɪn] – **urinate** ['jʊərɪneɪt]	**Urin / Harn – urinieren**
genitals ['dʒenɪtəlz]	**Genitalien; Geschlechtsteile**
the male / female genitals	die männlichen / weiblichen Genitalien
vagina [və'dʒaɪnə]	**Vagina; Scheide**
ovary ['əʊvəri]	**Eierstock**
womb [wu:m] / **uterus** ['ju:tərəs]	**Gebärmutter / Uterus**
penis ['pi:nɪs]	**Penis**
prostate (gland) ['prɒsteɪt (glænd)]	**Prostata; Vorsteherdrüse**

Euphemismen

Ein Euphemismus ist eine beschönigende, „verhüllende" Umschreibung für etwas, das man sich scheut direkt auszusprechen, etwa wenn man dahinscheiden (= *pass away*) statt sterben (= *die* [daɪ]) sagt.

Für bestimmte Körperteile, Ausscheidungen etc. werden – z.B. beim Arzt (= *at the doctor's*) – häufig solche „indirekten" Ausdrücke gebraucht.

Beispiele:

anus ['eɪnəs]: *back passage* • ***breast*** [brest]: *bust / chest* • ***buttocks:*** *behind / bottom / seat* • ***defecate*** ['defəkeɪt] (= Kot ausscheiden): *have the bowels opened* • ***faeces*** ['fi:si:z] / ***stools:*** *motions* • ***genitals*** ['dʒenɪtəlz]: *private parts* • ***penis*** ['pi:nɪs]: *private part(s) / privates* • ***urinate*** ['jʊərɪneɪt]: *pass water* • ***vagina*** [və'dʒaɪnə]: *down below, front passage, private (part)* • ***vomit*** ['vɒmɪt] (= erbrechen): *be sick*

Mit *Little Bill has had an accident* ['æksɪdənt] kann euphemistisch ausgedrückt werden, dass ihm ein Malheur passiert ist, er sich also in die Hose gemacht hat.

Beachten Sie in diesem Zusammenhang den Unterschied zwischen *my back* (= mein Rücken) und *my backside* (= mein Hintern)!

circulation [sɜ:kju'leɪʃn]	(der) **Kreislauf**
blood [blʌd]	**Blut**
blood donor ['blʌd dəʊnə]	Blutspender(in)
vein [veɪn] – **artery** ['ɑ:təri]	**Vene – Arterie**
Varicose ['værɪkəʊs] veins are caused by poor circulation.	Krampfadern werden durch schlechte Durchblutung verursacht.
skeleton ['skelətən]	**Skelett**
bone [bəʊn]	**Knochen**
He's all skin and bone.	Er ist nur noch Haut und Knochen.
joint [dʒɔɪnt]	**Gelenk**
painful / swollen ['swəʊlən] joints	schmerzende / geschwollene Gelenke
skin [skɪn]	**Haut**
muscle ['mʌsl]	**Muskel**
gland [glænd]	**Drüse**
nerve [nɜ:v]	**Nerv**
She has good / bad nerves.	Sie hat gute / schlechte Nerven.
He gets on my nerves.	Er geht mir auf die Nerven.
nervous ['nɜ:vəs]	**nervös; ängstlich; Nerven-**
She is a nervous type [taɪp].	Sie ist ein nervöser / ängstlicher Typ.
He had a nervous breakdown.	Er erlitt einen Nervenzusammenbruch.

Outward appearance
Äußere Erscheinung

The Lord does not see as a mortal sees; mortals see only appearances but the Lord sees into the heart. (*Bible, 1 Samuel 16:7*)

tall [tɔ:l] – **short** [ʃɔ:t] | **groß** – **klein** (gewachsen)
slender ['slendə] / **slim** [slɪm] | **schlank**
thin [θɪn] | **dünn**
a thin man with the upright bearing ['beərɪŋ] of the professional soldier ['səʊldʒə] | ein dünner Mann mit der aufrechten / geraden Haltung des Berufssoldaten
wiry ['waɪəri] | **drahtig**
the wiry figure of a runner | die drahtige Figur eines Läufers
skinny ['skɪni] | **mager; dünn**
lean [li:n] – **gaunt** [gɔ:nt] | **mager** – **ausgemergelt**
a lean boy of seventeen | ein schmaler Siebzehnjähriger
haggard ['hægəd] | **ausgezehrt; verhärmt; abgespannt**
underweight [-weɪt] – **overweight** | **untergewichtig** – **übergewichtig**
well-built [wel'bɪlt] | **kräftig**
a well-built, muscular ['mʌskjʊlə] man | ein kräftiger, muskulöser Mann
plump [plʌmp] | **rundlich; mollig; pummelig**
stout [staʊt] | **korpulent; beleibt; füllig**
a matronly [eɪ] woman, slightly stout | eine matronenhafte Frau, etwas füllig
portly ['pɔ:tli] | **beleibt; korpulent**
the landlord's portly figure ['fɪgə] | die beleibte Gestalt des Wirts
buxom ['bʌksəm] | **drall**
a buxom, rosy-cheeked woman | eine dralle, rotbackige Frau
broad(-shouldered) [brɔ:d'ʃəʊldəd] | **breit(schultrig)**
husky ['hʌski] / **burly** ['bɜ:li] | **kräftig** (gebaut)
a husky longshoreman | ein bärenstarker Hafenarbeiter
stocky ['stɒki] / **thickset** [θɪk'set] | **stämmig; gedrungen**
a thickset policeman [pə'li:smən] | ein stämmiger Polizist
dashing ['dæʃɪŋ] | **flott; fesch; schneidig**
a dashing young officer ['ɒfɪsə] | ein flotter junger Offizier
strapping ['stræpɪŋ] | **stramm**
a strapping young fellow | ein strammer junger Bursche
stooped [stu:pt] (with old age) | (vom Alter) **gebeugt**

Attractiveness [ə'træktɪvnəs] **(= Attraktivität)**
cute [kju:t]: *a cute little baby* (= ein niedliches kleines Baby)
lovely ['lʌvli]: *a lovely little girl* (= ein reizendes kleines Mädchen)
attractive [ə'træktɪv]: *an attractive man* (= ein attraktiver Mann)
handsome ['hænsəm]: *young and handsome* (= jung und gut aussehend)
good-looking: *a good-looking man* (= ein gut aussehender Mann)
shapely ['ʃeɪpli]: *She has shapely legs.* (= Sie hat wohlgeformte Beine.)
smart: *a smart, lightly built man* (= ein schicker Mann von schlankem Wuchs)
pretty ['prɪti]: *a pretty young girl* (= ein hübsches junges Mädchen)
beautiful ['bju:təfl]: *beautiful blue eyes* (= wunderschöne blaue Augen)

Unattractiveness [ʌnə'træktɪvnəs] **(= mangelnde Attraktivität)**
homely AE: *a plump, homely woman* (= eine rundliche, wenig attraktive Frau)
plain: *She was plain, almost ugly.* (= Sie war unansehnlich, beinahe hässlich.)
unattractive: *a hard, unattractive woman* (= eine harte, unattraktive Frau)
unpleasant: *an unpleasant-looking man* (= ein unangenehm wirkender Mann)
ugly ['ʌgli]: *a fat, ugly woman* (= eine dicke, hässliche Frau)

face [feɪs]	**Gesicht**
an oval ['əʊvl] face – a round face	ein ovales Gesicht – ein rundes Gesicht
a bloated ['bləʊtɪd] face	ein aufgedunsenes Gesicht
eye [aɪ]	**Auge**
dark eyes – bright eyes	dunkle Augen – strahlende Augen
He was pale and hollow-eyed.	Er war bleich und hohläugig.
complexion [kəm'plekʃn]	**Gesichtsfarbe**
a ruddy / pallid ['pælɪd] complexion	eine rosige / bleiche Gesichtsfarbe
radiant ['reɪdiənt]	**strahlend; leuchtend**
She was radiant with joy.	Sie strahlte vor Freude.
wrinkles ['rɪŋklz] – **wrinkled** ['rɪŋkld]	**Falten – runzlig / faltig**

Zur Beschreibung des Haares
a trendy hairstyle ['heəstaɪl] / *hairdo* ['heədu:] (= eine aktuelle Frisur)
his shining blond [blɒnd] *locks* (= seine leuchtenden blonden Locken)
her beautiful blonde [blɒnd] *hair* (= ihr schönes blondes Haar)
brunettes, blondes, and redheads (= Brünette, Blondinen und Rothaarige)
a dark-haired / white-haired woman (= eine dunkelhaarige / weißhaarige Frau)
She wears her hair in a ponytail ['pəʊni-]. (= Sie trägt einen Pferdeschwanz.)
a teenager with cute [kju:t] *pigtails* (= ein Teenager mit niedlichen Zöpfen)
straight, curly, and frizzy ['frɪzi] *hair* (= glattes, lockiges und krauses Haar)
a crew cut ['kru: kʌt] (= ein Bürstenschnitt)
His hair is thinning ['θɪnɪŋ]. (= Sein Haar lichtet sich langsam.)
He wears [weəz] *a wig.* (= Er trägt eine Perücke.)
He's in his fifties turning grey. (= Er ist in den Fünfzigern und wird langsam grau.)
He's balding ['bɔ:ldɪŋ]. (= Er bekommt langsam eine Glatze.)
He's bald [bɔ:ld]. (= Er hat eine Glatze.)

dress [dres] **– dressed** [drest]	**Kleidung – gekleidet**
stylishly / trendily dressed	elegant / modisch gekleidet
She was dressed in a blouse and skirt.	Sie trug eine Bluse und einen Rock.
He's a smart dresser.	Er geht immer schick / flott gekleidet.
well groomed [u:] – **badly groomed**	**gepflegt – ungepflegt**
dishevelled [dɪ'ʃevld]	**ramponiert; ungepflegt**
his dishevelled / unkempt appearance	seine ungepflegte Erscheinung
dirty ['dɜ:ti] – **grubby** ['grʌbi]	**schmutzig – schmuddelig**
a grubby shirt	ein schmutziges / schmuddeliges Hemd
shabby ['ʃæbi] – **scruffy** ['skrʌfi]	**schäbig – vergammelt**
rumpled ['rʌmpld]	**zerknittert; verwuschelt; zerzaust**
He was wearing [eə] a rumpled suit.	Er trug einen zerknitterten Anzug.

Childhood and youth
Kindheit und Jugend

→ 2.3 Parents and children

A torn jacket is soon mended; but hard words bruise the heart of a child. (*Henry Wadsworth Longfellow, US poet, 1807–1882*)

child [tʃaɪld] – **children** ['tʃɪldrən]	**Kind – Kinder**
child labour [eɪ] – child abuse [ə'bjuːs]	Kinderarbeit – Kindesmisshandlung
children's wear [weə]	Kinderbekleidung
childminder / nanny / baby-minder [aɪ]	Tagesmutter
She's an only child.	Sie ist ein Einzelkind.
baby ['beɪbi] – **babies**	**Baby – Babys**
a newborn ['njuːbɔːn] (baby / child)	ein Neugeborenes
baby-sitter / sitter	Babysitter

Mit *the baby boom* bezeichnet man den enormen Anstieg der Geburtenrate in den USA nach dem 2. Weltkrieg. Die Angehörigen dieser geburtenstarken Jahrgänge heißen noch heute *baby boomers* oder einfach *boomers* und entsprechen soziologisch etwa den Achtundsechzigern in Deutschland.

toddler – **infant** ['ɪnfənt] – **small child**	**Kleinkind**
infancy ['ɪnfənsi]	**frühe Kindheit; Kindesalter**
cradle ['kreɪdl]	**Wiege**
from the cradle to the grave [greɪv]	von der Wiege bis zur Bahre
cot [kɒt] *BE / AE* **crib** [krɪb]	**Kinderbett**
pram [præm] *BE / AE* **baby carriage** ['kærɪdʒ]	**Kinderwagen**
pushchair [ʊ] *BE / AE* **stroller** [əʊ]	**Buggy**
dummy [ʌ] *BE / AE* **pacifier** [æ]	**Schnuller**
crèche [kreʃ] *BE*	**Kinderkrippe**
(day) nursery ['nɜːsəri] *BE / AE* **day-care center**	**Kindergarten / -tagesstätte** (für 2- bis 5-Jährige)
playgroup ['pleɪgruːp]	**Spielgruppe** (für 2- bis 5-Jährige)
a **toy** [tɔɪ]	ein **Spielzeug**
Every child needs toys.	Jedes Kind braucht Spielzeug.
toy car – toy train set	Spielzeugauto – Spielzeugeisenbahn

Dinge, mit denen sich Kinder beschäftig(t)en
play (with a) ball (= Ball spielen) • *play cards* (= Karten spielen) • *play at cops and robbers* (= Räuber und Gendarm spielen) • *play at mothers and fathers* (= Mutter und Vater spielen)
doll [dɒl] (= Puppe) • *doll's pram* BE / AE *doll carriage* ['kærɪdʒ] (= Puppenwagen) • *doll's house* BE / AE *dollhouse* (= Puppenstube) • *stuffed animal* (= Stofftier) • *teddy bear* [eə] (= Teddybär) • *hand puppet* (= Handpuppe) • *rocking horse* (= Schaukelpferd)

1

4

building blocks ['bɪldɪŋ blɒks] (= Bauklötze) • *marbles* (= Murmeln)
model ['mɒdl] *railway* BE / AE *model railroad* (= Modelleisenbahn) •
model aircraft (= Modellflugzeug)
comics [ɒ] / *comic books* (= Comic-Hefte) • *comic strips* • *picture book* (= Bilderbuch) • *fairy tale* (= Märchen)
colouring ['kʌlərɪŋ] *book* (= Malbuch) • *colouring set* (= Mal- / Tuschkasten) • *crayons* ['kreɪənz] (= Buntstifte) • *wax crayons* (= Wachsmalstifte) • *paints* (= Farben)
board [ɔ:] *game* (= Brettspiel) • *puzzle* ['pʌzl] (= Rätsel, Denksportaufgabe) •
jigsaw ['dʒɪgsɔ:] *(puzzle)* (= Puzzle / Puzzlespiel)
fly a kite (= einen Drachen steigen lassen) • *sandpit* BE / AE *sandbox* (= Sandkasten) • *pail and shovel* ['ʃʌvl] (= Eimerchen und Schaufel) •
seesaw (= Wippe) • *swing* (= Schaukel) • *roller* [əʊ] *skates* (= Rollschuhe) •
ice skates (= Schlittschuhe) • *skateboard* (= Skateboard / Rollbrett) •
bicycle ['baɪsɪkl] / *bike* (= Fahrrad) • *tricycle* (= Dreirad) • *sledge* BE / AE *sled* (= Schlitten)

young [jʌŋ]	**jung**
young people ['pi:pl]	junge Leute; Jugendliche
young children ['tʃɪldrən]	kleine Kinder
for the young	für die Jugend; für die jungen Leute
youngster ['jʌŋstə]	**Jugendliche(r)**

Männliche Jugendliche sind *boys, guys* [gaiz], *lads, youngsters, youths* [ju:ðz].
Weibliche Jugendliche sind *girls* oder (besonders nordenglisch oder schottisch) *lasses* ['læsɪz], auch *young ladies*. Von manchen Männern gebrauchte Slangwörter wie *chick* oder *bird* werden von Frauen oft als beleidigend (= *offensive* [ə'fensɪv]) empfunden.

youth [ju:θ]	(die) **Jugend(zeit)**
youth club – youth hostel [ɒ]	Jugendklub – Jugendherberge

Entsprechungen für „Jugend"
Jugend = Jugendzeit:
I spent my youth in Hull. (= Ich habe meine Jugend in Hull verbracht.)
Jugend = junge Menschen:
Young people are optimistic [ɒptɪ'mɪstɪk]. (= Die Jugend ist optimistisch.)
Today's youth has its own problems ['prɒbləmz]. (= Die heutige Jugend hat ihre eigenen Probleme.)
The party never had the trust of the young. (= Die Partei besaß nie das Vertrauen der Jugend.)

brat [bræt]	**Balg; Gör(e); Flegel**
She's a spoilt [spɔɪlt] brat.	Sie ist ein verwöhntes Blag.
schoolboy – **schoolgirl**	**Schüler** – **Schülerin**
adolescent [ædə'lesnt]	**Heranwachsende(r)**
adolescence [ædə'lesns]	**das Erwachsenwerden**
puberty ['pju:bəti]	(die) **Pubertät**

a teenager / a teen	**ein Teenager**
A lot of teen(ager)s are on drugs.	Viele Teenager nehmen Drogen.
She spent her teenage years in London.	Ihre Teenager-Jahre verbrachte sie in London.
a teen(age) mother ['mʌðə]	eine Mutter im Teenalter
a girl in her early teens	ein Mädchen zwischen 13 und 14
minor ['maɪnə]	**Minderjährige(r)**
come / be of age [eɪdʒ]	**großjährig werden / sein**

Ein paar ungute Dinge, die Kinder und Jugendliche tun

They bully ['bʊli] *other children.* (= Sie schikanieren / tyrannisieren andere Kinder.)
They play truant ['tru:ənt] BE / AE *hook(e)y.* (= Sie schwänzen die Schule.)
They drop out of school [sku:l]. (= Sie brechen die Schule ab.)
They run away from home. (*– ran – run*) (= Sie laufen von zu Hause weg.)
They go on joyrides. (= Sie machen Spritztouren mit gestohlenen Autos.)
They take / do drugs. (= Sie nehmen Drogen.)
They get into trouble ['trʌbl] *with the police* [pə'li:s]. (= Sie kriegen Ärger mit der Polizei.)

juvenile ['dʒu:vənaɪl]	**Jugend-**
juvenile court	Jugendgericht
juvenile delinquent [dɪ'lɪŋkwənt] (JD)	jugendliche(r) Straftäter(in)
juvenile detention [dɪ'tenʃn] center *AE*	Jugendstrafanstalt

Violence ['vaɪələns] **(= Gewaltanwendung)**

Why did you kick me? (= Warum hast du mich getreten?)
Dad! Peter keeps hitting me! (= Papi! Der Peter haut mich immer!)
He thumped her in the stomach ['stʌmək]. (= Er schlug ihr / sie in den Magen.)
Corporal punishment of children is illegal [ɪ'li:gl] *in some countries.* (= Die körperliche Züchtigung von Kindern ist in manchen Ländern rechtswidrig.)
Kids got beaten ['bi:tn] *a lot in the old days.* (= Die Kinder bekamen früher oft Schläge.)
I don't like to smack my child. (= Ich haue mein Kind nicht gern.)
If you don't stop it, you'll get a spanking / a thrashing ['θræʃɪŋ] */ a good hiding.* (= Wenn du nicht aufhörst, kriegst du 'ne Tracht Prügel.)

adult ['ædʌlt]	**erwachsen; Erwachsene(r)**
a programme intended to appeal to young adults	ein Programm, das junge Erwachsene ansprechen soll
grown-up [grəʊn'ʌp / 'grəʊnʌp]	**erwachsen**
They have two grown-up ['grəʊnʌp] sons.	Sie haben zwei erwachsene Söhne.
grownup ['grəʊnʌp]	Erwachsene(r) (*aus der Sicht von Kindern*)
You grownups don't understand us kids.	Ihr Erwachsenen versteht uns Kinder nicht.

5 Middle age and old age
Mittlere Jahre und Alter

The only time you really live fully is from thirty to sixty. ... The young are slaves to dreams; the old servants of regrets. (*Hervey Allen, US novelist, 1889–1949*)

middle age [mɪdl 'eɪdʒ]	**das mittlere Lebensalter** (ca. 40–65)
mid-life crisis [mɪdlaɪf 'kraɪsɪs]	**Krise in der Lebensmitte** (um die 40)
mature [mə'tʃʊə] – **maturity**	(*körperlich, geistig*) **reif** – **Reife**
a mature student *BE*	Student(in) über 25
prime [praɪm]	**Höhepunkt; Krönung**
She's in her prime.	Sie ist in den besten Jahren.
She's past her prime.	Sie ist über die besten Jahre hinaus.
spring chicken [sprɪŋ 'tʃɪkən]	**junges Huhn**
She's no spring chicken.	Sie ist nicht mehr die Jüngste.
life expectancy [ɪk'spektənsi]	(die) **Lebenserwartung**
ageing ['eɪdʒɪŋ] *BE* / *AE* **aging**	**das Altern**
menopause / **the change of life**	**die Wechseljahre**
the onset of menopause ['menəpɔ:z]	das Einsetzen der Wechseljahre
grow old / **get old**	**alt werden**
get on (in years) (– got – got)	**(langsam) älter werden**
We're getting on (in years).	Wir werden langsam älter.
elderly ['eldəli]	**ältere(r, s)**
poverty ['pɒvəti] among the elderly	Armut unter älteren Menschen

Die Adjektive *elderly* und *older* haben nicht die gleiche Bedeutung! *Elderly* bezeichnet Menschen, die (absolut) alt sind: *elderly people* ['pi:pl] (= ältere / alte Leute / Menschen).
Older people dagegen sind relativ älter als andere, aber nicht notwendigerweise alt: *older people are more experienced* [ɪk'spɪəriənst] (= ältere Menschen haben mehr Erfahrung). – In *the older generation* [dʒenə'reɪʃn] (= die ältere Generation) z.B. kann *older* nicht durch *elderly* ersetzt werden.

the old folk [fəʊk]	**die alten Leute**
old folk's home / old people's home	Altenheim; Altersheim
veteran ['vetərən]	(*auch* Kriegs-)**Veteran(in)**
a veteran diplomat / teacher	ein altgedienter Diplomat / Lehrer
of pensionable ['penʃənəbl] **age**	**im Renten- / Pensionsalter**
(old-age) pensioner *BE* / *AE* **retiree**	**Rentner(in)**
retire [rɪ'taɪə]	**in den Ruhestand treten**
a retired civil servant [sɪvl 'sɜ:vənt]	ein pensionierter Beamter / eine pensionierte Beamtin
occupation [ɒkjə'peɪʃn]: retired	Beruf: Rentner(in)
retirement [rɪ'taɪəmənt]	**Ausscheiden aus dem Arbeitsleben**
when she reaches retirement age	wenn sie das Rentenalter erreicht
at an advanced [əd'vɑ:nst] **age**	**in vorgerücktem Alter**
old age [əʊld 'eɪdʒ]	**das Alter**
the approach [ə'prəʊtʃ] of old age	das Herannahen des Alters
She lived to a ripe old age.	Sie erreichte ein hohes Alter.

Wenn von *old age* oder *elderly people* die Rede ist, werden oft Euphemismen (= beschönigende / verhüllende Ausdrücke) verwendet: *women of a certain age* sind in mittleren Jahren, *a distinguished* [dɪ'stɪŋgwɪʃt] *professor* ist einer, der schon älter ist, das Alter selbst wird oft als *the golden years, her sunset years* oder *his twilight years* umschrieben. Ein *old people's home* BE / AE *old-age home* erhält solche weniger „direkt" klingenden Namen wie *nursing home, rest home, convalescent* [kɒnvə'lesnt] *home* (eigentlich = Genesungsheim) oder schlicht *home*, wenn es nicht angedeutet wird mit so etwas wie *somewhere (s)he can be looked after* (= wo man sich um ihn / sie kümmern kann). Die deutschen Senioren sind auf Englisch *senior citizens*; vorher ist man *middle-aged* und sagt zuweilen scherzhaft, man sei *on the wrong side of forty.*

longevity [lɒn'dʒevəti]	**Langlebigkeit**
decline [dɪ'klaɪn]	**Verfall; abnehmen**
declining physical energy ['enədʒi]	nachlassende körperliche Energie
in his declining years	in seinen letzten Lebensjahren
decrepit [dɪ'krepɪt]	**altersschwach**
a decrepit old man	ein hinfälliger alter Mann

Weitere Adjektive, die Schwäche (= *weakness* / *feebleness*) bzw. Gebrechlichkeit (= *infirmity* [ɪn'fɜːməti]) ausdrücken: *weak* (= schwach) • *feeble* (= matt / schwach) • *frail* (= schwach / gebrechlich / zart) • *infirm* [ɪn'fɜːm] (= gebrechlich / hinfällig)

senile ['siːnaɪl] – **senility** [sɪ'nɪləti]	**senil – Senilität**
Alzheimer's ['æltshaɪməz] **disease**	**die Alzheimerkrankheit**
suffer from Alzheimer's (disease)	an der Alzheimerkrankheit leiden

Unfreundliche, diskriminierende Ausdrücke, die auf ältere Menschen angewandt werden: *gaga* ['gɑːgɑː] (= verkalkt / senil) • *fuddy-duddy* ['fʌdidʌdi] (= verknöchert / verkalkt) • *doddering* / *doddery* (= tatterig / vertrottelt) • *(s)he's past it* (= er / sie bringt's nicht mehr)

in poor health [helθ]	**bei schlechter Gesundheit**
meals on wheels [miːlz ɒn 'wiːlz]	**Essen auf Rädern**
nursing home ['nɜːsɪŋ həʊm]	**Pflegeheim**
admit someone to a nursing home	jemand in ein Pflegeheim aufnehmen

Gegen die Diskriminierung (= *discrimination*) älterer Menschen kämpft in den USA die 1971 gegründete Selbsthilfeorganisation *the Gray Panthers* ['pænθəz], nach deren Vorbild in Deutschland 1975 die Grauen Panther organisiert wurden. In Großbritannien gibt es seit 1940 *Age Concern* (*concern* [kən'sɜːn] = Anliegen), eine karitative Organisation (= *charity* ['tʃærəti] *organization*), die mit tausenden von Freiwilligen (= *volunteers* [vɒlən'tɪəz]) Dienstleistungen (= *services*) für ältere Menschen erbringt, z.B. in *day centres* und *lunch clubs* sowie durch *visits to the elderly in their homes.*

Personality and behaviour
Persönlichkeit und Verhalten

Although aloof, egotistical and imperious, MacArthur could also be warm-hearted, human, and witty. Most people agreed that he was courageous and highly intelligent ... (*Charakterisierung des US-Generals Douglas MacArthur, 1880–1964, in The Academic American Encyclopedia*)

behave [bɪ'heɪv] — **sich benehmen / verhalten**
He behaved like a bull [bʊl] in a china ['tʃaɪnə] shop. — Er benahm sich / führte sich auf wie ein Elefant im Porzellanladen.
personality [pɜːsə'næləti] — **Persönlichkeit**
She has an appealing personality. — Sie besitzt ein sympathisches Wesen.
temper ['tempə] — **Wesen; Naturell**
She has a quick / violent temper. — Sie hat ein heftiges Naturell.
She lost her temper. — Sie verlor die Beherrschung.

Adjektive, die menschliche Eigenschaften ausdrücken, mit ihrem Gegenteil
Die Antonyme (= Gegensatzwörter) werden hier durch Vorsetzen von *dis-*, *im-*, *in-*, *ir-* oder *un-* gebildet.
contented [kən'tentɪd] (= zufrieden) – *discontented* (= unzufrieden)
honest ['ɒnəst] (= ehrlich) – *dishonest* [dɪs'ɒnəst] (= unehrlich)
mature [mə'tʃʊə] (= reif) – *immature* [ɪmə'tʃʊə] (= unreif)
patient ['peɪʃnt] (= geduldig) – *impatient* [ɪm'peɪʃnt] (= ungeduldig)
polite [pə'laɪt] (= höflich) – *impolite* [ɪmpə'laɪt] (= unhöflich)
considerate [kən'sɪdərət] (= rücksichtsvoll) – *inconsiderate* (= rücksichtslos)
decent ['diːsnt] (= anständig) – *indecent* [ɪn'diːsnt] (= unanständig)
efficient [ɪ'fɪʃnt] (= fähig) – *inefficient* [ɪnɪ'fɪʃnt] (= unfähig)
experienced [ɪk'spɪəriənst] (= erfahren) – *inexperienced* (= unerfahren)
flexible ['fleksəbl] (= flexibel) – *inflexible* [ɪn'fleksəbl] (= unflexibel)
sincere [sɪn'sɪə] (= aufrichtig) – *insincere* [ɪnsɪn'sɪə] (= unaufrichtig)
tolerant ['tɒlərənt] (= duldsam) – *intolerant* [ɪn'tɒlərənt] (= unduldsam)
responsible (= verantwortungsbewusst) – *irresponsible* (= verantwortungslos)
civilized ['sɪvəlaɪzd] (= kultiviert) – *uncivilized* [ʌn'sɪvəlaɪzd] (= unkultiviert)
cooperative [kəʊ'ɒprətɪv] (= entgegenkommend) – *uncooperative* (= wenig entgegenkommend)
fair [feə] (= fair / gerecht) – *unfair* [ʌn'feə] (= unfair / ungerecht)
inhibited [ɪn'hɪbɪtɪd] (= gehemmt) – *uninhibited* (= ungehemmt)
pleasant ['pleznt] (= sympathisch) – *unpleasant* [ʌn'pleznt] (= unsympathisch)
reliable [rɪ'laɪəbl] (= zuverlässig / verlässlich) – *unreliable* (= unzuverlässig)
selfish ['selfɪʃ] (= selbstsüchtig) – *unselfish* [ʌn'selfɪʃ] (= selbstlos)
sophisticated [sə'fɪstɪ-] (= anspruchsvoll) – *unsophisticated* (= anspruchslos)
sympathetic [sɪmpə'θetɪk] (= mitfühlend) – *unsympathetic* (= wenig mitfühlend)
Beachten Sie, dass – anders als im Deutschen – die negativen Vorsilben *dis-*, *im-*, *in-*, *ir-*, *un-* etc. im Englischen nicht betont werden.
Deutsch: Sie ist ja so 'unfair / 'unduldsam / 'unzufrieden.

Englisch: *She is so un'fair / in'tolerant / discon'tented.*
Die Adjektivendung *-ful* wird im Antonym häufig durch *-less* ersetzt:
careful ['keəfl] (= vorsichtig) – *careless* ['keələs] (= unvorsichtig)
tactful ['tæktfl] (= taktvoll) – *tactless* ['tæktləs] (= taktlos)

good [gʊd] – **bad** [bæd]	**gut – schlecht**
benevolent [-'nev-] – **malevolent**	**gütig – boshaft**
a benevolent master / god / ruler	ein gütiger Herr / Gott / Herrscher
a malevolent [-'lev-] look / neighbour	ein boshafter Blick / Nachbar
compassionate [kəm'pæʃnət] – **pitiless** ['pɪtɪləs]	**mitfühlend – mitleidlos**
He's pitiless in exploiting others.	Er nutzt andere erbarmungslos aus.
honest ['ɒnəst] – **corrupt** [kə'rʌpt]	**ehrlich – korrupt**
a plain, honest man	ein schlichter, ehrlicher Mensch
a corrupt politician [pɒlə'tɪʃn]	ein(e) korrupte(r) Politiker(in)

Viele der hier aufgeführten Adjektive werden durch Anhängen von *-ly* zu häufig gebrauchten Adverbien:
He acted foolishly / unselfishly / irresponsibly / immaturely. (= Er handelte töricht / selbstlos / verantwortungslos / unreif.)
She behaved tactfully / wisely / courageously / sensibly. (= Sie verhielt sich taktvoll / klug / mutig / vernünftig.)

industrious [ɪn'dʌstriəs] – **lazy** ['leɪzi]	**fleißig – faul**
courteous ['kɜ:tiəs] – **rude** [ru:d]	**höflich – unhöflich**
No need to be rude.	Warum denn gleich grob werden?
clever ['klevə] – **stupid** ['stju:pɪd]	**klug – dumm**
sensible ['sensəbl] – **foolish** ['fu:lɪʃ]	**vernünftig – töricht**

Achtung, „falsche Freunde" (= *false* [fɔ:ls] *friends*)!
sensitive ['sensətɪv] = sensibel, *sensible* ['sensəbl] = vernünftig!
Self-conscious [self'kɒnʃəs] heißt gehemmt; selbstbewusst dagegen ist *self-confident* [self'kɒnfɪdənt] oder *self-assured* [selfə'ʃʊəd].

excitable [ɪk'saɪtəbl] – **even-tempered** [i:vn'tempəd]	**leicht erregbar – ausgeglichen**
conservative [kən'sɜ:vətɪv] – **progressive** [prə'gresɪv]	**konservativ – progressiv**
broad-minded – **narrow-minded**	**tolerant – engstirnig**
very broad-minded views about sex	sehr freie Ansichten über Sex
generous ['dʒenərəs] – **stingy** [dʒ]	**großzügig – geizig / knauserig**
easygoing [i:zi'gəʊɪŋ] – **fussy** ['fʌsi]	**lax / lässig – pingelig**

Das vollkommene Fehlen einer Eigenschaft kann durch *devoid* [dɪ'vɔɪd] *of* ausgedrückt werden:
She's completely devoid of ambition / courage / humour / pity / talent.
(= Es mangelt ihr vollkommen an Ehrgeiz / Mut / Humor / Mitleid / Talent.)

charming – **devoid of charm** [tʃɑ:m]	**charmant – ohne Charme**
She's devoid of any charm.	Sie besitzt keinerlei Charme.

6

optimistic [ɒptɪ'mɪstɪk] – **pessimistic**	**optimistisch – pessimistisch**
outgoing – **reserved** [rɪ'zɜːvd]	**kontaktfreudig – zurückhaltend**
cheerful ['tʃɪəfl] – **gloomy** ['gluːmi]	**gut gelaunt – trübsinnig**
Jack was looking rather gloomy.	Jack schaute recht bedrückt drein.
interesting ['ɪntrəstɪŋ] – **boring** [ɔː]	**interessant – langweilig**

Fairly, rather, pretty **als Entsprechungen für „ziemlich"**
Fairly steht vorzugsweise bei „wünschenswerten" Eigenschaften: *She's fairly attractive. He remained fairly calm. Their behaviour was fairly civilized.*
Rather wird bei „nicht wünschenswerten" Eigenschaften bevorzugt: *He was rather aggressive* [ə'gresɪv]. *That was a rather stupid thing to do. The new secretary proved* [pruːvd] *to be rather inefficient* [ɪnɪ'fɪʃnt].
Pretty ['prɪti] ist umgangssprachlicher als *fairly* und *rather* und wird gleichermaßen bei „wünschenswerten" und „nicht wünschenswerten" Eigenschaften gebraucht: *She's pretty good / bad. He's pretty clever / stupid.*

strong [strɒŋ] – **weak** [wiːk]	**stark – schwach**
tough [tʌf] **– weak** [wiːk]	**zäh / hart – schwach**
a tough guy [gaɪ]	ein harter Bursche / Typ
My grandmother was a tough cookie – she buried ['berid] three husbands.	Meine Großmutter war ein zäher Typ – sie hat drei Männer überlebt.
brave / **courageous** – **cowardly**	**mutig – feige**
a brave soldier ['breiv 'səʊldʒə]	ein(e) tapfere(r) Soldat(in)
a cowardly attack ['kaʊədli ə'tæk]	ein feiger Anschlag
a craven coward ['kreɪvn 'kaʊəd]	eine feige Memme
relaxed [rɪ'lækst] – **tense** [tens]	**entspannt – angespannt**
calm [kɑːm] – **agitated** ['ædʒɪteɪtɪd]	**ruhig – aufgeregt**
He was very calm before the operation.	Er war vor der Operation sehr ruhig.
respectful – **cheeky** *BE / AE* **sassy**	**respektvoll – frech**
Don't be sassy with your parents.	Sei nicht frech zu deinen Eltern.
humble ['hʌmbl] – **conceited** [-'siːtɪd]	**demütig / bescheiden – eingebildet**

Für die Beschreibung von Menschen gibt es eine Reihe von *idioms* mit *as … as* (= so … wie). Beispiele:
He's ***as bold as brass*** [brɑːs]. (= kühn wie Messing = frech wie Oskar)
He was ***as brave as a lion*** ['laɪən]. (= so tapfer / mutig wie ein Löwe)
She's ***as busy*** ['bɪzi] ***as a bee***. (= emsig wie eine Biene, bienenfleißig)
He's ***as clever as they make them***. (= schlau wie sonst was)
She's ***as cold as charity***. (= kalt wie eine Hundeschnauze)
He was ***as cool as a cucumber*** ['kjuː-]. (= kühl wie eine Gurke = seelenruhig)
His agent is ***as cunning as a fox***. (= schlau wie ein Fuchs)
Lincoln ['lɪŋkən] *was* ***as honest*** ['ɒnəst] ***as the day is long***. (= grundehrlich)
He's ***as mad as a hatter***. (= verrückt wie ein Hutmacher = total verrückt)
He was ***as meek as a lamb*** [læm]. (= sanft wie ein Lamm = lammfromm)
He's ***as stubborn as a mule***. (= störrisch wie ein Maultier = ein sturer Bock)
Her teacher is ***as patient*** ['peɪʃnt] ***as Job*** [dʒəʊb]. (= so geduldig wie Hiob)
He was ***as proud as a peacock*** ['piːkɒk]. (= stolz wie ein Pfau)
The man's ***as thick as two planks***. (= „dumm wie Bohnenstroh")
He's ***as timid as a mouse*** [maʊs]. (= scheu / schüchtern wie eine Maus)

Senses and sensations
Sinne und Sinneseindrücke

A fool sees not the same tree that a wise man sees.
(*William Blake, English poet, artist, and mystic, 1757–1827*)

sense [sens]	**Sinn**
the five senses ['sensɪz]	die fünf Sinne
the sense of sight / hearing	der Gesichts- / Gehörsinn
the sense of smell / taste / touch	der Geruchs- / Geschmacks- / Tastsinn
sensation [sen'seɪʃn]	**Gefühl; Empfindung; Sinneseindruck**
such sensations as pain and thirst	Empfindungen wie Schmerz und Durst
eye [aɪ]	**Auge**
see [si:] (– saw [sɔ:] – seen)	**sehen** (– sah – gesehen)
She saw that nobody was looking.	Sie sah, dass niemand hinschaute.
look [lʊk]	**sehen; schauen; Blick**
Did you look in the kitchen?	Hast du in der Küche nachgesehen?
I'm looking for my glasses.	Ich suche meine Brille.
Have a look at this one.	Schau dir doch mal dies hier an.
perceive [pə'si:v] – **perception**	**wahrnehmen – Wahrnehmung**
Can all animals perceive light?	Können alle Tiere Licht wahrnehmen?
notice ['nəʊtɪs]	**bemerken; wahrnehmen**
No one noticed the theft [θeft].	Niemand bemerkte den Diebstahl.
She took no notice of them.	Sie nahm keine Notiz von ihnen.
noticeable ['nəʊtɪsəbl]	**erkennbar; deutlich**
a noticeable increase ['ɪŋkri:s]	eine deutliche / merkliche Zunahme
watch [wɒtʃ]	**beobachten; sich** (etw.) **ansehen**
She watched the dog eat(ing).	Sie sah zu, wie der Hund fraß.
We watched a video ['vɪdiəʊ].	Wir sahen uns ein Video an.
observe [əb'zɜ:v]	**beobachten; bemerken; wahrnehmen**
sight [saɪt]	(das) **Sehvermögen**
It was love at first sight.	Es war Liebe auf den ersten Blick.
shortsighted *BE* / *AE* nearsighted	kurzsichtig
He's longsighted *BE* / *AE* farsighted.	Er ist weitsichtig.
view [vju:]	**Sicht; Aussicht**
Slowly the train came into view.	Langsam kam der Zug in Sicht.
a fine view of the city	ein schöner Ausblick auf die Stadt
visible ['vɪzəbl] – **invisible**	**sichtbar – unsichtbar**
The lighthouse was clearly visible.	Der Leuchtturm war deutlich sichtbar.
invisible to the naked ['neɪkɪd] eye	mit bloßem Auge nicht erkennbar
visual ['vɪʒuəl]	**visuell; Seh-**
visual aids [vɪʒuəl 'eɪdz]	visuelle Hilfsmittel / Medien
video ['vɪdiəʊ]	**Video(-)**
glance [glɑ:ns]	**(kurzer) Blick; (kurz) sehen / blicken**
You can see it at a glance.	Man sieht es auf einen Blick.
He glanced through the paper.	Er warf einen Blick in die Zeitung.

glimpse [glɪmps]	**(kurzer) Blick; (kurz) sehen**
We just caught a glimpse of him.	Wir bekamen ihn nur kurz zu Gesicht.
I just glimpsed through the article.	Ich habe den Artikel nur überflogen.
ear [ɪə]	**Ohr**
I'll keep my ears open.	Ich werde die Ohren offen halten.
hear [hɪə] (– heard [ɜ:] – heard)	**hören** (– hörte – gehört)
Did you hear that noise [nɔɪz]?	Hast du das Geräusch gehört?
hearing ['hɪərɪŋ]	**Gehör**
He's a little hard of hearing.	Er ist ein bisschen schwerhörig.
hearing aid ['hɪərɪŋ eɪd]	Hörhilfe; Hörgerät
deaf [def]	**taub**
a deaf-mute [def'mju:t]	ein(e) Taubstumme(r)
He's deaf and dumb [dʌm].	Er ist taubstumm.

Bestimmte Adjektive können durch vorangestelltes *the* zu Pluralsubstantiven gemacht werden:
guide dogs for the blind (= „Führerhunde für die Blinden" = Blindenhunde)
a school for the deaf (= eine Schule für Taube / taube Menschen)
aids for the hard-of-hearing (= Hilfen für Schwerhörige)

listen ['lɪsn]	**(zu)hören**
I listened hard but couldn't hear it.	Ich lauschte angestrengt, konnte es aber nicht hören.
listen to the radio ['reɪdiəʊ]	Radio hören
sound [saʊnd]	**Geräusch; Laut; Klang; klingen**
the sound of an approaching car	das Geräusch eines nahenden Autos
It sounds like a diesel engine.	Es klingt wie ein Dieselmotor.
a soundproof booth [bu:ð]	eine schalldichte Kabine
tone [təʊn]	**Ton**
I don't like your tone (of voice).	Mir gefällt dein Ton nicht.
loud [laʊd] – **loudness** ['laʊdnəs]	**laut – „Lautheit" / Lautstärke**
Try to speak louder / more loudly.	Versuchen Sie lauter zu sprechen.
volume ['vɒlju:m]	**Lautstärke**
turn the volume up / down	das Gerät lauter / leiser stellen
audible ['ɔ:dəbl] – **inaudible**	**hörbar – unhörbar**
a scarcely ['skeəsli] audible sound	ein kaum wahrnehmbarer Laut
audio ['ɔ:diəʊ]	**Audio-; Ton-**
CD players and other audio equipment	CD-Spieler und andere Audiogeräte
noise [nɔɪz]	**Geräusch; Lärm; Krach**
What was that loud noise?	Was war das für ein lautes Geräusch?
I can't stand the noise.	Ich kann den Lärm nicht aushalten.
noisy ['nɔɪzi] – **noiseless** ['nɔɪzləs]	**geräuschvoll / laut – geräuschlos**
The air-conditioning is too noisy.	Die Klimaanlage ist zu laut.

Entsprechungen für „ruhig"
We live in a ***quiet*** *neighbourhood.* (= Wir leben in einer ruhigen Gegend.)
Business is ***quiet*** ['kwaɪət] *at the moment.* (= Das Geschäft ist zurzeit ruhig.)
She's always so ***silent*** ['saɪlənt], *as if she had nothing to say.* (= Sie ist immer so ruhig, als ob sie nichts zu sagen hätte.)
The sea was absolutely ***calm*** [kɑ:m]. (= Das Meer war vollkommen ruhig.)

She has difficulty ['dɪfɪkəlti] *sitting **still**.* (= Es fällt ihr schwer, ruhig zu sitzen.)
*At last a **peaceful** evening at home.* (= Endlich ein ruhiger Abend zu Hause.)
*We had a **smooth*** [smu:ð] *crossing.* (= Wir hatten eine ruhige Überfahrt.)
*You need a **steady*** ['stedi] *hand.* (= Man braucht eine ruhige Hand.)

nose [nəʊz]	**Nase**
a nose for profitable ['prɒfətəbl] deals	eine Nase für lohnende Geschäfte
smell [smel]	**riechen; Geruch**
Can't you smell the gas [gæs]?	Riechst du nicht das Gas?
The soup smells delicious [dɪ'lɪʃəs].	Die Suppe riecht köstlich.

Idiom: *I can smell a rat here.* (= Hier ist doch irgendetwas faul.)
Wenn allerdings Hamlet sagt: „Etwas ist faul im Staate Dänemark", dann heißt das in Shakespeares Original: *Something is rotten in the state of Denmark.*
Rotten heißt faul im Sinn von verdorben: *a rotten egg / tooth / apple* (= ein faules Ei / ein fauler Zahn / Apfel). *Rotten apple* wird auch in übertragenem Sinn gebraucht: *Our police as a whole are OK, but there are a few rotten apples among them.* (= Unsere Polizei als Ganzes ist in Ordnung, aber es sind ein paar schwarze Schafe darunter.)

odour ['əʊdə]	**Geruch; Gestank**
stink [ɪ] (– stank [æ] – stunk [ʌ])	**stinken** (– stank – gestunken)
fragrance ['freɪgrəns]	**(Wohl-)Geruch; Duft**
the unique fragrance of these roses	der besondere Duft dieser Rosen
scent [sent]	**Duft; Geruch;** *BE auch* **Parfüm**
the scent of lemons ['lemənz]	der Geruch von Zitronen
perfume ['pɜ:fju:m]	**Parfüm; Duft; parfümieren**
aroma [ə'rəʊmə]	**Aroma; Duft**

Engl. ***aroma*** wird gerochen und als angenehm empfunden, ist also *Duft*. Dt. **Aroma** wird geschmeckt und als angenehm empfunden, engl. = *flavour / taste: the aroma of fresh-ground coffee* (= der Duft frisch gemahlenen Kaffees) *These tomatoes have no flavour / taste at all.* (= Diese Tomaten haben überhaupt kein Aroma / keinen Geschmack.)

taste [teɪst]	**Geschmack; schmecken**
It has a bitter taste.	Es hat einen bitteren Geschmack.
It tastes sweet / salty ['sɔ:lti] / sour.	Es schmeckt süß / salzig / sauer.
flavour ['fleɪvə]	**Aroma; Geschmack**
appetite ['æpətaɪt]	**Appetit**
It has spoilt my appetite.	Es hat mir den Appetit verdorben.
touch [tʌtʃ]	**berühren; Berührung; (Tast-)Gefühl**
Please do not touch.	Bitte nicht berühren.
The material has a very soft touch.	Der Stoff fühlt sich sehr weich an.
handle ['hændl]	**anfassen; berühren**
Please do not handle the goods.	Die Waren bitte nicht berühren.
feel [fi:l] (– felt – felt)	**fühlen** (– fühlte – gefühlt)
She didn't feel the pain.	Sie spürte den Schmerz nicht.

Feelings and attitudes
Gefühle und Einstellungen

It is not that the Englishman can't feel – it is that he is afraid to feel. He has been taught at his public school that feeling is bad form. He must not express great joy or sorrow, or even open his mouth too wide when he talks – his pipe might fall out if he did. (*E.M. Forster, English novelist, 1879–1970*)

attitude ['ætɪtjuːd]	**Einstellung; Haltung**
her attitude to(wards) foreigners	ihre Einstellung gegenüber Ausländern
feeling ['fiːlɪŋ]	**Gefühl**
I didn't mean to hurt your feelings.	Ich wollte dich nicht verletzen.
feel [fiːl] (– felt – felt)	**fühlen** (– fühlte – gefühlt)
She was feeling tired and depressed.	Sie fühlte sich müde und deprimiert.
I feel like a drink.	Mir ist nach einem Drink zumute.
emotion [ɪ'məʊʃn]	**Gefühl; Emotion**
emotions such as joy and fear	Gefühle wie Freude und Furcht
emotional [ɪ'məʊʃnəl]	**emotional**
a highly emotional moment	ein sehr bewegender Augenblick
people who are emotionally disturbed	Menschen, die seelisch gestört sind
mood [muːd]	**Stimmung**
I'm not in the mood for joking.	Mir ist nicht nach Spaßen zumute.
She isn't in a good mood.	Sie ist nicht in guter Stimmung.
temper ['tempə]	**Laune**
He was in a good / bad temper.	Er hatte gute / schlechte Laune.
urge [ɜːdʒ]	**Bedürfnis; Drang**
He felt an urge to pray [preɪ].	Er fühlte den Drang zu beten.
love [lʌv]	**(es) lieben; Liebe**
I love swimming in the sea.	Ich liebe es, im Meer zu schwimmen.
I'd love to stay here.	Gern würde ich hier bleiben.
like [laɪk]	**mögen; gern haben**
I don't like wine.	Ich mag keinen Wein.
I like travelling by train.	Ich reise gern mit dem Zug.
Would you like a drink?	Hätten Sie gern was zu trinken?
I'd (= I would) like to stay longer.	Ich würde gern länger bleiben.
his likes and dislikes ['dɪslaɪks]	seine Neigungen und Abneigungen
enjoy [ɪn'dʒɔɪ]	**genießen**
I enjoy being with you.	Ich bin sehr gern mit dir zusammen.
fancy ['fænsi]	**gern haben (wollen)**
He fancies cars.	Autos haben es ihm angetan.
care for somebody	**jemand gern haben**
She really cares for us.	Sie ist uns wirklich zugetan.
I don't much care for rap.	Ich mache mir nicht viel aus Rap.
adore [ə'dɔː]	**anbeten**
She adores Brahms.	Sie schwärmt für Brahms.

Wie man Liebe, Zuneigung, Gernhaben ausdrückt
We immediately took a liking to her. (= Sie war uns sofort sympathisch.)
I'm very fond of wine. (= Ich trinke sehr gern Wein.)

I'm not wildly keen on fish. (= Auf Fisch bin ich nicht so versessen.)
The idea had caught her fancy. (= Der Gedanke hatte es ihr angetan.)
He enjoys everyone's affection. (= Er genießt die Zuneigung aller.)
This task would appeal to me. (= Diese Aufgabe würde mich reizen.)
Old books fascinate ['fæsɪneɪt] *me.* (= Alte Bücher faszinieren mich.)

desire [dɪ'zaɪə]	**Wunsch; Begehren; begehren**
the desire for peace / love	das Verlangen nach Frieden / Liebe
the desired effect [ɪ'fekt]	die erwünschte Wirkung
long for [lɒŋ]	**sich sehnen nach**
They all long for peace.	Sie sehnen sich alle nach Frieden.
crave (for) [kreɪv] – **craving**	**sich sehnen nach – Verlangen**
She craves (for) recognition.	Sie giert nach Anerkennung.
She has a craving for pickles.	Sie hat einen Heißhunger auf Gewürzgurken.
interest – **interesting** ['ɪntrəstɪŋ]	**Interesse – interessant**
He read [red] it with great interest.	Er las es mit großem Interesse.

Verwechseln Sie nicht *interested* (= interessiert) mit *interesting* (= interessant)! Und beachten Sie, dass *Ich interessiere mich für ...* auf Englisch mit *I'm interested in ...* ausgedrückt wird:
I'm interested in history. (= Ich interessiere mich für Geschichte.)

prefer [prɪ'fɜ:]	**(es) vorziehen**
I prefer the CD-ROM to the book.	Ich ziehe die CD-ROM dem Buch vor.
I prefer travelling by train.	Ich reise lieber mit dem Zug.
I'd prefer to go by train.	Ich würde lieber mit dem Zug fahren.

Sehr heißt in Bezug auf Verben nicht *very*, sondern *very much*:
He loves / admires her very much. (= Er liebt / bewundert sie sehr.)

bear [beə] (– bore [ɔ:] – borne)	**ertragen** (– ertrug – ertragen)
He can't bear being criticized.	Er verträgt keine Kritik.
stand [stænd]	**ertragen; aushalten**
I can't stand the heat.	Ich halte die Hitze nicht aus.
tolerate ['tɒləreɪt]	**tolerieren; dulden**
I wouldn't tolerate that.	Das würde ich nicht hinnehmen.
put up with (– put – put) [pʊt]	**sich abfinden mit; sich gefallen lassen**
That's something I won't up with.	So etwas lasse ich mir nicht bieten.
dislike [dɪs'laɪk]	**nicht mögen; nicht leiden können**
She dislikes him intensely [ɪn'tensli].	Er ist ihr äußerst unsympathisch.
hate [heɪt]	**(es) hassen; Hass**
I hate having to rush [rʌʃ].	Ich hasse es, wenn ich hetzen muss.
Her eyes were full of hate.	Ihre Augen waren voller Hass.
hatred ['heɪtrɪd]	**Hass**
Stalin's hatred of intellectuals	Stalins Hass auf Intellektuelle

Verben, die starke Abneigung ausdrücken
She detests / loathes [ləʊðz] *him.* (= Sie verabscheut ihn.)
She can't stand him. (= Sie kann ihn nicht ausstehen.)
I abhor [əb'hɔ:] *violence.* (= Ich verabscheue Gewalttätigkeit.)

optimism ['ɒptɪmɪzm] – **pessimism**	**Optimismus – Pessimismus**
optimistic [ɒptɪ'mɪstɪk] – **pessimistic**	**optimistisch – pessimistisch**
hope [həʊp]	**hoffen; Hoffnung**
I hope she likes it.	Hoffentlich gefällt es ihr.
Will he help us? – I hope so.	Wird er uns helfen? – Ich hoffe es.
Is it broken? – I hope not.	Ist es kaputt? – Ich hoffe nicht.
our hopes and fears	unsere Hoffnungen und Befürchtungen
despair [dɪ'speə]	**Verzweiflung; verzweifeln**
He looked at her in despair.	Er sah sie verzweifelt an.
touching [ʌ] / **moving** [u:]	**rührend; bewegend; ergreifend**
a touching / moving moment	ein bewegender Augenblick
prejudice ['predʒədɪs] – **prejudiced**	**Vorurteil – voreingenommen**
prejudice against foreigners ['fɒrənəz]	Vorurteile gegen Ausländer
They're prejudiced against us.	Sie haben Vorurteile gegen uns.
subjective [səb'dʒektɪv] – **objective**	**subjektiv – objektiv**
sentimental [sentɪ'mentl]	**sentimental**

Adjektive, mit denen Verärgerung ausgedrückt wird
She was angry / cross / annoyed [ə'nɔɪd] *because I had kept her waiting.* (= böse / ärgerlich / verärgert)
The boss was furious ['fjʊəriəs] / *livid* ['lɪvɪd]. (= wütend / fuchsteufelswild)

be afraid of [ə'freɪd]	**Angst haben vor**
Are you afraid of the dog?	Hast du Angst vor dem Hund?
He was afraid to jump.	Er traute sich nicht zu springen.
She's afraid of flying.	Sie fürchtet sich vor dem Fliegen.
proud [praʊd] – **pride** [praɪd]	**stolz** – (der) **Stolz**
We're proud of this achievement.	Auf diese Leistung sind wir stolz.
jealous (of) ['dʒeləs] – **jealousy**	**eifersüchtig** (auf) – **Eifersucht**
Are you jealous of him?	Bist du eifersüchtig auf ihn?
He killed her out of jealousy ['dʒeləsi].	Er hat sie aus Eifersucht umgebracht.
envy ['envi]	**Neid; beneiden**
I envy you this job.	Ich beneide dich um diesen Job.
despise [dɪ'spaɪz]	**verachten**
surprise [sə'praɪz]	**Überraschung; überraschen**
She looked at me in surprise.	Sie sah mich überrascht an.
I'm surprised to see you here.	Ich bin überrascht dich hier zu sehen.
astonished [ə'stɒnɪʃt] – **amazed**	**erstaunt – verblüfft**
We were amazed at / by the result.	Wir waren über das Ergebnis verblüfft.
cry [kraɪ]	**weinen; schreien**
Listen – the baby's crying.	Hör doch mal – das Baby schreit.
weep (– wept – wept) [wi:p]	**weinen**

Verben, die Lächeln oder Lachen ausdrücken
smile (= lächeln) • *grin* (= grinsen) • *chuckle* (= leise vor sich hin lachen) • *giggle* ['gɪgl] (= kichern) • *laugh* (= lachen) • *guffaw* [gə'fɔ:] (= schallend lachen)

Morality and immorality
Moral und Unmoral

What is moral is what you feel good after, and what is immoral is what you feel bad after. (*Ernest Hemingway, US writer, 1898–1961*)

moral ['mɒrəl]	**moralisch; sittlich**
moral principles / standards	moralische Prinzipien / Maßstäbe
That would be morally objectionable.	Das wäre moralisch nicht in Ordnung.
That's a question of morals.	Das ist eine Frage der Moral.
immoral [ɪ'mɒrəl]	**unmoralisch; unsittlich**
immorality [ɪmə'ræləti]	**Unmoral; Unsittlichkeit**
ethical ['eθɪkl]	**ethisch; moralisch**
unethical behaviour [bɪ'heɪvjə]	unmoralisches Verhalten
good [gʊd] (– better – best)	**gut** (– besser – beste); **Gute(s)**
Eat your soup, there's a good boy.	Sei schön brav und iss deine Suppe.
It's never too late to do good.	Es ist nie zu spät, Gutes zu tun.
It was for your own good.	Es geschah zu deinem Besten.
bad [bæd] (– worse – worst)	**schlecht** (– schlechter – schlechteste)
right [raɪt]	**richtig; recht**
You've done the right thing.	Du hast richtig / recht gehandelt.
wrong [rɒŋ]	**falsch; schlecht; unrecht**
I know I was in the wrong.	Ich weiß, dass ich im Unrecht war.
evil ['i:vl]	**böse; das Böse**
good and evil deeds [di:dz]	gute und böse Taten
the conflict between good and evil	der Konflikt zwischen Gut und Böse
sin [sɪn] – **sinful** ['sɪnfl]	**Sünde** – **sündhaft / sündig**
It would be a sin to do that.	Es wäre eine Sünde, das zu tun.
conscience ['kɒnʃəns]	**Gewissen**
a clear / guilty ['gɪlti] conscience	ein reines / schlechtes Gewissen
ideal [aɪ'dɪəl]	**Ideal; ideal**
He lived up to his ideals.	Er lebte entsprechend seinen Idealen.
virtue ['vɜ:tʃu:] – **vice** [vaɪs]	**Tugend** – **Laster**
Truthfulness is her greatest virtue.	Wahrhaftigkeit ist ihre größte Tugend.
Smoking is his only vice.	Das Rauchen ist sein einziges Laster.
quality ['kwɒləti]	(positive) **Eigenschaft**
She has many good qualities.	Sie hat viele gute Eigenschaften.
generosity [dʒenə'rɒsəti]	**Großzügigkeit; Freigebigkeit; Edelmut**
wisdom ['wɪzdəm]	**Weisheit**
bravery ['breɪvəri]	**Tapferkeit**

From the letter of Paul to the Galatians [gə'leɪʃnz] *in the Bible* (= Aus dem Brief des Paulus an die Galater in der Bibel): *But the harvest of the spirit is love, joy, peace, patience, kindness, goodness, faithfulness, gentleness, and self-control.* (= Die Frucht aber des Geistes ist Liebe, Freude, Friede, Geduld, Freundlichkeit, Güte, Treue, Sanftmut und Selbstbeherrschung.)

innocence ['ɪnəsns] – **innocent** [-snt]	**Unschuld – unschuldig**
integrity [ɪn'tegrəti]	**Integrität; Redlichkeit**
He's a man of integrity.	Er ist ein integrer / redlicher Mensch.
justice ['dʒʌstɪs] – **injustice**	**Gerechtigkeit – Ungerechtigkeit**
just [dʒʌst] – **unjust** [ʌn'dʒʌst]	**gerecht – ungerecht**
fight in a just cause (– fought – fought)	für eine gerechte Sache kämpfen
honesty ['ɒnəsti] – **dishonesty**	**Ehrlichkeit – Unehrlichkeit**
Honesty is the best policy ['pɒləsi].	Ehrlich währt am längsten.
obedience [ə'bi:diəns] – **disobedience**	**Gehorsam – Ungehorsam**
obedience to the law	Gehorsam gegenüber dem Gesetz

The Seven Virtues (= die sieben Tugenden): *faith* (= Glaube), *hope* (= Hoffnung), *charity* (= Liebe), *justice* (= Gerechtigkeit), *fortitude* (= Tapferkeit), *prudence* (= Klugheit), *temperance* (= Mäßigkeit).
The Seven Deadly Sins (= die sieben Todsünden): *pride* (= Hochmut), *wrath* [rɒθ] (= Zorn), *envy* (= Neid), *lust* (= Unkeuschheit), *gluttony* (= Unmäßigkeit), *avarice* ['ævərɪs] (= Geiz), *sloth* [sləʊθ] (= Trägheit).

decency ['di:snsi] – **decent** ['di:snt]	**Anständigkeit – anständig**
I'm sure he's a decent guy [gaɪ].	Sicherlich ist er ein anständiger Kerl.
indecent [ɪn'di:snt]	**unanständig; anstößig; unsittlich**
faithful ['feiθfl] – **faithfulness** [-nəs]	**treu – Treue**
He swore to remain faithful to her.	Er schwor, ihr treu zu bleiben.
trustworthy ['trʌstwɜ:ði]	**vertrauenswürdig**
upright ['ʌpraɪt]	**aufrecht; rechtschaffen**
an upright character / citizen	ein aufrechter Charakter / Bürger
greed [gri:d] – **greedy** ['gri:di]	**(Hab-)Gier; Habsucht – habgierig**
his greed for money ['mʌni] / power	seine Geldgier / Machtgier
corruption [kə'rʌpʃn]	**Korruption; Bestechlichkeit**
worthless ['wɜ:θləs]	**wertlos; nichtswürdig; nichtsnutzig**
a worthless character ['kærəktə]	ein nichtswürdiger Mensch
hypocrite ['hɪpəkrɪt]	**Scheinheilige(r); Heuchler(in)**
liar ['laɪə]	**Lügner(in)**
He's a bloody ['blʌdi] liar.	Er ist ein verdammter Lügner.
troublemaker ['trʌblmeɪkə]	**Unruhestifter(in)**
good-for-nothing ['gʊdfənʌθɪŋ]	**Nichtsnutz; Tunichtgut**
crook [krʊk]	**Gauner**
swine [swaɪn] (Pl. swine / swines)	**Schwein(ehund)**
You've cheated [i:] me, you swine.	Du Schwein hast mich betrogen.
scruple ['skru:pl]	**Skrupel**
She didn't have the slightest scruples.	Sie hatte nicht die leisesten Skrupel.
fault [fɔ:lt]	**Fehler**
It's all my fault.	Es ist alles meine Schuld.
None of us is faultless / without fault.	Keiner von uns ist ohne Fehler.
ashamed [ə'ʃeɪmd]	**beschämt**
You should be ashamed of yourself.	Du solltest dich schämen.
It's nothing to be ashamed of.	Das braucht dir nicht peinlich zu sein.
obscene [əb'si:n]	**obszön; unzüchtig**
obscene words / pictures / books	unzüchtige Worte / Bilder / Bücher
pornography [pɔ:'nɒgrəfi]	(die) **Pornografie**

Human relations
Menschliche Beziehungen

It is explained that all relationships require a little give and take. This is untrue. Any partnership demands that we give and give and give and at the last, as we flop into our graves exhausted, we are told that we didn't give enough. (*Quentin Crisp, British-born writer, performer and critic, 1908–99*)

relations [rɪ'leɪʃnz]	**Beziehungen**
relations between the races ['reɪsɪz]	die Beziehungen zwischen den Rassen
relationship [rɪ'leɪʃnʃɪp]	**Beziehung**
her relationships with men	ihre Beziehungen zu Männern
terms [tɜːmz]	**(≈ relations = Beziehungen)**
I'm on good terms with him.	Ich (ver)stehe mich gut mit ihm.
associate [ə'səʊʃieɪt] with other people	**mit anderen Menschen Umgang haben**
get along (– got – got) [get ə'lɒŋ]	**zurechtkommen**
She gets along well with him.	Sie kommt gut mit ihm aus.
get on (– got – got) [get 'ɒn]	**sich verstehen; auskommen**
They get on well with each other.	Sie kommen gut miteinander zurecht.
mutual ['mjuːtʃuəl]	**gegenseitig; beiderseitig**
mutual support / respect [rɪ'spekt]	gegenseitige Unterstützung / Achtung
crowd [kraʊd]	**(Menschen-)Menge**
the crowd outside the building	die Menschenmenge vor dem Gebäude
group [gruːp]	**Gruppe**
all the members of the group	alle Mitglieder der Gruppe
class [klɑːs]	**Klasse**
We were in the same class.	Wir waren in derselben Klasse.
the upper / middle / lower class	die Ober- / Mittel- / Unterklasse
a middle-class family	eine bürgerliche Familie
club [klʌb]	**Klub; Verein**
join [dʒɔɪn] a club	einem Verein beitreten
gang [gæŋ]	**Bande**
a gang of criminals ['krɪmɪnəlz]	eine Verbrecherbande

Jemand, mit dem man zusammen ist, etwas gemeinsam hat oder tut
playmate (= Spielkamerad/in), *schoolmate* (= Schulkamerad/in)
fellow citizens (= Mitbürger/innen), *fellow passengers* (= Mitreisende)
my pal / *chum* BE / *mate* BE / *buddy* AE (= mein Kumpel)
colleague ['kɒliːg] (= Kollege / Kollegin), *comrade* ['kɒmreɪd] (= Kamerad/in)
companion [kəm'pænjən] (= Gefährte / Gefährtin), *competitor* [kəm'petɪtə] (= Konkurrent/in), *accomplice* [ə'kʌmplɪs] (= Komplize / Komplizin)

member ['membə] – **membership**	**Mitglied – Mitgliedschaft**
partner ['pɑːtnə] – **partnership**	**Partner(in) – Partnerschaft**
leader ['liːdə] – **leadership**	**(An-)Führer(in) – Führung**

supporter [sə'pɔːtə]	**Anhänger(in)**
supporters of the president ['prezɪdənt]	Anhänger des Präsidenten
friend [frend]	**Freund(in)**
They're close [kləus] friends.	Sie sind eng befreundet.
boyfriend – girlfriend	Freund – Freundin
He doesn't have a steady girlfriend.	Er hat keine feste Freundin.
friend and foe [fəʊ]	Freund und Feind
friendship ['frendʃɪp]	**Freundschaft**
a close [kləus] / warm friendship	eine enge / herzliche Freundschaft
company ['kʌmpəni]	**Gesellschaft**
She keeps him company.	Sie leistet ihm Gesellschaft.
I like your company.	Ich bin gern mit dir zusammen.
companionship [kəm'pænjənʃɪp]	**Gesellschaft**
He's longing for companionship.	Er sehnt sich nach Gesellschaft.
acquaintance [ə'kweɪntəns]	**Bekanntschaft; Bekannte(r)**
I made her acquaintance in London.	Ich habe sie in London kennen gelernt.
She's an acquaintance of mine.	Sie ist eine Bekannte von mir.
acquainted [ə'kweɪntɪd]	**bekannt; vertraut**
We got acquainted during the war.	Wir lernten uns im Krieg kennen.
get to know [nəʊ] (– got – got)	**kennen lernen**
She gradually got to know him better.	Allmählich lernte sie ihn besser kennen.
neighbour ['neɪbə] – **neighbourhood**	**Nachbar(in) – Nachbarschaft**
Love your neighbour as yourself.	Liebe deinen Nächsten wie dich selbst.
indifferent [ɪn'dɪfrənt] – **indifference**	**gleichgültig – Gleichgültigkeit**
close [kləʊs]	**nahe**
We were always very close.	Wir standen uns immer sehr nahe.
She's a close friend of mine.	Sie ist eine enge Freundin von mir.
intimate ['ɪntɪmət]	**intim; vertraut; vertraulich**
sympathy ['sɪmpəθi]	**Mitgefühl; Mitleid**
They deserve no / our sympathy.	Sie verdienen kein / unser Mitgefühl.
support [sə'pɔːt]	**unterstützen; Unterstützung**
They offered ['ɒfəd] us their support.	Sie boten uns ihre Unterstützung an.
cooperation – **cooperate** [kəʊ'ɒpəreɪt]	**Zusammenarbeit – zusammenarbeiten**
solidarity [sɒlɪ'dærəti]	**Solidarität**
affection [ə'fekʃn]	**Zuneigung**
love [lʌv]	**Liebe; lieben**
She's in love with him.	Sie ist in ihn verliebt.
She fell in love with her teacher.	Sie verliebte sich in ihren Lehrer.
There's no love lost between them.	Sie können sich nicht ausstehen.
agreement [ə'griːmənt] – **disagreement**	**Einvernehmen – Uneinigkeit**
There's agreement on this.	Hierüber herrscht Einverständnis.
disagreements among [ə'mʌŋ] them	Meinungsverschiedenheiten unter ihnen
tension ['tenʃn]	**Spannung**
tensions within the group [gruːp]	Spannungen innerhalb der Gruppe

conflict ['kɒnflɪkt]	**Konflikt**
clash [klæʃ]	**Konflikt; zusammenstoßen**
a clash of interests	ein Interessenkonflikt
We often clashed [klæʃt].	Wir gerieten oft aneinander.
quarrel ['kwɒrəl]	**Streit; sich streiten**
They seem to have settled their quarrel.	Sie scheinen ihren Streit beigelegt zu haben.
They often quarrelled.	Sie stritten sich oft.
animosity (towards) [ænɪ'mɒsəti]	**Animosität / Feindseligkeit** (gegenüber)
antipathy (to / towards) [æn'tɪpəθi]	**Antipathie / Abneigung** (gegen)
contempt [kən'tempt]	**Verachtung**
hostile ['hɒstaɪl] – **hostility** [hɒ'stɪləti]	**feindselig** – **Feindseligkeit**
They are hostile to foreigners. (→7.6)	Ausländern sind sie feindlich gesinnt.
bad blood [bæd 'blʌd]	**„böses Blut"**
There's bad blood between them.	Sie haben ein gestörtes Verhältnis.
enemy ['enəmi]	**Feind(in)**
She made a lot of enemies there.	Sie hat sich dort viele Feinde gemacht.
opponent [ə'pəʊnənt]	**Gegner(in)**
grudge [grʌdʒ]	**Groll; nicht gönnen**
So that's why she bears me a grudge.	Deshalb also ist sie mir böse.
I don't grudge you your success.	Ich gönne dir deinen Erfolg.

Behaviour towards others **(= Verhalten anderen gegenüber)**
courtesy ['kɜ:təsi] / *politeness* [pə'laɪtnəs] (= Höflichkeit), *respect* (= Achtung), *kind(li)ness* / *friendliness* (= Freundlichkeit), *consideration* [kənsɪdə'reɪʃn] (= Rücksicht), *decency* ['di:snsi] (= Anständigkeit), *tact* (= Takt), *tactfulness* (= Takt)
impoliteness / *rudeness* (= Unhöflichkeit), *disrespect* (= Respektlosigkeit), *unfriendliness* (= Unfreundlichkeit), *thoughtlessness* (= Rücksichtslosigkeit), *tactlessness* (= Taktlosigkeit), *impudence* ['ɪmpjʊdəns] (= Unverschämtheit)

contact ['kɒntækt]	**Kontakt**
We must keep in contact.	Wir müssen in Kontakt bleiben.
We've lost contact.	Wir haben den Kontakt verloren.
touch [tʌtʃ]	(≈ **communication** = **Kommunikation)**
be in touch with someone	mit jemand in Verbindung stehen
He got in touch with her.	Er setzte sich mit ihr in Verbindung.
connection [kə'nekʃn]	**Verbindung**
She has good connections.	Sie hat gute Verbindungen / Beziehungen.
talk [tɔ:k]	**Gespräch; Unterhaltung; Unterredung**
We've got to have a talk about it.	Wir müssen uns darüber unterhalten.
conversation [kɒnvə'seɪʃn]	**Gespräch; Unterhaltung; Konversation**
I overheard your conversation.	Ich habe Ihr Gespräch mit angehört.
dialogue ['daɪəlɒg]	**Dialog**
discussion [dɪ'skʌʃn]	**Diskussion**
There was much discussion about this.	Darüber gab es lange Diskussionen.

11 Sexuality
Sexualität

Sex is a conversation carried out by other means. If you get on well out of bed, half the problems of bed are solved. (*Sir Peter Ustinov, English actor, writer, and film director, born in 1921*)

marital ['mærɪtl] – **extramarital**	**ehelich – außerehelich**
erotic [ɪ'rɒtɪk]	**erotisch**
sex [seks]	**Geschlecht; Sex; Sexualität; Sexual-**
the opposite ['ɒpəzɪt] sex	das andere Geschlecht
sex education [edju'keɪʃn]	Sexualerziehung
sex crime – sex criminal ['krɪmɪnəl]	Sexualverbrechen – Sexualverbrecher
sex offender – sex maniac ['meɪniæk]	Sexualtäter(in) – Triebverbrecher(in)
sexual ['sekʃuəl]	**sexuell; Sexual-; Geschlechts-**
sexual harassment ['hærəsmənt]	sexuelle Belästigung
sexual abuse [ə'bju:s]	sexueller Missbrauch
sexy / **sexually attractive** [ə'træktɪv]	**sexuell attraktiv**
heterosexual [hetərə'sekʃuəl]	**heterosexuell; Heterosexuelle(r)**
homosexual [həʊmə'sekʃuəl]	**homosexuell; Homosexuelle(r)**
homosexuality [həʊməsekʃu'æləti]	**Homosexualität**
gay [geɪ]	**schwul; Schwule(r)**
lesbian ['lezbiən]	**lesbisch; Lesbierin / Lesbe**
come out (– came – come) [kʌm 'aʊt]	**sich als Homosexuelle(r) bekennen**

Ausdrücke für *(sexual) intercourse* ['ɪntəkɔ:s] **(= Geschlechtsverkehr)**
make love to someone, sleep with someone, go to bed with someone, have sex with someone, have sexual relations with someone (= mit jemand sexuelle Beziehungen haben), *be intimate* ['ɪntɪmət] *with someone* (= mit jemand intim sein), *the sexual act* (= der Geschlechtsakt), *sexual union* ['ju:niən] (= sexuelle Vereinigung), *coitus* ['kəʊɪtəs] (= Koitus), *have carnal knowledge of someone* (Rechtssprache: „fleischliche Kenntnis" von jemand haben)

petting ['petɪŋ]	**Petting**
arouse [ə'raʊz] – **arousal** [ə'raʊzl]	**(sexuell) erregen – Erregung**
climax ['klaɪmæks] – **peak** [pi:k]	**Höhepunkt**
orgasm ['ɔ:gæzm]	**Orgasmus**
have (an) / reach / achieve orgasm	einen Orgasmus haben
penis ['pi:nɪs] – **clitoris** ['klɪtərɪs]	**Penis – Klitoris / Kitzler**
erect [ɪ'rekt] – **erection** [ɪ'rekʃn]	**erigiert / steif – Erektion**
ejaculation [ɪdʒækju'leɪʃn]	**Ejakulation; Samenerguss**
semen ['si:mən] – **sperm** [spɜ:m]	**Samen(flüssigkeit); Sperma**
vagina [və'dʒaɪnə]	**Vagina; Scheide**

Cultural note (= kulturelle Anmerkung): *The "man-above position" in intercourse is often called the missionary position, a term that originated in Polynesia, where Christian missionaries taught it as the only "correct" position to the Polynesians, who traditionally preferred other positions.*

frigid ['frɪdʒɪd] – **frigidity** [frɪ'dʒɪdəti]	**frigide – Frigidität**
impotent ['ɪmpətənt] – **impotence**	**impotent – Impotenz**
the potency ['pəʊtnsi] drug Viagra™	das Potenzmittel Viagra™
conception [kən'sepʃn]	**Empfängnis**

Ausdrücke für *contraception* [kɒntrə'sepʃn] (= **Empfängnisverhütung**)
birth control (= Geburtenkontrolle) • *family planning* (= Familienplanung) • *planned parenthood* (= geplante Elternschaft)
Contraceptive methods ['meθədz] **(= Verhütungsmethoden)**
condom ['kɒndəm] (= Kondom / Präservativ) • *cap* (= Pessar) • *intrauterine* [ɪntrə'ju:tərаɪn] *device / IUD* (= Intrauterinpessar) • *diaphragm* ['daɪəfræm] (= Scheidendiaphragma) • *coil / loop* (= Spirale) • *the pill* • *the morning-after pill* (= die Pille am Morgen danach) • *the male pill* (= die Pille für den Mann) • *the rhythm* ['rɪðm] method (= die Knaus-Ogino Methode) • *withdrawal / coitus interruptus* [ɪntə'rʌptəs] (= Coitus interruptus) • *sterilization* [sterəlaɪ'zeɪʃn] (= Sterilisation) • *vasectomy* [və'sektəmi] (= Vasektomie)

pregnant ['pregnənt] – **pregnancy**	**schwanger – Schwangerschaft**
abortion [ə'bɔ:ʃn]	**Schwangerschaftsabbruch**
have an abortion	eine Abtreibung vornehmen lassen
masturbation [mæstə'beɪʃn]	**Masturbation; Selbstbefriedigung**
masturbate ['mæstəbeit]	**masturbieren; onanieren**
sleep around (– slept – slept)	**die Sexualpartner häufig wechseln**
prostitute ['prɒstɪtju:t] – **prostitution**	**Prostituierte(r) – Prostitution**
rent boy *BE* / *AE* **hustler** ['hʌslə]	**Strichjunge; Stricher**
whore [hɔ:]	**Hure**
call girl ['kɔ:l gɜ:l]	**Callgirl**
hooker ['hʊkə] *AE*	**Nutte**
brothel ['brɒθəl]	**Bordell; Puff**

Adult ['ædʌlt] **(= erwachsen / für Erwachsene)**
Adult bookshops = euphemism ['ju:fəmɪzm] (= beschönigende Umschreibung) *for shops specializing in the sale of pornographic books, magazines, videos, etc.*
Adult films, videos, magazines, etc. are not suitable for young people.

soft porn [sɒft 'pɔ:n] – **hard porn**	**weicher Porno – harter Porno**
sadism [eɪ] – **masochism** ['mæsəkɪzm]	**Sadismus – Masochismus**
exhibitionism [eksɪ'bɪʃənɪzm] – **exhibitionist**	**Exhibitionismus – Exhibitionist(in)**
rape [reɪp] – **rapist** ['reɪpɪst]	**Vergewaltigung – Vergewaltiger(in)**

Venereal [və'nɪəriəl] *diseases* (= Geschlechtskrankheiten) *and other sexually transmitted diseases* (= durch Geschlechtsverkehr übertragene Krankheiten): *The two most serious venereal diseases are syphilis* ['sɪfəlɪs] (= Syphilis / Lues) *and gonorrhea* [gɒnə'ri:ə] (= Gonorrhöe / Tripper). – *AIDS is often transmitted through anal* ['eɪnl] *intercourse* (= Aids wird oft durch Analverkehr übertragen).

Personal hygiene
Körperpflege

Man does not live by soap alone; and hygiene, or even health, is not much good unless you can take a healthy view of it – or, better still, feel a healthy indifference to it. (*G.K. Chesterton, English writer, 1874–1936*)

hygiene ['haɪdʒi:n]	**Hygiene**
cleanliness ['klenlinəs]	**Reinlichkeit**
wash [wɒʃ]	**(sich) waschen; Wäsche**
Did you wash your hands?	Hast du dir die Hände gewaschen?
Your green shirt is in the wash.	Dein grünes Hemd ist in der Wäsche.
(a bar of) **soap** [səʊp]	(ein Stück) **Seife**
brush [brʌʃ]	**Bürste; bürsten**
hairbrush, nailbrush, toothbrush	Haarbürste, Nagelbürste, Zahnbürste
Did you brush your teeth [ti:θ]?	Hast du dir die Zähne geputzt?
bath [bɑ:θ]	**Bad**
Did you have *BE* / *AE* take a bath?	Hast du gebadet?
shower ['ʃaʊə]	**Dusche; sich duschen**

Kollokationen mit *have a …*
have a bath (= ein Bad nehmen) • *have a shower* (= duschen) • *have a wash* (= sich waschen) • *have a sauna* ['sɔ:nə] (= in die Sauna gehen) • *have a shave* (= sich rasieren) • *have a haircut* (= sich die Haare schneiden lassen) • *have a blow-dry* (= sich föhnen lassen) • *have a shampoo* [ʃæm'pu:] *and set* (= sich die Haare waschen und legen lassen) • *have a massage* ['mæsɑ:ʒ] (= sich massieren lassen) • *have a shoeshine* (= sich die Schuhe putzen lassen)

flannel *BE* / *AE* **washcloth** [-klɒθ]	**Waschlappen**
sponge [spʌndʒ]	**Schwamm**
towel ['taʊəl]	**Handtuch**
Wait – I'm just towelling myself down.	Warte – ich trockne mich nur noch ab.
rub (oneself) down [rʌb]	**(sich) abrubbeln / abfrottieren**

Die *of*-Konstruktion bei Behälter- und Mengenangaben
a bottle of aftershave / *cologne* [kə'ləʊn] / *shampoo* / *mouthwash* (= eine Flasche Aftershave / Kölnischwasser / etc.) • *a bar of soap* (= ein Stück Seife) • *a box of cotton buds* / *toothpicks* (= eine Schachtel Wattestäbchen / Zahnstocher) • *a pack of tissues* ['tɪʃu:z] (= eine Packung Papiertaschentücher) • *a roll of toilet paper* (= eine Rolle Toilettenpapier) • *a jar of cream* (= eine Dose Creme) • *a tube of toothpaste* (= eine Tube Zahnpasta)

mouthwash – dental floss	**Mundwasser – Zahnseide**
shave [ʃeɪv]	**(sich) rasieren**
shaving cream	Rasiercreme
electric [ɪ'lektrɪk] **razor** / **shaver**	**Elektrorasierer**
shampoo [ʃæm'pu:]	**Haarwaschmittel; Haarwäsche**

shampoo and (hair) conditioner	Shampoo und Pflegespülung
I'm going to shampoo my hair.	Ich will mir die Haare waschen.
hairdryer ['heə draɪə]	**Haartrockner; Föhn**
comb [kəʊm]	**Kamm; kämmen**
hairdresser ['heə dresə]	**Friseur(in)**
She's at the hairdresser's.	Sie ist beim Friseur.
barber ['bɑːbə]	**(Herren-)Friseur**
I'm going to the barber('s).	Ich gehe zum Friseur.
make-up ['meɪk ʌp]	**Make-up; Schminke**
apply [ə'plaɪ] / remove make-up	Make-up auftragen / entfernen

Some cosmetics [kɒz'metɪks] **(= Kosmetika)**
cream (= Creme) • *cleansing* ['klenziŋ] *cream* (= Reinigungscreme) • *moisturizing* ['mɔɪstʃəraɪzɪŋ] *cream* (= Feuchtigkeitscreme) • *face powder* (= Gesichtspuder) • *lipstick* (= Lippenstift) • *eye shadow* (= Lidschatten) • *eyebrow pencil* (= Augenbrauenstift) • *cologne* [kə'ləʊn] (= Eau de Cologne; Kölnischwasser) • *perfume* (= Parfüm) • *deodorant* [di'əʊdrənt] (= Deodorant)

manicure ['mænɪkjʊə] – **pedicure**	**Maniküre – Pediküre**
nail polish / *BE also* **nail varnish**	**Nagellack**
(a pair of) nail scissors ['sɪzəz]	**(eine) Nagelschere**

Lotions ['ləʊʃnz] sind Pflegeflüssigkeiten für die Haut: *body lotion, face lotion, hand lotion, skin lotion, aftershave lotion, pre-shave lotion, suntan lotion* (= Sonnenöl), *baby lotion* etc. – *Rub in some of this lotion twice a day.* (= Reiben Sie sich zweimal täglich mit dieser Flüssigkeit ein.)

cotton wool [wʊl] *BE* / *AE* **cotton** [ɒ]	**Watte**
cotton bud *BE* / *AE* **Q-tip**™ [kjuː]	**Wattestäbchen**
handkerchief ['hæŋkətʃɪf] / **hanky**	**Taschentuch**
tissue ['tɪʃuː] / **Kleenex**™ ['kliːneks]	**Papier- / Tempo™-Taschentuch**
blow [bləʊ] (– blew [bluː] – blown)	**blasen**
Blow your nose, that's a good girl.	Sei schön brav und putz dir die Nase.
sanitary ['sænətri] **towel** *BE* / *AE* **sanitary napkin**	**(Damen-)Binde**
toilet paper / **lavatory paper** / **toilet tissue**	**Toilettenpapier**
the toilet – **the loo** *BE* / *AE* **the john**	**die Toilette – das Klo**
Jamie is in the loo [luː] *BE* / *AE* john.	Jamie ist auf dem Klo.
lavatory ['lævətri]	(*ebenfalls ein Ausdruck für*) **Toilette**
laundry ['lɔːndri]	**Wäscherei; Wäsche**
I'm doing the laundry / washing today.	Ich mache heute die Wäsche.
laund(e)rette *BE* / *AE* **laundromat**™	**Waschsalon**
(dry) cleaners [draɪ 'kliːnəz]	**Reinigung**
My coat is at the cleaners.	Mein Mantel ist in der Reinigung.
I'll have it dry-cleaned [draɪ'kliːnd].	Ich werde es reinigen lassen.

Idiom: *We've been taken to the cleaners.* (= Man hat uns ganz schön geschröpft.)

13 Death
Tod

It is impossible that anything so natural, so necessary, and so universal as death should ever have been designed by providence as an evil to mankind. (*Jonathan Swift, Irish clergyman and satirist, 1667–1745*)

death [deθ]	(der) **Tod; Todesfall**
Aren't you afraid of death?	Hast du keine Angst vor dem Tod?
death by hanging / firing squad [ɒ]	Tod durch Erhängen / Erschießen
There were a number of deaths.	Es gab einige Todesfälle.
death certificate [sə'tɪfɪkət]	Sterbeurkunde; Totenschein
death camp – death cell	Vernichtungslager – Todeszelle
die [daɪ]	**sterben**
He died of cancer ['kænsə] / old age.	Er starb an Krebs / Altersschwäche.
She died from an overdose ['əʊvədəʊs].	Sie starb an einer Überdosis.
They died a natural death.	Sie starben eines natürlichen Todes.

Euphemismen (= verhüllende / beschönigende Ausdrücke) für „sterben"
go (= dahingehen) • *go to a better world* • *pass away* (= dahinscheiden) • *fall asleep* (= einschlafen) • *he / she has closed his / her eyes*

perish ['perɪʃ]	**umkommen**
Millions perished in the camps.	Millionen kamen in den Lagern um.
dying ['daɪɪŋ]	**sterbend; das Sterben**
Dying is a very natural thing.	Sterben ist etwas sehr Natürliches.
the dying	die Sterbenden
on his / her deathbed ['deθbed]	**auf dem Sterbebett**
hospice ['hɒspɪs]	**Sterbeklinik**
anointing [ə'nɔɪntɪŋ] **of the sick**	**Krankensalbung**
dead [ded]	**tot**
The robber was shot dead.	Der Räuber wurde erschossen.
a dead man / woman / person	ein Toter / eine Tote
drop dead	tot umfallen
rise from the dead (– rose – risen)	von den Toten auferstehen

Euphemismen für „tot"
asleep (in Jesus) • *at peace* • *at rest* • *gone* [gɒn] • *in heaven* • *in the arms of Jesus* • *with Jesus* • *with the Lord* • *with us no more*

(his) **demise** [dɪ'maɪz]	(sein) **Ableben / Hinscheiden**
deceased [dɪ'si:st]	**verstorben**
the widow ['wɪdəʊ] of the deceased	die Witwe des Verstorbenen

Bezeichnungen für tote Menschen oder Tiere
(dead) body (= Leiche) • *corpse* (= Leiche) • *stiff* (Slang = Leiche) • *cadaver* [kə'dævə] (= Leiche) • *carcass* ['kɑ:kəs] (= Tierkadaver)

autopsy ['ɔ:tɒpsi] / **postmortem (examination)** | **Obduktion; Leichenöffnung; Autopsie**
perform an autopsy / a postmortem | eine Obduktion durchführen
coffin ['kɒfɪn] – **urn** [ɜ:n] | **Sarg – Urne**
funeral ['fju:nərəl] | **Begräbnis; Beerdigung; Beisetzung**
I was at her funeral. | Ich war auf ihrer Beerdigung.
funeral director / undertaker | Bestattungsunternehmer
funeral home | Bestattungsinstitut
funeral procession – funeral service | Trauerzug / Leichenzug – Trauerfeier

Idiom: *I don't think you'll get your money back, but that's your funeral.* (= Ich glaube nicht, dass du dein Geld zurückkriegst, aber das ist dein Problem.)

churchyard ['tʃɜ:tʃjɑ:d] | **Kirchhof; Friedhof** (bei der Kirche)
bury ['beri] | **begraben**
Where is she buried? | Wo liegt sie begraben?
She is / lies buried in this cemetery. | Sie ist auf diesem Friedhof begraben.
burial ['beriəl] | **Beerdigung; Bestattung**
burial at sea | Seebestattung
lay to rest (– laid – laid) [leɪ] | **zur letzten Ruhe betten**
cremate [krɪ'meɪt] – **cremation** | **einäschern – Einäscherung**
crematorium [kremə'tɔ:riəm] *BE* / *bes. AE* **crematory** ['kremətəri] | **Krematorium**
grave [greɪv] | **Grab**
graveyard – gravedigger – gravestone | Friedhof – Totengräber – Grabstein
tomb [tu:m] | (großes, gemauertes) **Grab; Grabmal**
He laid a wreath [ri:θ] at the Tomb of the Unknown Soldier. | Er legte am Grabmal des Unbekannten Soldaten einen Kranz nieder.
from womb [wu:m] to tomb | (*Idiom*) von der Wiege bis zur Bahre
epitaph ['epɪtɑ:f] | **Grabinschrift; Epitaph**
RIP = rest in peace [pi:s] | (*auf Grabsteinen*) **Ruhe in Frieden**
May he / she rest in peace. | Er / Sie ruhe in Frieden.

Aus der Bestattungsliturgie der *Church of England*
We brought nothing into the world, and we take nothing out. The Lord gives, and the Lord takes away: blessed ['blesɪd] *be the name of the Lord.* (= Wir haben nichts in die Welt gebracht und wir bringen nichts hinaus. Der Herr gibt, der Herr nimmt; der Name des Herrn sei gelobt.)
In the midst of life we are in death. (= In der Mitte des Lebens sind wir vom Tod umgeben.)
Earth to earth, ashes to ashes, dust to dust ... (= Erde zu Erde, Asche zu Asche, Staub zu Staub ...)

requiem mass [rekwiəm 'mæs] | **Totenmesse**
Kaddish ['kædɪʃ] | **Kaddisch** (= jüdisches Totengebet)
mortal ['mɔ:tl] | **sterblich**
his mortal remains [rɪ'meɪnz] | seine sterblichen Überreste
mortal injuries ['ɪndʒəriz] | tödliche Verletzungen
the soul [səʊl] | **die Seele**
Do we have an immortal soul? | Haben wir eine unsterbliche Seele?

afterlife ['ɑ:ftəlaɪf]	**Leben nach dem Tode**
bereaved – **bereavement** [bɪ'ri:vmənt]	**leidtragend** – **Trauerfall**
the bereaved [bɪ'ri:vd]	die Hinterbliebenen
mourn [mɔ:n] – **mourning**	**(be)trauern** – **Trauer**
Thousands mourned for her.	Tausende trauerten um sie.
She's still in mourning.	Sie ist immer noch in Trauer.
obituary [ə'bɪtʃuəri] / **obit** ['ɒbɪt]	(*Zeitung*) **Nachruf, Todesanzeige**
the late ...	**der / die verstorbene ...**
the son of the late Frank Bell	der Sohn des verstorbenen Frank Bell

Der / Die Verstorbene wird euphemistisch auch als *the loved one* (= der / die Geliebte), *the dear departed* (= der / die liebe Dahingeschiedene) oder *the late lamented* [lə'məntɪd] (*lament* = beklagen / beweinen) bezeichnet.

starve [stɑ:v] – **starvation**	**verhungern** – **Verhungern**
Millions have starved to death.	Millionen sind verhungert.
die of starvation [stɑ:'veɪʃn]	hungers sterben
drown [draʊn]	**ertrinken; ertränken**
She (was) drowned.	Sie ertrank.
death by drowning	Tod durch Ertrinken
terminal ['tɜ:mɪnl]	**End-; unheilbar**
terminal cancer ['kænsə]	unheilbarer Krebs
She is terminally ill.	Sie ist unheilbar krank.
euthanasia [ju:θə'neɪziə]	**Euthanasie; Sterbehilfe**
practise / perform passive euthanasia	passive Sterbehilfe leisten
suicide ['su:ɪsaɪd]	**Selbstmord; Selbsttötung; Freitod**
She committed [kə'mɪtɪd] suicide.	Sie beging Selbstmord.

In *obituaries* (= Todesanzeigen / Nachrufen) wird *suicide* häufig durch die verhüllende Umschreibung *after a brief* [bri:f] *illness* (= nach kurzer Krankheit) angedeutet. *After a long illness* dagegen deutet auf *cancer* (= Krebs).

kill someone [kɪl]	**jemand töten / umbringen**
The crash killed [kɪld] 96 people.	Bei dem Absturz kamen 96 Menschen ums Leben.
liquidate someone ['lɪkwɪdeɪt]	**jemand liquidieren**
lynch someone [lɪntʃ]	**jemand lynchen**
The mob tried to lynch him.	Die Menge versuchte ihn zu lynchen.
poison someone ['pɔɪzn]	**jemand vergiften**
Did Napoleon die of poisoning?	Starb Napoleon an einer Vergiftung?

Die Endsilbe -*cide* [-saɪd] bedeutet „Mord / Tötung"
infanticide [ɪn'fæntɪsaɪd] (= Kindesmord) • *matricide* ['meɪtrɪsaɪd] (= Muttermord) • *patricide* [æ] / *parricide* (= Vatermord) • *fratricide* [æ] (= Geschwistermord) • *regicide* ['redʒɪsaɪd] (= Königsmord) • *suicide* ['su:ɪsaɪd] (= Selbstmord) • *genocide* ['dʒenəsaɪd] (= Völkermord)

do away with someone (– did – done)	**jemand umbringen**
The witness has been done away with.	Den Zeugen hat man umgebracht.
bump someone off	**jemand umlegen / kaltmachen**
He was bumped off by the gang.	Er wurde von der Bande kaltgemacht.

Mit zahllosen *slang*-Ausdrücken wird *die* und *kill* drastisch ausgedrückt, z.B. „ins Gras beißen", „abkratzen", „den Löffel abgeben" etc.:
bite the dust (= „in den Staub beißen") • *kick the bucket* (= „den Eimer wegtreten") • *go west* (= „nach Westen fahren") • *cash in one's chips* (= „seine Chips einlösen") • *knock off* („Feierabend machen") • *pop off* (= verschwinden) • *buy the farm* (= „die Farm kaufen")
„Abmurksen", „kaltmachen", „fertigmachen", „um die Ecke bringen" etc.:
knock someone off • *finish someone off* (= jemand fertigmachen) • *do someone in* • *take care of someone* (= „sich um jemand kümmern") • *let someone have it* (= es jemand geben) • *give someone the works* • *send someone up the river*

execute ['eksɪkju:t] – **execution**	**hinrichten – Hinrichtung**
execution by firing squad / by shooting	Hinrichtung durch Erschießen

Methods of inflicting [ɪn'flɪktɪŋ] ***the death penalty*** ['deθ penlti]
(= Hinrichtungsmethoden)
hanging (= Erhängen) • *electrocution / electric chair* (= elektrischer Stuhl) • *gas chamber* [eɪ] (= Gaskammer) • *firing squad* [ɒ] (= Erschießungskommando / Erschießen) • *lethal* ['li:θl] *injection* (= Todesspritze) • *beheading* (= Köpfen) • *guillotine* ['gɪləti:n] (= Guillotine / Fallbeil) • *crucifixion* [kru:sə'fɪkʃn] (= Kreuzigung) • *stoning* (= Steinigung) • *burning at the stake* (= Scheiterhaufen)

will / testament ['testəmənt]	**Testament**
my last will and testament	mein letzter Wille

"You wouldn't have any single rooms, would you?"

The family
Die Familie

1 **Family relations**
Verwandtschaftliche Beziehungen

2 **Marriage and divorce**
Ehe und Ehescheidung

3 **Parents and children**
Eltern und Kinder

2

1

Family relations
Verwandtschaftliche Beziehungen

God gives us relatives; thank God we can choose our friends. (*Proverb*)

relation [rɪ'leɪʃn] — **Verwandte(r)**
She's no relation of mine. — Sie ist nicht mit mir verwandt.
relative ['relətɪv] — **Verwandte(r)**
Do you have any relatives in this country? — Haben Sie hier in England etc. Verwandte?
ancestor ['ænsestə] — **Vorfahr**
Her ancestors came from Ireland. — Ihre Vorfahren kamen aus Irland.
descent [dɪ'sent] — **Abstammung; Herkunft**
They're of Irish descent. — Sie sind irischer Abstammung.
stock [stɒk] — **Abstammung; Herkunft**
Americans of European stock — Amerikaner europäischer Herkunft
family ['fæməli] — **Familie**
Our family has lived here for generations [dʒenə'reɪʃnz]. — Unsere Familie lebt seit Generationen hier.
We're thinking of starting a family. — Wir wollen uns jetzt Kinder zulegen.
family tree [fæməli 'tri:] — Stammbaum
my folks [fəuks] — **meine Leute / Verwandten / Familie**
next of kin [nekst əv 'kɪn] — **nächste(r) Verwandte(r)**
Have the next of kin been notified ['nəʊtɪfaɪd]? — Sind die nächsten Verwandten benachrichtigt worden?

☞ *Family* wird im BE gern als Plural konstruiert, wenn mehr an die einzelnen Mitglieder als an die Gesamtheit gedacht wird; das AE bevorzugt stets die Singularkonstruktion:
*My family **are** / **is** scattered all over the globe.* (= Meine Familie ist über den ganzen Erdball verstreut.)

father ['fɑ:ðə] – **mother** ['mʌðə] — **Vater – Mutter**

Zusammensetzungen mit *step-*
stepfather (= Stiefvater) • *stepmother* (= Stiefmutter) • *stepparents* (= Stiefeltern) • *stepson* (= Stiefsohn) • *stepdaughter* (= Stieftochter) • *stepchildren* (= Stiefkinder) • *stepbrother* (= Stiefbruder) • *stepsister* (= Stiefschwester)

son [sʌn] – **daughter** ['dɔ:tə] — **Sohn – Tochter**
brother ['brʌðə] – **sister** ['sɪstə] — **Bruder – Schwester**
half-brother – half-sister — Halbbruder – Halbschwester

in-laws
father-in-law ['fɑ:ðər ɪn lɔ:] (= Schwiegervater) • *mother-in-law* (= Schwiegermutter) • *parents-in-law* (= Schwiegereltern) • *son-in-law* (= Schwiegersohn) • *daughter-in-law* (= Schwiegertochter) • *brother-in-law* (= Schwager) • *sister-in-law* (= Schwägerin)

My in-laws are coming to see us next weekend. (= Meine Schwiegereltern / angeheirateten Verwandten kommen uns nächstes Wochenende besuchen.)

uncle ['ʌŋkl] – **aunt** [ɑːnt] — **Onkel – Tante**
nephew ['nefjuː] – **niece** [niːs] — **Neffe – Nichte**
cousin ['kʌzn] — **Cousin / Vetter; Cousine**
Brenda is a cousin of mine. — Brenda ist eine Cousine von mir.

Zusammensetzungen mit *grand-* [grænd-] **und *great-*** [greɪt-]
grandfather (= Großvater) • *grandmother* (= Großmutter) • *grandparents* (= Großeltern) • *grandson* (= Enkel) • *granddaughter* (= Enkelin) • *grandchildren* (= Enkelkinder)
great-aunt / grandaunt (= Großtante) • *great-uncle / granduncle* (= Großonkel) • *great-nephew / grandnephew* (= Großneffe) • *great-niece / grandniece* (= Großnichte)
great-grandfather (= Urgroßvater) • *great-grandmother* (= Urgroßmutter) • *great-grandparents* (= Urgroßeltern) • *great-grandson* (= Urenkel) etc.
great-great-grandfather (= Ururgroßvater) etc.

"My in-laws are coming."

2 Marriage and divorce
Ehe und Ehescheidung

An ideal wife is any woman who has an ideal husband.
(*Booth Tarkington, US novelist and playwright, 1869–1946*)

marriage ['mærɪdʒ]	**Ehe; Heirat**
She has a daughter by a previous marriage.	Sie hat eine Tochter aus einer früheren Ehe.
The marriage took place in church.	Die Trauung fand in der Kirche statt.
marriage certificate [sə'tɪfɪkət]	Trauschein; Heiratsurkunde
marriage (guidance) counsellor	Eheberater(in)
marry ['mæri]	**heiraten; trauen**
Will you marry me?	Willst du mich heiraten?
They were married by the bishop.	Sie wurden vom Bischof getraut.
She's married to an artist.	Sie ist mit einem Künstler verheiratet.
They got married in 1994.	Sie haben 1994 geheiratet.
married couple [mærid 'kʌpl]	Ehepaar
matrimony ['mætrɪməni]	(*förmliches Wort für*) (die) **Ehe**
bachelor ['bætʃələ]	**Junggeselle**
He stayed a bachelor all his life.	Er blieb sein Leben lang Junggeselle.
common-law marriage ['kɒmən]	**eheähnliche Lebensgemeinschaft**
Ted and his common-law wife	Ted und seine Lebensgefährtin
propose to someone [prə'pəʊz]	**jemand einen Heiratsantrag machen**
He proposed to her.	Er machte ihr einen Heiratsantrag.
proposal (of marriage) [prə'pəʊzl]	**(Heirats-)Antrag**
engaged (to be married) [ɪn'geɪdʒd]	**verlobt**
They've just got engaged.	Sie haben sich gerade verlobt.
engagement [ɪn'geɪdʒmənt]	**Verlobung**
her **fiancé** – his **fiancée** [fi'ɒnseɪ]	ihr **Verlobter** – seine **Verlobte**
wedding ['wedɪŋ]	**Trauung; Hochzeit**
wedding ceremony ['serəməni]	Trauung; Eheschließung
wedding dress – wedding ring	Hochzeitskleid – Trauring / Ehering
She wants (to have) a church wedding.	Sie möchte sich kirchlich trauen lassen.
shotgun wedding	(„Schrotflintenheirat") Mussheirat
It was a shotgun wedding.	Sie mussten heiraten.
silver / golden wedding (anniversary)	silberne / goldene Hochzeit
We celebrated our silver wedding last year.	Wir haben voriges Jahr unsere Silberhochzeit gefeiert.
wed [wed]	(*in Boulevardzeitungen*) **heiraten**
Prince to wed dancer	Prinz wird Tänzerin heiraten
registry office / **register office** *BE*	**Standesamt**
registry-office wedding / civil wedding	standesamtliche Trauung
the banns [bænz]	**das Aufgebot**
bride and (bride)groom [gru:m]	**Braut und Bräutigam**
bridesmaid ['braɪdzmeɪd]	**Brautjungfer**
best man [best 'mæn]	**Trauzeuge** (des Bräutigams)
honeymoon ['hʌnimu:n]	**Flitterwochen; Hochzeitsreise**
The newlyweds went to Rome for their honeymoon.	Ihre Flitterwochen verbrachten die Neuvermählten in Rom.

husband ['hʌzbənd] **and wife**	**(Ehe-)Mann und (Ehe-)Frau**
(Give) My regards to your wife.	Grüßen Sie Ihre Frau.
her ex-husband	ihr Exmann
spouse [spaʊs]	*(förmlich)* **(Ehe-)Gatte / Gattin**
partner ['pɑːtnə]	**Partner(in); Lebensgefährte / -gefährtin**
gay marriage [geɪ 'mærɪdʒ]	**Homo-Ehe**
wear [eə] **the pants** (– wore – worn)	**die Hosen anhaben**
She's the one who wears the pants.	Sie ist diejenige, die die Hosen anhat.
anniversary [ænɪ'vɜːsəri]	**Hochzeitstag**
our 20th wedding anniversary	unser 20. Hochzeitstag
legitimate [lɪ'dʒɪtəmət] – **illegitimate**	**ehelich – nichtehelich**
legitimate and illegitimate children	eheliche und nichteheliche Kinder
faithful ['feɪθfl] – **unfaithful**	**treu – untreu**
I've never been unfaithful to you.	Ich bin dir nie untreu geworden.
infidelity [ɪnfɪ'deləti]	**Untreue** *(in Ehe bzw. Partnerschaft)*
adultery [ə'dʌltəri]	**Ehebruch**
commit [kə'mɪt] adultery	Ehebruch begehen
affair [ə'feə]	(außereheliches) **Verhältnis; Affäre**
an extramarital (love) affair	ein außereheliches (Liebes-)Verhältnis
Did he have an affair with her?	Hatte er wohl ein Verhältnis mit ihr?
mistress ['mɪstrəs]	**Geliebte; Mätresse**
lover ['lʌvə]	**Liebhaber; Geliebter**
His wife had a lover.	Seine Frau hatte einen Liebhaber.
philanderer [fɪ'lændərə]	**Schürzenjäger; Frauenheld**
separate ['sepəreɪt]	**sich trennen**
His parents are separated.	Seine Eltern leben getrennt.
separation [sepə'reɪʃn]	**Trennung**
break up (– broke – broken)	**in die Brüche gehen**
Their marriage has broken up.	Ihre Ehe ist gescheitert.
on the rocks [rɒks]	*(Ehe)* **gescheitert, kaputt**
divorce [dɪ'vɔːs]	**(Ehe-)Scheidung**
Sue has filed for divorce.	Sue hat die Scheidung eingereicht.
Ken wants a divorce.	Ken will sich scheiden lassen.
contested / uncontested divorce	streitige / einverständliche Scheidung
She wants to divorce him.	Sie will sich von ihm scheiden lassen.
They (got) divorced.	Sie ließen sich scheiden.
alimony ['ælɪməni]	**Unterhalt** (nach der Scheidung)
He has to pay alimony to his former wife.	Er muss seiner früheren Frau Unterhalt zahlen.

Aus *pal* (= Gefährte / Gefährtin) und *alimony* hat man im AE umgangssprachlich das Wort *palimony* gebildet, mit dem Unterhalt(szahlung) nach der Auflösung einer eheähnlichen Lebensgemeinschaft bezeichnet wird.

custody ['kʌstədi]	**elterliche(s) Sorge(recht)**
She got custody of the children.	Die Kinder wurden ihr zugesprochen.
widow ['wɪdəʊ] – **widower** ['wɪdəʊə]	**Witwe – Witwer**
bigamy ['bɪgəmi] – **bigamist**	**Bigamie – Bigamist(in)**

Parents and children
Eltern und Kinder

→ 1.4 Childhood and youth

The thing that impresses me most about America is the way parents obey their children. (*Edward, Duke of Windsor, king of Britain Jan.– Dec. 1936, 1894–1972*)

pregnancy ['pregnənsi]	**Schwangerschaft**
morning sickness ['mɔ:nɪŋ sɪknəs]	**morgendliche Übelkeit**

Dass eine Frau schwanger (= *pregnant*) ist, kann auf unterschiedliche Weise ausgedrückt werden:
She's going to have a baby. She's having a baby. She's expecting. She's in the family way. – *An expectant mother* ist eine werdende Mutter.

labour ['leɪbə]	(die) **(Geburts-)Wehen**
the onset of labour	das Einsetzen der Wehen
midwife ['mɪdwaɪf] *Pl.* midwives	**Hebamme**
delivery [dɪ'lɪvəri]	**Entbindung**
birth [bɜ:θ]	**Geburt**
before / after birth	vor / nach der Geburt
give birth to a child (– gave – given)	ein Kind zur Welt bringen
birth certificate [sə'tɪfɪkət]	Geburtsurkunde
Caesarean (section) [sɪ'zeəriən]	**Kaiserschnitt**
miscarriage ['mɪskærɪdʒ]	**Fehlgeburt**
premature ['premətʃə]	**vorzeitig**
The baby was ten weeks premature.	Das Baby kam zehn Wochen zu früh.
twin(s) [twɪn(z)]	**Zwilling(e)**
baptism / **christening** ['krɪsnɪŋ]	**Taufe**
godchild ['gɒdtʃaɪld] *Pl.* -children	**Patenkind**
godfather – **godmother**	**Patenonkel** – **Patentante**

Kosewörter (= *terms of endearment*)
Für *father: dad, daddy, pa* [pɑ:], *papa* [pə'pɑ:], *pop, my old man.*
Für *mother: ma, mum* BE, *mummy* BE, *mom* AE, *mommy* AE, *mam(m)a* ['mɑ:mə] AE, *my old lady.*
Für *the child: the little one, the little guy* [gaɪ], *the kid, our darling, our little angel* ['eɪndʒl], *the moppet* (= *little girl:* der kleine Fratz), *the little bugger* (= der kleine Kerl), *you little rascal* ['rɑ:skl] (= du kleiner Schlingel).

bottle-feed – **breast-feed** (– fed – fed)	**mit der Flasche ernähren** – **stillen**
nappy *BE* / *AE* **diaper** ['daɪəpə]	**Windel**
change the baby's nappy / diaper	das Baby wickeln
potty ['pɒti]	**Töpfchen**
Have you been to the potty?	Bist du auf dem Topf gewesen?
potty training / toilet training	Sauberkeitserziehung

bath [bɑ:θ] *BE* / *AE* **bathe** [beɪð] the baby	das Baby **baden**
lullaby ['lʌləbaɪ]	**Wiegenlied; Schlaflied**
bedtime story [bedtaɪm 'stɔ:ri]	**Gutenachtgeschichte**
the terrible twos [terəbl 'tu:z]	**das Trotzalter** (im 2. Lebensjahr)

Family wird oft in der Bedeutung *children* verwendet: *The couple doesn't / don't want to start a family yet.* (= Das Paar will zunächst noch keine Kinder.) Beachten Sie, dass hier *couple* sowohl als Singular (*doesn't*) als auch als Plural (*don't*) konstruiert werden kann.

care [keə]	**Obhut; Pflege**
An aunt took the child into care.	Eine Tante nahm das Kind in Pflege.
foster parents ['fɒstə peərənts]	**Pflegeeltern**
adopt – adoption [ə'dɒpʃn]	**adoptieren – Adoption**
an adopted child [ə'dɒptɪd]	ein adoptiertes Kind / Adoptivkind
put up for adoption (– put – put)	zur Adoption freigeben
guardian ['gɑ:diən] – **guardianship**	**Vormund – Vormundschaft**
orphan ['ɔ:fn] – **orphanage** ['ɔ:fnɪdʒ]	**Waise(nkind) – Waisenhaus**
bring up / **raise** / **rear** [rɪər] **a child**	**ein Kind großziehen**
upbringing ['ʌpbrɪŋɪŋ]	**Erziehung; Kinderstube**
She had a strict upbringing.	Sie wurde streng erzogen.
single parent [sɪŋgl 'peərənt]	**allein Erziehende(r)**
working mother [wɜ:kɪŋ 'mʌðə]	**berufstätige Mutter**
take after someone (– took – taken)	**jemand nachschlagen / ähnlich sein**
She takes after her mother.	Sie kommt nach ihrer Mutter.
educate ['edjukeɪt]	**erziehen; bilden**
She was educated at home.	Sie wurde zu Hause unterrichtet.
education [edju'keɪʃn]	**Erziehung; Bildung**
gifted children ['gɪftɪd tʃɪldrən]	**besonders begabte Kinder**
special education for the gifted	Begabtenförderung
(mentally) retarded [rɪ'tɑ:dɪd]	**(geistig) zurückgeblieben**
pocket money *BE* / *AE* **allowance**	**Taschengeld**
We've increased his allowance.	Wir haben sein Taschengeld erhöht.
chores [tʃɔ:z]	(lästige) **häusliche Pflichten**
do chores around the house	Arbeiten im Hause verrichten
grownup ['grəunʌp]	(*Kindersprache*) **Erwachsene(r)**
Don't tell the grownups.	Sag das nicht den Erwachsenen!
tell someone off (– told – told)	**jemand ausschimpfen**
She told him off for hitting Ken.	Sie schimpfte mit ihm, weil er Ken gehauen hatte.
She gave him a good telling-off.	Sie hat ihn ganz schön ausgeschimpft.
scold [skəʊld] a child	ein Kind **ausschimpfen** / **schelten**
hit a child (– hit – hit)	ein Kind **schlagen** / **hauen**
spoil a child (– spoilt* – spoilt*)	ein Kind **verziehen** / **verwöhnen**
neglect [nɪ'gləkt] a child	ein Kind **vernachlässigen**
abandon [ə'bændən] a child	ein Kind **aussetzen**
ill-treat [ɪl'tri:t] a child	ein Kind **misshandeln**
child abuse ['tʃaɪld əbju:s]	**Kindesmisshandlung** / **-missbrauch**

Eating, drinking, clothing
Essen, Trinken, Kleidung

Foods
Nahrungsmittel

→15.1 Animals, 15.2 Plants

Tell me what you eat and I will tell you what you are. (*Proverb*)

food [fuːd] (= Nahrung / Futter / Essen / Kost) • *health food* (= Reformkost) • *junk food* (= minderwertige Kost) • *fast food* (= Schnellgerichte) • *convenience food* (= Fertignahrung) • *low-cal food* (= kalorienarme Kost)

milk (= Milch) • *full-cream milk* BE / AE *whole* [həʊl] *milk* (= Vollmilch) • *low-fat milk* / *skim(med) milk* (= fettarme Milch)

butter (= Butter) • *cream* (= Sahne) • *sour cream* (= saure Sahne) • *whipped* [wɪpt] *cream* (= Schlagsahne) • *ice cream* (= Speiseeis) • *yoghurt* ['jɒgət] (= Joghurt)

cheese [tʃiːz] (= Käse) • *cottage cheese* (= Hüttenkäse) • *goat cheese* (= Ziegenkäse) • *sheep's milk cheese* (= Schafskäse) • *Swiss cheese* (= Schweizer Käse) • *American cheese* AE (= Chester)

egg (= Ei) • *boiled* [bɔɪld] *egg* (= gekochtes Ei) • *fried* [fraɪd] *eggs* (= Spiegeleier) • *scrambled* ['skræmbld] *eggs* (= Rührei)

bread [bred] (= Brot) • *white bread* (= Weißbrot) • *brown bread* (= Graubrot) • *rye* [raɪ] *bread* (= Roggenbrot) • *wholemeal* ['həʊlmiːl] *bread* BE / AE *whole-grain bread* / AE *whole-wheat* [wiːt] *bread* (= Vollkornbrot) • *baguette* [bə'get] • *roll* (= Brötchen) • *bun* (= süßes Brötchen) • *scone* [skɒn] (= weicher kleiner Kuchen, der, mit Butter bestrichen, zum Tee gegessen wird) • *sandwich* (= „Klappstulle") • *open sandwich* (= belegtes Brot) • *club sandwich* / *double-decker* (= „Doppeldecker"-Sandwich)

pastries ['peɪstriz] (= Gebäck) • *cake* (= Kuchen) • *gateau* ['gætəʊ] (= Torte) • *tart* (= Obstkuchen / -törtchen) • *pancake* (= Eierkuchen) • *omelette* ['ɒmlət] (= Omelett) • *doughnut* ['dəʊnʌt] (= Berliner [Pfannkuchen]) • *waffle* ['wɒfl] (= Waffel) • *shortbread* (= schottischer Butterteigkeks) • *biscuit* ['bɪskɪt] BE / AE *cookie* (= Keks) • *cracker* (= ungesüßter Keks)

Fruitcake ['fruːtkeɪk] ist ein englischer Napfkuchen, der *raisins* (= Rosinen), *currants* (= Korinthen), *nuts* (= Nüsse) etc. enthält. – *Nut(s)* bezeichnet auch jemand, der ein bisschen verrückt ist: *He's a bit of a nut.* (= Er spinnt ein bisschen.) *You must be nuts.* (= Du spinnst wohl.) *She's as nutty as a fruitcake* heißt, dass sie total verrückt ist. Schließlich kann man auch eine Person selbst als *fruitcake* bezeichnen: *You're a fruitcake.* (= Du hast ja 'ne Macke.)

grain (= Getreide) • *rye* (= Roggen) • *wheat* [wiːt] (= Weizen) • *flour* ['flaʊə] (= Mehl) • *bran* (= Kleie) • *oats* (= Hafer) • *rice* (= Reis)

cereals ['sɪərɪəlz] (= Getreideflocken) • *cornflakes* • *rolled oats* (= Haferflocken) • *porridge* BE / AE *oatmeal* (= Haferbrei)

sweets (= Süßigkeiten) • *candy* AE (= Bonbon / Bonbons / Süßigkeiten) • *butterscotch* (= Karamellbonbons) • *toffee* (= Sahnebonbon) • *a bar of chocolate* ['tʃɒklət] (= ein Riegel / eine Tafel Schokolade)

pasta ['pæstə] (= Teigwaren / Nudeln) • *dough* [dəʊ] (= Teig) • *noodles* (= Nudeln) • *spaghetti* • *macaroni* • *ravioli* • *vermicelli* [vɜːmɪ'tʃeli] (= Fadennudeln) • *pizza* ['piːtsə] • *dumpling* (= Kloß / Knödel)

meat [miːt] (= Fleisch) • *beef* (= Rindfleisch) • *pork* (= Schweinefleisch) • *veal* (= Kalbfleisch) • *lamb* [læm] (= Lammfleisch) • *mutton* (= Hammelfleisch) • *bacon* ['beɪkən] (= Speck) • *ham* (= Schinken) • *meatball* (= Frikadelle / Bulette)

poultry ['pəʊltri] (= Geflügel) • *chicken* (= Huhn) • *duck* (= Ente) • *goose* [guːs] (= Gans) • *turkey* (= Truthahn / Pute) • *pheasant* ['feznt] (= Fasan)

game (= Wild) • *venison* ['venɪsn] (= Hirsch / Reh) • *hare* (= Hase) • *rabbit* (= Kaninchen) • *wild boar* [waɪld 'bɔː] (= Wildschwein)

sausage ['sɒsɪdʒ] (= Wurst) • *liver* ['lɪvə] *sausage* BE / AE *liverwurst* (= Leberwurst) • *frank(furter)* ['fræŋk(fɜːtə)] (= Frankfurter Würstchen) • *hot dog* • *pâté* ['pæteɪ] (= Pastete)

seafood (= Meeresfrüchte) • *fish* (= Fisch) • *eel* (= Aal) • *haddock* (= Schellfisch) • *halibut* ['hælɪbət] (= Heilbutt) • *herring* (= Hering) • *kipper* (= Bückling) • *plaice* (= Scholle) • *salmon* ['sæmən] (= Lachs) • *smoked salmon* (= Räucherlachs) • *sole* (= Seezunge) • *trout* (= Forelle) • *tuna* ['tjuːnə] (= Thunfisch) • *shellfish* (= Schalentiere) • *lobster* (= Hummer) • *oyster* (= Auster) • *shrimps* (= kleinere Krabben / Garnelen) • *prawns* [prɔːnz] (= größere Krabben / Garnelen) • *scampi* ['skæmpi]

soup [suːp] (= Suppe) • *broth* [brɒθ] / *consommé* [kən'sɒmeɪ] (= klare Suppe / Brühe) • *stew* [stjuː] (= Eintopf)

sauce [sɔːs] (= Soße) • *Worcester* ['wʊstə] *sauce* BE / AE *Worcestershire sauce* (= Worcestersoße) • *gravy* ['greɪvi] (= Bratensoße)

fat (= Fett) • *oil* (= Öl) • *olive oil* [ɒlɪv 'ɔɪl] (= Olivenöl) • *margarine* [mɑːdʒə'riːn] • *lard* (= Schweineschmalz)

herbs [hɜːbz] (= Gewürzkräuter) • *spice* (= Gewürz) • *seasoning* ['siːznɪŋ] (= Gewürze) • *salt* [sɔːlt] (= Salz) • *pepper* (= Pfeffer) • *curry* ['kʌri] • *mustard* ['mʌstəd] (= Senf) • *garlic* (= Knoblauch) • *parsley* ['pɑːsli] (= Petersilie) • *vanilla* [və'nɪlə] (= Vanille)

vegetable(s) ['vedʒtəbl(z)] (= Gemüse) • *asparagus* [ə'spærəgəs] (= Spargel) • *beans* (= Bohnen) • *peas* (= Erbsen) • *cabbage* (= Kohl) • *Brussels sprouts* (= Rosenkohl) • *cauliflower* (= Blumenkohl) • *spinach* ['spɪnɪtʃ] (= Spinat) • *maize* BE / AE *corn* (= Mais) • *mushroom* (= Speisepilz / Champignon) •

tomato [tə'mɑ:təʊ] Pl. *-oes* (= Tomate) • *cucumber* ['kju:-] (= Gurke) • *onion* ['ʌnjən] (= Zwiebel) • *radish* [æ] (= Radieschen) • *horseradish* (= Meerettich) • *lettuce* (= Kopfsalat) • *rhubarb* (= Rhabarber)

Zu den *vegetables* werden im Englischen auch ausdrücklich Kartoffeln (= *potatoes* [pə'teɪtəʊz]) gerechnet. *Meat and two vegetables* wäre entsprechend als Fleisch mit Kartoffeln und Gemüse zu verstehen. – Kartoffelgerichte: *boiled potatoes* (= Salzkartoffeln) • *potatoes boiled in their skins* (= Pellkartoffeln) • *fried potatoes* (= Bratkartoffeln) • *(potato) chips* BE / AE *French fried potatoes* / *French fries* (= Pommes frites) • *baked potatoes* (= in der Schale gebackene Kartoffeln) • *mashed potatoes* (= Kartoffelbrei) • *potato salad* (= Kartoffelsalat) • *potato pancakes* (= Kartoffelpuffer)

fruit [fru:t] (= Obst) • *apple* (= Apfel) • *pear* [peə] (= Birne) • *cherry* (= Kirsche) • *plum* (= Pflaume) • *peach* (= Pfirsich) • *grape* (= Weintraube) • *berries* (= Beeren) • *strawberries* (= Erdbeeren) • *blackberries* (= Brombeeren) • *raspberries* ['rɑ:zbəriz] (= Himbeeren) • *blueberries* (= Blaubeeren) • *gooseberries* ['gʊzbəriz] (= Stachelbeeren) • *black currants* (= schwarze Johannisbeeren) • *raisins* ['reɪznz] (= Rosinen) • *banana* [bə'nɑ:nə] (= Banane) • *orange* ['ɒrɪndʒ] (= Apfelsine) • *grapefruit* • *lemon* [e] (= Zitrone) • *pineapple* (= Ananas) • *date* (= Dattel) • *olive* ['ɒlɪv] (= Olive)

Dem deutschen Schlagwort Bio- entspricht bei Lebensmitteln in der Regel das Adjektiv *organic* [ɔ:'gænɪk]: *organic food* (= Biokost / Biolebensmittel), *organic vegetables* (= Biogemüse), *organic fruits* (= Bioobst), *organic milk* (= Biomilch), *organic products* ['prɒdʌkts] (= Bioerzeugnisse).
Der Abfall, der von Biolebensmitteln übrig bleibt, heißt *organic waste* (= Biomüll). Die Landwirte, die biologischen Anbau betreiben, nennt man folgerichtig *organic farmers* (= Biobauern / Ökobauern), die Anbaumethode *organic farming* (= Bioanbau / biologischer Anbau). Wenn ein Bauernhof zu ökologischem Landbau übergeht, so gebraucht man dafür häufig das Verb *go*: *The farm went fully organic ten years ago.* (= Vor zehn Jahren stellte der Hof vollkommen auf Bioanbau um.) Auch *bio-* [baɪəʊ] findet sich im Englischen, allerdings in anderen Zusammensetzungen: *bio bin* (= Biotonne), *biodegradable* [baɪəʊdɪ'greɪdəbl] (= biologisch abbaubar), *bioengineering* [baɪəʊenʒɪ'nɪərɪŋ] (= Biotechnik), *biofuel* [baɪəʊ'fju:əl] (= Biotreibstoff), *bioethics* [baɪəʊ'eθɪks] (= Bioethik), *bioweapons* [baɪəʊ'wepnz] (= biologische Waffen).
Den Bioläden entsprechen im Englischen in etwa *wholefood* ['həʊlfu:d] *shops* oder *organic food shops.*

nut (= Nuss) • *walnut* ['wɔ:lnʌt] (= Walnuss) • *hazelnut* ['heɪzlnʌt] (= Haselnuss) • *peanut* (= Erdnuss) • *chestnut* ['tʃesnʌt] (= Kastanie)

salad ['sæləd] (= Salat) • *salad dressing* (= Salatsoße) • *mixed salad* / *tossed salad* (= gemischter Salat) • *green salad* (= grüner Salat) • *tomato salad* (= Tomatensalat) • *coleslaw* ['kəʊlslɔ:] (= Kohl- / Krautsalat) • *fruit salad* (= Obstsalat)

Zum Ausdruck der Frische (*freshly caught fish, freshly baked bread*) wird häufig die Form ohne *-ly* verwendet: *fresh-caught trout* (= fangfrische Forellen), *fresh-baked bread* (= frisch gebackenes Brot), *fresh-picked strawberries* (= frisch gepflückte Erdbeeren), *fresh-squeezed orange juice* (= frisch ausgepresster Orangensaft), *fresh-brewed coffee* (= frisch zubereiteter Kaffee), *new-laid* / *fresh-laid eggs* (= frisch gelegte Eier).

Beverages
Getränke

→ 12.10 Drinking and smoking

Pure water is better than bad wine. (*Proverb*)

soft drinks [sɒft 'drɪŋks]	**alkoholfreie Getränke**
(still mineral ['mɪnərəl]**) water**	**(stilles Mineral-)Wasser**
sparkling / fizzy water	Sprudel
drinking water – tap water	Trinkwasser – Leitungswasser
tonic [ɒ] (water) / *AE* quinine ['kwaɪnaɪn] water	Tonic
seltzer (water) ['seltsə]	**Selters(wasser)**
soda (water) / *AE auch* **club soda**	**Soda(wasser)**
soda ['səʊdə] **(pop)** *AE* / *BE* **pop**	**Limo(nade); Brause**
Soda (pop) / Pop is a sweet fizzy drink.	Limonade ist ein süßer Sprudel.
cream soda [kri:m 'səʊdə] *AE*	(kohlensäurehaltiges Vanillegetränk)

Dass ein Getränk kohlensäurehaltig ist, kann mit den Adjektiven *carbonated* ['kɑ:bəneɪtɪd], *fizzy* ['fɪzi] oder *gassy* ['gæsi] ausgedrückt werden: *Colas are carbonated / fizzy soft drinks. American beers are too gassy for my taste.*

lemonade [lemə'neɪd]	**(Zitronen-)Limonade**
cola ['kəʊlə]	**(Coca-Cola™, Coke™, Pepsi™ etc.)**
ginger ale [dʒɪndʒər 'eɪl]	(kohlensäurehaltiges alkoholfreies Getränk mit Ingwergeschmack)
ginger beer [dʒɪndʒə 'bɪə]	(leicht alkoholhaltiges) **Ingwerbier**
root beer ['ru:t bɪə] *AE*	**Limonade** (aus Wurzelextrakten)
(fruit) juice [('fru:t) dʒu:s]	**(Frucht-)Saft**
apple / pineapple juice	Apfel- / Ananassaft
grape / grapefruit juice	Trauben- / Grapefruitsaft
squash [skwɒʃ] *BE*	**Fruchtsaft** (aus Konzentrat + Wasser)
a glass of orange squash	ein Glas Orangensaft
milkshake ['mɪlkʃeɪk]	**Milchshake; Milchmixgetränk**

Getränke können durch Vorsetzen von *a(n) / one* oder ein Zahlwort „portioniert" werden: *A coffee (= a cup of coffee) and a grapefruit juice (= a glass of grapefruit juice), please. Two sodas (= bottles of soda), please.*

(decaffeinated [di:'kæfɪneɪtɪd]) **coffee**	(koffeinfreier) **Kaffee**
Sanka™ ['sæŋkə] *AE*	**Sanka**™ (= koffeinfreier Kaffee)
(black / green) **tea** [ti:]	(schwarzer / grüner) **Tee**
herb(al) tea [hɜ:b(l) 'ti:]	Kräutertee
the cup that cheers [tʃiəz] *BE*	**„die Tasse, die aufmuntert"** (= Tee)
cocoa ['kəʊkəʊ]	**Kakao**
hot / drinking chocolate ['tʃɒklət]	**(heiße / Trink-)Schokolade; Kakao**

3 Kitchen and cooking
Küche und Kochen

Everyone who runs a kitchen can, in the choice and preparation of food, decisively influence family health and happiness. (*From:* Joy of Cooking *by I.S. Rombauer and M. Rombauer Becker, a popular American cookbook*)

cooking ['kʊkɪŋ]	**Kochen**
French cooking / cuisine [kwɪ'ziːn]	die französische Küche
home cooking / plain cooking	Hausmannskost
cookery book *BE* / *AE* **cookbook**	**Kochbuch**
clean the vegetables ['vedʒtəblz]	**das Gemüse putzen**
peel the potatoes [pə'teɪtəʊz]	**die Kartoffeln schälen**
dress the salad ['sæləd]	**den Salat anmachen**
garnish ['gɑːnɪʃ] **the fish**	**den Fisch garnieren**
sieve [sɪv]	**Sieb; sieben**
stir [stɜː]	**(um)rühren**
beat (– beat – beaten) / **whip**	(*Ei / Sahne*) **schlagen**
slice [slaɪs]	**Scheibe;** (in Scheiben) **schneiden**
sliced bread [slaɪst 'bred]	geschnittenes Brot
chop [tʃɒp]	**klein schneiden; Kotelett**
mince [mɪns]	**durch den Fleischwolf drehen**
minced meat / mince	Hackfleisch; Gehacktes

Idioms mit „Küchenausdrücken"

*He didn't **mince** his words.* (= Er nahm kein Blatt vor den Mund.)

*The boss will make **mincemeat** of me if he hears that.* (= Der Chef macht Hackfleisch aus mir / macht mich zur Schnecke, wenn er das hört.)

*We fell / jumped out of the **frying pan** into the fire.* (= Wir kamen vom Regen in die Traufe.)

*We decided to let him **stew*** [stjuː] *in his own juice* [dʒuːs]. (= Wir beschlossen, ihn in seinem eigenen Saft schmoren zu lassen.)

*I can't afford a holiday – have to keep the **pot** / **kettle boiling**.* (= Ich kann mir keinen Urlaub leisten – muss dafür sorgen, dass der Schornstein raucht.)

grind [graɪnd] (– ground – ground)	(*z.B. Kaffee*) **mahlen**
coffee grinder / **coffee mill**	**Kaffeemühle**
boil [bɔɪl]	**kochen; sieden**
a soft-boiled / hard-boiled egg	ein weich gekochtes / hart gekochtes Ei
parboil ['pɑːbɔɪl]	**halbgar kochen; ankochen**
bake a cake [keɪk]	**einen Kuchen backen**
fry [fraɪ]	(in der Pfanne) **braten**
fried eggs [fraɪd 'egz]	Spiegeleier
sunny-side up *AE*	(*Ei*) **nur auf einer Seite gebraten**
stew [stjuː]	(*Fleisch*) **schmoren;** (*Obst*) **dünsten**
roast [rəʊst]	**braten; Braten**
roast pork / beef / duck	Schweine- / Rinder- / Entenbraten
roast chicken [rəʊst 'tʃɪkən]	Brathähnchen

grill [grɪl] *BE* / *AE* **broil** [brɔɪl]	**grillen**
barbecue ['bɑ:bəkju:] **a steak**	**ein Steak grillen / auf dem Rost braten**
rare [reə]	**nur schwach gebraten**
I want my steak [steɪk] rare.	Ich möchte mein Steak „englisch".
medium ['mi:diəm]	halb durchgebraten; halb durch
well done [wel 'dʌn]	durchgebraten
toast [təʊst] – **toaster**	**Toast / toasten – Toaster**
pots and pans [pɒts n 'pænz]	**Töpfe und Pfannen**
teapot – **coffeepot** ['kɒfipɒt]	**Teekanne – Kaffeekanne**
frying pan *BE* / *AE* **skillet** ['skɪlət]	**Bratpfanne**
saucepan ['sɔ:spən]	**Kochtopf**
kettle ['ketl]	**Kessel**
Shall I put the kettle on?	Soll ich Kaffee / Tee machen?
dish [dɪʃ]	**Schüssel; Gericht** (= *Speise*)
do the dishes ['dɪʃɪz] (– did – done)	das Geschirr abwaschen
vegetarian [vedʒə'teəriən] dishes	vegetarische Gerichte
bowl [bəʊl]	**Schüssel; Schale**
salad / soup [su:p] bowl	Salat- / Suppenschüssel
cup and saucer ['sɔ:sə]	**Tasse und Untertasse**
plate [pleɪt]	**Teller**
jar [dʒɑ:]	(Marmeladen-)**Glas; Topf / Krug / Gefäß** (aus Glas, Ton etc.)
a jar of English marmalade	ein Glas englischer Orangenmarmelade
jug [dʒʌg] *BE* / *AE* **pitcher**	(Ton- / Glas-)**Kanne / Krug**
a jug of fresh milk	ein Krug mit frischer Milch
can [kæn]	**einmachen; eindosen; einwecken**
can opener ['kæn əʊpnə]	Büchsenöffner; Dosenöffner
canned beans [kænd 'bi:nz]	Bohnen in der Dose / Büchse

Können Sie das enträtseln?
After a record ['rekɔ:d] *harvest, a Californian bean farmer was asked what the farmers were doing with such vast quantities* [ɒ] *of beans. His answer: "We eat what we can, and what we can't eat we can."*

bottle opener ['bɒtl əʊpnə]	**Flaschenöffner**
corkscrew ['kɔ:kskru:]	**Korkenzieher**
nutcracker ['nʌtkrækə]	**Nussknacker**
knife [naɪf] **and fork** *Pl.* knives	**Messer und Gabel**
spoon [spu:n]	**Löffel**
soupspoon – teaspoon	Suppenlöffel – Teelöffel
two teaspoonfuls of sugar	zwei Teelöffel Zucker
measuring ['meʒərɪŋ] **cup** / **spoon**	**Messbecher / -löffel**
cooker *BE* / *AE* **stove** [stəʊv]	**(Koch-)Herd**
pressure cooker ['preʃə kʊkə]	Schnellkochtopf
oven ['ʌvn]	**Backofen**
microwave (oven) ['maɪkrəweɪv]	**Mikrowelle(nherd)**
coffeemaker ['kɒfimeɪkə]	**Kaffeemaschine**
tray [treɪ]	**Tablett**

Meals
Mahlzeiten

At a dinner party one should eat wisely but not too well, and talk well but not too wisely. (*W. Somerset Maugham, British writer, 1874–1965*)

breakfast ['brekfəst]	**Frühstück**
What time are we having breakfast?	Wann frühstücken wir?
I have coffee for breakfast.	Ich trinke zum Frühstück Kaffee.
a working breakfast	ein Arbeitsfrühstück

Continental breakfast: ein „kleines" Frühstück, das aus *bread* (= Brot), *rolls* (= Brötchen), *croissants* ['kwæsɑ:nts] (= Hörnchen), *butter, jam* (= Marmelade) und *coffee* besteht.
English breakfast: ein „großes" Frühstück bestehend aus *bacon* ['beɪkən] *and eggs* (= Speck und Eiern), *cereals* ['sɪərɪəlz] wie *cornflakes* oder *muesli* ['mju:zli], *toast and marmalade* ['mɑ:məleɪd] (= Orangenmarmelade) sowie *fruit* [fru:t] (= Obst) oder *fruit juice* [dʒu:s] (= Fruchtsaft) etc.
Power breakfast (= „Kraftfrühstück" / Arbeitsfrühstück): ein kräftiges Frühstück, das Geschäftsleute in einem Restaurant oder Hotel einnehmen, wobei sie gleichzeitig geschäftliche Gespräche führen.

brunch [brʌntʃ]	**Frühstück und Mittagessen in einem**
We had a lie-in and then had brunch with the Smiths.	Wir haben uns ausgeschlafen und haben dann mit den Smiths „gebruncht".
lunch [lʌntʃ] / *förmlich* **luncheon** ['lʌntʃən]	**Mittagessen** (*wenn die Hauptmahlzeit am Abend eingenommen wird*)
We had lunch in the canteen [kæn'ti:n].	Wir haben in der Kantine zu Mittag gegessen.

„Mahlzeit!" als Grußformel und „Guten Appetit!" haben im Englischen keine direkten Entsprechungen. Statt des Ersteren verwendet man so etwas wie *hello!, hi!* oder *(good) afternoon!*, während das Letztere durch *enjoy* [ɪn'dʒɔɪ] *your meal!* oder das französische *bon appetit!* [bɒn ape'ti] ausgedrückt werden kann.

tea [ti:]	**(Nachmittags-)Tee / Kaffee**
We had tea at the Savoy [sə'vɔɪ].	Wir haben im Savoy Kaffee getrunken.
Eat your tea, Bobby.	Bobby, iss dein Essen auf!
dinner ['dɪnə]	**Abend- / Mittagessen** (*als Hauptmahlzeit*)
We're having people for dinner.	Wir haben Gäste zum Essen.
We're going out to dinner tonight.	Wir gehen heute Abend essen.
supper ['sʌpə]	**Abendessen; Abendbrot**
She gave the kids their supper and then put them to bed.	Sie gab den Kindern ihr Abendbrot und brachte sie dann ins Bett.

Eating out

Auswärts essen

New Yorkers are fanatical about eating out, largely because they tend to live in apartments with kitchens too small to toss an omelette in.
(*The Time Out New York Guide*)

guest [gest] / *förmlich* **patron** [eɪ]	**Gast**
Patrons are requested … [rɪ'kwestɪd]	Wir bitten unsere verehrten Gäste …
patronize ['pætrənaɪz]	**(als Kunde / Kundin) besuchen**
a restaurant patronized by artists	ein Restaurant, in dem Künstler verkehren
our **regulars** ['regjələz]	unsere **Stammgäste**

Kinds of restaurants ['restrɒnts] **(= Arten von Restaurants)**
bistro ['bi:strəʊ] (= Bistro) • *café* ['kæfeɪ] (= kleines Restaurant) • *cafeteria* [kæfə'tɪəriə] (= Selbstbedienungsrestaurant) • *canteen* [kæn'ti:n] (= Kantine) • *chip shop / chippy* (BE = Fritten- / Pommesbude) • *deli(catessen)* ['deli] (AE = Feinkostgeschäft mit Schnellimbiss) • *coffee bar* (BE = Café) • *coffee shop* (AE = kleines Restaurant, oft in Hotels) • *diner* (AE = Restaurant, das typisch amerikanische Kost in traditionellem Ambiente bietet) • *dining car* (= Speisewagen) • *drive-in* (= Drive-in-Restaurant) • *eatery* (= Esslokal) • *fish and chip shop* (BE = Fischbraterei) • *greasy spoon* [gri:si 'spu:n] (= „schmieriger Löffel" = kleines, billiges, oft schmuddeliges Esslokal) • *grill-room* (= Restaurant für Grillspezialitäten, oft in Hotels) • *hamburger place* (= Hamburger-Restaurant) • *lunch counter / luncheonette* (AE = Imbissstube) • *pizzeria* [pi:tsə'ri:ə] • *pull-in* (BE = Raststätte) • *restaurant* • *sandwich bar* • *self-service* (= Selbstbedienungsrestaurant) • *snack bar* (= Imbissstube) • *steakhouse* ['steɪkhaʊs] • *takeaway* BE / AE *carryout / takeout* (= Restaurant für Außer-Haus-Verkauf) • *tearoom* (= Teestube / Café) • *transport café* ['trænspɔ:t kæfeɪ] BE / AE *truck stop* (= Fernfahrer-raststätte) • *wine bar* (BE = Weinstube)

cloakroom *BE / AE* **checkroom**	**Garderobe**

Mit dem Wort *cloakroom* ['kləʊkrʊm] fragt man im BE in Theater oder Restaurant auch nach der Toilette – ein Euphemismus (= verhüllender Ausdruck).

snack [snæk]	**Imbiss; Kleinigkeit zu essen**
We'll just have a quick snack.	Wir essen nur rasch eine Kleinigkeit.
to take away *BE / AE* **to go**	**zum Mitnehmen**
a bag of chips to take away *BE / AE* a bag of French fries to go	eine Tüte Fritten / Pommes zum Mitnehmen
book [bʊk]	**buchen; reservieren; vorbestellen**
We'd better book a table.	Wir sollten besser einen Tisch reservieren.
reservation [rezə'veɪʃn]	**Reservierung**
Have you a reservation, sir?	Haben Sie einen Tisch reserviert?

reserve [rɪ'zɜːv]	**reservieren (lassen)**
I have a table reserved in the name of Smith.	Ich habe einen Tisch auf den Namen Smith reservieren lassen.
menu ['menjuː]	**Speisekarte**
Waiter, can I have the menu, please?	Herr Ober, bitte die Speisekarte.
wine list ['waɪn lɪst]	**Weinkarte**
meal [miːl]	**Mahlzeit; Essen**
Would you care for a drink before your meal, sir?	Hätten Sie gern einen Drink vor dem Essen?
a four-course meal	ein Essen mit vier Gängen
order ['ɔːdə]	**bestellen; Bestellung**
Do you wish to order now, sir?	Möchten Sie jetzt bestellen?
Can I take your order, sir?	Kann ich Ihre Bestellung aufnehmen?
starter ['stɑːtə]	**Vorspeise**
What would you like for a starter?	Was hätten Sie gern als Vorspeise?
soup of the day / **soup du jour** [suːp dy ʒuːr]	**Tagessuppe**
The eel pie [iːl 'paɪ] is **off**.	Die Aalpastete ist **aus**(gegangen).
have (– had – had)	**essen; nehmen**
I think I'll have the smoked salmon ['sæmən], please.	Ich glaube, ich nehme den Räucherlachs.
side dish ['saɪd dɪʃ] / **side order**	**Beilage**
decide [dɪ'saɪd]	**(sich) entscheiden**
Have you decided on a wine, sir?	Haben Sie sich für einen Wein entschieden?
recommend [rekə'mend]	**empfehlen**
I'd recommend a dry Riesling.	Ich würde einen trockenen Riesling empfehlen.
choose [tʃuːz] (– chose – chosen)	**(aus)wählen**
Have you chosen a sweet, madam?	Haben Sie ein Dessert ausgewählt?
sweet *BE* / *AE* **dessert** [dɪ'zɜːt]	**Nachtisch**
Can we have some fresh fruit for dessert?	Können wir als Nachtisch frisches Obst haben?
do (– did – done [dʌn])	(auf der Karte / im Angebot) **haben**
Do you do tiramisu?	Haben Sie auch Tiramisu?
to follow [tə 'fɒləʊ]	**danach**
with a coffee to follow	und danach einen Kaffee
bill [bɪl] *BE* / *AE* **check** [tʃek]	**Rechnung**
Waiter, the bill / check, please.	Herr Ober, bitte zahlen!
service (charge) ['sɜːvɪs (tʃɑːdʒ)]	**Bedienung(sgeld)**
Service (is) not included [ɪn'kluːdɪd].	Bedienung nicht inbegriffen / extra.
cover charge ['kʌvə tʃɑːdʒ]	(Preis für das) **Gedeck**
tip / *förmlich* **gratuity** [grə'tjuːəti]	**Trinkgeld**
How much did you tip the maître d' [meɪtrə 'diː]?	Wie viel Trinkgeld hast du dem Oberkellner gegeben?
Gratuities are at the discretion [dɪ'skreʃn] of our clients.	Trinkgelder sind in das Belieben unserer Gäste gestellt.
manager ['mænɪdʒə]	**Geschäftsführer(in)**
I'd like to see the manager, please.	Ich möchte bitte mal den Geschäftsführer sprechen.

People working in a restaurant
hostess ['həʊstəs] (= Empfangsdame) • *cloakroom attendant* [ə'tendənt] BE / AE *checkroom attendant* (= Garderobenfrau) • *waiter* (= Kellner) • *waitress* (= Kellnerin) • *headwaiter* (= Oberkellner) • *wine waiter* BE / AE *wine steward* ['stju:əd] (= Weinkellner) • *busboy* ['bʌsbɔɪ] (AE = Hilfskellner) • *barman* BE / AE *barkeeper / bartender* (= Barkeeper) • *barmaid* (= Bardame) • *cook* (= Koch / Köchin) • *chef* [ʃef] / *chief cook* (= Küchenchef) • *short-order cook* (AE = Koch / Köchin für Schnellgerichte) • *pastry* ['peɪstri] *cook* (= Konditor / Konditorin) • *dishwasher* (= Geschirrspüler)

buffet ['bʊfeɪ]	**Büfett**
The hotel does an excellent breakfast buffet.	Das Hotel bietet ein ausgezeichnetes Frühstücksbüfett.
salad bar ['sæləd bɑ:]	**Salattheke**
serving / **helping** / **portion** ['pɔ:ʃn]	**Portion**

Woody Allen's favourite ['feɪvrət] *joke* (= Lieblingswitz): *"The food in this place is really terrible." – "Yes, and such small portions."*

cuisine [kwɪ'zi:n]	**Küche**
excellent French cuisine	ausgezeichnete französische Küche

In der gehobenen Gastronomie geläufige französische Ausdrücke
à la carte (= nach der Speisekarte) • *carte du jour* (= Tageskarte) • *entrée* (AE = Hauptgericht) • *hors d'oeuvres* (= Vorspeisen) • *nouvelle cuisine* (= „neue Küche" = moderne, d.h. kalorienarme französische Küche) • *plat du jour* (= Tagesmenü) • *soup du jour* (= Tagessuppe) • *maître d'(hôtel)* [meɪtrə 'di:] (= Oberkellner) • *spécialité de la maison* (= Spezialität des Hauses) • *table d'hôte* (= Tagesmenü / -gedeck)

to go with	**passend zu**
I'd like a dry wine to go with the fish.	Zum Fisch hätte ich gern einen trockenen Wein.
hot [hɒt]	**scharf** (gewürzt)
Is this curry ['kʌri] very hot?	Ist dieser Curry sehr scharf?

"And that's our Slimmer's Special."

Clothing
Kleidung

Good clothes open all doors. (*Proverb*)

clothes [kləʊðz]	**Kleidung; (Anzieh-)Sachen; Klamotten**
I need some new clothes.	Ich brauche was Neues zum Anziehen.
casual ['kæʒuəl] clothes	legere Kleidung
dress [dres]	**Kleidung; sich anziehen / kleiden**
We don't spend a lot on dress.	Wir geben nicht viel für Kleidung aus.
She always dresses well.	Sie zieht sich immer gut an.
She was dressed in black.	Sie war schwarz gekleidet.
wear [weə] (– wore – worn)	**tragen**
I never wear a hat.	Ich trage nie einen Hut.
put on (– put – put) [pʊt]	(*Kleidung*) **anziehen**; (*Hut*) **aufsetzen**
You'd better put a coat on.	Du ziehst besser einen Mantel an.
take off (– took – taken)	(*Kleidung*) **ausziehen**; (*Hut*) **abnehmen**
He took off his hat and coat.	Er legte Hut und Mantel ab.
She took her clothes off / undressed.	Sie zog sich aus.

Coats, jackets, and suits **(= Mäntel, Jacken und Anzüge)**
coat (= Mantel / AE auch Jackett / Sakko) • *overcoat* / *topcoat* (= Mantel) • *raincoat* / BE auch *mackintosh* / *mac* (= Regenmantel) • *fur coat* (= Pelzmantel) • *trench coat* • *anorak* ['ænəræk] • *parka* ['pɑːkə] • *jacket* (= Jacke / Jackett / Sakko) • *sports jacket* BE / AE *sport coat* (= Sportsakko) • *blazer* ['bleɪzə] • *cardigan* ['kɑːdɪgən] (= Strickjacke) • *suit* [suːt] (= Anzug / Kostüm) • *lounge suit* [laʊndʒ] BE / AE *business suit* ['bɪznəs] (= Straßenanzug) • *pinstripe suit* (= Nadelstreifenanzug) • *trouser suit* BE / AE *pantsuit* (= Hosenanzug) • *waistcoat* ['weɪskəʊt] BE / AE *vest* (= Weste) • *dinner jacket* BE / AE *tuxedo* [tʌk'siːdəʊ] (= Smokingjacke / Smoking) • *tails* / *tailcoat* / *evening dress* (= Frack) • *jogging suit* (= Jogginganzug)
Jackets oder *suits* können *single-breasted* [sɪŋgl'brestɪd] (= einreihig) oder *double-breasted* (= zweireihig) sein.
Bei *suits* wird unterschieden zwischen *two-piece suit (= jacket + trousers)* und *three-piece suit (jacket + waistcoat + trousers).*
Bei sehr förmlichen Anlässen wird unterschieden zwischen *black-tie* (= „schwarze Fliege" = Smoking) und *white-tie* (= „weiße Fliege" = Frack).

Dresses **(= Kleider)**
dress (= Kleid) • *slit dress* (= Kleid mit Gehschlitz) • *wedding dress* / *wedding gown* [gaʊn] (= Hochzeitskleid) • *evening dress* / *evening gown* (= Abendkleid)

Tops **(= Oberteile)**
blouse [blaʊz] (= Bluse) • *sweater* ['swetə] / *pullover* ['pʊləʊvə] / *jersey* [z] / nur BE *jumper* (= Pullover / Pulli) • *V-neck(ed) sweater* (= Pullover mit V-Ausschnitt) • *shirt* (= Oberhemd / Hemdbluse) • *long-sleeved* – *short-sleeved* – *sleeveless* (= langärmelig – kurzärmelig – ärmellos) • *sweatshirt* (= weit geschnittener Pullover) • *polo shirt* (= Polohemd) • *T-shirt*

Trousers, skirts, etc. **(= Hosen, Röcke** usw.**)**
trousers / *pants* (= Hose) • *slacks* (AE = locker sitzende Hose) • *corduroys* ['kɔ:dərɔɪz] / *cords* (= Cordhose) • *(blue) jeans* / *denims* ['denɪmz] (= Jeans) • *shorts* (= kurze Hose) • *Bermuda shorts* / *Bermudas* [bə'mju:dəz] • *skirt* (= Rock) • *pleated skirt* (= Faltenrock) • *kilt* (= Schottenrock)

Bei *trousers, pants, tights* etc. entspricht dem deutschen Singular ein englischer Plural:
These trousers / *pants are too tight.* (= Diese Hose ist zu eng.)
Where are my tights / *pantyhose* ['pæntihəʊz]? (= Wo ist meine Strumpfhose?)
My trousers / *pants are in this wardrobe* ['wɔ:drəʊb]. (= Meine Hose ist / Meine Hosen sind in diesem Schrank.)
„Ein Exemplar" wird unmissverständlich mit *a pair of* ausgedrückt:
I'm looking for a pair of trousers / *a pair of pants to match this jacket.* (= Ich suche eine Hose, die zu dieser Jacke passt.)

Underwear and swimwear **(= Unterwäsche und Badekleidung)**
(under)pants / AE auch *undershorts* (= Unterhose) • *briefs* [bri:fs] (= Slip) • *Jockey™ shorts* / *BVD's™* [bi:vi:'di:z] nur AE (= Herrenunterhose) • *boxer shorts* / *boxers* (= Boxershorts) • *long johns* ['lɒŋ dʒɒnz] (= lange Unterhose) • *panties* ['pæntiz] / nur BE *knickers* ['nɪkəz] (= Damenschlüpfer) • *vest* BE / AE *undershirt* (= Unterhemd) • *slip* / *underskirt* (= Unterrock) • *petticoat* (= Petticoat) • *tights* BE / AE *pantyhose* ['pæntihəʊz] (= Strumpfhose) • *corset* ['kɔ:sət] / BE auch *stays* (= Korsett) • *girdle* ['gɜ:dl] (= Hüfthalter / Hüftgürtel) • *bra* [brɑ:] (= BH) • *trunks* (= Badehose) • *swimsuit* / *bathing* ['beɪðɪŋ] *suit* (= Badeanzug) • *bikini* [bɪ'ki:ni]

Night clothes [kləʊðz] **(= Nachtwäsche)**
nightdress BE / AE *nightgown* / BE+AE umgangssprachl. *nightie* ['naɪti] (= Damennachthemd) • *nightshirt* (= Herrennachthemd) • *pyjamas* [pə'dʒɑ:məz] BE / AE *pajamas* (= Schlafanzug) • *jammies* BE / AE *Pj's* ['pi:dʒeɪz] (umgangssprachl. – Schlafanzug) • *dressing gown* [gaʊn] (= Morgenrock) • *bathrobe* ['bɑ:θrəʊb] (= Bademantel)

Footwear ['fʊtweə] **(= Fußbekleidung)**
shoes [ʃu:z] (= Schuhe) • *oxfords* ['ɒksfədz] (= geschnürte Halbschuhe) • *casuals* ['kæʒuəlz] / *slip-on shoes* / *slip-ons* (= Slipper) • *court shoes* BE / AE *pumps* (= Pumps) • *high heels* (= hochhackige Schuhe) • *Loafers™* (= bequeme mokassinartige Halbschuhe) • *wellington boots* / *wellingtons* / *wellies* alle BE / AE *rubber boots* (= Gummistiefel) • *sandals* ['sændəlz] (= Sandalen) • *slippers* (= Hausschuhe) • *trainers* BE / AE *sneakers* ['sni:kəz] (= Turnschuhe)

Headgear ['hedgɪə] **(= Kopfbedeckung)**
hat (= Hut) • *top hat* / *topper* (= Zylinder) • *bowler (hat)* ['bəʊlə] BE / AE *derby* ['dɑ:bi] (= Melone) • *stetson* ['stetsn] / *ten-gallon hat* (= Arten von Cowboyhut) • *(straw) boater* (BE = steifer Strohhut / Kreissäge) •

deerstalker ['dɪəstɔːkə] (= Sherlock-Holmes-Mütze) • *cap* (= Mütze) • *baseball cap* (= Baseballmütze) • *peaked cap* [piːkt] (= Schirmmütze) • *helmet* (= Helm) • *crash helmet* (= Sturzhelm) • *headscarf* (= Kopftuch)

Other articles of clothing ['kləʊðɪŋ] ***and accessories*** [ək'sesəriz] **(= andere Kleidungsstücke und Zubehör)**
tie / AE auch *necktie* (= Schlips) • *bow tie* [bəʊ 'taɪ] (= Fliege) • *scarf* (= Schal / Halstuch) • *gloves* [glʌvz] (= Handschuhe) • *stockings* (= Strümpfe) • *nylons* ['naɪlɒnz] (= Nylonstrümpfe) • *socks* (= Socken) • *apron* ['eɪprən] (= Schürze) • *overalls* BE / *boiler suit* BE / AE *overall* / AE *jumpsuit* (= Overall) • *belt* (= Gürtel) • *braces* ['breɪsɪz] BE / AE *suspenders* [sə'spəndəz] (= Hosenträger) • *button* (= Knopf) • *zip* BE / AE *zipper* (= Reißverschluss)

"I definitely need some new clothes."

Health care
Gesundheitspflege

1 Illnesses and symptoms
Krankheiten und Symptome

2 Accidents and injuries
Unfälle und Verletzungen

3 Disabilities
Behinderungen

4 At the doctor's
Beim Arzt

5 At the dentist's
Beim Zahnarzt

6 In hospital
Im Krankenhaus

7 Healthy living
Gesunde Lebensweise

4.1

Illnesses and symptoms
Krankheiten und Symptome

→ 4.4 At the doctor's, 4.6 In hospital, 16.3 Medicine

Sometimes the remedy is worse than the disease. (*Proverb*)

disease [dɪ'zi:z]	(*bestimmte*) **Krankheit, Erkrankung**
Alzheimer's / Parkinson's disease	die Alzheimer- / Parkinsonkrankheit
infectious / tropical diseases	Infektions- / Tropenkrankheiten
sickness ['sɪknəs]	**Krankheit** (*allgemein*); **Übelkeit**
I had just four days of sickness.	Ich hatte nur vier Krankheitstage.
radiation [eɪ] sickness / injuries	Strahlenkrankheit / -schäden
seasickness – airsickness	Seekrankheit – Luftkrankheit
He easily gets carsick.	Ihm wird beim Autofahren leicht übel.
symptom ['sɪmptəm]	**Symptom; Anzeichen**
the typical symptoms of rabies [eɪ]	die typischen Symptome der Tollwut
withdrawal [wɪð'drɔ:əl] symptoms	Entzugserscheinungen
attack [ə'tæk]	**Anfall**
an attack of asthma – a migraine attack	ein Asthma- / Migräneanfall

Ausdrücke für „Krankheit etc."
serious ['sɪəriəs] *diseases* (= ernste Krankheiten) • *a serious illness* (= eine ernste Erkrankung) • *contract* [kən'trækt] *a disease / an illness* (= sich eine Krankheit zuziehen) • *mental illness / disorder / disease* (= Geisteskrankheit) • *a respiratory* [rɪ'spɪrətri] *disease / ailment* (= eine Atemwegserkrankung) • *in sickness and in health* [helθ] (= in kranken und gesunden Tagen) • *a heart* [hɑ:t] *condition* (= eine Herzkrankheit) • *a common* [ɒ] *complaint* [kəm'pleɪnt] / *affliction* [ə'flɪkʃn] (= ein häufiges Leiden)

fever ['fi:və]	**Fieber**
have a fever / run a temperature	Fieber / Temperatur haben
low-grade fever *AE*	erhöhte Temperatur
hay fever – scarlet fever	Heuschnupfen – Scharlach
typhoid (fever) ['taɪfɔɪd]	Typhus
bug [bʌg]	**Bazillus; Infekt(ion)**
I suppose I've picked up your bug.	Ich habe mich wohl bei dir angesteckt.
nausea ['nɔ:ziə]	**Übelkeit**
vomiting ['vɒmɪtɪŋ] / **throwing up**	**Erbrechen**
chronic ['krɒnɪk]	**chronisch**
stroke [strəʊk]	**Schlaganfall**
He suffered ['sʌfəd] a mild stroke.	Er erlitt einen leichten Schlaganfall.
heatstroke – sunstroke	(ein) Hitzschlag – (ein) Sonnenstich
collapse [kə'læps]	**zusammenbrechen; kollabieren**
He collapsed on the street.	Er brach auf der Straße zusammen.
heart [hɑ:t]	**Herz**
She has a heart condition.	Sie ist herzkrank.
He suffered / had a heart attack.	Er erlitt einen Herzanfall / -infarkt.

heart trouble – heart failure	Herzbeschwerden – Herzversagen
palpitations [pælpɪ'teɪʃnz]	**Herzklopfen; Herzjagen**
coronary (thrombosis) [kɒrənri θrɒm'bəʊsɪs]	**(Herz-)Infarkt**
He has survived two coronaries.	Er hat zwei Infarkte überlebt.
cold [kəʊld]	**Erkältung; Schnupfen; Grippe**
Have you caught (a) cold?	Hast du dir einen Schnupfen geholt?
(the) **flu** [flu:]	(die) **Grippe**
She came down with (the) flu.	Sie kriegte die Grippe.
a sore throat [sɔ: 'θrəʊt]	**Halsschmerzen**
I've got a sore throat.	Ich habe Halsschmerzen.
cough [kɒf]	**husten; Husten**
She has a bad cough.	Sie hat einen schlimmen Husten.
sneeze [sni:z]	**niesen**
(the) **measles** ['mi:zlz]	(die) **Masern**
German measles	Röteln
smallpox ['smɔ:lpɒks] – **chickenpox**	(die) **Pocken** – (die) **Windpocken**
Smallpox leaves deep scars on the skin.	Die Pocken hinterlassen auf der Haut tiefe Narben.
smallpox vaccination [væksɪ'neɪʃn]	Pocken(schutz)impfung
whooping cough ['hu:pɪŋ kɒf]	**Keuchhusten**
pneumonia [nju:'məʊniə]	**Lungenentzündung**
rupture ['rʌptʃə] / **hernia** ['hɜ:niə]	**Bruch; Hernie**
a ruptured appendix [ə'pendɪks]	ein geplatzter Blinddarm
blood [blʌd]	**Blut**
high / low blood pressure ['blʌd preʃə]	hoher / niedriger Blutdruck
blood poisoning / toxaemia [tɒk'si:miə]	Blutvergiftung
Large boils can cause blood poisoning.	Große Furunkel können zu einer Blutvergiftung führen.
food poisoning ['fu:d pɔɪznɪŋ]	**Lebensmittelvergiftung**
indigestion [ɪndɪ'dʒestʃən]	**Verdauungsstörung**
stomach ['stʌmək]	**Magen**
stomach trouble ['stʌmək trʌbl]	Magenbeschwerden
He has an upset ['ʌpset] stomach / a stomach upset ['ʌpset].	Er hat sich den Magen verdorben.
constipation [kɒnstɪ'peɪʃn]	**Verstopfung**
diarrhoea [daɪə'rɪə]	**Durchfall**
dysentery ['dɪsəntri]	(die) **Ruhr**
(stomach) ulcer ['ʌlsə]	**(Magen-)Geschwür**
gallstone ['gɔ:lstəʊn] – **kidney stone**	**Gallenstein – Nierenstein**
jaundice ['dʒɔ:ndɪs]	**Gelbsucht**
tumour ['tju:mə]	**Tumor; Geschwulst**
a benign [bɪ'naɪn] / malignant [mə'lɪgnənt] tumour	eine gutartige / bösartige Geschwulst
cancer ['kænsə]	**Krebs**
stomach / lung / breast cancer	Magen- / Lungen- / Brustkrebs
She died of cancer.	Sie starb an Krebs.
tuberculosis [tju:bɜ:kju'ləʊsɪs] / *früher* **consumption**	**Tuberkulose** / (*früher*) **Schwindsucht**
She contracted tuberculosis / TB.	Sie erkrankte an Tuberkulose / Tbc.

AIDS [eɪdz]	**Aids**
There's no cure or vaccine ['væksi:n] for AIDS.	Für Aids gibt es kein Heilmittel und keinen Impfstoff.
A person can be HIV positive [eɪtʃ aɪ vi: 'pɒzətɪv] for about five years before developing full-blown AIDS.	Man kann etwa fünf Jahre lang HIV-positiv sein, bevor man am Vollbild AIDS erkrankt.

Die Endung *-itis* [-aɪtɪs] bedeutet *inflammation* (= -entzündung)
appendicitis [əpendə'saɪtɪs] (= Blinddarmentzündung) • *bronchitis* [brɒŋ'kaɪtɪs] (= Bronchitis) • *gastritis* [gæ'straɪtɪs] (= Magenschleimhautentzündung) • *laryngitis* [lærɪn'dʒaɪtɪs] (= Kehlkopfentzündung) • *meningitis* [menɪn'dʒaɪtɪs] (= Hirnhautentzündung) • *neuritis* [nju'raɪtɪs] (= Nervenentzündung) • *phlebitis* [flɪ'baɪtɪs] (= Venenentzündung) • *tonsillitis* [tɒnsə'laɪtɪs] (= Mandelentzündung)

cramp [kræmp]	**Krampf**
I've got a cramp in my leg.	Ich habe einen Krampf im Bein.
tennis elbow [tenɪs 'elbəʊ]	**Tennisarm; Tennisellbogen**
gout [gaʊt] – **rheumatism** ['ru:mətɪzm]	**Gicht – Rheuma(tismus)**
sciatica [saɪ'ætɪkə]	**Ischias**
lumbago [lʌm'beɪgəʊ]	**Hexenschuss**
Lumbago is best treated by a chiropractor ['kaɪrəpræktə].	Hexenschuss wird am besten von einem Chiropraktiker behandelt.
allergic [ə'lɜ:dʒɪk] – **allergy** ['ælədʒi]	**allergisch – Allergie**
She's allergic to cats.	Sie ist gegen Katzen allergisch.
allergy sufferer ['sʌfərə]	Allergiker(in)
rash [ræʃ]	**Ausschlag**
come out / break out in a rash	einen Ausschlag bekommen
itching ['ɪtʃɪŋ]	**Jucken; Juckreiz**
a (slight) **swelling** ['swelɪŋ]	**eine** (leichte) **Schwellung**
The swelling is going down.	Die Schwellung geht (langsam) zurück.
hangnail ['hæŋneɪl] – **corn** [kɔ:n]	**Niednagel – Hühnerauge**
athlete's foot [æθli:ts 'fʊt]	**Fußpilz**
pus [pʌs]	**Eiter**
The wound was oozing ['u:zɪŋ] pus.	Die Wunde eiterte.
haemorrhoids ['hemərɔɪdz] / **piles**	**Hämorriden**
an ointment for haemorrhoids / piles	eine Salbe für Hämorriden
varicose veins [værɪkəʊs 'veɪnz]	**Krampfadern**
Varicose veins are swollen and painful veins in the legs.	Krampfadern sind geschwollene und schmerzende Venen in den Beinen.
sleeplessness / **insomnia** [ɪn'sɒmniə]	**Schlaflosigkeit**
unconscious [ʌn'kɒnʃəs] – **unconsciousness**	**bewusstlos – Bewusstlosigkeit**
She became unconscious.	Sie wurde bewusstlos.

Accidents and injuries
Unfälle und Verletzungen

→ 4.6 In hospital

Accidents will happen. (*Proverb*)

accident ['æksɪdənt]	**Unfall; Unglück**
when an accident happens / occurs	wenn es zu einem Unfall kommt
There's been an accident in Hill Street.	In der Hill Street war ein Unfall.
She was injured in an accident.	Sie wurde bei einem Unfall verletzt.
crash [kræʃ]	**zusammenstoßen; abstürzen**
The thief [θi:f] crashed the car into a wall.	Der Dieb fuhr mit dem Auto gegen eine Mauer.
Six people died [daɪd] in the crash.	Bei dem Zusammenstoß / Absturz kamen sechs Menschen ums Leben.
collide [kə'laɪd] – **collision** [kə'lɪʒn]	**zusammenstoßen** – **Zusammenstoß**
A taxi had collided with / crashed into a bus.	Ein Taxi war mit einem Bus zusammengestoßen.
a head-on collision	ein Frontalzusammenstoß
hit (– hit – hit) [hɪt]	(*Auto*) **prallen gegen**
The car hit a wall.	Das Auto prallte gegen eine Mauer.

Dass jemand angefahren wird, kann mit *knock down, knock over, hit (– hit – hit), strike (– struck – struck)* ausgedrückt werden, das Überfahrenwerden mit *run over (– ran – run):*
She was knocked down / knocked over / hit / struck by a bus. (= Sie wurde von einem Bus angefahren.)
She was run over by a bus. (= Sie wurde von einem Bus überfahren.)

unharmed / **unhurt** / **unscathed**	**unverletzt**
hurt (– hurt – hurt) [hɜ:t]	**verletzen**
She was hurt in the fire.	Sie wurde bei dem Brand verletzt.
injure ['ɪndʒə] – **injuries** ['ɪndʒəriz]	**verletzen** – **Verletzungen**
He was seriously / critically injured.	Er wurde schwer verletzt.
She suffered head injuries.	Sie erlitt Kopfverletzungen.
break [breɪk] (– broke – broken)	**brechen**
He's broken his / a leg.	Er hat sich das / ein Bein gebrochen.
fracture ['fræktʃə]	**(Knochen-)Bruch; Fraktur**
She fractured her arm in the accident.	Sie brach sich bei dem Unfall den Arm.
concussion [kən'kʌʃn]	(eine) **Gehirnerschütterung**
She suffered concussion *BE* / *AE* a concussion.	Sie erlitt eine Gehirnerschütterung.
burns [bɜ:nz]	**Verbrennungen**
He suffered second-degree burns.	Er erlitt Verbrennungen zweiten Grades.
suffocate ['sʌfəkeɪt] – **suffocation**	**ersticken** – **Ersticken**
The animals (were) suffocated.	Die Tiere erstickten.
Six people died of suffocation [-'keɪʃn].	Sechs Menschen erstickten.

dislocate ['dɪsləkeɪt]	**ausrenken; auskugeln; verrenken**
He dislocated his shoulder ['ʃəʊldə].	Er kugelte sich die Schulter aus.
twist [twɪst]	**verdrehen; verrenken**
I've twisted my arm.	Ich habe mir den Arm verrenkt.
She has twisted her ankle ['æŋkl].	Sie hat sich den Fuß vertreten.
sprain [spreɪn]	**verstauchen; Verstauchung**
She has sprained her ankle.	Sie hat sich den Fuß verstaucht.
strain [streɪn]	(*z.B. Muskel-*)**Zerrung; zerren**
He strained his back playing squash [skwɒʃ].	Er hat sich beim Squashspielen eine Rückenzerrung zugezogen.
bruise [bru:z]	**blauer Fleck; Prellung; Bluterguss**
cuts and bruises ['bru:zɪz]	Schnittwunden und Prellungen
She was badly bruised [bru:zd].	Sie hatte überall blaue Flecken.
grazes / **abrasions** [ə'breɪʒnz]	**Schürfwunden**
bleed [bli:d] (– bled – bled)	**bluten**
The man was bleeding profusely [prə'fju:sli].	Der Mann blutete stark.
dress a wound [wu:nd]	**eine Wunde verbinden**
dressing ['dresɪŋ]	**Verband**
plaster [ɑ:] / **Elastoplast™** [ɪ'læstəplɑ:st] *BE* / *AE* **Band-Aid™**	**(Heft-)Pflaster**
Give me a plaster, quick.	Gib mir schnell mal ein Pflaster.
casualty ['kæʒuəlti]	**(Unfall-)Opfer; Verletzte(r)**
shock [ʃɒk]	**Schock**
She was obviously in shock.	Sie stand offensichtlich unter Schock.
exposure [ɪk'spəʊʒə]	**Unterkühlung**
The two survivors [sə'vaɪvəz] were suffering from exposure.	Die beiden Überlebenden litten an Unterkühlung.
die of exposure	an Unterkühlung sterben; erfrieren
administer first aid [əd'mɪnɪstə]	**erste Hilfe leisten**
resuscitate [rɪ'sʌsɪteɪt]	**wiederbeleben**
mouth-to-mouth resuscitation [rɪsʌsɪ'teɪʃn]	Mund-zu-Mund-Beatmung
treat [tri:t]	**(ärztlich) behandeln**
The victims were treated at the scene [si:n].	Die Opfer wurden an der Unfallstelle ärztlich versorgt.
ambulance ['æmbjələns]	**Krankenwagen**
call / phone for an ambulance	einen Krankenwagen rufen
stretcher ['stretʃə]	**Tragbahre**
take [teɪk] (– took – taken)	**bringen**
They were taken to *BE* / *AE* to the hospital ['hɒspɪtl].	Sie wurden ins Krankenhaus gebracht.
emergency [ɪ'mɜ:dʒənsi]	**Notfall**
emergency doctor	Notarzt / Notärztin
casualty ['kæʒuəlti] *BE* / *AE* **emergency room**	**Notaufnahme**
He was taken to casualty / to the emergency room.	Er wurde in die Notaufnahme gebracht.
condition [kən'dɪʃn]	**Zustand; Verfassung**
She's still in (a) critical condition.	Ihr Zustand ist immer noch kritisch.

Disabilities
Behinderungen

The lame man who keeps the right road outstrips the runner who keeps the wrong one. (*Proverb*)

disability [dɪsə'bɪləti]	**Behinderung; Invalidität; Erwerbsunfähigkeit**
physical ['fɪzɪkl] / mental disability	körperliche / geistige Behinderung
He's afflicted [ə'flɪktɪd] with a serious physical disability.	Er leidet unter einer schweren körperlichen Behinderung
disorder [dɪs'ɔːdə]	**(Funktions-)Störung**
He suffers from a mental disorder.	Er leidet an einer Geisteskrankheit.
children with learning disorders	lernbehinderte Kinder
defect [dɪ'fekt]	**Fehler**
speech defect / disorder	Sprachfehler
congenital [kən'dʒenɪtl] defect	Geburtsfehler
disabled [dɪs'eɪbld]	**behindert**
She's mentally disabled.	Sie ist geistig behindert.
the disabled	die Behinderten
make buildings accessible [ək'sesəbl] to the disabled	Gebäude behindertengerecht machen
a disabled person	ein behinderter Mensch
handicap ['hændikæp]	**Behinderung**
handicapped ['hændikæpt]	behindert
a handicapped person	ein behinderter Mensch
physically / mentally handicapped	körperlich / geistig behindert

In „politisch korrekter" Sprache (*PC = political correctness*) wird „behindert" mitunter durch *challenged* ['tʃælɪndʒd] (= herausgefordert) ausgedrückt: *physically challenged* (= körperlich behindert), *mentally challenged* (= geistig behindert), *visually challenged* ['vɪʒuəli] (= sehbehindert) etc.

impair [ɪm'peə] – **impairment**	**beeinträchtigen – Beeinträchtigung**
impaired hearing	Schwerhörigkeit
She has a visual impairment.	Ihre Sehkraft ist eingeschränkt.
unable [ʌn'eɪbl] – **inability** [ɪnə'bɪləti]	**außerstande – Unfähigkeit**
He's unable to speak / walk.	Er kann nicht sprechen / laufen.
the inability to recognize colours	die Unfähigkeit, Farben zu erkennen
invalid ['ɪnvəlɪd]	**invalide; körperbehindert; Invalide**
A riding accident left her an invalid.	Ein Reitunfall machte sie zur Invalidin.
cripple ['krɪpl]	**Krüppel; verkrüppelt**
Though crippled by polio, Franklin Roosevelt became one of America's greatest presidents.	Obwohl die Kinderlähmung ihn zum Krüppel gemacht hatte, wurde Franklin Roosevelt einer der größten Präsidenten Amerikas.
(mentally) retarded [rɪ'tɑːdɪd]	**(geistig) zurückgeblieben**

Disabilities (= Behinderungen)
blindness ['blaɪndnəs] (= Blindheit) • *cleft palate* ['pælət] (= Gaumenspalte) • *clubfoot* [klʌb'fʊt] (= Klumpfuß) • *deafness* ['defnəs] (= Taubheit) • *deaf-muteness* [def'mju:tnəs] (= Taubstummheit) • *Down's syndrome* ['daʊnz sɪndrəʊm] (= Down-Syndrom / Mongolismus) • *dyslexia* [dɪs'leksiə] (= Legasthenie) • *epilepsy* ['epɪlepsi] (= Epilepsie) • *hunchback / humpback* (= Buckel) • *mental deficiency* [dɪ'fɪʃnsi] (= Schwachsinn) • *paralysis* [pə'ræləsɪs] (= Lähmung / Paralyse) • *paraplegia* [pærə'pli:dʒə] (= doppelseitige Lähmung) • *senile dementia* [sɪ:naɪl dɪ'menʃə] (= senile Demenz) • *spina bifida* [spaɪnə 'bɪfɪdə] (= offene Wirbelsäule) • *stuttering* (= Stottern)

deaf [def] — **taub**
She's deaf in one ear. — Sie ist auf einem Ohr taub.
He's almost totally deaf. — Er ist fast völlig taub.
a young deaf-and-dumb [dʌm] man — ein junger Taubstummer
She has been deaf-mute [def'mju:t] from birth. — Sie ist von Geburt an taubstumm.

paralysed ['pærəlaɪzd] — **gelähmt**
control [kən'trəʊl] — **Kontrolle; kontrollieren**
She has no control of her arm or neck muscles ['mʌslz]. — Sie kann ihre Arm- und Nackenmuskeln nicht kontrollieren.
hereditary [hə'redɪtri] — **erblich; Erb-**
hereditary disease / condition — Erbkrankheit
wheelchair (user) ['wi:ltʃeə] — **Rollstuhl(fahrer/in)**
He's confined [kən'faɪnd] to a wheelchair. — Er ist an den Rollstuhl gefesselt.

Verben, die mit den Namen von Krankheiten oder Behinderungen „kollokieren", d. h. kombiniert werden:
*If you **catch** a serious cold, you should keep warm and stay in bed.* (= Wenn man eine schwere Erkältung bekommt, sollte man sich warm halten und im Bett bleiben.)
*A hundred years ago only one out of 25 people **developed** cancer.* (= Vor hundert Jahren erkrankte nur einer unter 25 Menschen an Krebs.)
*About 11,500 Australians **come down with** food poisoning every day.* (= Jeden Tag ziehen sich etwa 11.500 Australier eine Lebensmittelvergiftung zu.)
*My sister **contracted** meningitis when she was two years old.* (= Meine Schwester erkrankte mit zwei Jahren an einer Hirnhautentzündung.)
*My father recently **suffered** a stroke.* (= Mein Vater hat kürzlich einen Schlaganfall erlitten.)
*During her final years, she **suffered from** Alzheimer's.* (= In ihren letzten Lebensjahren litt sie an Alzheimer.)
*Each year about 25,000 people **go** blind from the disease.* (= Jedes Jahr erblinden infolge der Krankheit etwa 25.000 Menschen.)
*Whipped cream makes me **break out in** a rash.* (= Von Schlagsahne bekomme ich Ausschlag.)

At the doctor's
Beim Arzt

→ 4.1 Illnesses and symptoms, 4.6 In a hospital, 16.3 Medicine

God heals, and the doctor takes the fee. (*Proverb*)

Doctor ist das allgemeine, umgangssprachliche Wort für Arzt / Ärztin und auch die Anredeform (*Thank you, doctor.*). *Physician* [fɪ'zɪʃn] ist die förmliche Berufsbezeichnung, wird aber nie als Anrede verwendet.

GP [dʒiː'piː] **(= general practitioner)** [præk'tɪʃənə]	**praktischer Arzt / praktische Ärztin; Arzt / Ärztin für Allgemeinmedizin**
family doctor [fæməli 'dɒktə]	**Hausarzt / Hausärztin**

Some specialists **(= Einige Fachärzte)**
ear, nose, and throat specialist (= Hals-Nasen-Ohren-Arzt / -Ärztin) • *gynaecologist* [gaɪnə'kɒlədʒɪst] (= Frauenarzt / -ärztin) • *ophthalmologist* [ɒfθæl'mɒlədʒɪst] / *eye specialist* (= Augenarzt / -ärztin) • *orthopaedist* [ɔːθə'piːdɪst] / *orthopaedic surgeon / specialist* (= Orthopäde / Orthopädin) • *paediatrician* [piːdiə'trɪʃn] (= Kinderarzt / -ärztin) • psychiatrist [saɪ'kaɪətrɪst] (= Psychiater/in) • *psychotherapist* [saɪkəʊ'θerəpɪst] (= Psychotherapeut/in) • *surgeon* ['sɜːdʒən] (= Chirurg/in)
Im BE ist die korrekte Bezeichnung und Anrede für Chirurgen nicht *Dr / doctor, sondern Mr, Mrs oder Ms: Mr Kelly is a very experienced surgeon.* (= Herr Dr. Kelly ist ein sehr erfahrener Chirurg.)

surgery ['sɜːdʒəri]	*BE* **Sprechzimmer, Sprechstunde**
No Wednesday ['wenzdeɪ] surgery	Mittwochs keine Sprechstunde

BE ***surgery*** = AE ***office***
Arztpraxis = BE (*doctor's) surgery* / AE *(doctor's) office*
Sprechstunde = BE *surgery hours* / AE *office hours*

receptionist [rɪ'sepʃənɪst]	**Sprechstundenhilfe** (*am Empfang*)
appointment [ə'pɔɪntmənt]	**Termin**
Have you (got) an appointment?	Haben Sie einen Termin?
patient ['peɪʃnt]	**Patient(in)**
trouble ['trʌbl]	**Beschwerden; Leiden**
What's the trouble?	Was haben Sie für Probleme?
I've got stomach ['stʌmək] trouble.	Ich habe Magenbeschwerden.
My back is giving me trouble.	Mein Rücken macht mir zu schaffen.
Do you have trouble passing (your) water?	Haben Sie Schwierigkeiten beim Wasserlassen?
throat [θrəʊt]	**Rachen; Hals; Kehle**
I've got a sore throat.	Ich habe Halsschmerzen.
a stomach **upset** ['stʌmək ʌpset]	eine Magen**verstimmung**
emotional [ɪ'məʊʃnəl] upsets	seelische Erschütterungen

4

weight [weɪt] — **Gewicht**
I've put on weight / lost weight. — Ich habe zugenommen / abgenommen.

pain [peɪn] — **Schmerz(en)**
a dull / sharp / burning / stabbing pain — ein dumpfer / heftiger / brennender / stechender Schmerz

How long have you been having these pains? — Wie lange haben Sie diese Schmerzen schon?
-ache [-eɪk] — **-schmerzen**
I have backache / stomachache ['stʌməkeɪk] / earache. — Ich habe Rückenschmerzen / Bauchschmerzen / Ohrenschmerzen.
headache ['hedeɪk] — **Kopfschmerzen**
Do you suffer from headaches? — Leiden Sie unter Kopfschmerzen?

Headache – headaches
Die Einzahl *a headache* steht für „Kopfschmerzen im konkreten Einzelfall":
I have / I had a headache. (= Ich habe / Ich hatte Kopfschmerzen.)
Die Mehrzahl *headaches* steht für „wiederholt auftretende Kopfschmerzen":
I often have headaches. (= Ich habe oft Kopfschmerzen.)

appetite ['æpətaɪt] — **Appetit**
How is your appetite? — Wie ist es mit Ihrem Appetit?
sick [sɪk] — **krank**
Do you feel sick? — Ist Ihnen übel?
I was sick (= I vomited ['vɒmɪtɪd] / threw up) three times last night. — Ich habe mich vorige Nacht dreimal übergeben.
period ['pɪəriəd] — **Periode; Monatsblutung**
Are your periods regular ['regjələ]? — Bekommen Sie Ihre Regel pünktlich?
bowels ['baʊəlz] — **Eingeweide; Gedärm**
Are your bowels regular ['regjələ]? — Haben Sie regelmäßig Stuhlgang?

Im Gegensatz zum Deutschen steht bei Dingen, die zum Körper des Menschen gehören, in der Regel das Possessivpronomen (= besitzanzeigende Fürwort):
*I have a pain in **my** chest.* (= Ich habe Schmerzen in der Brust.)
*She has trouble with **her** legs.* (= Sie hat Probleme mit den Beinen.)
*Just hold **your** breath for a moment.* (= Halten Sie mal den Atem an.)

breathe [bri:ð] — **atmen**
Breathe through your nose / mouth. — Atmen Sie durch die Nase / den Mund.

breath [breθ] — **Atem**
Take a deep breath. — Holen Sie tief Luft.
I'm easily out of / short of breath. — Ich gerate schnell außer Atem.
fever ['fi:və] — **Fieber**
Does she have a fever? — Hat sie Fieber?
temperature ['temprətʃə] — **Temperatur**
Has he got a temperature? — Hat er Temperatur?

Fragekonstruktionen mit *have*: Wenn *have* im weitesten Sinn „besitzen / (etwas) an sich haben" bedeutet, so können Sie die Frageform grundsätzlich auf dreierlei verschiedene Weise bilden:
Have you any worries ['wʌriz]*?*
Have you got any worries?
Do you have any worries?
(= Haben Sie [irgendwelche] Sorgen?)
Wir empfehlen Ihnen, die Frageform bei *have* immer mit *do / does / did* zu bilden – außer natürlich bei den Perfektformen:
Has your skin altered [ɔ:]*?* (Nicht *Does* …) (= Hat sich Ihre Haut verändert?)

blood pressure ['blʌd preʃə]	**Blutdruck**
Nurse will take your blood pressure.	Die Schwester wird Ihren Blutdruck messen.
X-ray ['eks reɪ]	**Röntgenaufnahme**
We'll have an X-ray to make sure.	Wir werden sicherheitshalber röntgen.
ECG [i:si:'dʒi:] *BE / AE auch* **EKG**	**EKG (= Elektrokardiogramm)**
ultrasound scan ['ʌltrəsaʊnd skæn]	**Ultraschalluntersuchung / -aufnahme**
do an ultrasound (scan)	eine Ultraschalluntersuchung durchführen
injection [ɪn'dʒekʃn]	**Injektion; Spritze**
The doctor gave her an injection.	Der Arzt gab ihr eine Spritze.
take off (– took – taken)	**ausziehen**
Would you mind taking off all your clothes [kləʊðz].	Würden Sie sich bitte ganz ausziehen.
get dressed (– got – got) [drest]	**sich anziehen**
You can get dressed now.	Sie können sich jetzt wieder anziehen.
examine [ɪg'zæmɪn]	**untersuchen**
Will you lie here, please, so I can examine you.	Wollen Sie sich bitte hier hinlegen, damit ich Sie untersuchen kann.
drug [drʌg]	**Medikament; Arzneimittel**
a pain-killing drug	ein Schmerzmittel
medication [medɪ'keɪʃn]	**Medikamente; Verordnung**
Don't forget to take your medication.	Vergiss nicht, deine Medikamente einzunehmen.
medicine ['medsn]	**Medizin; Medikament; Arznei**
Are you taking any medicines?	Nehmen Sie Medikamente ein?
pill [pɪl]	**Pille**
She's been on the pill for years.	Sie nimmt seit Jahren die Pille.
remedy ['remədi]	**(Heil-)Mittel**
There is no remedy for colds.	Es gibt kein Mittel gegen Erkältungen.
ointment ['ɔɪntmənt]	**Salbe**
The ointment is to be applied [ə'plaɪd] twice daily.	Die Salbe ist zweimal täglich aufzutragen.
prescription [prɪ'skrɪpʃn]	**Rezept**
available on prescription only	nur auf Rezept erhältlich
certificate [sə'tɪfɪkət]	**Bescheinigung**
a doctor's certificate [sə'tɪfɪkət]	ein ärztliches Attest
sick note ['sɪk nəʊt] *BE*	**Krankenschein**
checkup ['tʃekʌp]	**(ärztliche) Untersuchung**
have a checkup	sich untersuchen lassen
home visit *BE / AE* **house call**	**Hausbesuch**

At the dentist's
Beim Zahnarzt

For there was never yet philosopher / That could endure the toothache patiently. (*William Shakespeare, English dramatist and poet, 1564–1616*)

dentist ['dentɪst] / **dental surgeon** — **Zahnarzt / Zahnärztin**
dental clinic ['klɪnɪk] / **hospital** — **Zahnklinik**
dental treatment ['dentl tri:tmənt] — **Zahnbehandlung**
toothache ['tu:θeɪk] — **Zahnschmerzen**
I have toothache *BE* / *AE* a toothache. — Ich habe Zahnschmerzen.
sensitive ['sensətɪv] — **empfindlich**
The tooth is sensitive to cold. — Der Zahn ist kälteempfindlich.
hurt [hɜ:t] — **wehtun**
The tooth hurts only when I bite on it. — Der Zahn tut nur weh, wenn ich auf ihn beiße.
This won't (= will not) hurt you. — Das tut jetzt nicht weh.

***Pain – ache* = Schmerz(en)**
Pain ist das allgemeinere Wort für Schmerzen:
He was out of breath and had a pain in his side. (= Er war außer Atem und hatte Schmerzen in der Seite.) • *the pain caused by an ulcer* (= die Schmerzen, die durch ein Magengeschwür verursacht werden) • *I have a pain in my foot* [fʊt]. (= Ich habe Schmerzen im Fuß.) • *She was obviously in pain.* (= Sie hatte offensichtlich Schmerzen.)
Ache [eɪk] bezeichnet in der Regel anhaltende, dumpfe, nicht genau lokalisierbare oder beschreibbare Schmerzen:
He has (an) earache / (a) backache / (a) toothache / (a) stomachache / a headache. (= Er hat Ohrenschmerzen / Rückenschmerzen / Zahnschmerzen / Bauchschmerzen / Kopfschmerzen.) • *The dull ache in her shoulder was almost unbearable* [ʌn'beərəbl]. (= Der dumpfe Schmerz in ihrer / der Schulter war fast unerträglich.) • *My head / back aches.* (= Mir tut der Kopf / Rücken weh.) • *aching muscles* ['mʌslz] (= schmerzende Muskeln)

tongue [tʌŋ] — **Zunge**
Do you feel the pain when you touch your tooth with your tongue? — Spüren Sie den Schmerz, wenn Sie den Zahn mit der Zunge berühren?
gum(s) [gʌm(z)] — **Zahnfleisch**
My gums bleed when I brush my teeth. — Mein Zahnfleisch blutet, wenn ich mir die Zähne putze.
You'll just feel a little prick in the gum. — Sie werden nur einen leichten Stich im Zahnfleisch spüren.

loose [lu:s] — **lose**
The tooth is loose. — Der Zahn wackelt.
lower jaw [dʒɔ:] – **upper jaw** — **Unterkiefer – Oberkiefer**
lean back (– leant* [lent] – leant*) — **sich zurücklehnen**
Will you lean back, please. — Lehnen Sie sich bitte zurück.
rinse [rɪns] — **spülen; Spülung**
Rinse thoroughly ['θʌrəli], please. — Bitte gründlich (aus)spülen.

tooth [tu:θ] – **teeth** [ti:θ]	**Zahn – Zähne**
pull out / take out / extract [ɪk'strækt] a tooth	einen Zahn ziehen
I've had a wisdom ['wɪzdəm] tooth out.	Mir ist ein Weisheitszahn gezogen worden.
fill [fɪl]	**füllen; plombieren**
This tooth needs filling.	Dieser Zahn muss plombiert werden.
filling ['fɪlɪŋ]	**Füllung; Plombe; Inlay**
This filling needs to be replaced.	Diese Füllung muss ersetzt werden.
a temporary ['temprəri] filling	eine provisorische Füllung
decay [dɪ'keɪ]	**Verfall; Zerfall; Karies**
I'll have to drill some more to remove [rɪ'mu:v] the decay.	Ich muss noch etwas bohren, um die Karies zu entfernen.
crown [kraʊn]	**Krone**
crown a tooth	einen Zahn überkronen
bridge [brɪdʒ]	**Brücke**
fit a bridge	eine Brücke anbringen
denture(s) ['dentʃə(z)]	**Zahnprothese; künstliches Gebiss**
a complete / partial ['pɑ:ʃl] denture	eine Voll- / Teilprothese
(a set of) dentures	Zahnersatz
root treatment ['ru:t tri:tmənt]	**Wurzelbehandlung**
impression [ɪm'preʃn]	**Abdruck**
take an impression for an inlay	einen Abdruck für ein Inlay machen
injection [ɪn'dʒekʃn]	**Injektion; Spritze**
Could you give me an injection?	Können Sie mir eine Spritze geben?
tartar ['tɑ:tə]	**Zahnstein**
There's a lot of tartar there.	Sie haben viel Zahnstein.
plaque [plɑ:k]	**Zahnbelag**
Use dental floss to remove plaque from between your teeth.	Benutzen Sie Zahnseide, um den Belag zwischen den Zähnen zu entfernen.
water jet ['wɔ:tə dʒet]	**Mundddusche**

"Are you sure you don't want an injection?"

In hospital
Im Krankenhaus

→ 4.2 Accidents and injuries

Life is much more relaxed in hospitals today than ever before and the days of lying to attention in bed as the consultant comes round have, thankfully, gone for good. (*Dr Andrew Stanway, A Dictionary of Operations*)

hospital ['hɒspɪtl]	**Krankenhaus; Klinik; Hospital**
field hospital ['fi:ld hɒspɪtl]	(Feld-)Lazarett
hospital chaplain ['tʃæplɪn]	Krankenhauspfarrer(in)

Im BE wird *hospital* ohne *the* gebraucht, wenn es um „die Inanspruchnahme der Institution Krankenhaus" geht; im AE steht hier immer *the*.
He went into hospital. = Er ging (als Patient) ins Krankenhaus.
They went to the hospital. = Sie gingen in das Krankenhaus (z.B. um einen Kranken zu besuchen).
She was taken to hospital / AE *to the hospital.* = Sie wurde ins Krankenhaus gebracht.
He left hospital / AE *the hospital last Friday.* = Er hat das Krankenhaus vorigen Freitag verlassen.

hospitalization [hɒspɪtlaɪ'zeɪʃn]	**Einweisung ins Krankenhaus**
She was hospitalized ['hɒs-] for weeks.	Sie war wochenlang im Krankenhaus.
outpatient ['aʊtpeɪʃnt]	**ambulante(r) Patient(in)**
outpatient treatment	ambulante Behandlung
outpatient surgical centre	chirurgische Ambulanz
inpatient ['ɪnpeɪʃnt]	**stationär behandelte(r) Patient(in)**
doctor [ɒ] / **physician** [fɪ'zɪʃn]	**Arzt / Ärztin**
the doctor on duty ['dju:ti]	der / die Dienst habende Arzt / Ärztin
the attending [ə'tendɪŋ] physician	der / die behandelnde Arzt / Ärztin
consultant [kən'sʌltənt] *BE*	**(leitender) Facharzt** (*am Krankenhaus*)
senior ['si:niə] consultant *BE*	Chefarzt / -ärztin
houseman *BE* / *AE* **resident** ['rezɪdənt]	**Assistenzarzt**
senior registrar [redʒɪ'strɑ:] *BE* / *AE* **chief resident**	**Oberarzt / -ärztin**
medical *BE* / *AE* **physical** ['fɪzɪkl]	**ärztliche Untersuchung**
have a medical ['medɪkl] / physical	sich einer ärztlichen Untersuchung unterziehen
medical history ['hɪstri] / **case history**	**Krankengeschichte; Anamnese**
round [raʊnd]	**Visite**
The consultant [kən'sʌltənt] is doing his morning round.	Der Chefarzt macht gerade seine Morgenvisite.
ward [wɔ:d]	(*Krankenhaus*) **Station**
maternity [mə'tɜ:nəti] ward	Entbindungsstation
the medical ['medɪkl] ward	die innere Abteilung / Station
the surgical ['sɜ:dʒɪkl] ward	die chirurgische Station / Chirurgie

ward doctor ['dɒktə]	Stationsarzt / -ärztin
ward sister / charge nurse *BE*	Stationsschwester
nurse [nɜ:s]	**(Kranken-)Schwester / Pfleger**
student nurse [stju:dnt 'nɜ:s]	Lernschwester
senior nursing officer / senior nurse	Oberschwester
casualty *BE* / *AE* **emergency room**	**Notaufnahme**
He was taken to casualty ['kæʒuəlti] / to the emergency [ɪ'mɜ:dʒənsi] room.	Er wurde in die Notaufnahme gebracht.
trauma ['trɔ:mə]	**Verletzung;** *AE* **Schwerverletzte(r)**
trauma center *AE*	Unfallstation
operation [ɒpə'reɪʃn]	**Operation**
have / undergo an operation	sich einer Operation unterziehen
operate on someone ['ɒpəreɪt]	**jemand operieren**
I was operated on for appendicitis [əpendə'saɪtɪs].	Ich wurde am Blinddarm operiert.
operable – inoperable [ɪn'ɒpərəbl]	**operabel – inoperabel**
an inoperable brain tumour ['tju:mə]	ein nicht operierbarer Gehirntumor
operating theatre *BE* / *AE* **operating room**	**Operationssaal**
theatre nurse *BE*	Operationsschwester; OP-Schwester
surgeon ['sɜ:dʒən] – **surgery**	**Chirurg(in)** – (die) **Chirurgie**
He specializes in heart surgery.	Er ist auf Herzchirurgie spezialisiert.
I had to have / undergo surgery.	Ich musste mich operieren lassen.
Caesarean (section) [si'zeəriən]	**Kaiserschnitt**
The baby was born by Caesarean.	Das Baby wurde mit Kaiserschnitt entbunden.
an organ transplant ['trænsplɑ:nt]	**eine Organtransplantation**

Wörter, die chirurgische Eingriffe bezeichnen, haben häufig die Endung *-ectomy* (= Herausschneidung / Entfernung) – die Betonung liegt auf dem *-e-*: *appendectomy* [æpn'dektəmi] (= Blinddarmoperation), *gastrectomy* [gæ'strektəmi] (= operative Entfernung des Magens), *hysterectomy* [hɪstə'rektəmi] (= operative Entfernung der Gebärmutter), *mastectomy* [mæ'stektəmi] (= Brustamputation), *nephrectomy* (= operative Entfernung einer Niere), *tonsillectomy* [tɒnsə'lektəmi] (= Mandeloperation), *vasectomy* [və'sektəmi] (= teilweise Entfernung des Samenleiters) etc.

anaesthetist [ə'ni:sθətɪst]	**Anästhesist(in); Narkosearzt / -ärztin**
anaesthesia [ænəs'θi:ziə]	**Narkose; Betäubung; Anästhesie**
anaesthetic [ænəs'θetɪk]	**Anästhetikum; Narkosemittel**
general anaesthetic	Vollnarkose
local anaesthetic	örtliche Betäubung
recovery room [rɪ'kʌvri ru:m]	**Wachraum; Wachstation**
intensive care unit [ɪn'tensɪv] / **ICU**	**Intensivstation**
She's in intensive care now.	Sie liegt jetzt „auf Intensiv".
drip [drɪp]	**Tropf; Infusion(sapparat)**
She's still on a drip.	Sie hängt immer noch am Tropf.
terminal (patient) ['tɜ:mɪnl]	**unheilbar (Kranke / Kranker)**
terminal ward [wɔ:d]	Sterbestation
people who are terminally ill	Menschen, die unheilbar krank sind

Healthy living
Gesunde Lebensweise

An apple a day keeps the doctor away – but only if it's organically grown.
(*Variation of an old proverb*)

health [helθ]	**Gesundheit**
Swimming is good for your health.	Schwimmen ist gesundheitsfördernd.
Smoking is a health hazard ['hæzəd].	Rauchen gefährdet die Gesundheit.
health farm / *AE auch* fat farm	Gesundheitsfarm
health resort [rɪ'zɔ:t]	Kurort
health food(s) ['helθ fu:d(z)]	Reform(haus)kost; Naturkost
health food shop *BE* / *AE* store	Reformhaus; Bioladen; Naturkostladen
health freak ['helθ fri:k]	Gesundheitsfanatiker(in) / -apostel
health-conscious ['helθ kɒnʃəs]	gesundheitsbewusst
diet ['daɪət]	**Diät; (eine) Schlankheitskur (machen)**
Many people are dieting to control their cholesterol [kə'lestərɒl] intake.	Viele Leute leben Diät, um ihre Cholesterinaufnahme zu beschränken.
regimen ['redʒɪmən]	**Heilprogramm; Diätplan; Kur**
I'm on a vegetarian regimen at the moment.	Ich lebe zurzeit nach einem vegetarischen Diätplan.
fast [fɑ:st]	**fasten**
It's good to fast occasionally [ə'keɪʒnəli].	Es ist gut, wenn man gelegentlich fastet.
vegetarian [vedʒə'teəriən]	**vegetarisch; Vegetarier(in)**
organic food(s) [ɔ:gænɪk 'fu:d(z)]	**Biokost, Biolebensmittel** (→*S. 56*)
organically grown [grəʊn]	**aus ökologischem Anbau** (→*S. 56*)
additive-free [ædətɪv 'fri:]	**frei von chemischen Zusätzen**
fibre ['faɪbə]	**Faser; Ballast(stoffe)**
food high in fibre and low in fat	Kost, die ballaststoffreich und fettarm ist
roughage ['rʌfɪdʒ]	**Ballaststoffe**
Roughage is an essential element in the diet even though it provides no nutrients ['nju:trɪənts].	Ballaststoffe sind für die Ernährung wichtig, obwohl sie keine Nährstoffe liefern.
oat bran ['əʊt bræn] – oatmeal	Haferkleie – Haferbrei
Oat bran is supposed to bring down the cholesterol level.	Haferkleie soll den Cholesterinspiegel senken.
polyunsaturated [pɒliʌn'sætʃ-] **fats**	**mehrfach ungesättigte Fettsäuren**
wholefood(s) ['həʊlfu:d(z)]	**Vollwertkost**
wholemeal bread [həʊlmi:l 'bred]	**Vollkornbrot**
free-range eggs [fri: reɪndʒ 'egz] *BE*	**Eier von frei laufenden Hühnern**
herb(al) tea(s) [hɜ:b(l) 'ti:(z)]	**Kräutertee(s)**
vitamin(s) ['vɪtəmɪn(z)]	**Vitamin(e)**
slimming pills / **reducing pills**	**Schlankheitspillen**
spa [spɑ:]	**Bade(kur)ort; Kurort**
Baden-Baden has been a spa since Roman times.	Baden-Baden ist schon seit der Römerzeit ein Badekurort.
physiotherapy [fɪziəʊ'θerəpi]	**Physiotherapie**

massage ['mæsɑ:ʒ]	**Massage; massieren**
The massage did me a world of good.	Die Massage hat mir enorm gut getan.
sauna ['sɔ:nə]	**Sauna**
We're having a sauna tonight.	Wir gehen heute Abend in die Sauna.
steam room – Turkish bath	**Dampfbad – türkisches Bad**
sunbathing ['sʌnbeɪðɪŋ]	**Sonnenbaden**
sunlamp ['sʌnlæmp]	**Höhensonne**
solarium *BE* / *AE* **tanning salon** ['sælɒn]	**Bräunungsstudio**
jacuzzi™ [dʒə'ku:zi] / **whirlpool (bath)**	**Whirlpool**
exercise ['eksəsaɪz]	**Bewegung; Übung**
You need more exercise.	Sie brauchen mehr Bewegung.
exercises to strengthen your back muscles	(gymnastische) Übungen zur Stärkung der Rückenmuskulatur
You don't exercise enough.	Du bewegst dich nicht genug.
work out – workout ['wɜ:kaʊt]	**trainieren – Training**
We work out at a gym [dʒɪm] once a week.	Einmal in der Woche machen wir in einer Turnhalle Fitnesstraining.
gymnastics [dʒɪm'næstɪks]	**Turnen**
gymnastic exercises ['eksəsaizɪz]	Turnübungen
aerobics [eə'rəʊbɪks]	**Aerobic**
Aerobics stimulate heart and lung activity [æk'tɪvəti].	Aerobicübungen regen die Herz- und Lungenaktivität an.

Wörter auf *-ics* (→ S. 240) werden als Singular konstruiert, wenn sie eine Wissenschaft, ein Programm etc. ausdrücken; mit einem Pluralverb erscheinen sie, wenn es um die „praktische Anwendung" geht: *Aerobics / Gymnastics is a form of exercise. – Aerobics / Gymnastics are a good way to improve your fitness.* • *Athletics* (= Leichtathletik) *is called track and field in American English. – The athletics* (= Leichtathletikwettbewerbe) *were interesting to watch.* • *Politics* (= Politik) *is the art of the possible. – My politics* (= politischen Auffassungen) *are my own affair.*

yoga ['jəʊgə]	**Yoga**
Yoga exercises are supposed to relax your mind and improve your physical fitness.	Yogaübungen sollen den Geist entspannen und die körperliche Verfassung verbessern.
walking ['wɔ:kɪŋ]	**Spazierengehen; Wandern**
jog [jɒg]	**joggen; (einen) Dauerlauf (machen)**
Shall we go for a jog?	Wollen wir einen Dauerlauf machen?
Jogging is slow running.	Joggen ist langsames Laufen.
bodybuilding exercises	**muskelkräftigende Übungen**
A lot of girls are into bodybuilding.	Viele Mädchen machen Bodybuilding.
breathing ['bri:ðɪŋ] **exercises**	**Atemübungen**
press-up *BE* / *AE* **push-up** ['pʊʃʌp]	**Liegestütz**
I do fifty push-ups every morning to stay fit.	Ich mache jeden Morgen fünfzig Liegestütze, um fit zu bleiben.

The home
Die Wohnung

1 **Flats and houses**
Wohnungen und Häuser

2 **Furniture, fittings, etc.**
Möbel, Ausstattung etc.

3 **Housework**
Hausarbeit

5

1 Flats and houses
Wohnungen und Häuser

→ 7.1 Housing shortage, 11.6 Architecture, 20.6 Real estate

Home is the place where, when you have to go there, / They have to take you in. (*Robert Frost, US poet, 1874–1963*)

flat *BE* / *AE* **apartment** [ə'pɑ:tmənt]	**(Etagen-)Wohnung**
a block of flats *BE* / *AE* an apartment building	ein Wohnblock

***Kinds of flats* / *apartments* (= Arten von Wohnungen)**
studio ['stju:diəʊ] (= Einzimmerwohnung) • *maisonette* [meɪzə'net] (= zweistöckige Einliegerwohnung) • *penthouse* (= Penthouse / Dachterrassenwohnung) • *bedsit(ter)* BE (= Wohnschlafzimmer)
Eine Eigentumswohnung ist im BE *an owner-occupied flat*, im AE *a condo(minium)* [kɒndə'mɪniəm] oder *a cooperative* [kəʊ'ɒprətɪv] *(apartment)* / *a co-op. Our apartment building is going co-op.* (= Die Wohnungen in unserem Block / Haus werden in Eigentumswohnungen umgewandelt.)

my home [maɪ 'həʊm]	**mein Heim / Haus; meine Wohnung**
We're never away from home long.	Wir sind nie lange von zu Hause weg.
my place ['maɪ pleɪs]	**meine Wohnung; mein Haus**
Shall we go to my place?	Wollen wir zu mir gehen?
This place is a dump.	Diese Wohnung ist ein Dreckloch.
house [haʊs] *Pl.* houses ['haʊzɪz]	**Haus**
We met at her parents' house.	Wir trafen uns im Haus ihrer Eltern.
house [haʊz]	**unterbringen**
efforts to house the homeless	Bemühungen, die Obdachlosen unterzubringen
housing ['haʊzɪŋ]	**Wohnungen** (*als kollektiver Begriff*)
a shortage of affordable [ə'fɔ:dəbl] housing	ein Mangel an erschwinglichem Wohnraum

Council ['kaʊnsl] *housing* ist BE für sozialen Wohnungsbau; *council houses* sind Mietshäuser mit *council flats* (= Sozialwohnungen). – *Housing estate* [ɪ'steɪt] ist BE für Wohnsiedlung; *a council estate* ist ein Wohnkomplex, der im sozialen Wohnungsbau errichtet wurde.

lodgings ['lɒdʒɪŋz]	**möblierte(s) Zimmer**
For years I lived in lodgings.	Jahrelang lebte ich in Untermiete.
quarters ['kwɔ:təz]	**Quartier; Unterkunft**
Our company ['kʌmpəni] took up quarters in a little village.	Unsere Kompanie bezog Quartier in einem kleinen Dorf.
shelter ['ʃeltə]	**Obdach; (Not-)Unterkunft**
residence ['rezɪdəns]	**(Wohn-)Haus; Residenz**
the prime minister's official residence	der Amtssitz des Premierministers
castle ['kɑ:sl]	**Burg; Schloss**

Windsor Castle [wɪnzə 'kɑ:sl]	Schloss Windsor
palace ['pæləs]	**Palast**
Buckingham Palace is the Queen's main residence.	Der Buckingham-Palast ist die Hauptresidenz der Königin.
high-rise (building) ['haɪ raɪz]	**Hochhaus**
high-rise flats *BE / AE* high-rise apartment house	Wohnhochhaus
prefab(ricated house) ['pri:fæb]	**Fertighaus**

Kinds of buildings ['bɪldɪŋz] **(= Arten von Gebäuden)**
hut (= Hütte) • *shack* (= ärmliche Hütte) • *shanty / hovel* ['hɒvl] (= Bruchbude) • *blockhouse* (= Blockhaus) • *cabin* (= Holzhütte) • *log cabin* (= Blockhütte) • *bungalow* [ʌ] (= Bungalow) • *cottage* [ɒ] (= Häuschen) • *thatched* [θætʃt] *cottage* (= Häuschen mit Strohdach) • *farmhouse* (= Bauernhaus) • *manor* [æ] *(house)* (= Herrenhaus) • *mansion* ['mænʃn] (= Villa) • *duplex* ['dju:pleks] *(house)* (AE = Zweifamilienhaus) • *semidetached* [semidɪ'tætʃt] *house* BE / AE *attached house* (= Doppelhaushälfte) • *terrace(d)* ['terəs(t)] *house* BE / AE *row* [əʊ] *house* (= Reihenhaus) • *tenement* ['tenəmənt] *(house / block)* (= Mietshaus / Mietskaserne) • *tower block* (= Wohn- / Bürohochhaus) • *skyscraper* (= Wolkenkratzer)

tent [tent]	**Zelt**
caravan ['kærəvæn] *BE / AE* **trailer**	**Wohnwagen**
mobile home *BE / AE* **house trailer**	**Wohnmobil**
houseboat ['haʊsbəʊt]	**Hausboot**

Brownstones sind Altbauten mit rötlich-brauner Sandsteinfront (= *fronted with reddish-brown sandstone*) – häufig anzutreffen und begehrt in *New York City*.

floor [flɔ:] / **storey** ['stɔ:ri]	**Stock(werk); Etage**
They live on the third floor.	Sie wohnen im dritten Stock.
a six-storey house	ein sechsgeschossiges Haus

Beachten Sie die in BE und AE abweichende Zählung der Stockwerke:

BE *ground floor*	= AE *first floor*	(= Erdgeschoss)
BE *first floor*	= AE *second floor*	(= erster Stock)
BE *second floor*	= AE *third floor*	(= zweiter Stock) etc.

(in the) **loft** [lɒft]	(auf dem) **Boden / Speicher**
hall [hɔ:l]	**Diele; Korridor; Saal**
entrance hall ['entrəns hɔ:l]	Eingangshalle; Hausflur
the hall at the bottom of the stairs	die Diele am unteren Ende der Treppe

Parts of a house or flat **(= Teile eines Hauses oder einer Wohnung)**
room (= Zimmer / Raum) • *bedroom* (= Schlafzimmer) • *living room /* BE auch *sitting room /* BE auch *lounge* [laʊndʒ] (= Wohnzimmer) • *dining room* (= Esszimmer) • *guestroom / spare room* (= Gästezimmer) • *study* (= Arbeitszimmer) • *bathroom* (= Badezimmer) • *kitchen* (= Küche) •

kitchen-cum-dining room [-kʌm-] (= Essküche) • *kitchen-cum-living room* (= Wohnküche) • *larder / pantry* [æ] (= Speisekammer) • *doorway* (= Eingang) • *corridor* ['kɒrɪdɔ:] (= Korridor / Flur) • *cellar* ['selə] (= Keller) • *landing* (= Treppenabsatz / Gang / Flur) • *basement* [s] (= Untergeschoss / Souterrain) • *attic / loft* (= Dachboden / Speicher / Mansarde) • *attic room* (= Dachzimmer) • *multipurpose* [mʌlti'pɜ:pəs] *room* (= Mehrzweckraum) • *utility* [ju:'tɪləti] *room* (= Nebenraum für Waschmaschine etc.) • *balcony* ['bælkəni] (= Balkon) • *porch* (= Vorbau / Vordach) • *veranda* [və'rændə] BE / AE *porch* (= Veranda) • *terrace* ['terəs] BE / AE *patio* ['pætiəʊ] (= Terrasse) • *conservatory* [kən'sɜ:vətri] (= Wintergarten)

☞ Beachten Sie: *A three-bedroom house* ist ein Haus mit vier Zimmern, nämlich: *three bedrooms + one living room. A two-bedroom flat / apartment* ist entsprechend eine Dreizimmerwohnung (*two bedrooms + one living room*).

door [dɔ:]	**Tür**
There's someone at the door.	Es ist jemand an der Tür.
front door [frʌnt 'dɔ:] – back door	Haustür – Hintertür
revolving [-'vɒlv-] door – sliding door	Drehtür – Schiebetür
window ['wɪndəʊ]	**Fenster**
sash window [sæʃ 'wɪndəʊ]	(*typisch englisches*) Schiebefenster
French windows [frentʃ 'wɪndəʊz]	Verandatür (*zweiteilig, aus Glas*)
potted plants on the windowsill	Topfpflanzen auf dem Fensterbrett
the shutters ['ʃʌtəz]	**die Fensterläden**
chimney – **open fire(place)**	**Schornstein** – **offener Kamin**
roof [ru:f]	**Dach**
I was glad to have a roof over my head.	Ich war froh, ein Dach über dem Kopf zu haben.
lift *BE / AE* **elevator** ['eləveɪtə]	**Aufzug; Fahrstuhl; Lift**

☞ Der Garten beim Haus ist im BE *garden*, im AE *yard*.
Entsprechend: *front garden* BE / AE *front yard* (= Vorgarten), *back garden* BE / AE *back yard* (= Garten hinter dem Haus).
We've stopped mowing the lawn in our garden BE / AE *yard.* (= Wir mähen den Rasen in unserem Garten nicht mehr.)

yard [jɑ:d]	**Hof;** *AE auch* **Garten** (beim Haus)
backyard [bæk'jɑ:d]	**Hinterhof**
a backyard surrounded by a wall	ein von einer Mauer umgebener Hinterhof

***What's outside the house* (= Was außerhalb des Hauses ist)**
shed (= Schuppen) • *toolshed* (= Geräteschuppen) • *woodshed* (= Holzschuppen) • *barn* (= Scheune) • *stable* (= Pferdestall) • *kennel* BE / AE *doghouse* (= Hundehütte) • *greenhouse* (= Gewächshaus / Treibhaus) • *outhouse* (AE = Außentoilette) • *cesspit / cesspool* ['ses-] (= Fäkaliengrube) • *(swimming) pool* (= Schwimmbad) • *garage* ['gærɑ:ʒ] (= Garage) • *carport* (= Carport) • *courtyard* ['kɔ:tjɑ:d] (= Hof) • *fence* (= Zaun) • *gate* (= Tor)

Furniture, fittings, etc.
Möbel, Ausstattung etc.

First build your house and then think of the furniture. (*Proverb*)

Dem deutschen Plural Möbel entspricht ein englischer Singular:
The furniture was expensive. (= Die Möbel waren teuer.)
Ein einzelnes Möbelstück ist *a piece / an item of furniture:*
Several pieces / items of furniture were missing. (= Mehrere Möbelstücke fehlten.)

cupboard ['kʌbəd] *BE / AE* **closet** ['klɒzɪt]	**Schrank**
built-in / fitted cupboard *BE / AE* closet	Einbauschrank
walk-in cupboard / closet	begehbarer Wandschrank / Einbauschrank
kitchen cupboard *BE / AE* kitchen cabinet	Küchenschrank
a skeleton in her cupboard / closet	ein dunkler Punkt in ihrer Vergangenheit
wardrobe ['wɔ:drəʊb]	**Kleiderschrank**

bed (= Bett) • *double bed* (= Doppelbett / französisches Bett) • *twin beds* (= zwei gleiche Einzelbetten) • *folding / foldaway / collapsible* [kə'læpsəbl] *bed* (= Klappbett) • *sofa* ['səʊfə] *bed / studio couch* (= Schlafcouch) • *mattress* (= Matratze) • *pillow* (= Kopfkissen) • *cushion* [ʊ] (= [z.B. Sofa-]Kissen) • *sheet* (= Laken) • *blanket* (= Decke) • *duvet* ['du:veɪ] (= Federbett / Plumeau)

Traditionell deckt man sich in britischen und amerikanischen Betten mit *sheets and blankets* zu, die an drei Seiten unter die Matratze eingesteckt werden (= *tucked* [tʌkt] *in*). Inzwischen wird das Zudecken nach kontinentaler Art, *with a duvet*, immer häufiger. *Sheets and blankets, or a duvet?* ist die Frage. *Proverb* ['prɒvɜ:b] (= Sprichwort): *As you make your bed, so you must lie on it.* (= Wie man sich bettet, so liegt man.)

shelf [ʃelf] *Pl.* shelves [ʃelvz]	**(Regal-)Brett; Bord**
shelves from floor to ceiling ['si:lɪŋ]	Regale vom Boden bis zur Decke
bookshelf *Pl.* -shelves	**Bücherbord; Bücherbrett**
bookcase ['bʊkkeɪs]	**Bücherregal; Bücherschrank**
chest of drawers [drɔ:z] *BE / AE* **bureau**	**Kommode**
bureau ['bjʊərəʊ]	*BE* **Sekretär;** *AE* **Kommode**
sideboard ['saɪdbɔ:d]	**Anrichte; Büfett; Sideboard**
tea trolley ['trɒli] *BE / AE* **tea wagon** ['wægən]	**Teewagen**

***Tables, etc.* (= Tische etc.)**
table (= Tisch) • *coffee table* (= Couchtisch) • *dining table* (= Esstisch) • *kitchen table* (= Küchentisch) • *bedside table* BE / AE *nightstand* (= Nachttisch) • *folding table* (= Klapptisch) • *(writing) desk* (= Schreibtisch) • *tablecloth* ['teɪblklɒθ] (= Tischdecke)

toilet ['tɔɪlət] / **lavatory** ['lævətri]	**Toilette**
Where's the toilet / lavatory, please?	Sagen Sie, wo ist die Toilette?
lav / **loo** *BE* / *AE* **john** [ɒ] / **can**	**Klo**
I'm just going to the loo / john / can.	Ich gehe nur mal schnell aufs Klo.
bath [bɑ:θ] *BE* / *AE* **bathtub**	**Badewanne**
shower ['ʃaʊə]	**Dusche; Brause**
She's in the shower just now.	Sie ist gerade in der Dusche.
bathroom cabinet ['kæbɪnət]	**Badezimmerschrank**
bathroom scales *BE* / *AE* **scale** [skeɪl]	**Badezimmerwaage**
I'm looking for some bathroom scales *BE* / *AE* a bathroom scale.	Ich suche eine Badezimmerwaage.
tap *BE* / *AE* **faucet** ['fɔ:sɪt]	**Wasserhahn**
turn the tap / faucet on / off	den Wasserhahn auf- / abdrehen
washbasin ['wɒʃbeɪsn] *BE* / *AE* **sink**	**Waschbecken**
(kitchen) sink [sɪŋk]	**Spülbecken; Spüle; Ausguss**

Electrical appliances [ə'plaɪənsɪz] **(= Elektrogeräte)**
refrigerator [rɪ'frɪdʒəreɪtə] / *fridge* (= Kühlschrank) • *freezer* (= Tiefkühltruhe / Gefrierschrank) • *cooker* BE / AE *stove* [stəʊv] (= Herd) • *toaster* (= Toaster) • *washing machine* (= Waschmaschine) • *dryer* ['draɪə] (= Trockner) • *dishwasher* ['dɪʃwɒʃə] (= Spülmaschine) • *vacuum* ['vækjuəm] *cleaner* (= Staubsauger) • *air conditioner* ['eə kəndɪʃənə] (= Klimaanlage) • *fan* (= Ventilator) • *water heater* (= Warmwasserbereiter)

lamp [læmp]	**Lampe**
standard lamp *BE* / *AE* floor lamp	Stehlampe
lampshade ['læmpʃeɪd]	Lampenschirm
light [laɪt]	**Licht; Lampe**
put / turn the lights on / off	die Lampen anmachen / ausmachen
(power) point *BE* / *AE* **(electric) socket**	**Steckdose**
Where's the telephone point?	Wo ist die Telefonsteckdose?
shaver point *BE* / *AE* shaver outlet	Steckdose für Elektrorasierer

Things to sit on or in **(= Dinge, auf oder in denen man sitzt)**
chair (= Stuhl / Sessel) • *armchair* / *easy chair* (= Sessel) • *collapsible* [kə'læpsəbl] *chair* / *folding chair* (= Klappstuhl) • *deck chair* (= Liegestuhl) • *rocking chair* (= Schaukelstuhl) • *swivel* [ɪ] *chair* (= Drehstuhl) • *sofa* ['səʊfə] / settee [se'ti:] / *couch* (= Sofa) • *stool* (= Hocker / Schemel)
You sit on a chair (= Stuhl) / *sofa* / *settee* / *couch* / *stool.*
You sit in a chair (= Sessel) / *an armchair* / *an easy chair* / *a rocking chair.*

(wall / grandfather) clock	**(Wand- / Stand-)Uhr**
alarm clock [ə'lɑ:m klɒk]	Wecker
put the clock forward an hour	die Uhr eine Stunde vorstellen
put the clock back an hour	die Uhr eine Stunde zurückstellen
look at the station clock	auf die Bahnhofsuhr schauen
The clock struck ten.	Die Uhr schlug zehn.
It's ten o'clock by the kitchen clock.	Nach der Küchenuhr ist es zehn Uhr.
Our kitchen clock is slow / fast.	Unsere Küchenuhr geht nach / vor.

Our (tele)phones are staffed [sta:ft] (a)round the clock.	Unsere Telefone sind rund um die Uhr besetzt.
mirror ['mɪrə]	**Spiegel**
look in(to) the mirror	in den Spiegel gucken
She looked at herself in the mirror.	Sie betrachtete sich im Spiegel.
curtains ['kɜ:tnz] *BE* / *AE* **drapes**	**Vorhang / Vorhänge**
net curtain *BE* / *AE* curtain	Gardine
He pulled back the curtains.	Er zog die Vorhänge auf.
She drew [u:] / pulled [ʊ] the curtains.	Sie zog die Vorhänge zu.
blind *BE* / *AE* **(window) shade**	**Rollo; Jalousie; Rollladen**
We'd better pull the blinds down.	Wir lassen besser die Jalousien runter.
venetian blind [vəni:ʃn 'blaɪnd]	Jalousie
carpet(ing) ['ka:pɪt(ɪŋ)]	**Teppich(boden)**
have a carpet laid / fitted	einen Teppich verlegen lassen
fitted carpet *BE* / *AE* wall-to-wall	Teppichboden
roll out the red carpet	den roten Teppich ausrollen
rug [rʌg]	**Teppich; Läufer; Brücke**
parquet floor ['pa:keɪ]	**Parkettfußboden**
Parquet is easier to clean than carpeting.	Parkett lässt sich leichter sauber halten als Teppichboden.
(door)mat – bath mat	**(Fuß-)Matte – Bademattte**
central heating [sentrəl 'hi:tɪŋ]	**Zentralheizung**
The house is centrally heated.	Das Haus hat Zentralheizung.
radiator ['reɪdieɪtə]	**Heizkörper**
boiler *BE* / *AE* **furnace** ['fɜ:nɪs]	**Heizkessel**
boiler ['bɔɪlə]	Boiler; Warmwasserbereiter
tank [tæŋk]	**Tank; Wasserspeicher; (Wasser-)Kessel**
an 80-litre tank ['li:tə]	ein 80-Liter-Tank

Feines Porzellan(geschirr) ist *china* ['tʃaɪnə]; gröberes Geschirr ist BE *crockery*, AE *earthenware* ['ɜ:θnweə]. Den sprichwörtlichen Elefanten im Porzellanladen gibt es im BE und AE ebenfalls: *She behaved like a bull* [ʊ] *in a china shop.*

wastepaper basket *BE* / *AE* **wastebasket**	**Papierkorb**
rubbish bin *BE* / **waste bin** *BE* / *AE* **garbage** ['ga:bɪdʒ] **can**	**Mülleimer**
dustbin *BE* / *AE* **ashcan** / *AE* **garbage container**	**Mülltonne**
throw something in the dustbin (– threw [θru:] – thrown [θrəʊn])	etwas in die Mülltonne werfen
When are the dustbins emptied?	Wann werden die Mülltonnen geleert?
(door)bell [('dɔ:)bel]	**(Tür-)Klingel, Glocke**
ring the doorbell (– rang – rung)	**klingeln**
He didn't answer the (door)bell.	Er (reagierte nicht auf das Klingeln) machte nicht auf.

Housework
Hausarbeit

I hate housework! You make the beds, you do the dishes – and six months later you have to start all over again.
(Joan Rivers, US comedian, born in 1933, 1935, or 1937)

chore [tʃɔː]	**lästige Pflicht**
do the chores	die Haus(halts)arbeit erledigen
clean [kliːn]	**sauber machen; putzen**
clean the windows ['wɪndəʊz]	die Fenster putzen
This carpet doesn't clean very well.	Dieser Teppich lässt sich schlecht säubern.
It's time we gave the house a thorough ['θʌrə] cleaning.	Es wird Zeit, dass wir mal gründlich sauber machen.
clean out the drawers [drɔːz]	die Schubladen sauber machen
I've cleaned up the bathroom.	Im Bad habe ich sauber gemacht.
wash [wɒʃ]	**waschen; aufwischen**
The tablecloth needs washing.	Die Tischdecke müsste mal gewaschen werden.
This material [mə'tɪəriəl] doesn't wash well.	Dieser Stoff lässt sich nicht gut waschen.
I'm afraid the stains didn't wash out.	Die Flecken sind (beim Waschen) leider nicht rausgegangen.
wash up / do the dishes	(das) Geschirr abwaschen
Your red shirt is in the wash.	Dein rotes Hemd ist in der Wäsche.
wipe [waɪp]	**(auf)wischen**
wipe the crumbs [krʌmz] off the table	die Krümel vom Tisch wischen
I've just wiped [waɪpt] the floor / washed the floor.	Ich habe gerade aufgewischt / den Boden (feucht) gewischt.

Bildhaftes *idiom* ['ɪdiəm]: *The first time I played (against) her, she wiped the floor with me.* (= Als ich das erste Mal gegen sie spielte, hat sie mich ganz schön auseinander genommen / vorgeführt.)

mop up [mɒp 'ʌp]	**(auf)wischen**
If you spill something, you might at least mop it up.	Wenn du etwas verschüttest, könntest du es wenigstens aufwischen.

Mrs Mop(p): In BE, nickname (= Spitzname) *for cleaning lady / cleaner* (= Reinigungsfrau / Raumpflegerin).

scrub [skrʌb]	**schrubben**
give the floor a good scrub	den Fußboden gründlich schrubben
scour ['skaʊə]	**scheuern**
scour a saucepan ['sɔːspən]	einen Kochtopf scheuern
sweep [swiːp] (– swept – swept)	**fegen**
I need a broom [bruːm] to sweep the kitchen with.	Ich brauche einen Besen, um die Küche zu fegen.

dust [dʌst] — **Staub; abstauben**
Did you dust the living room? — Hast du im Wohnzimmer Staub gewischt?

vacuum cleaner / *BE auch* **hoover** [uː] / *AE auch* **vacuum** [ˈvækjuəm] — **Staubsauger**
vacuum / *BE auch* hoover a carpet — einen Teppich saugen
brush [brʌʃ] — **Bürste; bürsten**
clothes [kləʊðz] brush — Kleiderbürste
toilet / lavatory [ˈlævətri] brush — WC-Bürste; Toilettenbürste
He brushed the dust off his coat. — Er bürstete sich den Staub vom Mantel (ab).

Cleaning utensils [juːˈtenslz], ***cleaning agents*** [ˈeɪdʒənts]
(= Reinigungsutensilien, Reinigungsmittel)
cloth [klɒθ] (= Tuch / Lappen) • *cleaning rag / cloth* (= Putzlappen) • *sponge* [spʌndʒ] (= Schwamm) • *tea towel* BE / AE *dish towel* (= Geschirrtuch) • *dish mop* (= Spülbürste) • *washing-up liquid* [ˈlɪkwɪd] BE / AE *dish liquid* (= Spülmittel) • *chamois* [ˈʃæmwɑː] / *shammy* (= Fensterleder) • *duster* (= Staubtuch) • *broom* (= Besen) • *dustpan and brush* (= Müllschaufel und Handfeger) • *soap* (= Seife) • *detergent* [dɪˈtɜːdʒənt] (= Reinigungs- / Waschmittel) • *washing powder* BE / AE *laundry detergent* (= Waschpulver)

clear away [klɪər əˈweɪ] — **abräumen; wegräumen**
clear away the dirty dishes — das schmutzige Geschirr abräumen
tidy up [taɪdi ˈʌp] — **aufräumen** (in)
Tidy up your room / your room up. — Räum dein Zimmer auf.
straighten up [streɪtn ˈʌp] — **aufräumen; in Ordnung bringen**
My room's in a terrible mess, I've got to straighten it up. — In meinem Zimmer herrscht furchtbares Durcheinander, ich muss da mal Ordnung schaffen.

rinse [rɪns] — **spülen**
I'll just rinse the glasses. — Ich spüle nur schnell die Gläser ab.
dry (up) the dishes [ˈdɪʃɪz] — **das Geschirr abtrocknen**
Let me do the drying. — Lass mich abtrocknen.
laundry [ˈlɔːndri] — **Wäsche**
do the laundry / washing — (die) Wäsche waschen / machen
launder [ˈlɔːndə] — **waschen und bügeln**
iron [ˈaɪən] — **bügeln**
iron the shirts and press the trousers — die Hemden und Hosen bügeln
polish [ˈpɒlɪʃ] — **polieren; putzen; bohnern**
polish / clean / shine shoes [ʃuːz] — Schuhe putzen
floor polish – furniture polish — Bohnerwachs – Möbelpolitur
air a room / **bed** — **ein Zimmer / Bett lüften**
give a room a good airing — in einem Zimmer gründlich lüften
do [duː] (– did – done [dʌn]) — (*Zimmer, Bett etc.*) **machen**
do / make the beds — die Betten machen
Have you done the bathroom? — Haben Sie schon das Bad gemacht?
take the carpets up (– took – taken) — **die Teppiche hoch nehmen**
beat the carpets (– beat – beaten) — **die Teppiche klopfen**

The social order
Die Sozialordnung

Communities
Gemeinschaften

→ 14.7 The city

My country is the world. My countrymen are all mankind.
(*William Lloyd Garrison, US campaigner against slavery, 1805–1879*)

community [kə'mju:nəti]	**Gemeinschaft**
serve the community	der Gemeinschaft dienen
people working in the community	Leute, die im Sozialbereich tätig sind
the black community	die schwarze Bevölkerungsgruppe
union ['ju:niən]	**Union; Vereinigung**
the European [jʊərə'pi:ən] Union	die Europäische Union
confederation [kənfedə'reɪʃn]	**Staatenbund; Konföderation**
the Swiss Confederation	die Schweizerische Eidgenossenschaft
commonwealth ['kɒmənwelθ]	**Commonwealth; Staatenbund**
the Commonwealth of Independent [ɪndɪ'pendənt] States (CIS)	die Gemeinschaft unabhängiger Staaten (GUS)

The Commonwealth (of Nations) is an association [əsəʊsi'eɪʃn] *of Britain and 53 independent countries that were formerly part of the British Empire. The British monarch* ['mɒnək] *is the symbolic* [sɪm'bɒlɪk] *head of the Commonwealth.*

empire ['empaɪə]	**Imperium; Weltreich**
the former British Empire	das frühere britische Weltreich
society [sə'saɪəti]	(die) **Gesellschaft**
the role of women in society	die Rolle der Frau in der Gesellschaft
society for the prevention [prɪ'venʃn] of cruelty ['kru:əlti] to animals	Tierschutzverein
country ['kʌntri]	**Land**
the eastern European countries	die osteuropäischen Länder
land [lænd]	(*bes. literarisch, feierlich*) **Land**
a land of unlimited opportunity	ein Land unbegrenzter Möglichkeiten
nation ['neɪʃn]	**Volk; Nation**
delegates ['delɪgəts] from 50 nations	Delegierte aus 50 Nationen / Staaten
state [steɪt]	**Staat;** (*Deutschland*) **(Bundes-)Land**
the rivalry ['raɪvəlri] of church and state	die Rivalität zwischen Kirche und Staat
the states that make up a nation	die Staaten, die eine Nation bilden
rogue state ['rəʊg steɪt]	Schurkenstaat

Beachten Sie den Gebrauch von *of* in Fügungen wie diesen:
the state of New York (= der Staat New York) • *the province of Ontario* (= die Provinz Ontario) • *the city of Toronto* (= die Stadt Toronto) • *the borough of Brooklyn* (= der Stadtteil Brooklyn) • *the district of Kreuzberg* (= der Bezirk Kreuzberg) • *the village of Steventon* (= das Dorf Steventon)

area ['eəriə]	**Gegend; Gebiet**
a nice residential [rezɪ'denʃl] area	eine schöne Wohngegend
move (in)to an area	in eine Gegend ziehen
move away from an area	aus einer Gegend wegziehen
a socially deprived [dɪ'praɪvd] area	ein sozial benachteiligtes Gebiet
the area around Berlin	das Gebiet um Berlin herum
the Berlin metropolitan [metrə'pɒlɪtən] area	das Stadtgebiet von Berlin
the Berlin area	der Großraum Berlin
region ['ri:dʒən] – **regional**	**Region / Gebiet – regional**
a remote [rɪ'məʊt] mountain region	eine abgelegene Bergregion
a sparsely ['spɑ:sli] populated region	ein dünn besiedeltes Gebiet
a regional war [wɔ:]	ein regionaler Krieg
province ['prɒvɪns]	**Provinz**
Ontario is Canada's most populous ['pɒpjələs] province.	Ontario ist Kanadas bevölkerungsreichste Provinz.
county ['kaʊnti]	*BE* **Grafschaft;** *AE* **(Land-)Kreis**
England is divided into counties.	England ist in Grafschaften unterteilt.
district ['dɪstrɪkt]	**Gebiet; (Stadt-)Bezirk; Stadtteil**
New York's theatre ['θɪətə] district	New Yorks Theaterviertel
city ['sɪti]	**(Groß-)Stadt**
the largest city in the world	die größte Stadt der Welt
the city centre *BE* / *AE* downtown area	die Innenstadt; das Stadtzentrum
the inner city [ɪnə 'sɪti]	die Innenstadt (*als Brennpunkt sozialer Probleme*)
the City	das Londoner Banken- und Börsenviertel; die britische Finanzwelt
municipality [mju:nɪsɪ'pæləti]	**(Stadt-)Gemeinde; Gemeindeverwaltung**
Hamburg is both a municipality and a state.	Hamburg ist sowohl Stadt als auch Bundesland.
town [taʊn]	**Stadt**
Are you going to town tomorrow?	Fährst du morgen in die Stadt?
his hometown of Palatine, Illinois	seine Heimatstadt Palatine, Illinois

Downtown – uptown – midtown (alle AE)
In der Regel bezeichnet *downtown* die Innenstadt, das Geschäftsviertel und *uptown* die an der Peripherie gelegenen Wohnviertel; *midtown* liegt zwischen *downtown* und *uptown:*
The downtown restaurants ['restrɒnts] *are very busy* ['bɪzi] *at this time of day.* (= Die Restaurants in der Innenstadt sind um diese Tageszeit sehr voll.)
They live in midtown Manhattan. (= Sie wohnen im mittleren Teil Manhattans.)

borough ['bʌrə]	(*London, New York*) **Bezirk, Stadtteil**
Manhattan and Brooklyn are boroughs of New York City.	M. und B. sind Stadtteile / Bezirke von New York.
neighbourhood ['neɪbəhʊd]	**Gegend; Viertel; Kiez**
We live in a nice neighbourhood.	Wir wohnen in einem schönen Viertel.
village ['vɪlɪdʒ]	**Dorf**
parish ['pærɪʃ]	**(Kirchen-)Gemeinde**

Social movements
Gesellschaftliche Bewegungen

Revolutionary movements attract the best and worst elements in a given society. (*George Bernard Shaw, Irish writer, 1856–1950*)

active citizenship ['sɪtɪznʃɪp]	**aktives / tätiges Staatsbürgertum**
human ['hju:mən] **rights movement**	**Menschenrechtsbewegung**

Affirmative action / positive discrimination / reverse discrimination
Dies sind *buzzwords* ['bʌzwɜ:dz] (= Schlagworte) der aktuellen gesellschaftlichen Diskussion. Sie bezeichnen das Prinzip der positiven Diskriminierung, d.h. Bevorzugung von Mitgliedern benachteiligter Gruppen z.B. bei der Besetzung von Stellen.

Peace movements ['pi:s mu:vmənts] (= Friedensbewegungen):
antiwar movement (= gegen den Krieg) • *antinuclear* [ænti'nju:kliə] *movement* (= gegen Kernwaffen oder Kernkraft) • *pacifism* ['pæsɪfɪzm] (= Pazifismus / bedingungslose Friedensbereitschaft / grundsätzlicher Verzicht auf Krieg)

Racial equality [reɪʃl ɪ'kwɒləti] (= Gleichberechtigung der Rassen):
civil rights movement (= Bürgerrechtsbewegung) – *civil rights activist* ['æktɪvɪst] (= Bürgerrechtler / Bürgerrechtlerin) • *black (power) movement – black nationalism* • *antiapartheid movement* (= gegen die früher in Südafrika bestehende Rassentrennung) • *abolitionist* [æbə'lɪʃənɪst] *movement* (= zur Abschaffung der Sklaverei in den USA im 19. Jahrhundert)

Women's rights ['wɪmɪnz raɪts] (= Frauenrechte):
feminism ['femənɪzm] – *antifeminism* • *women's movement – women's liberation / lib* (= Frauenbewegung) – *women's libber* (= Frauenrechtlerin / Emanze) • *women's rights movement – women's rights activist* (= Frauenrechtlerin) • *women's suffrage* ['sʌfrɪdʒ] *movement* (= für das Frauenwahlrecht, ca. 1880–1920) – *antisuffrage movement*

Abortion [ə'bɔ:ʃn] (= Abtreibung; Schwangerschaftsabbruch):
abortion movement – antiabortion movement • *pro-choice movement* (= für die freie Entscheidung der Frau) – *anti-choice movement / right-to-life movement* (= Gegenbewegung zu *pro-choice*) • *pro-choicers* (= *supporters of pro-choice movement*) – *right-to-lifers* (= *supporters of right-to-life movement*) • *birth-control movement* (= für die Geburtenkontrolle) • *family planning / planned parenthood* (= Familienplanung / geplante Elternschaft)

The sexual revolution ['sekʃuəl revə'lu:ʃn] (= die sexuelle Revolution):
sexual freedom (= sexuelle Freiheit) • *the gay rights movement* (= die Schwulenbewegung) – *gay activism – gay culture – gay liberation – gay power*

Youth movements ['ju:θ mu:vmənts] (= Jugendbewegungen):
counterculture („Gegenkultur", *in the US during the 1960s*) – *pop culture – hippies – communes* ['kɒmju:nz] – *the New Left* (= die neue Linke) • *student protest* ['prəʊtest] *movement – student activism* [stju:dnt 'æktɪvɪzm]

Political systems
Politische Systeme

→ 8.3 Political science

You can talk about capitalism and communism and all that sort of thing, but the important thing is the struggle everybody is engaged in to get better living conditions, and they are not interested too much in forms of government. (*Bernard Baruch, US businessman and statesman, 1870–1965*)

democracy [dɪ'mɒkrəsi]	(die) **Demokratie**
a parliamentary democracy	eine parlamentarische Demokratie
democratic [demə'krætɪk]	**demokratisch**
a democratically elected government	eine demokratisch gewählte Regierung
presidential form of government	**präsidentielles Regierungssystem**
The US has a presidential [prezɪ'denʃl] form of government.	Die USA haben ein präsidentielles Regierungssystem.
republic [rɪ'pʌblɪk]	**Republik**
federation [fedə'reɪʃn]	**Zusammenschluss; Föderation**
the Russian ['rʌʃn] Federation	die Russische Föderation
federal ['fedərəl]	**Bundes-**
the Federal Republic of Germany	die Bundesrepublik Deutschland
authoritarian [ɔ:θɒrɪ'teəriən]	**autoritär**
police state [pə'li:s steɪt]	**Polizeistaat**
fascism ['fæʃɪzm]	(der) **Faschismus**
fascist ['fæʃɪst]	**faschistisch; Faschist(in)**
neofascist [ni:əʊ'fæʃɪst] groups	neofaschistische Gruppen
nazism ['nɑ:tsɪzm]	(der) **Nazismus**
Germany under the nazis ['nɑ:tsiz]	Deutschland unter den Nazis
neo-Nazi(s)	Neonazi(s)
communism ['kɒmjunɪzm]	(der) **Kommunismus**
socialism ['səʊʃəlɪzm]	(der) **Sozialismus**
capitalism ['kæpɪtəlɪzm]	(der) **Kapitalismus**
capitalist ['kæpɪtəlɪst]	**kapitalistisch; Kapitalist(in)**

Who governs** ['gʌvnz]**? (= Wer regiert?)

absolutism ['æbs-] (= Absolutismus): *an all-powerful monarch or dictator*
totalitarianism [-'teər-] (= totalitäres System): *an all-powerful dictator or party*
absolute monarchy ['mɒn-] (= absolute Monarchie): *an all-powerful monarch*
theocracy [θi'ɒkrəsi] (= Theokratie): *a priest or the priesthood*
aristocracy [ærɪ'stɒk-] (= Adelsherrschaft): *people of high birth – the nobility*
dictatorship [dɪk'teɪtəʃɪp] (= Diktatur): *a dictator*
constitutional monarchy [kɒnstɪ'tju:ʃnəl 'mɒnəki] (= konstitutionelle Monarchie): *the elected representatives* [reprɪ'zentətɪvz] *of the people*
democracy [dɪ'mɒk-] (= Demokratie): *the elected representatives of the people*

6

4 Parties and politics
Parteien und Politik

A statesman is a politician who's been dead ten or fifteen years.
(*Harry S. Truman, US president, 1884–1972*)

party ['pɑ:ti]	**Partei**
party leader [pɑ:ti 'li:də]	Parteiführer(in)
the ruling party [ru:lɪŋ 'pɑ:ti]	die Regierungspartei
toe [təʊ] the party line	sich nach der Parteilinie richten
politics ['pɒlətɪks] – **a policy** ['pɒləsi]	(die) **Politik** – **eine Politik**

Politics ist Politik im Allgemeinen, ***policy*** bezeichnet eine bestimmte Politik.
Die Mehrzahlform *policies* hat im Deutschen keine Entsprechung:
Politics *is the art of the possible.* (= Politik ist die Kunst des Möglichen.)
She went into ***politics***. (= Sie ging in die Politik.)
The two countries follow a common [ɒ] ***policy*** / *common* ***policies***. (= Die beiden Länder verfolgen eine gemeinsame Politik.)
the government's economic [i:kə'nɒmɪk] / *domestic* / *defence* ***policy*** (= die Wirtschafts- / Innen- / Verteidigungspolitik der Regierung)
British foreign ['fɒrən] ***policies*** *in the 1930s* (= die britische Außenpolitik in den 30er-Jahren)
US ***policies*** *towards Latin America* [lætɪn ə'merɪkə] (= die amerikanische Politik gegenüber Lateinamerika)

politician [pɒlə'tɪʃn]	**Politiker(in)**
a senior ['si:niə] Labour politician	ein(e) führende(r) Labour-Politiker(in)
political [pə'lɪtɪkl]	**politisch**
a political party	eine politische Partei
politically important [ɪm'pɔ:tənt]	politisch wichtig / bedeutsam
power ['paʊə]	(die) **Macht**
the party now in power	die Partei, die jetzt an der Macht ist
if they come to power	falls sie an die Macht kommen
(party) member(ship)	**(Partei-)Mitglied(schaft)**
the centre ['sentə]	**die Mitte; das Zentrum**
a centre-left coalition [kəʊə'lɪʃn]	eine Mitte-Links-Koalition
the left / **right wing**	**der linke** / **rechte Flügel**
right-wing radicals / extremists	Rechtsradikale / -extremisten
a leftist – **a rightist**	**ein(e) Linke(r)** – **ein(e) Rechte(r)**
leftist parties	linke Parteien; Linksparteien
extreme rightist ideas [aɪ'dɪəz]	rechtsextremes Gedankengut
moderate ['mɒdərət]	**gemäßigt**
a moderate conservative [kən'sɜ:vətɪv]	ein gemäßigter Konservativer
middle-of-the-road	**gemäßigt**
middle-of-the-road parties / policies	gemäßigte Parteien / Politik
radical ['rædɪkl]	**radikal; Radikale(r)**
radical parties / changes ['tʃeɪndʒɪz]	radikale Parteien / Veränderungen
the hawks and the doves [dʌvz]	**die Falken und die Tauben**
hawkish – dovish ['dʌvɪʃ] politicians	militante – gemäßigte Politiker

Die Parteienlandschaft (= *party-political scene*) in GB und den USA
(≈ bezeichnet die ungefähre Entsprechung in der Bundesrepublik Deutschland)
Britain:
the Conservative Party / the Conservatives [kən'sɜːvətɪvz] / *the Tories* ['tɔːriz] ≈ CDU/CSU
the Labour Party / (New) Labour ['leɪbə] ≈ SPD
the Liberal Democrats [lɪbərəl 'deməkræts] ≈ FDP
USA:
the Democratic [demə'krætɪk] *Party / the Democrats* ≈ SPD
the Republican [rɪ'pʌblɪkən] *Party / the Republicans* ≈ CDU/CSU

union ['juːniən] — **Union**
the Christian Democratic Union — die Christlich-Demokratische Union
socialist ['səʊʃəlɪst] — **sozialistisch; Sozialist(in)**
a socialist party / movement — eine sozialistische Partei / Bewegung
when the Socialists were in power — als die Sozialisten an der Macht waren

communist ['kɒmjənɪst] — **kommunistisch; Kommunist(in)**
a communist party / government — eine kommunistische Partei / Regierung

grassroots [grɑːs'ruːts] — **(Partei-)Basis**
strengthen the party at the grassroots — die Partei an der Basis (ver)stärken
a grassroots ['grɑːsruːts] movement — eine Bürgerinitiative
stand (– stood – stood) *BE / AE* **run** (– ran – run) — **kandidieren**
stand / run as an independent [-'pen-] — als Unabhängige(r) kandidieren
nominate ['nɒmɪneɪt] – **nomination** — **nominieren – Nominierung**
(election) platform ['plætfɔːm] — **(Wahl-)Plattform; Wahlprogramm**
The convention decides [dɪ'saɪdz] on the party's platform. — Der Parteitag entscheidet über das Wahlprogramm der Partei.

Sound bites sind griffige, von Politikern sorgfältig einstudierte Kurzaussagen, die sich gut für das Zitieren in Nachrichtensendungen (= *news programmes*) eignen. *Spin doctors* nennt man Mitarbeiter (= *aides*) eines Politikers, deren Aufgabe es ist, z.B. durch Beeinflussung der Medien (= *by influencing the media* ['miːdiə]) seine Handlungen und Äußerungen in dem von ihm gewünschten Licht erscheinen zu lassen. Allgemein nennt man Leute, die einem Kandidaten helfen einen möglichst günstigen Eindruck zu machen, *imagemakers*.

opinion poll [ə'pɪnjən pəʊl] — **Meinungsumfrage**
The two candidates ['kændɪdəts] are neck and neck in the polls. — Die beiden Kandidaten liegen in den Meinungsumfragen Kopf an Kopf.
a **strong showing** in the election — ein **gutes Abschneiden** bei der Wahl
party financing [pɑːti faɪ'nænsɪŋ] — **Parteienfinanzierung**
slush funds ['slʌʃ fʌndz] — **schwarze Kassen**
slush-fund scandal ['skændl] — Schwarzgeldaffäre
reform [rɪ'fɔːm] **gridlock** / **reform logjam** — **Reformstau**

The legislature
Die gesetzgebende Gewalt

Democracy is good. I say this because other systems are worse.
(*Jawaharlal Nehru, Indian statesman, 1889–1964*)

the separation [sepə'reɪʃn] **of powers**	**die Gewaltenteilung**
chamber ['tʃeɪmbə]	**Kammer**

The UK and the US both have two-chamber legislatures ['ledʒɪsleɪtʃəz]. *Upper chamber:* UK *House of Lords* (= Oberhaus), US *Senate* (= Senat). *Lower chamber:* UK *House of Commons* ['kɒmənz] (= Unterhaus), US *House of Representatives* [repri'zentətɪvz] (= Repräsentantenhaus).

parliament ['pɑ:ləmənt]	**Parlament**
In the UK, parliament comprises the House of Commons and the House of Lords.	In Großbritannien umfasst das Parlament Unterhaus und Oberhaus.
congress ['kɒŋgres]	**Kongress**
The US Congress consists of the House of Representatives and the Senate.	Der amerikanische Kongress besteht aus Repräsentantenhaus und Senat.
Congressman / Congresswoman Smith	der / die Kongressabgeordnete Smith
MP (= Member of Parliament)	**(Parlaments-)Abgeordnete(r)**
When an MP has died, a by-election is held.	Wenn ein Abgeordneter stirbt, findet eine Nachwahl statt.
senate ['senət] – **senator** ['senətə]	**Senat – Senator(in)**
leader ['li:də]	**Führer(in)**
the leader of the opposition [ɒpə'zɪʃn]	der / die Oppositionsführer(in)
the House Democratic leader *AE*	der / die Führer(in) der Demokraten (im Repräsentantenhaus)

Als *whips* [wɪps] (= Einpeitscher) bezeichnet man in Parlamenten der englischsprachigen Länder Abgeordnete, die dafür zu sorgen haben, dass die Abgeordneten ihrer Partei bei wichtigen Abstimmungen zugegen sind und entsprechend der Parteilinie abstimmen – im deutschen Parlament entsprechen ihnen die parlamentarischen Geschäftsführer(innen).

majority [mə'dʒɒrəti] – **minority**	**Mehrheit – Minderheit**
the Senate majority leader *AE*	der Führer der Senatsmehrheit
speaker ['spi:kə]	(*Parlament*) **Sprecher(in), Präsident(in)**
the Speaker of the House of Representatives	der / die Sprecher(in) des Repräsentantenhauses
backbenchers [bæk'bentʃəz]	**Hinterbänkler(innen)**
frontbenchers [frʌnt'bentʃəz]	**führende Politiker(innen)**
session ['seʃn]	**Sitzung**
The committee is in session now.	Der Ausschuss tagt gerade.
debate [dɪ'beɪt]	**Debatte; debattieren**
The Senate is debating the bill.	Der Senat berät über die Vorlage.

the minutes ['mɪnɪts]	**das Protokoll**
the minutes of the last meeting	das Protokoll der letzten Sitzung
speech [spiːtʃ]	**Rede**
make / give / deliver a speech	eine Rede halten

The Queen's Speech ist die alljährlich zu Beginn der neuen *session* (= Sitzungsperiode) des britischen Parlaments von der Königin verlesene, jedoch vom Kabinett verfasste Thronrede mit Einzelheiten des Regierungsprogramms für das kommende Jahr.

filibuster ['fɪlɪbʌstə] *AE*	**Dauerrede; eine Dauerrede halten**
US senators sometimes try to block legislation by filibustering.	US-Senatoren versuchen manchmal Gesetze durch Endlosreden zu verhindern.
motion ['məʊʃn]	**Antrag**
put forward / propose / make a motion	einen Antrag stellen
table a motion	einen Antrag *BE* einbringen / *AE* auf Eis legen
veto *Pl.* vetoes ['viːtəʊ(z)]	**Veto**
The president can veto a bill.	Der Präsident kann gegen ein Gesetz sein Veto einlegen.
ratify ['rætɪfaɪ]	**ratifizieren**
Treaties must be ratified by the Senate.	Staatsverträge müssen durch den Senat ratifiziert werden.
abstain [əb'steɪn]	**sich (der Stimme) enthalten**
abstention [əb'stenʃn]	**Stimmenthaltung**
seat [siːt]	**(Parlaments-)Sitz; Mandat**
Labour won [wʌn] 270 seats.	Die Labour Party errang 270 Sitze.
committee [kə'mɪti]	**Ausschuss**
She is / sits on several committees.	Sie ist / sitzt in mehreren Ausschüssen.
Ways and Means Committee *AE*	Haushalts- / Finanzausschuss
constituency [kən'stɪtjuənsi]	**Wahlkreis**
the constituency he represents	der Wahlkreis, den er vertritt
law [lɔː] – **act** [ækt]	**Gesetz**
enact [ɪn'ækt] a law	ein Gesetz erlassen
amendment [ə'mendmənt]	**Abänderung / Änderung** (eines Gesetzes)
Amendments to the Constitution of the United States	Zusatzartikel zur Verfassung der Vereinigten Staaten

Gesetz heißt allgemein *law: the laws of the United States* (= die Gesetze der Vereinigten Staaten).
Ein „Gesetz in Vorbereitung" heißt *bill: give a bill its second reading* (= ein Gesetz in zweiter Lesung beraten).
Verabschiedet, wird die *bill* zum *act,* wobei *act* vor allem in den Namen bestimmter Gesetze zu finden ist: *the Clean Air Act of 1970* (= das Luftreinhaltungsgesetz von 1970), *the Immigration Act of 1990* (= das Einwanderungsgesetz von 1990), *the Hours of Trading Act* (= das Ladenschlussgesetz).

Geschrieben vorliegende Gesetze heißen formell auch *statutes: enact a statute* (= ein Gesetz erlassen).
Gesetze heißen kollektiv auch *legislation: legislation enacted by (the) Congress* (= vom Kongress erlassene Gesetze).

budget ['bʌdʒɪt]	**Haushalt(splan); Etat**
balance ['bæləns] the budget	den Haushalt ausgleichen
lobbyist ['lɒbiɪst]	**Lobbyist(in)**
dissolve [dɪ'zɒlv]	**auflösen**
dissolve Parliament and call an election	das Parlament auflösen und eine Wahl ansetzen
referendum [-'ren-] *Pl.* -dums / -da	**Referendum; Volksentscheid**
election [ɪ'lekʃn]	**Wahl**
the next general election	die nächste Unterhauswahl
He won / lost the election narrowly.	Er gewann / verlor die Wahl knapp.
(election) campaign [kæm'peɪn]	Wahlkampf
runoff (election) ['rʌnɒf]	Stichwahl
elect [ɪ'lekt]	**wählen**
Gore was elected to the Senate in 1984.	Gore wurde 1984 in den Senat gewählt.
vote [vəʊt]	**Stimme; Abstimmung; Wahl; wählen**
Let's take a vote on that.	Darüber sollten wir abstimmen.
a vote of no confidence ['kɒnfɪdəns]	ein Misstrauensvotum
I'm going to vote Labour ['leɪbə].	Ich werde die Labour Party wählen.
vote on a bill	über eine Vorlage abstimmen
She voted in favour of the reform.	Sie stimmte für die Reform.
voter ['vəʊtə]	**Wähler(in)**
floating voters [fləʊtɪŋ 'vəʊtəz]	Wechselwähler
ballot ['bælət]	(geheime) **Abstimmung, Wahl**

Absentee [æbsən'ti:] *voting enables voters to cast their ballots in an election without going to the polls.* (= Die Briefwahl ermöglicht es Wählern, bei einer Wahl ihre Stimme abzugeben, ohne zur Wahl zu gehen.)

candidate ['kændɪdət]	**Kandidat(in)**
What's the candidate's stand on abortion [ə'bɔ:ʃn]?	Wie steht der Kandidat zur Abtreibung?
run (– ran – run)	*AE* **kandidieren**
She ran for the Senate in 1994.	1994 kandidierte sie für den Senat.
incumbent [ɪn'kʌmbənt]	**Amtsinhaber(in)**
primary ['praɪməri]	*AE* (innerparteiliche) **Vorwahl**

In the US, each of the two major ['meɪdʒə] *parties holds a series of primary elections to choose delegates to the party convention.* (= In den USA hält jede der beiden großen Parteien eine Reihe von Vorwahlen ab, um Delegierte für den Parteikonvent auszuwählen.)

term [tɜ:m]	**Legislaturperiode; Amtszeit**
Members of the House of Representatives serve two-year terms.	Die Abgeordneten des Repräsentantenhauses werden auf zwei Jahre gewählt.

Government
Regierung

No man is good enough to govern another man without that other's consent.
(Abraham Lincoln, US president, 1809–1865)

government ['gʌvnmənt]	**Regierung**
the federal ['fedrəl] government	die Bundesregierung
form a government	eine Regierung bilden
NGO(s) (= non-governmental organization[s])	Nichtregierungsorganisation(en)
administration [ədmɪnɪ'streɪʃn]	**Verwaltung; Regierung**
the Bush administration	die Regierung Bush

Kollektivwörter wie *cabinet, government, committee* [kə'mɪti], *majority* [mə'dʒɒrəti], *party* werden – besonders im BE – mitunter als Plural aufgefasst:
*The cabinet / The government / The party **are** divided on the issue* ['ɪʃu:].
(= Das Kabinett / Die Regierung / Die Partei ist in dieser Frage zerstritten.)
*So far, the committee **have** been unable to reach a decision* [dɪ'sɪʒn].
(= Der Ausschuss hat sich noch nicht zu einer Entscheidung durchringen können.)

the White House ['waɪt haʊs]	**(Amtssitz des US-Präsidenten)**
No 10 (Downing Street)	**(Amtssitz des brit. Premierministers)**
No 10 seems to be lukewarm on the idea [aɪ'dɪə].	Der Premierminister scheint davon nur mäßig begeistert zu sein.
Whitehall ['waɪthɔ:l]	**britische Regierungskreise**
president ['prezɪdənt]	**Präsident(in)**
vice president [vaɪs 'prez-] / **veep** [i:]	**Vizepräsident(in)**
chancellor ['tʃɑ:nsələ]	*BE* **Schatzkanzler(in), Finanzminister(in)**
Chancellor Schröder's government	die Regierung von Bundeskanzler Schröder
head of state [hed əv 'steɪt]	**Staatsoberhaupt**
The president of the US is both head of state and head of government.	Der Präsident der USA ist sowohl Staatsoberhaupt als auch Regierungschef.
king [kɪŋ] – **queen** [kwi:n]	**König – Königin**
emperor ['empərə] – **empress** ['emprəs]	**Kaiser – Kaiserin**
governor ['gʌvnə]	**Gouverneur**
cabinet ['kæbɪnət]	**Kabinett**
He became a member of the cabinet.	Er wurde Mitglied des Kabinetts.
cabinet reshuffle ['ri:ʃʌfl]	Kabinetts- / Regierungsumbildung
cabinet meeting	Kabinettssitzung
the shadow ['ʃædəʊ] cabinet	das Schattenkabinett (der Opposition)
department [dɪ'pɑ:tmənt]	**Ministerium**
the State Department *AE*	das Außenministerium

office ['ɒfɪs]	**Amt; Dienststelle; Behörde**
the president's term of office	die Amtszeit des Präsidenten
He took office on May 8.	Er trat am 8. Mai sein Amt an.
the Home Office *BE* / *AE* Department of the Interior	das Innenministerium
the Foreign Office ['fɒrən ɒfɪs] *BE*	das Außenministerium
secretary ['sekrətri]	**Minister(in)**
foreign secretary *BE* / *AE* secretary of state	Außenminister(in)
minister ['mɪnɪstə]	**Minister(in)**
minister of state *BE*	Staatssekretär(in)
prime minister [praɪm 'mɪnɪstə]	Premierminister(in)
the prime minister of Bavaria	der Ministerpräsident von Bayern
the German foreign minister	der deutsche Außenminister

Ein Minister, der einem der Hauptministerien vorsteht, heißt BE offiziell *secretary of state,* AE einfach *secretary,* bei nicht englischsprachigen Staaten *minister.* Zum Beispiel Verteidigungsminister(in) =
BE: *secretary of state for defence / defence secretary,*
AE: *secretary of defense / defense secretary,*
in Bezug auf andere Staaten: *minister of defence / defence minister.*

ministry ['mɪnɪstri]	**Ministerium**
appoint [ə'pɔɪnt] – **appointment**	**ernennen – Ernennung**
He was appointed secretary of state.	Er wurde zum Außenminister ernannt.
step down [step 'daʊn]	**zurücktreten**
The prime minister has stepped down.	Der Premierminister ist zurückgetreten.
resign [rɪ'zaɪn] – **resignation** [rezɪg'neɪʃn]	**zurücktreten – Rücktritt**
Watergate forced Nixon to resign.	Watergate zwang Nixon zum Rücktritt.
overthrow (– overthrew – overthrown)	(*die Regierung*) **stürzen**
The dictator was overthrown [-'θrəʊn].	Der Diktator wurde gestürzt.
succeed [sək'si:d] – **successor** [sək'sesə]	**nachfolgen – Nachfolger(in)**
Nixon was succeeded by Gerald Ford.	Nixons Nachfolger war Gerald Ford.
agency ['eɪdʒənsi]	**Behörde**
the Environmental Protection Agency	die (US-)Umweltschutzbehörde
the Central Intelligence Agency (CIA)	(der amerikanische Geheimdienst)
board [bɔ:d]	**Behörde**
The board has 33 regional ['ri:dʒənəl] offices.	Die Behörde hat 33 Zweigstellen.
bureau ['bjʊərəʊ]	**Amt; Behörde**
Federal Bureau of Investigation (FBI)	(US-)Bundeskriminalamt
commission [kə'mɪʃn]	**Kommission; Ausschuss**
the Commission on Civil Rights	der (US-)Ausschuss für Bürgerrechte
Who is going to chair the commission?	Wer wird in dem Ausschuss den Vorsitz haben?

Antigovernment activity
Aktivitäten gegen die Regierung

The most radical revolutionary will become a conservative on the day after the revolution. (*Hannah Arendt, German-born US philosopher, 1906–1975*)

protest ['prəʊtest]	**Protest**
protest rally ['ræli] / demonstration	Protestkundgebung / -demonstration
protest [prə'test]	protestieren
They staged sit-ins to protest (against) racial segregation.	Sie veranstalteten Sit-ins als Protest gegen die Rassentrennung.
antiwar protesters [prə'testəz] / demonstrators	Antikriegsdemonstranten
antiwar rally [ænti'wɔ: ræli]	**Antikriegsdemonstration**
conscientious objector [kɒnʃienʃəs əb'dʒektə]	**Wehrdienstverweigerer** (aus Gewissensgründen)
civil rights [sɪvl 'raɪts]	**Bürgerrechte**
the civil rights movement ['mu:vmənt]	die Bürgerrechtsbewegung
civil rights activist ['æktɪvɪst]	Bürgerrechtler(in)
extraparliamentary opposition	**außerparlamentarische Opposition**
civil disobedience [dɪsə'bi:diəns]	**ziviler Ungehorsam**
dissident ['dɪsɪdənt]	**Dissident(in); Regimekritiker(in)**
the persecution of dissidents	die Verfolgung von Regimekritikern
passive resistance [rɪ'zɪstəns]	**passiver Widerstand**
violence ['vaɪələns] – **nonviolence**	**Gewalt – Gewaltlosigkeit**
(acts of) political violence	politische Gewaltakte / Gewalttaten
demonstration [demən'streɪʃn]	**Demonstration**
strike [straɪk] – **strikers** ['straɪkəz]	**Streik – Streikende**
call a general strike	zum Generalstreik aufrufen
boycott ['bɔɪkɒt]	**Boykott; boykottieren**
sabotage ['sæbətɑ:ʒ]	**Sabotage; sabotieren**
acts of sabotage	Sabotageakte, -handlungen
They sabotaged the negotiations.	Sie sabotierten die Verhandlungen.
agitator ['ædʒɪteɪtə] – **agitation**	**Agitator(in) – Agitation**
underground ['ʌndəgraʊnd]	**Untergrund-**
join the underground (movement)	sich der Untergrundbewegung anschließen
go underground [ʌndə'graʊnd] (– went – gone [gɒn])	in den Untergrund gehen; untertauchen
conspiracy [kən'spɪrəsi] – **conspirator** [kən'spɪrətə]	**Verschwörung – Verschwörer(in)**
a conspiracy / plot to overthrow the government	eine Verschwörung zum Sturz der Regierung
plot [plɒt]	**Komplott; Verschwörung**
They were accused [ə'kju:zd] of plotting against the state.	Sie wurden angeklagt, sich gegen den Staat verschworen zu haben.
(political) unrest [ʌn'rest]	**(politische) Unruhen**
insurrection [ɪnsə'rekʃn]	**Aufstand**
The insurrection was put down.	Der Aufstand wurde niedergeschlagen.

suppress an uprising [sə'pres]	**einen Aufstand unterdrücken**
rebellion [rɪ'beljən]	**Rebellion; Aufstand**
rise in rebellion (– rose – risen) against	sich erheben gegen
suppress a rebellion [sə'pres]	einen Aufstand unterdrücken
revolt [rɪ'vəʊlt]	**Revolte; Aufstand; revoltieren**
The peasants ['peznts] rose in revolt against the landowners.	Die Bauern erhoben sich gegen die Grundbesitzer.
(high) treason ['tri:zn]	**(Hoch-)Verrat**
terrorism ['terərɪzm] – **terrorist**	**Terrorismus – Terrorist(in)**
terrorist acts [terərɪst 'ækts]	terroristische Handlungen
terrorist attacks against US citizens	Terroranschläge gegen US-Bürger
guer(r)illa [gə'rɪlə]	**Guerilla; Guerillakämpfer(in)**
fight a guer(r)illa war [wɔ:]	einen Guerillakrieg führen
revolution [revə'lu:ʃn]	**Revolution**
revolutionary [revə'lu:ʃnəri]	**revolutionär; Revolutionär(in)**
revolutionary activities [æk'tɪvətiz]	revolutionäre Aktivitäten
revolutionary leaders	Revolutionsführer(innen)
counterrevolution [kaʊntə revə'lu:ʃn]	**Konterrevolution**
coup [ku:]	**Staatsstreich**
The president was ousted in a bloodless ['blʌdləs] coup.	Der Präsident wurde durch einen unblutigen Staatsstreich abgesetzt.
putsch [pʊtʃ]	**Putsch**
the failed / abortive [ə'bɔ:tɪv] putsch	der gescheiterte Putsch
assassinate [ə'sæsɪneɪt]	**ermorden**
Kennedy was assassinated.	K. fiel einem Attentat zum Opfer.
assassination [əsæsɪ'neɪʃn]	**Ermordung**
seize power [si:z 'paʊə]	**die Macht ergreifen**
(military) junta [mɪlɪtəri 'dʒʌntə]	**(Militär-)Junta**
The king was deposed [dɪ'pəʊzd] by a military junta.	Der König wurde von einer Militärjunta abgesetzt.
ringleader ['rɪŋli:də]	**Rädelsführer(in); Anführer(in)**
the ringleaders of the conspiracy [kən'spɪrəsi]	die Rädelsführer der Verschwörung

Law and police
Rechtswesen und Polizei

→ 7.5 Crime and violence

It may be true that the law cannot make a man love me, but it can keep him from lynching me, and I think that's pretty important. (*Martin Luther King, US clergyman and civil rights campaigner, 1929–1968*)

law [lɔ:]	**Gesetz; Recht**
law and order [lɔ:(r) ənd 'ɔ:də]	Recht und Ordnung
enforce [ɪn'fɔ:s] the law	dem Gesetz Geltung verschaffen
court [kɔ:t]	**Gericht**
That's what he told the court.	Das hat er vor Gericht ausgesagt.
She threatened ['θretnd] to take him to court.	Sie drohte ihn zu verklagen.
an out-of-court settlement	ein außergerichtlicher Vergleich
(court) proceedings [prə'si:dɪŋz]	**(Gerichts-)Verfahren**
take (legal) proceedings against	gerichtlich vorgehen gegen

Magistrates' ['mædʒɪstreɪts] *courts* sind in England und Wales erstinstanzliche Gerichte insbesondere für Strafsachen niederer Ordnung (= *minor* ['maɪnə] *criminal cases*). Strafsachen höherer Ordnung (= *serious criminal cases* ['keɪsɪz]) werden im *crown court* verhandelt, der auch für die Berufung (= *appeal* [ə'pi:l]) gegen erstinstanzliche Urteile zuständig ist.

trial ['traɪəl]	**(Gerichts-)Verfahren; Prozess**
She's on trial for perjury ['pɜ:dʒəri].	Sie steht wegen Meineids vor Gericht.
(law)suit [('lɔ:)su:t]	**Prozess; Verfahren; Klage**
file / bring a suit against someone	gegen jemand Klage erheben
He lost the suit.	Er verlor den Prozess.
sue someone [su:]	**jemand verklagen**
They sued us for damages ['dæmɪdʒɪz].	Sie verklagten uns auf Schadenersatz.
judge [dʒʌdʒ]	**Richter(in)**
the jury ['dʒʊəri]	**die Geschworenen / Schöffen**
The jury found in her favour ['feɪvə].	Die Jury entschied zu ihren Gunsten.

Mit *jury* gibt es ein modernes, häufig zu lesendes und zu hörendes *idiom: The jury is still out on this question.* (= Diese Frage ist noch nicht abschließend geklärt.) • *The jury is still out on global warming.* (= Hinsichtlich der weltweiten Klimaerwärmung sind noch viele Fragen offen.)

prosecute ['prɒsɪkju:t]	**strafrechtlich verfolgen**
prosecuting counsel *BE* / *AE* prosecuting attorney [ə'tɜ:ni]	Staatsanwalt / Staatsanwältin
prosecution [prɒsɪ'kju:ʃn]	**Anklage(behörde); Staatsanwaltschaft**
witness for the prosecution	Belastungszeuge / -zeugin
He escaped [ɪ'skeɪpt] prosecution.	Er entging der Strafverfolgung.

Staatsanwalt / Staatsanwältin heißt auch einfach *prosecutor* oder *the prosecution* (= die Staatsanwaltschaft), AE auch häufig *district attorney.*

charge [tʃɑ:dʒ]	**Anklage; anklagen; beschuldigen**
The charge is murder ['mɜ:də].	Die Anklage lautet auf Mord.
release [rɪ'li:s] without charge	ohne Anklageerhebung freilassen
He was charged with manslaughter.	Er wurde des Totschlags angeklagt.
the defence [dɪ'fens]	**die Verteidigung**
witness for the defence	Entlastungszeuge / -zeugin
counsel ['kaʊnsl] for the defence	Verteidiger(in)

Rechtsanwalt: Die alltägliche, sowohl im BE als auch im AE übliche Bezeichnung ist *lawyer* ['lɔ:jə]. Die offizielle Berufsbezeichnung für einen zugelassenen Anwalt dagegen ist im BE *solicitor* [sə'lɪsɪtə] und im AE *attorney* [ə'tɜ:ni]: *You ought to see a good lawyer / BE solicitor / AE attorney about this.* (= In dieser Sache sollten Sie sich von einem guten Anwalt beraten lassen.)
Darüber hinaus besteht im BE ein Unterschied zwischen *solicitor* und *barrister* ['bærɪstə]: *Barristers* werden von *solicitors* hinzugezogen bzw. beauftragt, wenn es um die Rechtsvertretung vor einem höheren Gericht oder Beratung in besonders komplizierten Rechtsfragen geht. Es gibt nur etwa 7000 *barristers* in Großbritannien und dieser elitäre Kreis stellt das dar, was man *the Bar* (= die höhere Anwaltschaft) nennt. Reformbestrebungen sehen vor, die Unterscheidung zwischen *solicitors* und *barristers* abzuschaffen.

witness ['wɪtnəs]	**Zeuge / Zeugin**
cross-examine a witness	einen Zeugen ins Kreuzverhör nehmen
misdemeanour [mɪsdɪ'mi:nə]	**Vergehen; Übertretung**
offence [ə'fens]	**Straftat; Delikt**
It's an offence to drive a car without a licence ['laɪsns].	Autofahren ohne Führerschein ist strafbar.
crime [kraɪm]	**Verbrechen; Straftat**
commit [kə'mɪt] a crime	ein Verbrechen begehen
Violent ['vaɪələnt] crime has risen [ɪ] by 5 per cent.	Die Gewaltkriminalität hat um 5 Prozent zugenommen.
felony ['feləni]	**(schweres) Verbrechen**
homicide ['hɒmɪsaɪd]	(*juristisch*) **Tötung, Mord, Totschlag**
homicide squad [skwɒd]	Mordkommission

Murder (= Mord) – *manslaughter* (= Totschlag): Das amerikanische Recht unterscheidet bei Mord zwischen *first-degree murder* (keinerlei mildernde Umstände) und *second-degree murder* (gewisse mildernde Umstände).

innocent ['ɪnəsnt] – **guilty** ['gɪlti]	**unschuldig – schuldig**
You're assumed [ə'sju:md] to be innocent until proved [pru:vd] guilty.	Bis die Schuld erwiesen ist, gilt man als unschuldig.

Plea bargaining ['bɑ:gənɪŋ] nennt man die häufige Praxis, dass Verhandlungen (= *negotiations* [nɪgəʊʃi'eɪʃnz]) zwischen Anklage (= *prosecution*) und Verteidigung (= *defence*) geführt werden mit dem Ziel, dass der / die Angeklagte (= *defendant* [dɪ'fendənt]) ein Schuldgeständnis (= *guilty plea*) ablegt und dadurch eine Verminderung der Anklagepunkte (= *a reduction in charges*) bzw. ein milderes Urteil (= *a more lenient* ['li:niənt] *sentence*) erwirkt.

diminished responsibility [dɪmɪnɪʃt rɪspɒnsə'bɪləti]	**verminderte Zurechnungsfähigkeit**
mitigating circumstances [mɪtɪgeɪtɪŋ 'sɜ:kəmstənsɪz]	**mildernde Umstände**
penalty ['penlti]	**Strafe**
He faces the death [e] penalty.	Ihm droht die Todesstrafe.
punishment ['pʌnɪʃmənt]	**Bestrafung; Strafe**
the debate over capital punishment	die Debatte über die Todesstrafe
fine [faɪn]	**Geldstrafe; Bußgeld; Verwarnungsgeld**
She was fined [faɪnd] £50.	Sie musste 50 Pfund Strafe zahlen.
remand [rɪ'mɑ:nd] *BE*	**Untersuchungshaft**
He's still on remand – he hasn't been convicted yet.	Er ist noch in Untersuchungshaft – er ist noch nicht verurteilt.
bail [beɪl]	**Kaution; Sicherheitsleistung**
The defendant was released on bail.	Der / Die Angeklagte wurde gegen Kaution freigelassen.
(on) probation [prə'beɪʃn]	**(auf) Bewährung**
probation officer	Bewährungshelfer(in)
prison ['prɪzn]	**Gefängnis**
He was sentenced to six years in prison.	Er wurde zu sechs Jahren Gefängnis verurteilt.
jail [dʒeɪl]	**Gefängnis**
She was jailed but freed for lack of evidence ['evɪdəns].	Sie wurde eingesperrt, aber aus Mangel an Beweisen wieder freigelassen.
appeal [ə'pi:l]	**Berufung; Revision(sverfahren)**
He appealed to the Supreme [su'pri:m] Court.	Er legte Berufung beim Obersten Bundesgericht ein.
The case has been appealed.	Es ist Berufung eingelegt worden.
law enforcement [ɪn'fɔ:smənt]	**Durchsetzung / Vollzug des Rechts**
law-enforcement officer	Polizeibeamte(r)
police [pə'li:s]	**Polizei**
The police are looking for a red Ford.	Die Polizei sucht einen roten Ford.
I'm a police officer.	Ich bin Polizist(in).

Police ist immer Plural. Also nicht *The police is / has / takes …*, sondern *The police are / have / take …*
Police kann auch nicht mit *a(n)* konstruiert werden:
We have very good police. (= Wir haben eine sehr gute Polizei.)
„Zählbar", also mit *a* zu gebrauchen, ist dagegen *police force:*
We have an efficient [ɪ'fɪʃnt] *police force.* (= Wir haben eine effiziente Polizei.)

police station [pə'li:s steɪʃn]	**(Polizei-)Revier; (Polizei-)Wache**
state trooper ['tru:pə] *AE*	**Polizist(in)** (eines US-Staats)

Eine Anrede für Polizisten ist *officer: Excuse me, officer, can you …?*

detective [dɪ'tektɪv]	**Detektiv(in); Kriminalbeamte(r)**
detective superintendent [su:pərɪn'tendənt]	Kriminalkommissar(in)
suspect ['sʌspekt]	**(Tat-)Verdächtige(r)**
warrant ['wɒrənt]	(richterlicher) **Haft- / Durchsuchungsbefehl**
We have a warrant for his arrest [ə'rest].	Wir haben einen Haftbefehl gegen ihn.
The prosecution obtained [əb'teɪnd] an arrest warrant against him.	Die Staatsanwaltschaft erwirkte einen Haftbefehl gegen ihn.
offender [ə'fendə]	**Straftäter(in); Verkehrssünder(in)**
first offender – repeat [rɪ'pi:t] offender	Ersttäter(in) – Rückfalltäter(in)
juvenile ['dʒu:vənaɪl] / young offender	jugendliche(r) Straftäter(in)
custody ['kʌstədi]	**(Polizei-)Gewahrsam; Haft**
He was taken into custody.	Er wurde in Haft genommen.
The suspect ['sʌspekt] has been remanded [rɪ'mɑ:ndɪd] in custody.	Der Verdächtige bleibt in Untersuchungshaft.

Der in Kriminalberichten britischer Zeitungen häufig zu findende Satz, dass jemand *is helping the police with their inquiries* [ɪn'kwaɪəriz], bedeutet in der Regel, dass die Polizei einen Tatverdächtigen verhört.

detain [dɪ'teɪn]	**in Haft nehmen / halten**
He was detained for questioning.	Er wurde zur Vernehmung festgehalten.
detention [dɪ'tenʃn]	**Festnahme; Haft**
One asylum [ə'saɪləm] seeker died in detention.	Ein Asylbewerber starb in der Haft.
She was released [rɪ'li:st] from detention on medical grounds.	Sie wurde aus medizinischen Gründen aus der Haft entlassen.

Praktisch jede der ca. 3000 *counties* ['kaʊntiz] in den USA hat ihre eigene *police force,* die in der Regel einem *elected sheriff* (= gewählten Sheriff) untersteht. Die Städte haben ebenfalls eigene *police departments* [dɪ'pɑ:tmənts]. Mit etwa 20 000 *police agencies* ['eɪdʒənsiz] (= Polizeibehörden) haben die USA das dezentralisierteste Polizeisystem der Welt. Das britische System hingegen ist – mit nur ca. 40 *law enforcement agencies – highly centralized.* Die *London Metropolitan* [metrə'pɒlɪtən] *Police,* nach ihrer früheren Adresse auch *Scotland Yard* genannt, ist die größte Polizeibehörde des Landes und nimmt mit ihren *specialist departments* auch überregionale Aufgaben – etwa *combating* ['kɒmbætɪŋ] *terrorism* (= Terrorismusbekämpfung) – wahr; besonders bekannt ist ihr *CID = Criminal Investigation Department* (= Kriminalpolizei).

Taxation
Steuern

Taxes, after all, are the dues that we pay for the privileges of membership in an organized society. (*Franklin D. Roosevelt, US president, 1882–1945*)

tax [tæks] – **taxes** ['tæksɪz]	**Steuer – Steuern**
raise / increase [ɪn'kri:s] taxes	die Steuern erhöhen
reduce [rɪ'dju:s] / lower / cut taxes	die Steuern senken
She is paid $611 a week before taxes.	Sie verdient wöchentlich 611 Dollar brutto.
tax increase ['ɪŋkri:s] – tax cut	Steuererhöhung – Steuersenkung
tax-free / free of tax	steuerfrei
tax evasion [ɪ'veɪʒn] / tax dodging	Steuerhinterziehung
tax haven ['heɪvn]	Steueroase; Steuerparadies
tax breaks for corporations that invest [ɪn'vest] at home *AE*	Steuervergünstigungen für Konzerne, die im Inland investieren
simplify ['sɪmplɪfaɪ] the tax code	das Steuersystem vereinfachen
tax [tæks]	**besteuern**
Taxpayers should be taxed in proportion to their ability to pay.	Die Steuerzahler sollten entsprechend ihrer finanziellen Leistungsfähigkeit besteuert werden.
the taxman ['tæksmæn]	(*personifizierend*) **das Finanzamt**
The taxman gets most of what I earn.	Den größten Teil meines Einkommens kriegt das Finanzamt.
income (tax) ['ɪnkʌm (tæks)]	**Einkommen(steuer)**
negative ['negətɪv] income tax	negative Einkommensteuer; Bürgergeld
net income – gross [grəʊs] income	Nettoeinkommen – Bruttoeinkommen
Income tax is collected by the Inland Revenue ['revənju:] *BE* / *AE* Internal Revenue Service (IRS).	Die Einkommensteuer wird vom Finanzamt eingezogen.

PAYE [pi: eɪ waɪ 'i:] = *pay as you earn* nennt man in GB den Direktabzug der Lohnsteuer durch den Arbeitgeber. Die amerikanische *payroll tax* ist eine Lohnsummensteuer, die der Arbeitgeber en bloc an das Finanzamt zahlt. Mangels eines spezialisierten Begriffs entspricht *income tax* allgemein auch der deutschen Lohnsteuer.

income tax return [rɪ'tɜ:n]	**Einkommensteuererklärung**
prepare / complete [kəm'pli:t] an income tax return	eine Einkommensteuererklärung ausfüllen
file / submit an income tax return	eine Einkommensteuererklärung abgeben
value-added tax [vælju: 'ædɪd tæks] / **VAT** [væt] *BE*	**Mehrwertsteuer**
All prices are inclusive of VAT.	Alle Preise verstehen sich einschließlich Mehrwertsteuer.

Eine auf kommunaler Ebene erhobene (= *levied* ['levid]) Steuer war in GB die unpopuläre Kopfsteuer (= *poll tax* ['pəʊl tæks] / *community charge* [kə'mju:nəti tʃɑ:dʒ]), die 1991 abgeschafft und durch eine *council tax* (*council* ist der Gemeinde- oder Stadtrat) ersetzt wurde.
In den USA gab es bis 1966 ebenfalls eine *poll tax,* die durch die Verknüpfung mit dem Wahlrecht die Schwarzen benachteiligte und daher durch einen Verfassungszusatz (= *amendment* [ə'mendmənt]) und eine höchstrichterliche Entscheidung (= *Supreme Court decision* [dɪ'sɪʒn]) aufgehoben wurde.
Andere *local taxes* sind die *property tax* (= Vermögensteuer) und in den USA die *sales tax,* die in fast allen 50 Bundesstaaten auf den Einzelhandelspreis (= *retail price* ['ri:teɪl praɪs]) aufgeschlagen wird.

tax-exempt [tæks ɪg'zemt]	**steuerbefreit; steuerfrei**
Books are exempt from VAT.	Bücher sind mehrwertsteuerfrei.
(non)taxable income ['tæksəbl]	**(nicht) steuerpflichtiges Einkommen**
(tax) refund ['ri:fʌnd]	**(Steuer-)Erstattung**
You are entitled [ɪn'taɪtld] to a refund.	Sie haben Anspruch auf eine Erstattung.

Steuerberater sind *tax consultants* [kən'sʌltənts]; das Gemeinte wird aber auch durch *accountant* [ə'kaʊntənt] (= Wirtschaftsprüfer) und *preparer* (= *AE for someone trained to prepare tax returns for others*) ausgedrückt.

bookkeeping ['bʊkki:pɪŋ]	**Buchführung; Buchhaltung**
accounting [ə'kaʊntɪŋ]	**Rechnungswesen; Buchhaltung**
the accounting department	die Buchhaltung(sabteilung)
audit ['ɔ:dɪt]	**Buchprüfung; (die Bücher) prüfen**
assessment [ə'sesmənt]	**Veranlagung** (durch das Finanzamt)
charitable contribution [tʃærɪtəbl kɒntri'bju:ʃn]	**Spende**
Charitable contributions are deductible.	Spenden sind absetzbar.
depreciation [dɪpri:ʃi'eɪʃn]	**Abschreibung**

Sozialabgaben sind *social-security contributions,* BE werden sie *NI contributions* genannt (*NI* = *National Insurance* [ɪn'ʃʊərəns]). Die AE-Entsprechung ist *FICA tax* (*FICA* = *Federal Insurance Contributions Act*).

(customs) duty ['dju:ti]	**Zoll(abgabe)**
Do you have to pay duty on this?	Muss man darauf Zoll bezahlen?

Deutsche Steuerbegriffe in Englisch
geringfügige Beschäftigung(sverhältnisse)/Minijobs (= *low-paid employment/ low-paid jobs*), **Gewerbesteuer** (= *business tax / trade tax*), **Grundfreibetrag** (= *tax-free allowance*), **Grunderwerbsteuer** (= *real-estate* ['rɪəl ɪsteɪt] *transfer tax/ property transfer tax*), **Grundsteuer** (= *real-estate tax / property tax*), **Kapitalertrag(s)steuer** (= *capital-gains tax / withholding tax*), **Körperschaftssteuer** (= *corporation tax*), **Lohnsteuer** (= *wage tax / salary tax*), **Lohnsteuerkarte** (= *[wage-]tax card / salary-tax card*), **Schwarzarbeit** (= *illicit* [ɪ'lɪsɪt] *work*), **Solidaritätszuschlag** (= *solidarity* [sɒlɪ'dærəti] *surcharge / solidarity tax*), **Steuersenkungsgesetz** (= *tax reduction package / Tax Reduction Act*).

Social security
Soziale Sicherheit

If a free society cannot help the many who are poor, it cannot save the few who are rich. (*John F. Kennedy, US president, 1917–63*)

Social security [sɪ'kjʊərəti] bedeutet allgemein soziale Sicherheit; speziell bezeichnet der Begriff BE Sozialhilfe und AE Sozialversicherung:
Most workers are covered ['kʌvəd] *under social security.* AE (= Die meisten Arbeitnehmer sind sozial abgesichert.)
Social security is a form of social insurance [ɪn'ʃʊərəns]. AE (= … ist eine Art Sozialversicherung.)
She's on social security BE / AE *on welfare.* (= Sie bezieht Sozialhilfe.)
Sozialamt ist BE *social security office* und AE *social welfare office.*

the social safety net ['seɪfti net]	**das soziale Netz**
welfare / **public assistance** *beide AE*	**Sozialhilfe**
her monthly welfare grant [ɑː] *AE*	ihre monatliche Sozialhilfezahlung
welfare cuts ['welfeə kʌts]	Streichung von Sozialleistungen
welfare reform ['welfeə rɪfɔːm]	Sozialreform
the welfare state [welfeə 'steɪt]	der Wohlfahrtsstaat / Sozialstaat
dismantle the social welfare system	Sozialabbau betreiben
maternity allowance / **leave**	**Mutterschaftsgeld / -urlaub**
housing benefit *BE* / *AE* **rent subsidy**	**Wohngeld**
sickness benefit ['sɪknəs benəfɪt] *BE*	**Krankengeld**

The National Health Service (NHS): Der grundsätzlich kostenlose, allen Bürgern umfassende *medical care* (= medizinische Versorgung) bietende staatliche Gesundheitsdienst des UK. – Ein *National Health doctor* ist so etwas wie ein Kassenarzt, *National Health glasses* entsprechen einer Kassenbrille. *I got it on the National Health.* (= Das hat die Kasse bezahlt.)

medical insurance / **health insurance**	**Krankenversicherung**
health-insurance company	Krankenkasse
curb [kɜːb] **(the) costs**	**(die) Kosten dämpfen**
nursing-care insurance ['nɜːsɪŋ]	(*Deutschland*) **Pflegeversicherung**
pension ['penʃn]	**Rente; Pension; Ruhegehalt**
retirement pension / old-age pension	(Alters-)Rente; Pension
You're **entitled** [ɪn'taɪtld] to benefit.	Sie haben Anspruch auf Beihilfe.
the **entitlement mentality** [-'tæləti]	das **Anspruchsdenken**

Medicare – Medicaid: Medicare ist das staatliche Krankenversicherungssystem für ältere Bürger in den USA (= *a system of government-provided health insurance for the elderly*), während *Medicaid* das Programm US-staatlicher Gesundheitsfürsorge (= *health care*) für Einkommensschwache (= *people on low incomes*) aller Altersstufen ist. – *Health-care reform* [rɪ'fɔːm] ist in den USA ein zentrales politisches Thema (= *a major political issue* ['ɪʃuː]).

International relations
Internationale Beziehungen

I would like to see an international court established in which to settle disputes between nations, so that armies could be disbanded and the great navies allowed to rot in perfect peace. (*Robert G. Ingersoll, US orator, 1833–99*)

relations with other countries	**Beziehungen zu anderen Staaten**
strained relations [streɪnd rɪ'leɪʃnz]	gespannte Beziehungen
normalization of relations	Normalisierung der Beziehungen
sever ['sevə] / re-establish [riːɪ'stæblɪʃ] diplomatic relations	die diplomatischen Beziehungen abbrechen / wiederherstellen
international affairs [ə'feəz]	**die internationale Politik**
international organizations	internationale Organisationen
the international community	die Völkergemeinschaft
the International Monetary Fund (IMF)	der Internationale Währungsfonds
foreign policy / **foreign affairs**	(die) **Außenpolitik**

Außenminister – Außenministerium
= UK: *foreign secretary* [fɒrən 'sekrətri] – *Foreign Office* ['fɒrən ɒfɪs]
= USA: *secretary of state* – *State Department* ['steɪt dipɑːtmənt]
= andere Staaten in der Regel: *foreign minister* ['mɪnɪstə] – *foreign ministry*

statesman [-mən] – **statesmanship**	**Staatsmann** – **Staatskunst**
state visit [steɪt 'vɪzɪt]	**Staatsbesuch**
summit meeting ['sʌmɪt miːtɪŋ]	**Gipfeltreffen**
diplomacy [dɪ'pləʊməsi]	(die) **Diplomatie**
shuttle diplomacy in the Middle East	Pendeldiplomatie im Nahen Osten
diplomatic recognition [rekəg'nɪʃn]	**diplomatische Anerkennung**
diplomat ['dɪpləmæt]	**Diplomat(in)**
ambassador [-'bæs-] – **embassy**	**Botschafter(in)** – **Botschaft**
the German embassy ['embəsi] in Paris	die deutsche Botschaft in Paris
envoy ['envɔɪ]	**Gesandter** / **Gesandtin**
special envoy	Sonderbeauftragte(r)
mission ['mɪʃn]	**Mission**
a diplomat on a secret [iː] mission	ein Diplomat in geheimer Mission
ally ['ælaɪ]	**Verbündeter; Bündnispartner**
the US and its allies	die USA und ihre Alliierten
the Allied ['ælaɪd] forces in Europe	die alliierten Streitkräfte in Europa
alliance [ə'laɪəns]	**Bündnis; Allianz**
nonaligned nations [nɒnə'laɪnd]	**blockfreie Staaten**
sovereign ['sɒvrɪn] – **sovereignity**	(*Staat*) **souverän** – **Souveränität**
territorial claims [terə'tɔːriəl]	**territoriale Ansprüche**

Die Grenze zwischen Staaten kann sowohl *border* als auch *frontier* ['frʌntɪə] heißen. *Border* ist das häufigere und daher „sicherere" Wort: *the Belgian border / frontier* (= die belgische Grenze), *border / frontier disputes* [dɪ'spjuːts] (= Grenzstreitigkeiten), *cross the border / frontier* (= die Grenze überqueren), *border clashes / conflicts* (= Grenzkonflikte).

crisis ['kraɪsɪs] *Pl.* crises ['kraɪsi:z]	**Krise**
a political solution to the crisis	eine politische Lösung der Krise
dispute [dɪ'spju:t]	**Streit(igkeit); Auseinandersetzung**
The dispute might escalate ['eskəleɪt].	Der Streit könnte eskalieren.
armed intervention [ɪntə'venʃn]	**bewaffnete Intervention**
economic sanctions ['sæŋkʃnz]	**Wirtschaftssanktionen**
embargo [ɪm'bɑ:gəʊ] *Pl.* embargoes	**Embargo**
impose [ɪm'pəʊz] / lift an embargo	ein Embargo verhängen / aufheben
intermediary [ɪntə'mi:diəri]	**Vermittler(in); Mittelsmann / -person**
act as an intermediary in a conflict	in einem Konflikt vermitteln
mediator ['mi:dieɪtə]	**Vermittler(in)**
appeasement policy (towards)	**Beschwichtigungspolitik (gegenüber)**
reduce tensions ['tenʃnz]	(die) **Spannungen abbauen**
peace plan ['pi:s plæn]	**Friedensplan**
settle a conflict ['kɒnflɪkt]	**einen Konflikt beilegen**
negotiate [nɪ'gəʊʃieɪt]	**verhandeln**
negotiate a treaty ['tri:ti]	einen (Staats-)Vertrag aushandeln
negotiations [nɪgəʊʃi'eɪʃnz]	**Verhandlungen**
achieve [ə'tʃi:v] **a breakthrough**	**einen Durchbruch erzielen**
reach a compromise ['kɒmprəmaɪz]	**einen Kompromiss erzielen**
issue a communiqué [kə'mju:nɪkeɪ]	**ein Kommuniqué veröffentlichen**
agreement [ə'gri:mənt]	**Abkommen**
a cease-fire ['si:s faiə] agreement	ein Waffenstillstandsabkommen
reach an agreement	zu einer Einigung gelangen
accord [ə'kɔ:d]	**Abkommen**
sign [saɪn] a peace accord	ein Friedensabkommen unterzeichnen
the UN peacekeeping forces	**die UNO-Friedenstruppen**
(nuclear) nonproliferation treaty	**Atomwaffensperrvertrag**
disarmament conference ['kɒnfrəns]	**Abrüstungskonferenz**
pursue a policy of détente [deɪ'tɑ:nt]	**eine Politik der Entspannung verfolgen**
free trade (area) ['eəriə]	**Freihandel(szone)**
trade barriers / barriers to free trade	Handelshemmnisse; Handelsschranken
trading partner ['treɪdɪŋ pɑ:tnə]	Handelspartner
the European Union (EU)	**die Europäische Union**
apply for membership in the EU	die EU-Mitgliedschaft beantragen
enlargement of the EU	EU-Erweiterung
the Single European Market	**der Europäische Binnenmarkt**
European Monetary Union (EMU)	**Europäische Währungsunion** (EWU)
foreign aid – development aid	**Auslandshilfe – Entwicklungshilfe**
developing [dɪ'veləpɪŋ] **country**	**Entwicklungsland**
newly industrializing country (NIC)	**Schwellenland**

The United Nations / UN (= die Vereinten Nationen / UNO):
Security Council (= Sicherheitsrat) • *General Assembly* (= Vollversammlung) •
secretary-general (= Generalsekretär)

12 Defence, war, military
Verteidigung, Krieg, Militär

Every gun that is made, every warship launched, every rocket fired signifies, in the final sense, a theft from those who hunger and are not fed, those who are cold and are not clothed. (*Dwight D. Eisenhower, US general and president, 1890–1969*)

defend [dɪ'fend] – **defence** [dɪ'fens]	**verteidigen** – **Verteidigung**
increased defence spending	erhöhte Verteidigungsausgaben
NATO ['neɪtəʊ]	(die) **NATO**
Spain joined [dʒɔɪnd] NATO in 1982.	Spanien trat 1982 der NATO bei.
arms control ['ɑ:mz kəntrəʊl]	**Rüstungskontrolle**
nonaggression pact	**Nichtangriffspakt**
deterrence [dɪ'terəns] – **deterrent**	**Abschreckung** – **Abschreckungsmittel**

Verteidigungsminister – **Verteidigungsministerium**
= UK: *secretary of state for defence* – *Ministry of Defence*
= USA: *secretary of defense* – *Department of Defense / the Pentagon*
= andere Staaten in der Regel: *minister of defence* – *ministry of defence*

conscription [kən'skrɪpʃn] *BE / AE* **the draft**	**die Wehrpflicht**
conscripts ['kɒnskrɪpts] *BE / AE* **draftees** [drɑ:f'ti:z]	**Wehrpflichtige**
army ['ɑ:mi]	**Armee; Heer**
He's in the army.	Er ist beim Militär / „beim Bund".
military ['mɪlətri]	**Militär; Militär-; militärisch**
The military is against the plan.	Das Militär ist gegen den Plan.
He did his military service.	Er leistete seinen Wehrdienst ab.
the air force ['eə fɔ:s]	**die Luftwaffe**
the navy ['neɪvi]	**die (Kriegs-)Marine**
officers – **common soldiers** [kɒmən 'səʊldʒəz]	**Offiziere** – **einfache Soldaten**
promote [prə'məʊt]	**befördern**
He was promoted to captain ['kæptən].	Er wurde zum Hauptmann befördert.
general ['dʒenrəl] – **the general staff** [stɑ:f]	**General** – **der Generalstab**
command [kə'mɑ:nd] – **commander**	**Kommando** – **Befehlshaber**
under Eisenhower's command	unter Eisenhowers Kommando
The president is commander-in-chief of the armed forces.	Der Präsident ist Oberkommandierender der Streitkräfte.
intelligence [ɪn'telɪdʒəns]	**Geheimdienst; Nachrichtendienst**
intelligence – counterintelligence	Spionage – Gegenspionage
information provided by US intelligence	Informationen, die der US-Geheimdienst liefert(e)

Military organizational units **(= militärische Organisationseinheiten)**
platoon [plə'tu:n] (= Zug) • *company* ['kʌmpəni] (= Kompanie) • *regiment*

['redʒɪmənt] (= Regiment) • *unit* ['ju:nɪt] (= Einheit) • *battalion* [bə'tæliən] (= Bataillon) • *brigade* [brɪ'geɪd] (= Brigade) • *division* [dɪ'vɪʒn] (= Division) • *corps* [kɔ:] (= Korps) • *army* ['ɑ:mi] (= Armee)

war [wɔ:]	**Krieg**
the First / Second World War	der Erste / Zweite Weltkrieg
declare war on a country	einem Land den Krieg erklären
aggressor [ə'gresə] – **aggression**	**Aggressor – Aggression**
invade [ɪn'veɪd] – **invasion** [ɪn'veɪʒn]	**einmarschieren; überfallen – Invasion**
invade a neighbouring country	in ein Nachbarland einfallen
the German invasion of Poland	der deutsche Überfall auf Polen
attack [ə'tæk]	**Angriff; angreifen**
advance [əd'vɑ:ns] – **retreat** [rɪ'tri:t]	**Vormarsch – Rückzug**
occupy ['ɒkjupaɪ] **a country**	**ein Land besetzen**
occupation [ɒkju'peɪʃn]	**Besetzung**
the occupation of Poland	die Besetzung Polens
occupation forces	Besatzungstruppen
battle ['bætl]	**Schlacht**
He was killed in battle.	Er ist im Kampf gefallen.
battlefield – battleship	**Schlachtfeld – Schlachtschiff**
action ['ækʃn]	**Kampf; Gefecht**
He saw action in North Africa.	Er nahm an den Kämpfen in Nordafrika teil.
He was killed in action in 1944.	Er fiel 1944.
offensive [ə'fensɪv] – **counter-offensive**	**Offensive – Gegenoffensive**
plan / launch [lɔ:ntʃ] an offensive	eine Offensive planen / starten
resistance [rɪ'zɪstəns]	**Widerstand**
face heavy resistance	auf starken Widerstand stoßen
enemy troops / ships / attacks	**feindliche Truppen / Schiffe / Angriffe**
supplies [sə'plaiz] **and ammunition** [æmju'nɪʃn]	**Nachschub und Munition**
infantry – artillery [-'tɪl-] – **tanks**	**Infanterie – Artillerie – Panzer**
missile ['mɪsaɪl] / **rocket**	**Rakete**
a missile / rocket attack on the city	ein Raketenangriff auf die Stadt
nuclear weapons [nju:klɪə 'wepnz]	**Kernwaffen**
weapons of mass destruction	Massenvernichtungswaffen
(nuclear) submarine [sʌbmə'ri:n]	**(Atom-)U-Boot**
bomb [bɒm]	**Bombe**
atom(ic) bomb ['ætəm bɒm / ətɒmɪk 'bɒm]	Atombombe
hydrogen bomb ['haɪdrədʒən bɒm]	Wasserstoffbombe
cluster bomb ['klʌstə bɒm]	Streubombe
They dropped bombs on the airfield.	Sie warfen Bomben auf den Flugplatz.
the bombing of industrial targets	das Bombardieren von Industrieanlagen
air base ['eə beɪs]	**Luftwaffenstützpunkt**
air raid ['eə reɪd]	**Luftangriff**
air-raid shelter	Luftschutzbunker, -keller, -raum
parachute ['pærəʃu:t] – **paratrooper**	**Fallschirm – Fallschirmjäger**

destroy – **destruction** [dɪ'strʌkʃn]	**zerstören** – **Zerstörung**
destroyer [dɪ'strɔɪə]	Zerstörer
court-martial [kɔ:t 'mɑ:ʃl]	**Kriegs- / Militärgericht**
He was court-martialled.	Er wurde vor ein Kriegsgericht gestellt.
capture ['kæptʃə]	**einnehmen; erobern; gefangen nehmen**
The town was captured after heavy fighting.	Die Stadt wurde nach schweren Kämpfen eingenommen.
withdraw (– withdrew – withdrawn)	**sich zurückziehen;** (*Truppen*) **abziehen**
guer(r)illa (fighters / warfare) [gə'rɪlə]	**Guerilla(kämpfer / -krieg)**
partisan ['pɑ:tɪzən] – **partisan war(fare)**	**Partisan(in)** – **Partisanenkrieg**
suicide ['su:ɪsaɪd] **attack / strike**	**Selbstmordanschlag**
spy [spaɪ]	**Spion(in); spionieren**
casualties ['kæʒuəltiz]	**Verluste** (= Verwundete / Tote)
civilian [sə'vɪliən] casualties	Verluste in der Zivilbevölkerung
the wounded ['wu:ndɪd] **and the dead**	**die Verwundeten und die Toten**
prisoners (of war) / POWs	**(Kriegs-)Gefangene**
They were taken prisoner ['prɪznə].	Sie wurden gefangen genommen.
victory ['vɪktəri] – **defeat** [dɪ'fi:t]	**Sieg** – **Niederlage**
surrender [sə'rendə]	**kapitulieren; Kapitulation**
war crime(s) ['wɔ: kraim(z)]	**Kriegsverbrechen**
war criminal ['wɔ: krɪmɪnəl]	Kriegsverbrecher(in)

"About turrrn!"

Titles, forms of address
Titel, Anredeformen

Emperors, kings, artisans, peasants, big people, little people –
at bottom we are all alike and all the same; all just alike on the inside,
and when our clothes are off, nobody can tell which of us is which.
(Mark Twain, US writer, 1835–1910)

duke [dju:k] – **duchess** ['dʌtʃɪs]	**Herzog – Herzogin**
the Duke of Edinburgh ['ednbərə]	der Herzog von Edinburgh
the Duchess of Kent	die Herzogin von Kent
(crown) prince [(kraʊn) 'prɪns]	**(Kron-)Prinz**
(crown) princess [(kraʊn) prɪn'ses]	(Kron-)Prinzessin

Sir / Dame – Lord / Lady:
Wenn ein einfacher *Mr John Brown receives a knighthood* ['naɪthʊd] (= „in den Ritterstand erhoben", d.h. geadelt wird), wird er zu *Sir John Brown,* abgekürzt *Sir John* (nicht: *Sir Brown*!).
Wird er später auch noch *raised to the peerage* ['pɪərɪdʒ] (als *peer* hat er den Titel *Lord* und ist Mitglied des *House of Lords*), so wird er *Lord John Brown*, abgekürzt *Lord Brown* (nicht: *Lord John*!).
Die entsprechenden weiblichen Titel sind: *Mrs Mary Brown – Dame Mary Brown (Dame Mary) – Lady Mary Brown (Lady Brown).*

Den Namen von Botschafter(inne)n (= *ambassadors* [æm'bæsədəz]) und anderen hohen Würdenträgern (= *dignitaries* ['dɪgnətəriz]) wird häufig der Titel *Excellency* ['eksələnsi] vorangestellt:
His Excellency the Ambassador of the United States of America …
Die offizielle Anredeform ist entsprechend *Your Excellency:*
I hope Your Excellency had a pleasant journey ['dʒɜ:ni].
Der mächtigste Mann der Welt, *the US president,* wird dagegen schlicht mit *Mr President* oder *sir* angeredet.
Anrede und Grußformel in einem Brief an den Präsidenten: *(Dear) Mr President: … (Very) Respectfully yours,*

In britischen Parlamentsdebatten gebraucht man *the Honourable* ['ɒnərəbl] vor den Namen von Abgeordnetenkollegen:
Is the Honourable member aware that …? (= Ist dem Herrn Abgeordneten / der Frau Abgeordneten bewusst, dass …?)
Bei einem Kabinettsmitglied (= *Cabinet Minister*) steht the *Rt Hon* (= *the Right Honourable* = der sehr ehrenwerte) vor dem Namen:
Among those present was the Rt Hon Gordon Brown MP (Chancellor of the Exchequer [ɪks'tʃekə]*) …*
Anreden würde man den *Chancellor of the Exchequer* mit *Chancellor* ['tʃɑ:nsələ]:
Yes, Chancellor, but don't you agree that …? (= Jawohl, Herr Schatzkanzler, aber meinen Sie nicht auch, dass …?)

13 Richter / Richterinnen (= *judges* ['dʒʌdʒɪz]) werden in GB und in den USA in der Regel mit *Your Honour* ['ɒnə] (= euer Ehren / hohes Gericht) oder *my Lord* angeredet:
Do I have to answer that question, Your Honour? That is correct, my Lord.

Bei Geistlichen (= *members of the clergy* ['klɜːdʒi]) wird gewöhnlich die Anrede *Reverend* ['revərənd] (= ehrwürdig / Hochwürden) verwendet:
Excuse me, Reverend, can I have a word with you? (= Entschuldigen Sie, Herr Pastor, kann ich Sie mal kurz sprechen?)
(In der Adresse:) *The Reverend John Brown* (= Herrn Pfarrer John Brown)

Vor den Namen „gewöhnlicher Sterblicher" (= *ordinary mortals* ['mɔːtəlz]) steht *Mr* (= Herr / Herrn), *Mrs* (= Frau), *Miss* (= Fräulein) oder *Ms* [mɪz] (= neutrale Anredeform für Frauen, die – entsprechend dem männlichen *Mr* – nicht zwischen „verheiratet" und „unverheiratet" unterscheidet).

Ein akademischer Grad ersetzt – anders als im Deutschen – den Titel *Mr / Mrs / Miss / Ms.* Entsprechend wäre Herr Prof. Dr. Peters im Englischen einfach *Professor Peters* bzw. – wenn er ein Chirurg ist – *Mr Peters.*
Über oder mit *Professor Peters* könnte man höflich so reden:
We have just heard from Dr Peters / Professor Peters that …
Excuse me, professor / Excuse me, sir, there's a student to see you …
Die Anrede *doctor* verwendet man nur bei Ärzten:
Goodbye, doctor, and thanks very much.

"Did your Excellency have a pleasant journey?"

Social problems
Soziale Probleme

1 **Housing shortage**
Wohnungsmangel

2 **Unemployment**
Arbeitslosigkeit

3 **Drug and alcohol abuse**
Drogen- und Alkoholmissbrauch

4 **Poverty**
Armut

5 **Crime and violence**
Verbrechen und Gewalttätigkeit

6 **Xenophobia and racism**
Ausländerfeindlichkeit und Rassismus

7 **Sexism**
Sexismus

Housing shortage
Wohnungsmangel

→ 5.1 Flats and houses

Female, early 30s, nonsmoker, seeks quiet, clean and friendly flatshare in North or North East London. (*Classified ad in a London newspaper*)

housing ['haʊzɪŋ]	**Wohnungen; Wohnraum; Wohnungs-**
affordable [ə'fɔ:dəbl] housing / living space	erschwinglicher Wohnraum
low-income housing	Wohnungen für Einkommensschwache
construct / provide low-cost housing	preiswerten Wohnraum erstellen
the housing shortage ['ʃɔ:tɪdʒ]	die Wohnungsknappheit / -not
the housing crisis ['kraɪsɪs]	die Wohnungsnot / -krise
the housing market ['mɑ:kɪt]	der Wohnungsmarkt
study the housing ads [ædz]	die Wohnungsanzeigen studieren
promote housing construction	den Wohnungsbau fördern
housing programme ['prəʊgræm]	Wohnungsbauprogramm
cuts in housing benefit ['benɪfɪt]	Wohngeldkürzungen
housing office ['haʊzɪŋ ɒfɪs]	Wohnungsamt
housing association [əsəʊsi'eɪʃn]	Wohnungs(bau)gesellschaft
housing cooperative [kəʊ'ɒprətɪv]	Wohnungsbaugenossenschaft

Einer Sozialwohnung entspricht in Großbritannien ungefähr *a council flat* [kaʊnsl 'flæt]; allgemein könnte der deutsche Begriff mit *state-subsidized* ['sʌbsɪdaɪzd] *flat / apartment* wiedergegeben werden. Entsprechend: *council housing* BE / allg. *(state-)subsidized housing* (= Sozialwohnungen / sozialer Wohnungsbau). Sozialer Wohnungsbau wird auch mit *public housing construction* ausgedrückt. *Private sector housing* wäre der private Wohnungsmarkt / Wohnungsbau.

living space is difficult to find	**Wohnraum** ist schwer zu finden
the rise in rents	**das Ansteigen der Mieten**
the latest rent increase ['rent ɪŋkri:s]	die neueste Mieterhöhung
rent control [kən'trəʊl]	Wohnraumbewirtschaftung
(go) flat hunting *BE*	**(auf) Wohnungssuche (gehen)**
estate [ɪ'steɪt] **agent** *BE* / *AE* **real estate agent** / *AE* **realtor** ['ri:əltə]	**Immobilien- / Wohnungsmakler(in)**
share a flat *BE* / *AE* **an apartment** [ə'pɑ:tmənt]	**in einer Wohngemeinschaft leben**
Flat sharing is fairly common [ɒ] here.	Wohngemeinschaften gibt es hier ziemlich viele.
I'm looking for a nice flatshare. *BE*	Ich suche eine nette Wohngemeinschaft.
flatmate *BE* – **roommate**	**Mitbewohner(in) – Zimmergenosse/in**
a place to live [pleɪs tə 'lɪv]	**eine Bleibe**

Tens of thousands don't have a decent ['di:snt] place to live.	Zehntausende haben keine anständige Bleibe.
give a tenant ['tenənt] **notice to quit**	einem Mieter **kündigen**
evict [ɪ'vɪkt] **a tenant**	**einen Mieter zur Räumung zwingen**
Tenants were evicted from / turned out of their homes because they fell behind with their rent.	Mieter wurden auf die Straße gesetzt, weil sie mit ihren Mietzahlungen in Rückstand geraten waren.
They now face **eviction** [ɪ'vɪkʃn].	Jetzt droht ihnen die **Zwangsräumung**.
squat [skwɒt] (in a house)	**ein Haus besetzt halten**
They were evicted from the squat.	Sie mussten das besetzte Haus räumen.
squatter ['skwɒtə]	**Hausbesetzer(in)**
shantytown ['ʃæntitaʊn]	**Barackensiedlung;** (*Berlin*) **Wagenburg**
homeless ['həʊmləs]	**obdachlos**
homeless people living in cardboard boxes	Obdachlose, die in Pappkartons leben
dormitories ['dɔ:mətriz] in homeless shelters	Schlafsäle in Obdachlosenheimen
ways to help the homeless	Möglichkeiten, den Obdachlosen zu helfen
a sharp increase ['ɪŋkri:s] in homelessness	eine starke Zunahme der Obdachlosigkeit

Homelessness is a pressing social problem (= ein brennendes soziales Problem), *it's The Big Issue* ['ɪʃu:] (= Das große Thema / Problem) – so der Name der von *homeless vendors* (= obdachlosen Verkäufern) auf der Straße verkauften Londoner Obdachlosenzeitung.

sleep rough [rʌf] / **outdoors** (– slept – slept)	**im Freien übernachten**
sleep / live on the streets	auf der Straße schlafen / leben
seek shelter (– sought [sɔ:t] – sought)	**Zuflucht suchen**
provide emergency [ɪ'mɜ:dʒənsi] shelter / accommodation	Notunterkünfte / eine Notunterkunft bereitstellen
provide temporary accommodation [əkɒmə'deɪʃn]	**eine Behelfsunterkunft bieten**
hostel ['hɒstl]	**Wohnheim**
rehouse [ri:'haʊz] homeless people	Obdachlosen wieder eine Wohnung geben

Unemployment
Arbeitslosigkeit

→ 20.9 Labour relations

It's a recession when your neighbour loses his job; it's a depression when you lose yours. (*Harry S. Truman, US president, 1884–1972*)

unemployed [ʌnɪm'plɔɪd] / **jobless**	**arbeitslos; erwerbslos**
the long-term unemployed / jobless	die Langzeitarbeitslosen
bring the jobless rate down	die Arbeitslosenziffer senken
unemployment / **joblessness**	(die) **Arbeitslosigkeit** / **Erwerbslosigkeit**
the unemployment rate is rising / falling	die Arbeitslosigkeit nimmt zu / geht zurück
cyclical ['sɪklɪkl] unemployment	konjunkturelle Arbeitslosigkeit
seasonal ['si:znəl] unemployment	saisonbedingte Arbeitslosigkeit
structural ['strʌktʃərəl] unemployment	strukturelle Arbeitslosigkeit
unemployment insurance [ɪn'ʃʊərəns]	Arbeitslosenversicherung
unemployment benefit *BE* / *AE* benefits	Arbeitslosengeld; Arbeitslosenhilfe
out of a job / **out of work**	**ohne Arbeit; arbeitslos**
I suddenly found myself out of a job.	Plötzlich stand ich ohne Arbeit da.
Millions are out of work.	Millionen sind ohne Arbeit.
redundant [rɪ'dʌndənt]	(*eigentlich*) **überflüssig;** *BE* **arbeitslos**
I'm going to be made redundant.	Ich werde meinen Arbeitsplatz verlieren.
redundancy [rɪ'dʌndənsi]	*BE* **Arbeitslosigkeit**
the threat [θret] of redundancy	der drohende Arbeitsplatzverlust
redundancy / severance pay(ment)	Abfindung
redundancy package / scheme [ski:m]	Sozialplan
downsizing ['daʊnsaɪzɪŋ]	**Verschlanken; Stellen- / Personalabbau**
restructuring [ri:'strʌktʃərɪŋ]	(*Euphemismus für*) **Personalabbau**
job shedding ['dʒɒb ʃedɪŋ]	**Arbeitsplatzabbau; Stellenabbau**
short-time working	**Kurzarbeit**
We're on short time / working on short time at the moment.	Wir machen im Moment Kurzarbeit.

Das Entlassenwerden (= *being dismissed* [dɪs'mɪst]) kann durch eine Reihe von Verben ausgedrückt werden, die von „direkt-brutal" bis „indirekt-euphemistisch" (= abschwächend-beschönigend) reichen:
He's been fired. / BE auch *He's been sacked.* / *He's been given the sack.* / *He got the sack.* (= Man hat ihn gefeuert / rausgeschmissen.)
Thousands of employees [ɪm'plɔɪi:z] *were made redundant* BE / AE *were excessed* [ɪk'sest] / *were surplused* ['sɜ:pləst]. (= Tausende von Beschäftigten wurden freigesetzt.)
I've been laid off. (= Man hat mich entlassen.) *Lay off* bedeutete ursprünglich „vorübergehend entlassen", meint aber heute in der Regel das endgültige Aus.
He got his marching orders BE / AE *his walking papers* / *the pink slip* (= den rosa Zettel). (Burschikose Ausdrucksweise: „bekam seine Papiere".)

I'm afraid we're going to have to let you go. (Freundliches *understatement.*)
Erkundigt man sich nach jemand, der entlassen wurde, so hört man etwa:
I'm afraid Ms Ross is no longer with us.
Erwerbslose sind BE-umgangssprachlich *on the dole:*
Is she still on the dole? (= Geht sie immer noch stempeln?)
Dole money ['mʌni] ist entsprechend eine umgangssprachliche Alternative zu *unemployment benefit.*
Schauspieler, die gerade kein Engagement haben, sagen scherzhaft von sich:
Right now, I'm between shows. Andere Arbeitslose beschönigen entsprechend:
I'm between jobs at the moment.

improve [ɪm'pru:v]	**sich bessern**
deteriorate [dɪ'tɪəriəreɪt]	**sich verschlechtern**
upturn ['ʌptɜ:n] – **downturn**	**Aufschwung – Abschwung**
an upturn in the economy [ɪ'kɒnəmi]	ein Wirtschaftsaufschwung
a downturn in economic activity [æk'tɪvəti]	ein Abflauen / Nachlassen der Konjunktur
the labour market ['leɪbə mɑ:kɪt]	**der Arbeitsmarkt**
employ [ɪm'plɔɪ] – **employment**	**beschäftigen – Beschäftigung**
The employment situation has improved / deteriorated.	Die Beschäftigungssituation hat sich gebessert / verschlechtert.
self-employment [self ɪm'plɔɪmənt]	(berufliche) Selb(st)ständigkeit
self-employed [self ɪm'plɔɪd]	(beruflich) selb(st)ständig
go self-employed	sich selb(st)ständig machen

Für das sozial, rechtlich und steuerlich problematische Phänomen der Scheinselb(st)ständigkeit gibt es im Englischen die bezeichnende Entsprechung *disguised employment* sowie eine Reihe von Übersetzungen, die den deutschen Begriff genauer wiederzugeben versuchen: *apparent* [ə'pærənt] / *pretended* [prɪ'tendɪd] / *phoney* ['fəʊni] / *pseudo* ['sju:dəʊ] *self-employment.*

further vocational training	**berufliche Fortbildung**
retrain [ri:'treɪn] – **retraining**	**umschulen – Umschulung**
job sharing – part-time work	**Arbeitsplatzteilung – Teilzeitarbeit**
job-creating schemes [ski:mz] / **job-creation programmes**	**Arbeitsbeschaffungsmaßnahmen / -programme**
labour / employment exchange	**Arbeitsamt**
jobcentre ['dʒɒbsentə] *BE*	**(staatliche) Arbeitsvermittlung**
employment agency ['eɪdʒənsi] / *BE auch* **recruitment consultants** [rɪ'kru:tmənt kənsʌltənts]	**(private) Arbeitsvermittlung**
jobhunter ['dʒɒbhʌntə]	**Arbeitssuchende(r)**
I'm still jobhunting / looking for a job.	Ich bin immer noch auf Arbeitssuche.
(re)hire [(ri:)'haɪə] **workers**	**Arbeitskräfte (wieder) einstellen**
temp [temp] *BE*	**Zeitarbeitskraft**
I'm temping until I find something permanent.	Bis ich etwas für die Dauer finde, mache ich Zeitarbeit.

Der neudeutsche Begriff Ich-AG wird im BE mit *Me plc*, im AE mit *Me Inc.* wiedergegeben.

Drug and alcohol abuse
Drogen- und Alkoholmissbrauch

→ 12.10 Drinking and smoking

I can't understand why anybody would want to devote their life to a cause like dope. It's the most boring pastime I can think of. It ranks a close second to television. (*Frank Zappa, US rock musician, 1940–93*)

drug [drʌg]	**Droge; Rauschmittel; Rauschgift**
narcotic [nɑːˈkɒtɪk] drug / substance	Rauschgift
hard / soft [sɒft] drugs	harte / weiche Drogen
mind-altering [ˈmaind ɔːltərɪŋ] drugs	bewusstseinsverändernde Drogen
drug dependence / dependency	Drogenabhängigkeit
drug abuse [əˈbjuːs]	Drogenmissbrauch
drug addiction [əˈdɪkʃn]	Drogensucht; Rauschgiftsucht
a drug addict [ˈædɪkt]	ein(e) Drogensüchtige(r)
(drug) dealer / (drug) pusher [ʊ]	Dealer; Pusher
drug trafficker [ˈdrʌg træfɪkə]	Drogen- / Rauschgifthändler(in)
drug trafficking / the drug trade	der Drogen- / Rauschgifthandel
the drug / narcotics squad [skwɒd]	das Rauschgiftdezernat
legalization [liːgəlaɪˈzeɪʃn] of drugs	Legalisierung / Freigabe von Drogen
the number of drug-related deaths	die Zahl der Drogentoten
drugged / under the influence of drugs	unter Drogeneinfluss
high [haɪ]	**high** (= in einem Rauschzustand)
dope *Slang* / **stuff** *Slang*	**Stoff**
You still doing dope?	Fixt du immer noch?

Dass jemand rauschgiftsüchtig ist, kann man u.a. so ausdrücken:
She's addicted [əˈdɪktɪd] *to drugs.* • *She's a drug addict* [ˈædɪkt]. • *She's on / into drugs.* • *She's taking / doing drugs.* • *She's on the needle* [ˈniːdl].

fix [fɪks]	**Fix; fixen**
You can see kids fixing here.	Hier kann man Kinder fixen sehen.
shoot [ʃuːt] (– shot – shot) *Slang*	**schießen; drücken**
He shoots heroin twice a day.	Er drückt zweimal täglich Heroin.
shot [ʃɒt]	**Schuss** (= Drogeninjektion)
She gave herself a shot.	Sie setzte / drückte sich einen Schuss.
freak out [friːk ˈaʊt]	**ausflippen; auf einen Trip gehen**
uppers [ˈʌpəz] – **downers**	**Aufputschmittel – Beruhigungsmittel**
heroin [ˈherəʊɪn]	**Heroin**
She became addicted to heroin.	Sie wurde heroinsüchtig.
cocaine [kəʊˈkeɪn]	**Kokain**
inject [ɪnˈdʒekt] / sniff / smoke cocaine	Kokain spritzen / schnupfen / rauchen
crack [kræk]	**Crack** (= mit Backpulver aufgekochtes Kokain)
Crack is highly addictive [əˈdɪktɪv].	Crack ist extrem suchterzeugend.
hashish [ˈhæʃɪʃ] – **hash**	**Haschisch – Hasch**
LSD / *Slang* **acid** [ˈæsɪd]	**LSD**
He was on an LSD trip.	Er war auf einem LSD-Trip.

ecstasy ['ekstəsi]	**Ecstasy**
methadone ['meθədəʊn]	**Methadon**
dose [dəʊs] – **overdose** / **OD**	**Dosis – Überdosis**
Janis Joplin died of a heroin overdose.	J. J. starb an einer Überdosis Heroin.
the habit ['hæbɪt]	**die Drogen- / Alkoholabhängigkeit**
kick the habit	von der Sucht loskommen
cure [kjʊə]	**heilen; kurieren; entwöhnen; Entzug**
addicts who've been cured [kjʊəd]	Süchtige, die geheilt wurden
detoxification / **detox**	**Entgiftung; Entwöhnung; Entzug**
withdrawal (symptoms) [wɪð'drɔːəl]	**Entzug(serscheinungen)**
clean [kliːn]	**clean** (= nicht mehr drogenabhängig)
narcotics agent / **narc(o)** / **nark**	**Rauschgiftfahnder(in)**

Drogen-Slang

use drugs = shoot, fix, get off / up, hit / use the needle, blow coke / snow
drug user = junkie, junker, user, doper, freak, jabber, tripper, snifter
drugged = stoned, snowed (in / up), coked (up), loaded, joyriding, goofed
drug seller = (dope) dealer, (dope) pusher, dope peddler, connection, source
amphetamines = speed, uppers, whizz, driver, eye opener, splash
cocaine = blow, bouncing powder, (nose) candy, coke, snow, charlie
hashish = hash, heesh, sheesh, keef, candy
heroin = snow, sugar, fix, shit, hard stuff, white stuff, junk, (joy) powder
LSD = acid, candy, cube, trip, sunshine (pill), (instant) Zen
marijuana / cannabis = pot, dope, blow, grass, hay, weed, joint, tea

alcoholic [ælkə'hɒlɪk]	**Alkoholiker(in)**
Alcoholics Anonymous [ə'nɒnɪməs]	die Anonymen Alkoholiker

Die englischen Sprachbenutzer, stets neuerungsfreudig, bedienen sich seit etwa 1968 der von *alcoholic* abgeleiteten Endung *-aholic* um „Besessenheiten" auszudrücken: *a workaholic* (= ein arbeitswütiger Mensch), *a chocaholic* (= ein schokoladensüchtiger Mensch), *a milkaholic* (= jemand, der verrückt auf Milch ist), *a clothesaholic* (= jemand, der kleidungs- / modebesessen ist).

alcoholism ['ælkəhɒlɪzm]	**Alkoholismus; Alkoholkrankheit**
a drinker / **drunk** / **drunkard** [-kəd]	**ein(e) Trinker(in) / Säufer(in)**
liquor ['lɪkə]	*AE* **Schnaps**
go on a binge [bɪnʒ] / **drinking spree**	**auf eine Sauftour gehen**
(a little) tipsy ['tɪpsi]	**(ein bisschen) beschwipst**
drunk [drʌŋk]	**betrunken; Betrunkene(r) / Trinker(in)**
They were all blind [aɪ] drunk.	Sie waren alle sinnlos betrunken.
sleep it off (– slept – slept)	**seinen Rausch ausschlafen**
have a hangover ['hæŋəʊvə]	**einen Kater haben**

Alkohol-Slang

alcohol = booze, poison, juice [dʒuːs], *sauce* [sɔːs]
drink = hit the bottle / sauce / booze, go on a binge [bɪnʒ] / *bender*
drunk = tight, boozed, loaded, plastered, sozzled, stoned, pissed, blotto
drinker = boozer, lush, souse [saʊs], *guzzler, dipso, rummy*

Poverty
Armut

The big majority of Americans, who are comparatively well off, have developed an ability to have enclaves of people living in the greatest misery without almost noticing them. (*Gunnar Myrdal, Swedish sociologist and economist, 1898–1987*)

poverty ['pɒvəti]	**Armut**
fall into poverty (– fell – fallen)	in Armut geraten
the causes of poverty	die Ursachen der Armut
below the poverty line	unterhalb der Armutsgrenze
the poverty trap	die Armutsfalle
impoverished [ɪm'pɒvərɪʃt]	**verarmt**
poor [pʊə] – **the poor**	**arm – die Armen**
These people are desperately poor.	Diese Menschen sind schrecklich arm.
deprivation [deprɪ'veɪʃn]	**Entbehrung; Mangel**
deprived [dɪ'praɪvd] families / children	benachteiligte Familien / Kinder
disadvantaged [dɪsəd'vɑ:ntɪdʒd]	**benachteiligt**
the economically disadvantaged	die sozial Schwachen
the **precariat** [prɪ'keəriət]	das **Prekariat**
destitute (families) ['destɪtju:t]	**mittellos(e Familien)**
an extremely low standard of living	**ein extrem niedriger Lebens standard**
help the needy ['ni:di]	**den Bedürftigen helfen**
the basic ['beɪsɪk] **needs**	**die Grundbedürfnisse**
subsistence level [səb'sɪstəns levl]	**Existenzminimum**
live on the edge of subsistence	am Rand des Existenzminimums leben
a living wage [lɪvɪŋ 'weɪdʒ]	**ein zum Leben ausreichender Lohn**
set a minimum wage (– set – set)	einen Mindestlohn festsetzen
hunger ['hʌŋgə] – **hungry** ['hʌŋgri]	**Hunger – hungrig**
As a boy, he often went hungry.	Als Junge hat er oft gehungert.
starve [stɑ:v] – **starvation**	**hungern – Hungern**
starve to death / die of starvation	verhungern
(poor) nutrition [nju'trɪʃn]	**(Mangel-)Ernährung**
malnutrition due to poverty	durch Armut bedingte Fehlernährung
dependent on public assistance *AE*	**auf Sozialhilfe angewiesen**
soup kitchen ['su:p kɪtʃən]	**Suppenküche**
cuts in social services ['sɜ:vɪsɪz]	**Sozialabbau**
low life expectancy [ɪk'spektənsi]	**niedrige Lebenserwartung**
a high infant mortality rate	**eine hohe Säuglingssterblichkeit**
illiteracy [ɪ'lɪtrəsi] **among the poor**	**Analphabetentum unter den Armen**
street children ['stri:t tʃɪldrən]	**Straßenkinder**
child labour ['leɪbə] – child prostitution	Kinderarbeit – Kinderprostitution
(appalling) **misery** ['mɪzəri]	(entsetzliches) **Elend**
suffering ['sʌfərɪŋ]	**Leiden; Leid**
alleviate the suffering of the poor	das Leid(en) der Armen lindern
despair [dɪ'speə] – **hopelessness**	**Verzweiflung – Hoffnungslosigkeit**

Crime and violence
Verbrechen und Gewalttätigkeit

→ 6.8 Law and police

Americans are being murdered, raped, beaten, robbed and otherwise terrorized in numbers suggesting that an extraordinary evil has been loosed upon the society. (*Bob Herbert in The New York Times*)

crime [kraɪm]	**Verbrechen; Straftat**
violent ['vaɪələnt] crime	Gewaltverbrechen / -kriminalität
the struggle against crime	der Kampf gegen das Verbrechen
combating ['kɒmbætɪŋ] / fighting crime	Verbrechensbekämpfung
crime victims ['vɪktɪmz]	Opfer von Straftaten
crime prevention [prɪ'venʃn]	Verbrechensverhütung
the rising crime rate ['kraɪm reɪt]	das Zunehmen der Kriminalität
criminal ['krɪmɪnəl]	**kriminell; Verbrecher(in); Straftäter(in)**
a violent criminal	ein Gewaltverbrecher
habitual criminal – career criminal	Gewohnheits- – Berufsverbrecher

Häufig begangene Straftaten (= *criminal offences* [ə'fensɪz])
murder (= Mord) • *manslaughter* (= Totschlag) • *homicide* ['hɒmɪsaɪd] (formell allgemein = Tötungsdelikt) • *bodily harm* (= Körperverletzung) • *rape* (= Vergewaltigung) • *robbery* (= Raub) • *kidnapping / abduction* (= Entführung) • *skyjacking* (= Flugzeugentführung) • *hostage* ['hɒstɪdʒ] *taking* (= Geiselnahme) • *blackmail / extortion* (= Erpressung) • *arson* ['ɑ:sn] (= Brandstiftung) • *perjury* ['pɜ:dʒəri] (= Meineid) • *counterfeiting* ['kaʊntəfɪtɪŋ] (= Fälschung) • *bribery* (= Bestechung) • *embezzlement* [ɪm'bezlmənt] (= Unterschlagung / Veruntreuung) • *fraud* [frɔ:d] (= Betrug) • *smuggling* (= Schmuggel) • *poaching* (= Wilderei) • *vandalism* ['vændəlɪzm] (= mutwillige Beschädigung / Zerstörung fremden Eigentums) • *trespassing* ['trespəsɪŋ] (= Hausfriedensbruch) • *pimping* (= Zuhälterei) • *prostitution* (= Prostitution) • *causing a public nuisance* ['nju:sns] (= grober Unfug) • *resisting arrest* [ə'rest] (= Widerstand gegen die Staatsgewalt) • *obstruction of justice* ['dʒʌstɪs] (= Verdunkelung)

TRESPASSERS WILL BE PROSECUTED (= Betreten bei Strafe verboten)

Bezeichnungen für Straftäter (= *offenders* [ə'fendəz])
murderer / killer (= Mörder) • *rapist* ['reɪpɪst] (= Vergewaltiger) • *assailant* [ə'seɪlənt] / *attacker* [ə'tækə] (= Angreifer) • *crazed* [kreɪzd] *gunman* (= Amokschütze) • *mugger* (= Straßenräuber) • *robber* (= Räuber) • *thug / hoodlum* ['hu:dləm] (= brutaler Rowdy) • *lager lout* ['lɑ:gə laʊt] BE (= betrunkener Rowdy) • *football / soccer hooligan* (= Fußballrowdy) • *vandal* ['vændl] (= mutwilliger Zerstörer) • *kidnapper* (= Entführer) • *skyjacker* (= Flugzeugentführer) • *blackmailer* (= Erpresser) • *gangster / mobster* (= Gangster) • *racketeer* [rækə'tɪə] (= Ganove / Gangster / Erpresser) • *arsonist* ['ɑ:sənɪst] (= Brandstifter) • *counterfeiter* ['kaʊntəfɪtə] / *forger* ['fɔ:dʒə] (= Fälscher) •

swindler / con(fidence) man / con artist / confidence trickster (= Betrüger / Hochstapler) • *smuggler* (= Schmuggler) • *poacher* (= Wilderer) • *pimp* (= Zuhälter) • *peeping Tom / voyeur* [vwaɪ'ɜː] (= Spanner / Voyeur)

hijack ['haɪdʒæk] **a plane** — **ein Flugzeug entführen**
They hijacked a bus. — Sie brachten einen Bus in ihre Gewalt.

bank robbery / *AE auch* **bank heist** [haɪst] — **Bankraub**
two armed and masked robbers — zwei bewaffnete und maskierte Räuber

Ein Überfall auf eine Person auf der Straße, in Verkehrsmitteln etc. ist *a mugging: She was mugged on the underground station.* (= Sie wurde auf dem U-Bahnhof überfallen.)
Ein tätlicher Angriff auf eine Person wird auch als *attack* [ə'tæk] oder *assault* [ə'sɔːlt] bezeichnet.
Ein Überfall auf eine Bank ist *a bank raid, a holdup* oder *a stickup.*

Stealing and thieves [θiːvz] **(= Stehlen und Diebe)**
stealing (= Stehlen) • *theft* (= Diebstahl) • *larceny* ['lɑːsəni] (juristisch = Diebstahl) • *pickpocketing* (= Taschendiebstahl) • *purse snatching* (AE = Handtaschenraub) • *shoplifting* (= Ladendiebstahl) • *thief* Pl. *thieves* (= Dieb / Diebin) • *pickpocket* (= Taschendieb / -diebin) • *purse snatcher* (AE = Handtaschendieb) • *joyriding* (= eine Spritztour mit einem gestohlenen Auto machen)
Ein Einbruch kann auf Englisch *a burglary* ['bɜːgləri] oder a *break-in* sein; die Juristen bezeichnen das Delikt auch als *breaking and entering* BE / AE *unlawful entry*. Ein Einbrecher ist *a burglar* oder *a housebreaker.*
In unser Haus wurde eingebrochen heißt *Our home / house was burgled* BE / AE *burglarized.*

(hand)gun – **gun down** [gʌn 'daʊn] — **(Hand-)Feuerwaffe – abknallen**
Two bystanders were gunned down. — Zwei Unbeteiligte („Dabeistehende") wurden niedergeschossen.

firearms ['faɪərɑːmz] — **Schusswaffen**
He was fined for illegally possessing [pə'zesɪŋ] a firearm / for possession [pə'zəʃn] of an unlicensed handgun. — Er wurde wegen unerlaubten Waffenbesitzes zu einer Geldstrafe verurteilt.

Shoot someone (– shot – shot): He was shot and wounded ['wuːndɪd]. (= Er wurde angeschossen.)
He was shot and killed / shot dead. (= Er wurde erschossen.)
He was shot at. (= Es wurde auf ihn geschossen.)
Shoot allein für erschießen nur, wenn aus dem Zusammenhang deutlich ist, was gemeint ist:
Do you remember what you were doing on the night Kennedy was shot? (= Weißt du noch, was du an dem Abend gemacht hast, als Kennedy erschossen wurde?)

vigilant ['vɪdʒɪlənt] – **vigilance**	**wachsam – Wachsamkeit**

Wenn Bürger sich zum Schutz gegen Verbrechen organisieren: In Amerika heißen solche Selbstschutzvereinigungen *vigilance committees* [kə'mɪtiz], sonst allgemein auch *vigilante* [vɪdʒɪ'lænti] *groups* oder *neighbourhood watch groups.*

riot ['raɪət]	**Aufstand; Aufruhr; Ausschreitungen**
rioting youths [ju:ðz]	randalierende Jugendliche
rioter ['raɪətə]	Aufrührer(in); Randalierer(in)
rampage ['ræmpeɪdʒ]	**Randale**
go on the rampage	Randale machen
rampage [ræm'peɪdʒ] through the streets	randalierend durch die Straßen ziehen
violence ['vaɪələns]	**Gewalt(tätigkeit)**
Violence broke out.	Es kam zu gewalttätigen Auseinandersetzungen.
violent ['vaɪələnt]	**gewalttätig**
fight [faɪt]	**Kampf; Prügelei; Schlägerei**
put [ʊ] up a fight	sich zur Wehr setzen
fight (– fought [ɔ:] – fought)	**kämpfen; sich prügeln / schlagen**
The children are always fighting.	Die Kinder prügeln sich ständig.

Verleumdung ist *defamation* [defə'meɪʃn]. Erfolgt sie mündlich, heißt sie *slander* ['slɑ:ndə] (= üble Nachrede); erfolgt sie schriftlich, so handelt es sich um *libel* ['laɪbl]. Üble Nachrede ist im Alltag auch *malicious* [mə'lɪʃəs] *gossip.*

beat [i:] (– beat – beaten)	**schlagen; hauen**
He was beaten up by thugs [θʌgz].	Er wurde von Rowdys zusammengeschlagen.
stab someone [stæb]	**auf jemand einstechen**
She was stabbed to death [deθ].	Sie wurde erstochen.
strangle someone ['stræŋgl]	**jemand erwürgen / erdrosseln**
batter someone ['bætə]	**auf jemand einschlagen**
battered wife / baby	misshandelte(s) Ehefrau / Baby
bind [baɪnd] (– bound – bound)	**fesseln**
She was bound and gagged [gægd].	Sie wurde gefesselt und geknebelt.

Crimes against humanity [hju:'mænəti] **(= Verbrechen gegen die Menschlichkeit)**
massacre ['mæsəkə] (= Massaker / Gemetzel) • *a pogrom* ['pɒgrəm] (= ein Pogrom; Ausschreitungen besonders gegen Juden) • *atrocities* [ə'trɒsətiz] (= Gräueltaten) • *concentration camp* (= Konzentrationslager) • *death camp* (= Todeslager) • *liquidate* ['lɪkwɪdeɪt] (= liquidieren, d.h. ermorden) • *exterminate* [ɪk'stɜ:mɪneɪt] (= ausrotten) • *extermination* (= Ausrottung) • *genocide* ['dʒenəsaɪd] (= Völkermord) • *the slaughter* ['slɔ:tə] *of innocent* ['ɪnəsnt] *people* (= das Abschlachten unschuldiger Menschen)

Holocaust, a word from the Old Testament, is used to describe the murdering of over six million Jews (= Juden) *by the Germans during World War II.*

6 Xenophobia and racism

Ausländerfeindlichkeit und Rassismus

Hostility to foreigners is the most stupid and most embarrassing thing in the world. (*Eberhard Diepgen, German politician, born in 1941*)

xenophobia [zenə'fəʊbiə]	**Fremdenhass / -feindlichkeit / -furcht**
xenophobic [zenə'fəʊbɪk]	**fremden- / ausländerfeindlich**

A phobia ist eine Phobie und damit eine krankhafte Angst: *claustrophobia* [klɔ:strə'fəʊbiə] (= Klaustrophobie = krankhafte Angst beim Aufenthalt in geschlossenen Räumen).
Angst erzeugt Abneigung, daher die Erweiterung des Begriffs in Zusammensetzungen wie *anglophobia* (= Anglophobie = Englandfeindlichkeit), *Europhobia* (= Europafeindlichkeit) oder *homophobia* [həʊmə'fəʊbiə] (= Hass auf Homosexuelle).

foreign ['fɒrən] – **foreigner** ['fɒrənə]	**ausländisch – Ausländer(in)**
hostility [hɒ'stɪləti] to foreigners	Ausländerfeindlichkeit
hatred ['heɪtrɪd] of foreigners	Ausländerhass; Fremdenhass
Foreigners out!	Ausländer raus!
prejudice ['predʒədɪs]	**Vorurteil(e)**
stir up prejudice against foreigners	Vorurteile gegen Ausländer schüren
He's prejudiced against Turks.	Er hat Vorurteile gegen Türken.
asylum seeker [ə'saɪləm si:kə]	**Asylbewerber(in)**
grant [ɑ:] someone asylum	jemand Asyl gewähren
limit / restrict the right of asylum	das Asylrecht einschränken
home / hostel for asylum seekers	Asylanten(wohn)heim
immigrants ['ɪmɪgrənts]	**Einwanderer; Zuwanderer**
(illegal) immigration [ɪmɪ'greɪʃn]	**(illegale) Einwanderung / Einreise**
victims of persecution [pɜ:sə'kju:ʃn]	**politisch Verfolgte**
economic refugees [refju'dʒi:z]	**Wirtschaftsflüchtlinge**
bomb attack ['bɒm ətæk]	**Bombenanschlag; Sprengstoffanschlag**
firebomb attack ['faɪəbɒm ətæk]	**Brandanschlag**
throw firebombs into buildings (– threw – thrown)	Brandbomben / -sätze in Gebäude werfen
a gang of skinheads ['skɪnhedz]	**eine Bande von Skin(head)s**
rightists ['raɪtɪsts]	**Anhänger der Rechten**
gangs of rightist youths [ju:ðz]	Banden rechtsradikaler Jugendlicher
right-wing radicals / extremists	Rechtsradikale; Rechtsextremisten
parties of the extreme right	rechtsextrem(istisch)e Parteien
right-wing extremism [ɪk'stri:mɪzm]	Rechtsextremismus
nationalism – nationalist	**Nationalismus – nationalistisch**
chauvinism ['ʃəʊvənɪzm]	**Chauvinismus** (= übersteigerter Nationalismus)
jingoism ['dʒɪŋgəʊɪzm]	**militanter Nationalismus; Hurrapatriotismus**
ethnic group [eθnɪk 'gru:p]	**ethnische Gruppe; Volksgruppe**
ethnic minority [maɪ'nɒrəti]	ethnische Minderheit

ethnic cleansing ['klenzɪŋ]	ethnische Säuberung(en)
race – racism – racist ['reɪsɪst]	**Rasse – Rassismus – Rassist(in)**
the claim that some races are superior [su'pɪəriə] to others	die Behauptung, dass manche Rassen anderen überlegen seien
race relations [rɪ'leɪʃnz]	(die) Beziehungen zwischen den Rassen
racial equality [reɪʃl ɪ'kwɒləti]	Gleichberechtigung der Rassen
race / racial discrimination [dɪskrɪmɪ'neɪʃn]	Rassendiskriminierung
race / racial hatred ['heɪtrɪd]	Rassenhass
(racial) segregation [segrɪ'geɪʃn]	(Rassentrennung in den USA bis 1954)
racist remarks [rɪ'mɑːks]	rassistische Äußerungen
apartheid [ə'pɑːtheɪt]	**(Rassentrennung in Südafrika bis 1994)**
anti-Semitism [ænti'semətɪzm]	**Antisemitismus; Judenfeindlichkeit**
anti-Semitic [æntisə'mɪtɪk]	antisemitisch
anti-Semitic incidents ['ɪnsɪdənts]	antisemitische Vorfälle
anti-Semitic attacks [ə'tæks]	antisemitische Übergriffe
an anti-Semite [ænti 'siːmaɪt]	ein(e) Antisemit(in)
Aryan ['eəriən] – **non-Aryan**	(*Naziideologie*) **arisch – nichtarisch, Arier(in) – Nichtarier(in)**
gypsies ['dʒɪpsiz]	**Zigeuner(innen); Sinti; Roma**
the colour ['kʌlə] **of his skin**	**seine Hautfarbe**

Bezeichnungen für Menschen schwarzer Hautfarbe

Die Bezeichnungen *Negro(es)* ['niːgrəʊ(z)] und *coloured(s)* ['kʌləd(z)] sind nur noch in historischen Kontexten anzutreffen und würden heute Anstoß erregen (= *give offence* [ə'fens]). In der Alltagssprache ist heute die Bezeichnung *black(s)* gebräuchlich. In offiziellen Verlautbarungen, in der Presse und insbesondere im Sprachgebrauch führender Persönlichkeiten der *American black community* [kə'mjuːnəti] hat sich die Ende der 80er-Jahre aufgekommene Bezeichnung *African-American(s)* [æfrɪkən ə'merɪkən(z)] durchgesetzt.

7 Sexism
Sexismus

→ 6.2 Social movements

There are very few jobs that actually require a penis or vagina. All other jobs should be open to everybody. (*Florynce R. Kennedy, US civil rights activist, born in 1916*)

sexism ['seksɪzm] – **sexist**	**Sexismus – sexistisch / Sexist(in)**
sex discrimination [dɪskrɪmɪ'neɪʃn]	**sexuelle Diskriminierung**
sex roles / gender roles ['dʒendə rəʊlz]	Geschlechter- / Geschlechtsrollen
sex(ual) equality [ɪ'kwɒləti]	Gleichberechtigung der Geschlechter
sexual harassment ['hærəsmənt]	**sexuelle Belästigung**
sexual oppression [ə'preʃn]	sexuelle Unterdrückung
sexual violence [sekʃuəl 'vaɪələns]	sexuelle Gewalt

Sex ist Geschlecht im biologischen Sinn; *gender* ist Geschlecht im kulturellen oder sprachlichen Sinn. Im Englischen versucht man heute, sich *gender-neutral* (= geschlechtsneutral) auszudrücken, d.h. auf *linguistic sexism / sexist language ("he language" / "man language")* zu verzichten. Also z.B. kein *sex stereotyping* ['steriətaɪpɪŋ] bei Berufen! Nicht *clergymen* ['klɜːdʒimən] (= Geistliche), sondern *members of the clergy*; nicht *businessmen* ['bɪznəsmen] (wenn Geschäftsleute gemeint sind), sondern *(business) executives* [ɪg'zekjətɪvz]; nicht *firemen* (für Feuerwehrleute), sondern *firefighters.*
Der früher übliche Gebrauch von *he, his* etc. als „neutrales" Pronomen wird heute vermieden. Im folgenden Satz wäre das neutral gemeinte *his* durch *their* zu ersetzen: *Everyone has his own problems.* (= Jeder hat seine eigenen Probleme.) In einem Sprichwort wie *You can tell a lot about a person by the way he walks* ließe sich das männlich klingende *he* durch *they* ersetzen oder man könnte sagen: *You can tell a lot about people by the way they walk.* Und die männliche Personifizierung großer Tiere wäre zu unterlassen: *You can lead a horse to the water, but you can't make him* (heute gender-neutral: *it*) *drink.*

feminist ['femənɪst]	**feministisch; Feminist(in)**
Most feminists support [sə'pɔːt] the right to abortion [ə'bɔːʃn].	Die meisten Feminist(inn)en befürworten das Recht auf Abtreibung.
matriarchy ['meɪtriɑːki] – **patriarchy**	**Matriarchat – Patriarchat**
men's / **women's jobs** / **occupations**	**Männer- / Frauenberufe**
male superiority [supɪəri'ɒrəti]	**männliche Überlegenheit**
male chauvinism ['ʃəʊvənɪzm]	**männlicher Chauvinismus**
male chauvinist (pig)	Chauvi(nistenschwein)
macho ['mætʃəʊ]	**Macho; Chauvi**
A macho man wouldn't admit he cried.	Ein Macho würde nicht zugeben, dass er geweint hat.
misogyny [mɪ'sɒdʒəni]	**Frauenfeindlichkeit**

Social sciences
Sozialwissenschaften

1 **Anthropology**
Anthropologie

2 **History**
Geschichte

3 **Political science**
Politische Wissenschaft

4 **Psychology**
Psychologie

5 **Sociology**
Soziologie

Anthropology
Anthropologie

Anthropology is the science which tells us that people are the same the whole world over – except when they are different. (*Nancy Banks-Smith, British journalist, born in 1929*)

anthropology [ænθrə'pɒlədʒi]	**Anthropologie; Lehre vom Menschen**
physical ['fɪzɪkl] anthropology	physische / biologische Anthropologie
social anthropology	Ethnosoziologie
anthropologist [ænθrə'pɒlədʒɪst]	**Anthropologe / Anthropologin**
anthropological [ænθrəpə'lɒdʒɪkl]	**anthropologisch**
ethnology [eθ'nɒlədʒi]	**Ethnologie; Völkerkunde**

Hinweise zur Aussprache
Bei Substantiven auf *-ology* [-ɒlədʒi] oder *-ologist* [-ɒlədʒɪst] liegt die Hauptbetonung stets auf der *-ol*-Silbe: *archae'ology* [ɑ:ki'ɒlədʒi], *a'strology, chro'nology, crimi'nology, e'cology, phi'lology* etc.
Bei den entsprechenden Adjektiven liegt die Hauptbetonung auf *-log-*: *anthropo'logical, archaeo'logical* [ɑ:kiə'lɒdʒɪkl], *astro'logical, chrono'logical, crimino'logical, eco'logical, ethno'logical, philo'logical* etc.

fieldwork ['fi:ldwɜ:k]	**Feldforschung**
human ['hju:mən] – **humans**	**menschlich – Menschen**
human populations / races	menschliche Populationen / Rassen
human social life	das menschliche Gemeinschaftsleben
class humans into races	Menschen in Rassen einteilen
prehistoric [pri:hɪ'stɒrɪk] humans	prähistorische / vorgeschichtliche Menschen
social structure ['strʌktʃə]	**Sozialstruktur**
social system ['sɪstəm] / order	Gesellschaftsordnung
political institutions [ɪnstɪ'tju:ʃnz]	**politische Einrichtungen / Institutionen**
culture / **civilization** [sɪvəlaɪ'zeɪʃn]	**Kultur**
early / ancient ['eɪnʃənt] civilizations / cultures	frühe / alte Kulturen
Native American cultures ['kʌltʃəz]	indianische Kulturen
the cultural ['kʌltʃərəl] **setting**	**der kulturelle Hintergrund**
a people's cultural heritage ['herɪtɪdʒ]	das kulturelle Erbe eines Volkes
cultural diversity [-'vɜ:-] / differences	kulturelle Vielfalt / Unterschiede
folklore ['fəʊklɔ:]	(mündliche) **Volksüberlieferung**
folk music ['mju:zɪk] – folk song	Volksmusik – Volkslied
folk tale – folk medicine ['medsn]	Volksmärchen – Volksmedizin
folk art – primitive ['prɪmɪtɪv] art	Volkskunst – primitive Kunst
customs ['kʌstəmz]	**Sitten; Bräuche; Sitten und Gebräuche**
kinship ['kɪnʃɪp]	**(Bluts-)Verwandtschaft**
family structures ['strʌktʃəz]	**Familienstrukturen**
so-called primitive peoples	**so genannte primitive Völker**

the Australian Aborigines [æbə'rɪdʒəniz]	**die Ureinwohner Australiens**
tribe [traɪb] – **tribal** ['traɪbl]	**(Volks-)Stamm – Stammes-**
symbol ['sɪmbl]	**Symbol**
symbolize ['sɪmbəlaɪz]	symbolisieren
symbolic(ally) [sɪm'bɒlɪk(li)]	symbolisch
ritual ['rɪtʃuəl]	**Ritual; Zeremoniell**
taboo [tə'bu:]	**Tabu; tabu**
the incest ['ɪnsest] **taboo**	**das Inzesttabu / Inzestverbot**
totem ['təʊtəm] – **totemism**	**Totem – Totemismus**
evolution [i:və'lu:ʃn]	(die) **Evolution**
Darwin's theory ['θɪəri] of evolution	Darwins Evolutionstheorie
evolutionary [i:və'lu:ʃənri]	Evolutions-; Entwicklungs-

In the United States, those who believe in the story of creation [kri'eɪʃn] *as told in the Old Testament of the Bible are called creationists while believers in Darwin's theory of evolution are called evolutionists. Creationists want the schools to teach only the Biblical account – that God created the earth suddenly some 6,000 years ago.*

natural selection [sɪ'lekʃn]	**natürliche Auslese**
survival [sə'vaɪvl] **of the fittest**	**Überleben des / der Tauglichsten**
genetics [dʒə'netɪks]	**Genetik; Vererbungslehre**
genetic drift [dʒənetɪk 'drɪft]	Gendrift
mutation [mju:'teɪʃn]	**Mutation**
migration [maɪ'greɪʃn]	**Migration; Wanderung(en)**
adaptation to ecosystems ['i:kəʊ-]	**Anpassung an Ökosysteme**
artefact ['ɑ:tɪfækt]	**Artefakt** (= von vorgeschichtlichen Menschen geformter Gegenstand)

*"**You** may be descended from the apes, but I'm not."*

History
Geschichte

That men do not learn very much from the lessons of history
is the most important of all the lessons that history has to teach.
(*Aldous Huxley, English writer, 1894–1963*)

history ['hɪstri]	**Geschichte; Geschichtswissenschaft**
ancient ['eɪnʃənt] history	(die) alte Geschichte
medieval [medi'i:vl] / modern history	mittelalterliche / neuere Geschichte
contemporary [kən'temprəri] history	(die) Zeitgeschichte
social / economic [i:kə'nɒmɪk] history	(die) Sozial- / Wirtschaftsgeschichte
ecclesiastical [ɪkli:zi'æstɪkl] history	(die) Kirchengeschichte
a cultural history of India	(eine) Kulturgeschichte Indiens
history of ideas [aɪ'dɪəz]	Geistesgeschichte; Ideengeschichte
local ['ləʊkl] history	(die) Heimatgeschichte
research [rɪ'sɜ:tʃ] into local history	Heimatforschung
historical [hɪ'stɒrɪkl]	**historisch; geschichtlich**
historical personalities [pɜ:sə'nælətiz]	historische Persönlichkeiten
a matter of historical interest ['ɪntrəst]	eine Sache von historischem Interesse
historical research [rɪ'sɜ:tʃ]	(die) Geschichtsforschung
historical records ['rekɔ:dz]	historische Zeugnisse / Belege

Unterschied zwischen *historical* und *historic*
historical (= historisch / geschichtlich = zur Geschichte gehörig / geschichtlich nachgewiesen)
historic (= historisch / geschichtlich bedeutsam)
Was Jesus a historical figure? (= War Jesus eine geschichtliche Gestalt, d.h. eine Person, deren Existenz historisch nachgewiesen ist?)
The fall of the Berlin Wall was a historic event. (= Der Fall der Berliner Mauer war ein Ereignis von historischer Bedeutung.)
Der Fall der Berliner Mauer ist natürlich auch *a historical event,* insofern als er Teil der Geschichte ist, also in diesem Sinn historisch / geschichtlich.

historian [hɪ'stɔ:riən]	**Historiker(in); Geschichtsforscher(in)**
a scholar ['skɒlə]	**ein(e) Gelehrte(r)**
prehistory [pri:'hɪstri] – **prehistoric**	**Vorgeschichte – vorgeschichtlich**
genealogy [dʒi:ni'ælədʒi]	**Genealogie; Ahnentafel / -forschung**
primary sources [praɪməri 'sɔ:sɪz]	**Primärquellen**
document ['dɒkjumənt]	**Dokument; Urkunde**
records ['rekɔ:dz]	**Aufzeichnungen; Zeugnisse; Belege**
contemporary [kən'temprəri] records	zeitgenössische Berichte
written records / sources ['sɔ:sɪz]	schriftliche Überlieferungen / Quellen
oral traditions ['ɔ:rəl trədɪʃnz]	**mündliche Überlieferungen**
archives ['ɑ:kaɪvz]	**Archive**
data from parish registers ['redʒɪstəz]	**Daten / Fakten aus Kirchenbüchern**
the deciphering [dɪ'saɪfərɪŋ] **of inscriptions**	**das Entziffern von Inschriften**
chronicle ['krɒnɪkl] – **chronicler**	**Chronik – Chronist(in)**

statistics [stə'tɪstɪks]	**Statistiken**
population figures ['fɪgəz]	**Bevölkerungszahlen**
population movements ['mu:vmənts]	Bevölkerungsbewegungen
textual criticism ['tekstʃuəl krɪtɪsɪzm]	**Textkritik**
period (of history) ['pɪəriəd]	**(Geschichts-)Epoche**
during the Renaissance [rɪ'neɪsns] period	während der Renaissance
epoch ['i:pɒk]	**Epoche; Zeitalter**
the spirit of the / an age [eɪdʒ]	**der Zeitgeist**
ancient ['eɪnʃənt]	**alt; antik**
ancient Rome [eɪnʃənt 'rəʊm]	das alte Rom; das Rom der Antike
in ancient times / in antiquity [æn'tɪkwəti]	im Altertum; in der Antike
the ancients ['eɪnʃənts]	die Menschen der Antike
antiquity / the ancient world [wɜ:ld]	die Antike
the art of classical ['klæsɪkl] antiquity	die Kunst der Antike
the Crusades [kru:'seɪdz]	**die Kreuzzüge**
Crusaders [kru:'seɪdəz]	Kreuzfahrer; Kreuzritter
the Middle Ages [mɪdl 'eɪdʒɪz]	**das Mittelalter**
the Reformation [refə'meɪʃn]	**die Reformation**
the age of absolutism ['æbsəlu:tɪzm]	**das Zeitalter des Absolutismus**
the Enlightenment [ɪn'laɪtnmənt]	**die Aufklärung**
the French Revolution [revə'lu:ʃn]	**die Französische Revolution**
the Industrial [ɪn'dʌstriəl] Revolution	die industrielle Revolution

"1066? 1066??? History just isn't my strong point."

Political science
Politische Wissenschaft

→ 6.3–6.7

Politics is not an exact science.
(Otto von Bismarck, German statesman, 1815–98)

political [pə'lɪtɪkl] – **politically**	**politisch – in politischer Hinsicht**
political science ['saɪəns]	politische Wissenschaft; Politikwissenschaft; Politologie
political scientist ['saɪəntɪst]	Politologe / Politologin
political attitudes ['ætɪtju:dz]	politische Einstellungen / Überzeugungen
political systems / institutions	politische Systeme / Institutionen
the country's political culture ['kʌltʃə]	die politische Kultur des Landes
exercise political power	politische Macht ausüben
achieve [ə'tʃi:v] political aims	politische Ziele erreichen

Pressure group = Pressuregroup (= organisierte Interessengruppe, die Druck auf Parteien, Regierung etc. ausübt, um Entscheidungen zu beeinflussen)

politically important / stable / active	**politisch** wichtig / stabil / aktiv
go into **politics** ['pɒlətɪks]	in die **Politik** gehen (→ *S. 100*)
international [ɪntə'næʃnəl] politics	(die) internationale Politik
policy ['pɒləsi]	(eine bestimmte) **Politik** (→ *S. 100*)
policy document ['dɒkjumənt]	Grundsatzpapier
a predictable [-'dɪkt-] foreign policy	eine berechenbare Außenpolitik
in the field of **foreign affairs** [ə'feəz]	auf dem Gebiet der **Außenpolitik**
(the) state [steɪt]	**(der) Staat**
the nation state [neɪʃn 'steɪt]	**der Nationalstaat**
international [ɪntə'næʃnəl]	**international**
international organizations	internationale Organisationen
international relations [rɪ'leɪʃnz]	internationale Beziehungen
international law [lɔ:]	internationales Recht; Völkerrecht
decision-making processes	**Entscheidungsprozesse**
opinion poll [ə'pɪnjən pəʊl]	**Meinungsumfrage**
influence ['ɪnfluəns] public opinion	die öffentliche Meinung beeinflussen
behaviour [bɪ'heɪvjə]	**Verhalten**
voting / voter behaviour	(das) Wählerverhalten
an analysis of electoral behaviour	eine Analyse des Wählerverhaltens
patterns of political behaviour	politische Verhaltensmuster
social conflicts ['kɒnflɪkts]	**soziale / gesellschaftliche Konflikte**
civic education [edju'keɪʃn]	**politische Bildung**
civics (*mit Singularverb*) ['sɪvɪks]	**Gemeinschafts- / (Staats-)Bürgerkunde**
human rights [hju:mən 'raɪts]	**Menschenrechte**
human rights violations / abuses	Menschenrechtsverletzungen
China's human rights record	die Menschenrechtssituation in China

Psychology
Psychologie

Freud is the father of psychoanalysis. It had no mother.
(*Germaine Greer, Australian feminist, born in 1939*)

psychology [saɪ'kɒlədʒi]	**Psychologie**
applied [ə'plaɪd] psychology	angewandte Psychologie
clinical ['klɪnɪkl] psychology	klinische / medizinische Psychologie
comparative [kəm'pærətɪv] psychology	vergleichende Psychologie
developmental [-'mentl] psychology	Entwicklungspsychologie
educational [edju'keɪʃnəl] psychology	pädagogische Psychologie
learning psychology	Lernpsychologie

Hinweis zur Aussprache
Die folgenden viersilbigen Wörter werden auf der zweiten Silbe betont:
psy'chology, pa'thology, psy'chiatry, psy'chologist, psy'chiatrist, a'nalysis.

psychologist [saɪ'kɒlədʒɪst]	**Psychologe / Psychologin**
psychological [saɪkə'lɒdʒɪkl]	**psychologisch**
psychiatry [saɪ'kaɪətri] – **psychiatrist**	**Psychiatrie – Psychiater(in)**
psychoanalysis [saɪkəʊə'næləsɪs]	**Psychoanalyse**
psychoanalyst [saɪkəʊ'ænəlɪst]	Psychoanalytiker(in)
psychopath ['saɪkəpæθ]	**Psychopath(in)**
psychopathic [saɪkə'pæθɪk]	psychopathisch
psychopathology [saɪkəʊpə'θɒlədʒi]	**Psychopathologie**
psychotherapy [saɪkəʊ'θerəpi]	**Psychotherapie**
psychotherapist [saɪkəʊ'θerəpɪst]	Psychotherapeut(in)
behaviour [bɪ'heɪvjə]	**Verhalten**
abnormal [æb'nɔ:ml] behaviour	abnormes / a(b)normales Verhalten
behavioural research [rɪ'sɜ:tʃ]	Verhaltensforschung
behaviourism [bɪ'heɪvjərɪzm]	Behaviorismus; Verhaltens-psychologie
condition [kən'dɪʃn] – **conditioning**	**konditionieren – Konditionierung**
conditioned reflex ['ri:fleks]	bedingter Reflex
stimulus ['stɪmjələs] **and response**	**Reiz und Reaktion**
positive / negative reinforcement	**positive / negative Verstärkung**
personality [pɜ:sə'næləti]	**Persönlichkeit**
the human mind [hju:mən 'maɪnd]	**der menschliche Verstand / Geist**
the conscious [ɒ] / unconscious mind	das Bewusste / Unbewusste
perception [pə'sepʃn]	**Wahrnehmung**
memory ['meməri]	**Gedächtnis**
short-term memory	Kurzzeitgedächtnis
long-term memory	Langzeitgedächtnis
thinking ['θɪŋkɪŋ]	(das) **Denken**
reasoning ['ri:znɪŋ]	**(logisches) Denken**
problem solving ['prɒbləm sɒlvɪŋ]	**Problemlösen**
intelligence [ɪn'telɪdʒəns]	**Intelligenz**
intelligence quotient ['kwəʊʃnt] / IQ	Intelligenzquotient / IQ

creativity [kri:eɪ'tɪvəti]	**Kreativität**
motivation [məʊtɪ'veɪʃn]	**Motivation; Verhaltensantrieb**
self-actualization / self-realization	**Selbstverwirklichung**
emotion [ɪ'məʊʃn]	**Gefühl**
emotions such as joy and anger ['æŋgə]	Gefühle wie Freude und Zorn
repressed [rɪ'prest] emotions	unterdrückte Gefühle
pent-up emotions	aufgestaute Gefühle
subconscious [sʌb'kɒnʃəs]	**unterbewusst**
unconscious [ʌn'kɒnʃəs]	**unbewusst**
dream [dri:m] – **dreaming**	**Traum** – (das) **Träumen**
nightmare ['naɪtmeə]	**Albtraum**
anxiety [æŋ'zaɪəti]	**Angst**
troubled by feelings of anxiety	von Angstgefühlen geplagt

Zur Bezeichnung einer starken neurotischen Angst gibt es auch im Englischen das Wort *angst* [æŋst]: *Ever since the accident he's been suffering from angst.* (= Seit dem Unfall leidet er unter Angstgefühlen.)

mental disorders [dɪs'ɔ:dəz]	**geistig-seelische Störungen**
(mentally) disturbed [dɪ'stɜ:bd]	(geistes)gestört
mentally ill [mentəli 'ɪl]	geisteskrank; psychisch krank
(mentally) retarded [rɪ'tɑ:dɪd]	(geistig) zurückgeblieben
learning disabilities [dɪsə'bɪlətiz]	**Lernbehinderungen**
psychosis [saɪ'kəʊsɪs] – **neurosis**	**Psychose** – **Neurose**
neurotic behaviour [bɪ'heɪvjə]	neurotisches / krankhaftes Verhalten
He's a neurotic [nju'rɒtɪk].	Er ist ein Neurotiker.
schizophrenia [skɪtsə'fri:niə]	**Schizophrenie**
schizophrenic [skɪtsə'frenɪk]	schizophren; Schizophrene(r)
group therapy [gru:p 'θerəpi]	**Gruppentherapie**
occupational [ɒkju'peɪʃənl] therapy	Beschäftigungstherapie
therapist / counsellor ['kaʊnsələ]	**Therapeut(in)**

Das spaßhaft-umgangssprachliche Wort *shrink* bezeichnet *a psychotherapist, psychoanalyst or psychiatrist: She sees her shrink once a week.* (= Sie geht einmal wöchentlich zum Psychiater / zu ihrem Therapeuten.)

marriage counselling ['kaʊnsəlɪŋ]	**Eheberatung**
interview ['ɪntəvju:]	(psychodiagnostisches) **Gespräch**
case study ['keɪs stʌdi]	**Fallstudie**
psychological testing / tests	**psychologische Tests**
intelligence testing / tests	Intelligenztests
ability [ə'bɪləti] test	Eignungstest / -prüfung
aptitude ['æptɪtju:d] test	Eignungstest
achievement [ə'tʃi:vmənt] test	Leistungstest
standardized ['stændədaɪzd] test	standardisierter Test
validity (of a test) [və'lɪdəti]	**Validität / Gültigkeit** (eines Tests)
reliability [rɪlaɪə'bɪləti]	**Zuverlässigkeit; Reliabilität**
standard deviation [di:vi'eɪʃn]	**Standardabweichung**

Sociology
Soziologie

A sociologist is a scientist who blames crime on everything and everyone, except the person who commits it. (*Laurence J. Peter, Canadian writer and teacher, 1910–90*)

sociology [səʊʃi'ɒlədʒi] – **sociologist**	**Soziologie – Soziologe / Soziologin**
sociological [səʊʃiə'lɒdʒɪkl]	**soziologisch**
social ['səʊʃl]	**sozial; Sozial-; gesellschaftlich; Gesellschafts-**
social change [tʃeɪndʒ]	sozialer / gesellschaftlicher Wandel
social norms [nɔ:mz]	soziale / gesellschaftliche Normen
social relations / relationships	soziale / gesellschaftliche Beziehungen
the social environment [ɪn'vaɪrənmənt]	das soziale Umfeld
the social structure ['strʌktʃə]	die Sozialstruktur
social engineering [endʒɪ'nɪərɪŋ]	angewandte Sozialwissenschaft
socialization [səʊʃəlaɪ'zeɪʃn]	**Sozialisation; Sozialisierung**
society [sə'saɪəti]	(die) **Gesellschaft**
the poorest members of society	die ärmsten Mitglieder der Gesellschaft
a classless ['klɑ:sləs] society	eine klassenlose Gesellschaft
demographic [demə'græfɪk]	**demographisch**
empirical research [rɪ'sɜ:tʃ]	**empirische Forschung**
public opinion [pʌblɪk ə'pɪnjən]	(die) **öffentliche Meinung**
influence ['ɪnfluəns] public opinion	die öffentliche Meinung beeinflussen
survey ['sɜ:veɪ]	**Umfrage; Untersuchung**
carry out / conduct a survey	eine Umfrage veranstalten
45% of those surveyed [sə'veɪd]	45% der Befragten
census ['sensəs]	**(Volks-)Zählung; Zensus**
conduct [kən'dʌkt] a census	eine (Volks-)Zählung durchführen
statistics [stə'tɪstɪks]	**Statistiken; Statistik** (als Wissenschaft)
These statistics are misleading.	Diese Statistiken sind irreführend.
Statistics is a branch of mathematics [mæθə'mætɪks].	Die Statistik ist ein Teilgebiet der Mathematik. (→ *S. 83 u. 240*)
population [pɒpju'leɪʃn]	(statistische) **Gesamtzahl / Gesamtheit**
population growth [grəʊθ]	(das) Bevölkerungswachstum
sample ['sɑ:mpl]	**Auswahl; (Zufalls-)Stichprobe; Sample**
random sample [rændəm 'sɑ:mpl]	(Zufalls-)Stichprobe
representative [reprɪ'zentətɪv] sample	repräsentative Auswahl
behaviour pattern ['pætn]	**Verhaltensmuster**
codes of behaviour [bɪ'heɪvjə]	Verhaltensnormen
deviant ['di:viənt] behaviour	abweichendes Verhalten
group dynamics [daɪ'næmɪks]	**Gruppendynamik**
peer group ['pɪə gru:p]	(soziale Gruppe, der sich ein Individuum als zugehörig empfindet)
decision-making process ['prəʊses]	**Entscheidungsprozess**

Education
Bildungswesen

1 Educational facilities
Bildungseinrichtungen

2 Subjects and skills
Fächer und Fertigkeiten

3 Exams and qualifications
Prüfungen und Qualifikationen

4 Teaching and learning
Lehren und Lernen

5 In the classroom
Im Klassenzimmer

Educational facilities
Bildungseinrichtungen

Human history becomes more and more a race between education and catastrophe. (*H.G. Wells, English writer, 1866–1946*)

go to **school** [sku:l]	in die **Schule** gehen
attend [ə'tend] a school	eine Schule besuchen
nursery school ['nɜ:sri sku:l]	**Kindergarten**
kindergarten ['kɪndəgɑ:tn]	*BE* **Kindergarten;** *AE* **Vorschule für 4- bis 6-Jährige**
primary school *BE* / *AE* **elementary** [eli'mentri] **school** / *AE* **grade school**	**Grundschule**
secondary ['sekəndri] **school**	**höhere / weiterführende Schule**
secondary modern (school) *BE*	(*früher*) **Hauptschule / Realschule**
comprehensive [kɒmprɪ'hensɪv] **school** *BE*	**Gesamtschule**
grammar school ['græmə sku:l] *BE*	**Gymnasium**
sixth form college ['kɒlɪdʒ] *BE*	**gymnasiale Oberstufe** (als selbstständige Schule)

Die *sixth form* ist im britischen allgemeinbildenden Schulsystem die oberste, zwei Jahre umfassende Klassenstufe. Im AE heißt Klasse(nstufe) *grade. He's in the third form* BE / AE *in (the) eighth grade now.* (= Er ist jetzt in der achten Klasse.)

prep(aratory) school ['prep / prɪ'pærətri sku:l] *BE*	(Privatinternat zur Vorbereitung auf die Public School)
public school [pʌblɪk 'sku:l]	*BE* **private Internatsschule;** *AE* **öffentliche Schule**
state school / maintained school	*BE* **öffentliche Schule**
special school ['speʃl sku:l]	**Sonderschule**
boarding school ['bɔ:dɪŋ sku:l]	**Internat(sschule)**

middle school (= AE Schule für die Klassen 5/6–8)
junior high [dʒu:niə 'haɪ] ***(school)*** (= *AE* Schule für die Klassen 7–8/9)
senior high [si:niə 'haɪ] ***school*** (= *AE* Schule für die Klassen 10–12)
high school (= *AE* Schule für die Klassen 9/10–12)

vocational [vəʊ'keɪʃənl] **school**	**Berufsschule; berufsbildende Schule**
vocational college / trade school	**Berufsfachschule**
commercial / business school	**Handelsschule**
commercial / business college	**höhere Handelsschule**
technical ['teknɪkl] **college** *BE*	**Fach(ober)schule**
advanced [əd'vɑ:nst] **technical college**	**Fachhochschule**
higher education [edju'keɪʃn]	**Hochschul(aus)bildung**

college ['kɒlɪdʒ] = AE höhere Bildungseinrichtung, die zu einem ersten Hochschulabschluss (*bachelor's degree* ['bætʃələz dɪgri:], z.B. *BA = Bachelor of Arts*) führt: *He's still at college.* (= Er ist noch auf dem College.) *I went to college here.* (= Ich bin hier aufs College gegangen.) *She graduated* ['grædʒueɪtɪd] *from college last year.* (= Sie hat voriges Jahr ihren College-Abschluss gemacht.)
college = BE Teil einer Universität: *Prince Charles studied at Trinity College, Cambridge* ['keɪmbrɪdʒ].
Ansonsten bezeichnet *college* eine Hochschule, Fachschule, Fachhochschule, Akademie etc.: *secretarial* [sekrə'teəriəl] *college* (= Sekretärinnenfachschule), *art college* (= Kunsthochschule), *teacher training college* BE / AE *teachers college* (= pädagogische Hochschule).

university [ju:nɪ'vɜ:səti]	**Universität**
go to / study at university	an der Universität studieren
He's a professor [prə'fesə] at the University of Denver.	Er ist Professor an der Universität Denver.
get a place at a university	einen Studienplatz bekommen
the Open University *BE*	die (britische) Fernuniversität
campus ['kæmpəs]	**Universitätsgelände; Universitäts-**
on campus	an der Universität; auf dem Universitätsgelände

Graduate ['grædʒuət] *school* bezeichnet im AE eine Hochschulabteilung für *postgraduates* [pəʊst'grædʒuəts], d.h. Studierende, die nach dem ersten Hochschulabschluss (*bachelor's degree*) weiterstudieren.

department [dɪ'pɑ:tmənt]	**Abteilung; Fachbereich; Seminar**
the Department of English	der Fachbereich Anglistik
medical school ['medɪkl sku:l]	**medizinische Fakultät**
art academy ['ɑ:t əkædəmi]	**Kunstakademie**
(theological) seminary ['semɪnəri]	**theologische Hochschule**
research institute ['ɪnstɪtju:t]	**Forschungsinstitut**
Sunday school ['sʌndeɪ sku:l]	**(religiöse) Sonntagsschule**
enrol [ɪn'rəʊl] on a **course** *BE* / *AE* enroll in a **course**	sich für einen **Kurs(us)** anmelden / einschreiben
correspondence [-'spɒn-] course	Fernkurs
night school ['naɪt sku:l]	**Abendschule**

Weiterbildung heißt im BE *further education,* sonst auch *adult education* (= Erwachsenenbildung), *continuing education* oder *continued education.* Volkshochschulkurse sind *adult education classes* oder *evening classes.* Volkshochschule könnte man mit *adult education centre* oder *college for further adult education* übersetzen. *She did / took an evening class.* (= Sie machte / besuchte einen VHS-Kurs.)

Subjects and skills
Fächer und Fertigkeiten

By being so long in the lowest form (at Harrow, one of the best public schools) I gained an immense advantage over the cleverer boys. They all went on to learn Latin and Greek. … But I was taught English. … Thus I got into my bones the essential structure of the ordinary British sentence – which is a noble thing. (*Sir Winston Churchill, British statesman, 1874–1965*)

subject ['sʌbdʒɪkt]	**(Unterrichts-)Fach**
My favourite ['feɪvrət] subject is maths [mæθs].	Mein Lieblingsfach ist Mathe.
optional ['ɒpʃənl] subject	Wahlfach
compulsory [kəm'pʌlsəri] subject	Pflichtfach
elective [ɪ'lektɪv]	*AE* **Wahlfach / Zusatzfach**
course [kɔːs]	**Kurs(us); Lehrgang**
attend [ə'tend] / take / do a course	einen Kurs besuchen / machen

National Curriculum [kə'rɪkjələm] heißt in *England and Wales* der Kanon von *three core subjects* (= Kernfächern) und *seven foundation subjects* (= Grundfächern), die für 5–16-Jährige an *state schools* (= öffentlichen Schulen) *compulsory* [kəm'pʌlsəri] (= obligatorisch) sind.
Core subjects: English, mathematics [mæθə'mætɪks], *science* ['saɪəns].
Foundation subjects: technology [tek'nɒlədʒi], *history* ['hɪstri], *geography* [dʒi'ɒgrəfi], *music* ['mjuːzɪk], *art, physical education, and a modern foreign language* [fɒrən 'læŋgwɪdʒ] (= Fremdsprache).

mathematics – **maths** *BE* / *AE* **math**	**Mathematik** – **Mathe**
technology (education) [tek'nɒlədʒi]	**Technik**
history ['hɪstri]	**Geschichte**
art [ɑːt] – **fine arts** [faɪn 'ɑːts]	**Kunst** – **bildende Kunst**

Viersilbige Wörter, die auf der zweiten Silbe betont werden:
bi'ology (= Biologie), *com'pulsory, cur'riculum, ge'ography* (= Erdkunde), *phi'losophy* (= Philosophie), *psy'chology, tech'nology.*

physical ['fɪzɪkl] **education** / PE	**Sport; Leibesübungen**
health [helθ] **(education)**	**Gesundheit(slehre)**
sex education ['seks edjukeɪʃn]	**Sexualkunde**
religious instruction [ɪn'strʌkʃn] / **education** / RI / RE	**Religion(slehre)**
social studies ['səʊʃl stʌdiz]	**Sozialkunde; Sozialwissenschaften**
home economics [iːkə'nɒmɪks] / **home ec** [ek]	**Hauswirtschaftslehre**

Das Fach *science* ['saɪəns] (= Naturwissenschaft) umfasst *biology* [baɪ'ɒlədʒi] (= Biologie), *chemistry* ['kemɪstri] (= Chemie), *physics* ['fɪzɪks] (= Physik) und *geoscience* [dʒiː-] (= Geowissenschaft). *Computer science* ist Informatik.

curriculum [kə'rɪkjələm]	**Fächerkanon; Lehrplan; Curriculum**
syllabus ['sɪləbəs]	**Lehrplan; Stoffplan; Rahmenplan**
stick to the syllabus (– stuck – stuck)	sich an den Stoffplan halten
depart [dɪ'pɑːt] from the syllabus	vom Stoffplan abweichen
listening ['lɪsnɪŋ] **comprehension**	**Hörverstehen / -verständnis**
reading comprehension [kɒmprɪ'henʃn]	Leseverstehen / -verständnis
speed reading ['spiːd riːdɪŋ]	**Schnelllesen**
dictation [dɪk'teɪʃn]	**Diktat**
We're doing a dictation today.	Wir schreiben heute ein Diktat.
essay ['eseɪ] *BE* / *AE* **paper** / *AE* **theme** [θiːm] / **composition** [kɒmpə'zɪʃn]	**(Schul-)Aufsatz**
write an essay / paper / theme on homelessness	einen Aufsatz über Obdachlosigkeit schreiben

Mit *the three Rs* [θriː 'ɑːz] – *reading, (w)riting, (a)rithmetic* [ə'rɪθmətɪk] (= Rechnen) – bezeichnet man traditionell die Grundlagen der Schulbildung. Auch übertragen gebraucht: *the three Rs of good government* (= die Grundregeln guten Regierens).

Physical education.

Exams and qualifications
Prüfungen und Qualifikationen

In examinations those who do not wish to know ask questions of those who cannot tell. (*Sir Walter Raleigh, British academic, 1861–1922*)

Prüfungen sind *examinations* [ɪgzæmɪ'neɪʃnz] oder kurz *exams* [ɪg'zæmz]: *oral* ['ɔ:rəl] / *written exam* (= mündliche / schriftliche Prüfung), *final exam* (= Abschlussprüfung). *I'm taking my finals in June.* (= Im Juni mache ich die Abschlussprüfung.) – *Students prepare for* (= bereiten sich vor auf) *or cram for* (= büffeln / pauken für) *an exam. They take / sit an exam* (= machen eine Prüfung / unterziehen sich einer Prüfung), *they pass / fail an exam* (= bestehen eine Prüfung / bestehen eine Prüfung nicht). Besonders AE auch *flunk an exam* (= bei einer Prüfung durchfallen / durchrasseln).

cheat (in an exam) [tʃi:t]	**(bei einer Prüfung) täuschen / abschreiben**
copy / **crib** off / from a neighbour	von einem Nachbarn **abschreiben**

Tests: *aptitude* ['æptɪtju:d] *test* (= Eignungstest), *placement test* (= Einstufungstest), *achievement* [ə'tʃi:vmənt] *test* (= Leistungstest), *multiple-choice test* (= Antwortauswahltest), *cloze test* (= Lückentest, bei dem in einem Text z.B. jedes fünfte Wort zu ergänzen ist), *SAT™* AE = *Scholastic* [skə'læstɪk] *Aptitude Test* (= standardisierter Qualifikationstest für das Studium an amerikanischen Universitäten und Colleges), *SAT* BE = *Standard Assessment* [ə'sesmənt] *Task* (= standardisierter Lernfortschrittskontrolltest in einem *core subject* des *National Curriculum*).

credit ['kredɪt]	**Schein** (als Leistungsausweis)
I've got two credits in Eng. Lit. [ɪŋ 'lɪt]	Ich habe zwei Scheine in englischer Literatur.
pass [pɑ:s]	(Prüfung) **bestehen**
get a pass in history ['hɪstri]	die Geschichtsprüfung (ohne Prädikat) bestehen
He passed with honours ['ɒnəz].	Er bestand mit Auszeichnung.

Dem deutschen Abitur entsprechen in England in etwa *A levels* ['eɪ levlz]. *A (= advanced) level* (= Prüfung auf Abiturniveau in einem bestimmten Fach): *When are you taking your A levels?* (= Wann machst du dein Abitur?) *You need A levels if you want to go to university.* (= Um an der Universität zu studieren braucht man das Abitur.)
In den USA ist das *high school diploma* [dɪ'pləʊmə] annähernd dem Abiturzeugnis gleichzusetzen: *She graduated* ['grædʒueɪtɪd] *from high school last year.* (= Sie hat voriges Jahr das Abitur gemacht.)
Dem mittleren Schulabschluss entspricht in England ungefähr *the GCSE* (= *General Certificate* [sə'tɪfɪkət] *of Secondary Education*): *pupils preparing for GCSE* (= Schüler, die sich auf den mittleren Abschluss vorbereiten), *He's got six GCSEs.* (= Er hat den mittleren Abschluss in sechs Fächern.)

graduate ['grædʒuət]	**(Hochschul-)Absolvent(in)**
university graduates	Akademiker(innen)
high school graduate *AE*	(*etwa:*) Abiturient(in)
graduate ['grædʒueɪt]	**das Studium abschließen**
She graduated last year.	Sie hat voriges Jahr ihren (Universitäts- / High School-) Abschluss gemacht.
graduation [grædʒu'eɪʃn]	**Graduierung;** *AE* **(Schul-)Entlassung**
graduation ceremony ['serəməni]	Abschlussfeier (mit Überreichung der Zeugnisse, Diplome etc.)

Noten, mit denen Leistungen bewertet werden, sind *marks* (BE) oder *grades* (AE, z.T. auch BE):
grades A to E (= die Noten 1 bis 5); *She scored / gained / achieved top marks* BE / AE *grades in both papers.* (= Sie hatte in beiden Arbeiten eine Eins.) *Her science grades are less good.* (= In den Naturwissenschaften sind ihre Noten weniger gut.) *He achieved five straight As* [eɪz]. (= Er hatte fünf glatte Einsen.)

report [rɪ'pɔ:t] *BE / AE* **report card**	(Zwischen- / Jahres- / etc.)**Zeugnis**
certificate [sə'tɪfɪkət]	(Prüfungs- / Abschluss-)**Zeugnis**

Als deutsche Schüler (= *German students*) bei den Prüfungen zum *Program(me) for International Student Assessment* (PISA) extrem schlecht abschnitten (= *did / performed extremely badly*), kam es in der deutschen Bildungsszene (= *educational scene*) zum PISA-Schock (= *PISA shock*). Warum hatten z.B. die Finnen so viel besser abgeschnitten als die Deutschen? (= *Why had the Finns, for example, done / performed so much better than the Germans?*)

diploma [dɪ'pləʊmə]	**Diplom**
He holds a diploma in economics.	(*etwa*) Er ist Diplomvolkswirt.

Um zu promovieren (= *do your / a doctorate* ['dɒktərət]) schreibt man u.a. eine Doktorarbeit oder Dissertation (= *doctoral thesis* ['θi:sɪs] / *dissertation*). Schließlich erlangt man die Doktorwürde (= *you gain / get your doctorate / doctor's degree*).
Abkürzungen wie *PhD* (= Dr. phil.), *MD* (= Dr. med.) und *ScD* (= Dr. rer. nat.) werden nachgestellt: *Helen Jackson, PhD* (= Dr. phil. Helen Jackson).
Andere akademische Grade (= *degrees* [dɪ'gri:z]):
bachelor's ['bætʃələz] *degree* (= niedrigster akademischer Grad): *BA / Bachelor of Arts* (= Bachelor der Geisteswissenschaften), *BSc / Bachelor of Science* (= Bachelor der Naturwissenschaften)
master's degree (= Magister): *MA / Master of Arts* (= M.A. / Magister Artium), *MSc / Master of Science* (= M.Sc. / Magister der Naturwissenschaften).
He got his BA / bachelor's degree / MA / master's degree last year. (= Er hat voriges Jahr seinen B.A. / M.A. gemacht.)

Teaching and learning
Lehren und Lernen

Nothing that is worth knowing can be taught.
(*Oscar Wilde, Irish writer, 1854–1900*)

teach (– taught [ɔː] – taught)	**unterrichten; lehren**
Who taught you that?	Wer hat dir das beigebracht?
teach English to children	Kindern Englischunterricht erteilen
foreign-language teaching	Fremdsprachenunterricht
train [treɪn]	**ausbilden; eine Ausbildung absolvieren**
well / poorly trained teachers	gut / schlecht ausgebildete Lehrer
He's training as a waiter.	Er macht eine Ausbildung als Kellner.
training programme ['prəʊgræm]	Ausbildungsprogramm
vocational [vəʊ'keɪʃənl] training	berufliche Bildung; Berufs(aus)-bildung
instruction [ɪn'strʌkʃn]	**Unterricht**
instruction material(s) [mə'tɪəriəl(z)]	Lehrmaterial
self-instruction [self ɪn'strʌkʃn]	Selbstunterricht
instructor [ɪn'strʌktə]	**Lehrer(in); Ausbilder(in)**
driving instructor ['draɪvɪŋ ɪnstrʌktə]	Fahrlehrer(in)
lesson ['lesn]	**(Unterrichts-)Stunde**
give / take English lessons	Englischunterricht erteilen / nehmen
motivate ['məʊtɪveɪt]	**motivieren**
motivate the students to learn	die Schüler zum Lernen motivieren
motivation [məʊtɪ'veɪʃn]	**Motivation; Anreiz**
the students lack motivation	die Schüler sind nicht sehr motiviert
learn (– learnt* – learnt*)	**lernen**
I learnt / learned that at school.	Das habe ich in der Schule gelernt.
learn a poem by heart [hɑːt]	ein Gedicht auswendig lernen
learner ['lɜːnə]	**Lernende(r)**
She's a quick / slow learner.	Sie lernt schnell / langsam.
study ['stʌdi] (a subject)	(ein Fach) **studieren**
She's studying to be an engineer.	Sie macht ein Ingenieurstudium.
I'm studying for tomorrow's test.	Ich lerne für die morgige Arbeit.
I need more time for study.	Ich brauche mehr Zeit zum Studieren.
read [iː] (– read [e] – read [e])	**lesen**
read the text silently ['saɪləntli] / aloud	den Text still / laut lesen
I'll read the text to you.	Ich werde euch den Text vorlesen.
She read philosophy at Oxford. *BE*	Sie hat in Oxford Philosophie studiert.
textbook ['tekstbʊk]	**Lehrbuch**
audiovisual aids [ɔːdiəʊvɪʒuəl 'eɪdz]	**audiovisuelle Hilfsmittel**
homework ['həʊmwɜːk]	**Hausaufgabe(n); Hausarbeit(en)**
set / assign [ə'saɪn] homework	Hausarbeiten aufgeben
She's given us a lot of homework.	Sie hat uns viel aufgegeben.
What have you got for homework?	Was hast du auf?
assignment [ə'saɪnmənt]	(*z.B.* Haus-)**Aufgabe; Hausarbeit**
homework assignments	Hausaufgaben; Hausarbeiten

In the classroom
Im Klassenzimmer

School: A house of discipline and instruction.
(*Definition in Dr Johnson's Dictionary, 1755*)

We have music in the third **period.**	In der dritten **Stunde** haben wir Musik.
Who**'s absent** ['æbsənt] today?	Wer **fehlt** heute?
note it down in the **(class) register**	es im **Klassenbuch** vermerken
Let's **get started**.	Wir wollen **anfangen**.
(Can we have some) **Quiet**, please.	Bitte (etwas) **Ruhe**.
give out / **hand out** the books / texts	die Bücher / Texte **austeilen**
Take out your books.	**Nehmt** eure Bücher **heraus**.
Open your books at / to page 57.	**Schlagt** eure Bücher auf Seite 57 **auf**.
Shut / **Close** [z] your books, please.	**Macht** die Bücher bitte **zu**.
It's at the **top** / **bottom** of the page.	Es ist **oben** / **unten** auf der Seite.
act out a dialogue ['daɪəlɒg]	einen Dialog **spielen**
Will you **read** the part of the witch?	**Übernimmst** du die Rolle der Hexe?
Look at the third **paragraph**.	Schaut euch den dritten **Absatz** an.
Let's go on to the next paragraph.	Wir gehen weiter zum nächsten Absatz.
Better **make** / **take** some **notes**.	**Macht** euch besser ein paar **Notizen**.
summarize ['sʌməraɪz] the plot	die Handlung **zusammenfassen**
a brief / short **summary** of the text	eine kurze **Zusammenfassung** des Textes
find a **heading** for the story	für die Story eine **Überschrift** finden
I want you to **copy** this **down**.	Ich möchte, dass ihr das **abschreibt**.
Make sure you write **legibly** / **clearly**.	Bitte schreibt **leserlich** / **deutlich**.
Whose turn is it next?	**Wer** ist als Nächster **dran**?
Next (one), please.	Der **Nächste**, bitte.
Let's do this in **pairs**.	Das machen wir in **Partnerarbeit**.
work in **groups of four**	in **Vierergruppen** arbeiten
Speak up, please.	**Sprich** bitte **lauter**.
Could you speak a little **louder**.	Könntest du etwas **lauter** sprechen.
Try to speak more **clearly**.	Versuch **deutlicher** zu sprechen.
Say / **Repeat** [rɪ'pi:t] after me …	**Sprecht** mir bitte **nach** …
Say it **once again**, please.	Sag das bitte **noch mal**.
No **prompting**, please.	Bitte nicht **vorsagen**.
Go to the **(black)board**, please.	Geh bitte zur **Tafel**.
a piece of **chalk** [tʃɔ:k]	ein Stück **Kreide**
rub / **wipe** something **off**	etwas (von der Tafel) **abwischen**
clean the board	die Tafel **abwischen**
(overhead) projector / **OHP**	**Overhead-** / **Tageslichtprojektor**
Have you **finished**?	Seid ihr **fertig**?
Has everyone **handed in** their test?	Haben alle ihre Arbeit **abgegeben**?
I'll **return** the tests on Monday.	Ich **gebe** die Arbeit Montag **zurück**.
That'll do for today.	**Das wär's** für heute.
We'll **finish** it **off** next time.	Wir **machen** es nächstes Mal **zu Ende**.
For your **homework** would you do …	Als **Hausaufgabe** macht bitte …

"Weltanschauung"

Weltanschauung

1 **Religions and denominations**
Religionen und Konfessionen

2 **God and divinity**
Gott und Göttlichkeit

3 **Religious doctrines, practices, institutions**
Religiöse Lehren, Bräuche, Institutionen

4 **Nonreligious beliefs**
Nichtreligiöse Überzeugungen

5 **Philosophy**
Philosophie

Weltanschauung ist eines von zahlreichen deutschen Wörtern, die ihren Weg in die englische Sprache gefunden haben – der Plural lautet *weltanschauungs* oder *weltanschauungen.*
Weitere Beispiele: *weltgeist, zeitgeist, weltschmerz, Heimweh, angst, gestalt, leitmotif, gemeinschaft, gesellschaft, Sturm und Drang, Aufklärung, bildungsroman, festschrift, sprachgefühl, doppelgänger, ding an sich, mensch, Übermensch, Gesamtkunstwerk, Jugendstil, Bauhaus, Götterdämmerung, Völkerwanderung, wanderlust, wunderkind, kapellmeister, lied, volkslied, glockenspiel, Heiligenschein, kitsch, schmaltz, spiel, schadenfreude, affenpinscher, dachshund, schnauzer, kindergarten, hausfrau, lederhosen, sitz bath, rucksack, gemütlich(keit), kaffeeklatsch, lebkuchen, frankfurter, bratwurst, leberwurst, schnitzel, (sauer)kraut, schnap(p)s, lager, katzenjammer, rat(h)skeller, autobahn, kriegspiel, blitz(krieg), sitzkrieg, luftwaffe, flak, U-boat, faltboat, herrenvolk, Führer, Gestapo, lebensraum, diktat, realpolitik, putsch, ersatz, dreck, kaput, verboten, gastarbeiter, auslander, Waldsterben, gesundheit!, auf Wiedersehen!.*

Religions and denominations
Religionen und Konfessionen

There is only one religion, though there are a hundred versions of it.
(*George Bernard Shaw, Irish writer, 1856–1950*)

religion [rɪ'lɪdʒən]	**Religion**
freedom of religion	Religionsfreiheit
He is English by birth but Greek Orthodox ['ɔ:θədɒks] by religion.	Von Geburt ist er Engländer, der Religion nach aber griechisch-orthodox.
religious [rɪ'lɪdʒəs]	**religiös**
religious beliefs [bɪ'li:fs]	religiöse Überzeugungen
a deeply religious person	ein (zu)tief(st) religiöser Mensch
Christianity [krɪsti'ænəti]	**Christenheit**
The cross is the symbol ['sɪmbl] of Christianity.	Das Kreuz ist das Symbol des Christentums.
Christian ['krɪstʃən]	**christlich; Christ(in)**
Christians believe that Jesus ['dʒi:zəs] is the Messiah [mə'saɪə].	Die Christen glauben, dass Jesus der Messias ist.
the early Christians	die Urchristen
Islam ['ɪzlɑ:m]	(der) **Islam**
Adherents [əd'hɪərənts] of Islam are called Muslims ['mʊzləmz].	Anhänger des Islam heißen Muslime.
Islamic [ɪz'læmɪk]	**islamisch**
Islamic fundamentalists [fʌndə'mentəlɪsts]	islamische Fundamentalisten
Hinduism ['hɪnduɪzm]	(der) **Hinduismus**
The cow is revered [rɪ'vɪəd] in Hinduism.	Die Kuh wird im Hinduismus verehrt.
Hindu ['hɪndu:]	**hinduistisch; Hindu(-)**
In a Hindu's eyes, everything is sacred ['seɪkrɪd].	In den Augen eines Hindu ist alles heilig.
Buddhism ['bʊdɪzm]	(der) **Buddhismus**
Buddhism has spread [spred] in the West.	Der Buddhismus hat sich im Westen ausgebreitet.
Buddhist ['bʊdɪst]	**buddhistisch; Buddhist(in)**
Judaism ['dʒu:deɪɪzm]	(das) **Judentum**; (der) **Judaismus**
Judaism is the religion of the Jews.	Der Judaismus ist die Religion der Juden.
Jew [dʒu:]	**Jude / Jüdin**
Jewish ['dʒu:ɪʃ]	**jüdisch**
centres of Jewish culture ['kʌltʃə]	Zentren jüdischer Kultur
He's / She's Jewish.	Er ist Jude. / Sie ist Jüdin.
convert [kən'vɜ:t]	**konvertieren; bekehren**
He converted to Roman Catholicism [kə'θɒləsɪzm].	Er konvertierte zum Katholizismus / trat zum katholischen Glauben über.
They were converted to Christianity [krɪsti'ænəti].	Sie wurden zum Christentum bekehrt.

Beachten Sie den Gebrauch des Artikels *a(n)*:
He's a Christian ['krɪstʃən] / *a Roman Catholic* ['kæθlɪk] / *a Protestant* ['prɒtɪstənt] / *a Jew* [dʒu:] / *etc.*
(= Er ist Christ / Katholik / Protestant / Jude / etc.)

denomination [dɪnɒmɪ'neɪʃn]	**Konfession; Glaubensgemeinschaft**
What denomination are you?	Welche Konfession haben Sie?
denominational school	Konfessions- / Bekenntnisschule
(Roman) Catholicism [kə'θɒləsɪzm]	(der) **Katholizismus**
In Poland, Roman Catholicism is the predominant [prɪ'dɒmɪnənt] religion.	In Polen ist der Katholizismus die vorherrschende Religion.
Roman Catholic [rəʊmən 'kæθlɪk]	**(römisch-)katholisch; Katholik(in)**
He was received [rɪ'si:vd] into the Roman Catholic church.	Er wurde in die katholische Kirche aufgenommen.
She became a (Roman) Catholic.	Sie wurde katholisch.
Protestantism ['prɒtɪstəntɪzm]	(der) **Protestantismus**
Luther(an)ism ['lu:θər(ən)ɪzm] is one of the major branches of Protestantism.	Das Luthertum ist eine der Hauptrichtungen des Protestantismus.
Protestant ['prɒtɪstənt]	**protestantisch; evangelisch**
Protestant churches ['tʃɜ:tʃɪz]	protestantische / evangelische Kirchen
He's / She's a Protestant.	Er / Sie ist Protestant(in) / evangelisch.
Calvinism ['kælvənɪzm]	(der) **Kalvinismus**
Reformed [rɪ'fɔ:md] **churches**	**reformierte Kirchen**
Lutheran ['lu:θərən]	**lutherisch; Lutheraner(in)**
Lutheran churches	lutherische Kirchen
Baptist ['bæptɪst]	**Baptist(in)**
Methodist ['meθədɪst]	**methodistisch; Methodisten-**
She's a Methodist / Baptist.	Sie ist Methodistin / Baptistin.
Anglican ['æŋglɪkən]	**anglikanisch; Anglikaner(in)**
the Anglican Church	die anglikanische Kirche

Zur *Anglican Communion* [kə'mju:niən] (= anglikanischen Kirchengemeinschaft) gehören u. a. *the Church of England, the Church in Wales, the Episcopal* [ɪ'pɪskəpl] *Church in Scotland, the Church of Ireland* und in den USA *the Protestant Episcopal Church*. Alle zehn Jahre treffen sich die *Anglican bishops* ['bɪʃəps] (= Bischöfe) zur *Lambeth Conference* [læmbəθ 'kɒnfrəns].

Presbyterian [prezbɪ'tɪəriən]	**presbyterianisch**
He's / She's a Presbyterian.	Er / Sie ist Presbyterianer(in).
Puritan ['pjʊərɪtən]	**puritanisch; Puritaner(in)**
Many Puritans emigrated ['emɪgreɪtɪd] to the New World.	Viele Puritaner wanderten in die Neue Welt aus.
the **Salvation Army** [sælveɪʃn 'ɑ:mi]	die **Heilsarmee**
Orthodox ['ɔ:θədɒks] (churches / Jews)	**orthodox**(e Kirchen / Juden)

God and divinity
Gott und Göttlichkeit

Everything is possible, even God. (*Ernest Renan, French philosopher, historian, and scholar of religion, 1823–1892*)

god [gɒd]	**Gott**
Fear God, and keep his commandments [kə'mɑːndmənts].	Fürchte Gott und halte seine Gebote.
I believe in God the Father Almighty [ɔːl'maɪti], Maker of heaven ['hevn] and earth.	Ich glaube an Gott den Vater, den Allmächtigen, den Schöpfer des Himmels und der Erde.
You shall have no other gods before me.	Du sollst keine anderen Götter haben neben mir.
the Lord (God)	**(Gott) der Herr**
creator [kri'eɪtə] / **maker**	**Schöpfer**
the creator of the universe ['juːnɪvɜːs]	der Schöpfer des Weltalls
Jesus Christ [dʒiːzəs 'kraɪst]	**Jesus Christus**
our Lord Jesus Christ	unser Herr Jesus Christus
the Messiah [mə'saɪə]	**der Messias**
the Holy ['həʊli] **Spirit / Ghost**	**der Heilige Geist**
the Holy Trinity ['trɪnəti] (= Father, Son and Holy Spirit)	**die Heilige Dreifaltigkeit / Dreieinigkeit** (= Vater, Sohn und Heiliger Geist)
almighty [ɔːl'maɪti]	**allmächtig**
Let us pray to Almighty God / to the Almighty.	Lasst uns zum allmächtigen Gott / zum Allmächtigen beten.
goddess ['gɒdes]	**Göttin**
Artemis ['ɑːtɪmɪs] was a Greek goddess.	Artemis war eine griechische Göttin.
Allah ['ælə]	**Allah** (arabischer Name für Gott)
There is no God but Allah, and Muhammad [mʊ'hæməd] is his messenger.	Es gibt keinen Gott außer Allah, und Mohammed ist sein Bote.
the **Prophet Muhammad** [prɒfɪt mʊ'hæməd]	der **Prophet Mohammed**
Vishnu and Shiva ['vɪʃnuː ənd 'ʃiːvə]	**Wischnu und Schiwa**
Vishnu and Shiva are the two principal ['prɪnsəpl] Hindu gods.	Wischnu und Schiwa sind die beiden hinduistischen Hauptgötter.
Krishna ['krɪʃnə]	**Krischna** (hinduistische Gottheit)
Buddha ['bʊdə]	**Buddha**
Buddha means "the enlightened one".	Buddha heißt „der Erleuchtete".
Yahweh ['jɑːweɪ]	**Jahve / Jahwe**
In the Jewish Bible, God was called YHWH, which was probably pronounced Yahweh.	In der jüdischen Bibel hieß Gott YHWH, was wahrscheinlich Jahve ausgesprochen wurde.
deity ['deɪəti]	**Gottheit; Göttlichkeit**
Atheists ['eɪθiɪsts] deny the existence of a deity.	Atheisten leugnen die Existenz eines Gottes / einer Gottheit.
Jesus' humanity [hju'mænəti] and deity	Jesu Menschlichkeit und Göttlichkeit

divine [dɪ'vaɪn]	**göttlich**
divine revelation [revə'leɪʃn]	göttliche Offenbarung
by divine intervention [ɪntə'venʃn]	durch das Eingreifen / Einwirken Gottes
divinity [dɪ'vɪnəti]	**Göttlichkeit**
the divinity of Christ [kraɪst]	die Göttlichkeit Christi
believe in a **supreme** [su'pri:m] **being**	an ein **höchstes Wesen** glauben
omnipotent [ɒm'nɪpətənt]	**allmächtig**
omnipresent [ɒmnɪ'preznt]	**allgegenwärtig**
omniscient [ɒm'nɪsiənt]	**allwissend**
polytheism ['pɒliθiɪzm]	**Polytheismus** (= Glaube an viele Götter)
monotheism ['mɒnəʊθiɪzm]	**Monotheismus** (= Glaube an einen einzigen Gott)

"If only God hadn't made them so damned fast."

Religious doctrines, practices, institutions

Religiöse Lehren, Bräuche, Institutionen

There was never a century nor a country that was short of experts who knew the Deity's mind and were willing to reveal it.
(*Mark Twain, US writer, 1835–1910*)

doctrine ['dɒktrɪn]	**Lehre; Lehrmeinung; Grundsatz**
dogma ['dɒgmə]	**Dogma** (= kirchlicher Glaubenssatz)
exegesis [eksɪ'dʒiːsɪs]	**Exegese; (Bibel-)Auslegung**
theology [θi'ɒlədʒi]	**Theologie**
the Old / New Testament ['testəmənt]	**das Alte / Neue Testament**
the **parables** ['pærəblz] of Jesus	die **Gleichnisse** Jesu
the **gospel** ['gɒspl]	das **Evangelium**
psalm [sɑːm]	**Psalm**
heaven ['hevn]	(der) **Himmel**
ascend [ə'send] (in)to heaven	in den / zum Himmel auffahren
hell [hel]	(die) **Hölle**
angel ['eɪndʒəl]	**Engel**
saint [seɪnt]	**Heilige(r)**
St George [snt 'dʒɔːdʒ]	der heilige Georg / Sankt Georg
devil ['devl]	**Teufel**
the Ten Commandments [kə'mɑːndmənts]	**die Zehn Gebote**
the Resurrection [rezə'rekʃn]	**die Auferstehung** (Christi)
(original) **sin** [ərɪdʒənl 'sɪn]	(die) (Erb-)**Sünde**
a deadly / mortal ['mɔːtl] sin	eine Todsünde
church [tʃɜːtʃ]	**Kirche**
go to / attend [ə'tend] church	in die Kirche gehen
in / after church	in / nach der Kirche
cathedral [kə'θiːdrəl]	**Dom; Kathedrale**
attend a **service** ['sɜːvɪs]	an einem **Gottesdienst** teilnehmen
worship ['wɜːʃɪp]	**(am) Gottesdienst (teilnehmen)**
She regularly attended worship.	Sie ging regelmäßig zum Gottesdienst.

Christians worship in a church, Jews in a synagogue ['sɪnəgɒg], *and Muslims* ['mʊzlɪmz] *in a mosque* [mɒsk]. (= Christen halten Gottesdienst in einer Kirche, Juden in einer Synagoge und Muslime in einer Moschee.)

mass [mæs]	(die) **Messe**
go to / attend [ə'tend] mass	zur Messe gehen
preach [priːtʃ] – **preacher**	**predigen – Prediger(in)**
sermon ['sɜːmən]	**Predigt**
the Sermon on the Mount [maʊnt]	die Bergpredigt

altar ['ɔ:ltə]	**Altar**
a **sacrament** ['sækrəmənt]	ein **Sakrament**
confession [kən'feʃn]	(die) **Beichte**
absolution [æbsə'lu:ʃn]	**Absolution; Lossprechung** (von Sünden)
(Holy) Communion [kə'mju:niən]	**die (heilige) Kommunion**
the Last / the Lord's Supper	**das (heilige) Abendmahl**
prayer [preə]	**Gebet**
the Lord's Prayer [the lɔ:dz 'preə]	das Vaterunser
the Creed [kri:d]	**das Glaubensbekenntnis**
amen [ɑ:'men / eɪ'men]	**amen; Amen**
christen ['krɪsn] / **baptize** [bæp'taɪz]	**taufen**
He was christened / baptized Patrick.	Er wurde Patrick getauft.
confirmation [kɒnfə'meɪʃn]	**Konfirmation; Einsegnung; Firmung**
catechism ['kætəkɪzm]	**Katechismus**
congregation [kɒŋgrɪ'geɪʃn]	**Gemeinde** (beim Gottesdienst)
parish ['pærɪʃ]	**(Kirchen-)Gemeinde**
parish council [pærɪʃ 'kaʊnsl]	Gemeinderat
deacon ['di:kən] – **deaconess** [di:kə'nes]	**Diakon – Diakonin**
the clergy ['klɜ:dʒi]	**die Geistlichkeit; der Klerus**
The clergy are against the law [lɔ:].	Der Klerus ist gegen das Gesetz.

Pfarrer (→ S.122) hat im Englischen eine Vielzahl von Entsprechungen, u. a.:
(katholisch) *priest* [pri:st] (= Priester)
(anglikanisch) *priest, minister* ['mɪnɪstə], *vicar* ['vɪkə], *rector* ['rektə], *pastor* ['pɑ:stə]
(evangelisch) *pastor* ['pɑ:stə], *minister, vicar* (Krankenhaus- / Hochschul- / Militär- / Gefängnis-Pfarrer) *chaplain* ['tʃæplɪn]
(allgemein) *clergyman* ['klɜ:dʒimən] / *clergywoman* (= Geistlicher / Geistliche)

(arch)bishop [(ɑ:tʃ)'bɪʃəp]	**(Erz-)Bischof**
cardinal ['kɑ:dɪnl]	**Kardinal**
pope [pəʊp]	**Papst**
monk [mʌŋk] – **nun** [nʌn]	**Mönch – Nonne**
monastery ['mɒnəstri]	**(Mönchs-)Kloster**
Israel ['ɪzreɪl]	**Israel**
the God of Israel	der Gott Israels
the Torah ['tɔ:rə]	**die Thora** (jüd. = die 5 Bücher Mose)
the Talmud ['tælmʊd]	**der Talmud** (= Sammelwerk der jüd. Lehre und Überlieferung)
temple ['templ]	**Tempel**
rabbi ['ræbaɪ]	**Rabbi(ner)**
kosher ['kəʊʃə]	**koscher**
Sabbath ['sæbəθ]	**Sabbat**
the Koran [kɔ:'rɑ:n]	**der Koran**
Ramadan [ræmə'dɑ:n]	**Ramadan** (= islam. Fastenmonat)
fatwa ['fætwə]	**Fetwa** (= islam. Rechtsgutachten)
jihad [dʒi'hæd]	**Dschihad** (= islam. heiliger Krieg)
infidel ['ɪnfɪdl]	**Ungläubige(r)**
fundamentalism [fʌndə'mentəlɪzm]	**Fundamentalismus**

4 Nonreligious beliefs
Nichtreligiöse Überzeugungen

The mystery of the beginning of all things is insoluble by us;
and I for one must be content to remain an agnostic.
(Charles Darwin, English scientist, 1809–1882)

transcendent [træn'sendənt]	**transzendent** (= jenseits der sinnlichen Erfahrung liegend)
believe in the existence [ɪg'zɪstəns] of a transcendent being	an die Existenz eines transzendenten Wesens glauben
metaphysical [metə'fɪzɪkl]	**metaphysisch**
scepticism ['skeptɪsɪzm]	**Glaubenszweifel; Skeptizismus**
the sceptics of ancient ['eɪnʃnt] Greece	die Skeptiker des alten Griechenland
doubt [daʊt]	**zweifeln; Zweifel**
He doubts the existence of God.	Er bezweifelt die Existenz Gottes.
doubting Thomas [daʊtɪŋ 'tɒməs]	der ungläubige Thomas

Jesus said to Thomas: "Be unbelieving no longer, but believe."

unbelief [ʌnbɪ'li:f]	(religiöser) **Unglaube**
reason ['ri:zn]	(die) **Vernunft**
Kant's critique [krɪ'ti:k] of pure reason	Kants Kritik der reinen Vernunft
rationalism ['ræʃnəlɪzm]	(der) **Rationalismus**
enlightenment [ɪn'laɪtnmənt]	**Aufklärung; Erleuchtung**
the Age of Enlightenment	das Zeitalter der Aufklärung
agnosticism – **agnostic** [æg'nɒstɪk]	**Agnostizismus** – **Agnostiker(in)**
atheism ['eɪθiɪzm] – **atheist**	**Atheismus** – **Atheist(in)**

Question: Is there a God? – The believer's answer: Yes, there is. – The atheist's answer: No, there isn't. – The agnostic's answer: I don't know.

materialist [mə'tɪəriəlɪst]	**materialistisch; Materialist(in)**
a materialist view of the world	eine materialistische Weltsicht
nihilism ['naɪlɪzm] – **nihilist**	**Nihilismus** – **nihilistisch / Nihilist(in)**
anthroposophy [ænθrə'pɒzəfi]	**Anthroposophie**
superstition [su:pə'stɪʃn] – **superstitious** [su:pə'stɪʃəs]	**Aberglaube** – **abergläubisch**
esoteric [esə'terɪk]	**esoterisch** (= nur für Eingeweihte)
occult ['ɒkʌlt] – **the occult**	**okkult** – **das Okkulte**
New Age [nju: 'eɪdʒ]	**New Age** (= „neues Zeitalter")
meditation [medɪ'teɪʃn]	**Meditation**
astrology [ə'strɒlədʒi] – **astrologer**	**Astrologie** – **Astrologe / Astrologin**
horoscope ['hɒrəskəʊp]	**Horoskop**
fortunetelling – **fortuneteller**	**Wahrsagerei** – **Wahrsager(in)**
witch – **witchcraft** ['wɪtʃkrɑ:ft]	**Hexe** – **Hexerei**
sorcerer ['sɔ:sərə] – **sorcery**	**Zauberer** – **Zauberei**
(black / white) **magic** ['mædʒɪk]	(schwarze / weiße) **Magie**

Philosophy
Philosophie

Science is what you know, philosophy is what you don't know.
(*Bertrand Russell, English philosopher and mathematician, 1872–1970*)

philosophy [fə'lɒsəfi]	(die) **Philosophie**
ancient ['eɪnʃənt] philosophy	(die) antike Philosophie
linguistic [lɪŋ'gwɪstɪk] philosophy	(die) Sprachphilosophie
in Western philosophy	in der abendländischen Philosophie
philosophical [fɪlə'sɒfɪkl]	**philosophisch**
a philosophical problem / issue ['ɪʃu:]	ein philosophisches Problem / Thema
basic philosophical concepts ['kɒn-]	philosophische Grundbegriffe
philosopher [fə'lɒsəfə]	**Philosoph(in)**
philosophize [fə'lɒsəfaɪz] (about / on)	**philosophieren** (über)
think (– thought [ɔ:] – thought)	**denken**
thinker – thinking	Denker(in) – (das) Denken
the Greek thinkers	die griechischen Denker
scientific [saɪən'tɪfɪk] thinking	(natur)wissenschaftliches Denken
Western thought	das abendländische Denken
understand (– understood – understood)	**verstehen**
understanding [ʌndə'stændɪŋ]	Verständnis
analysis [ə'næləsɪs] *Pl.* analyses [-si:z]	**Analyse**
analyse ['ænəlaɪz]	**analysieren**
define [dɪ'faɪn] – **definition** [defə'nɪʃn]	**definieren** – **Definition**
argument ['ɑ:gjumənt] (for / against)	**Argument** (für / gegen)
develop a **theory** ['θɪəri]	eine **Theorie** entwickeln
consistent [kən'sɪstənt]	**konsistent; widerspruchsfrei**
a consistent theory	eine in sich stimmige Theorie
rational ['ræʃnəl]	**rational; vernunftmäßig**
explain something in rational terms	etwas auf rationale Weise erklären
idea [aɪ'dɪə]	**Idee**
The World [ɜ:] as Will and Idea	Die Welt als Wille und Vorstellung
experience [ɪk'spɪəriəns]	(die) **Erfahrung**
experience shows that …	die Erfahrung lehrt, dass …
empirical [ɪm'pɪrɪkl]	**empirisch; erfahrungsmäßig**
empirical knowledge ['nɒlɪdʒ]	Erfahrungswissen
causality [kɔ:'zæləti]	**Kausalität**
the law of causality	das Kausalgesetz
verify ['verɪfaɪ] – **verification**	**verifizieren** – **Verifikation**
falsify ['fɔ:lsɪfaɪ] – **falsification**	**falsifizieren** – **Falsifikation**
logic ['lɒdʒɪk]	(die) **Logik**
the laws of logic	die Gesetze der Logik
logical ['lɒdʒɪkl]	**logisch; die Logik betreffend**
logical reasoning ['ri:znɪŋ]	logisches Denken / Argumentieren
epistemology [ɪpɪstɪ'mɒlədʒi]	(die) **Epistemologie** / **Erkenntnislehre**
ontology [ɒn'tɒlədʒi]	(die) **Ontologie** (= Seinswissenschaft)

hermeneutics [hɜ:mə'nju:tɪks]	(die) **Hermeneutik**
Hermeneutics is the art of interpretation.	Die Hermeneutik ist die Kunst der Auslegung.
ethics ['eθɪks]	(die) **Ethik**
It's a question of ethics.	Das ist eine Frage der Ethik.
aesthetics [i:s'θetɪks]	(die) **Ästhetik**
Aesthetics is a branch of philosophy.	Die Ästhetik ist ein Teilgebiet der Philosophie.
metaphysics [metə'fɪzɪks]	(die) **Metaphysik**
the nature ['neɪtʃə] of metaphysics	das Wesen der Metaphysik
Russell developed [dɪ'veləpt] a metaphysics of his own.	Russell entwickelte eine eigene Metaphysik.
metaphysical [metə'fɪzɪkl]	**metaphysisch**
scholastic [skə'læstɪk]	**scholastisch**
the scholastics	die Scholastiker
dialectical [daɪə'lektɪkl] **materialism**	**dialektischer Materialismus**

Philosophische „Ismen": *exi'stentialism* (= Existenzialismus) • *i'dealism* (= Idealismus) • *ma'terialism* (= Materialismus) • *'positivism* (= Positivismus) • *'pragmatism* (= Pragmatismus) • *'rationalism* (= Rationalismus) • *'realism* (= Realismus) • *'scepticism* (= Skeptizismus)

„Ismen"-Adjektive: *exi'stentialist* (= existenzialistisch) • *i'dealist / idea'listic* (= idealistisch) • *ma'terialist / materia'listic* (= materialistisch) • *'positivist* (= positivistisch) • *prag'matic* (= pragmatisch) • *'rationalist / rationa'listic* (= rationalistisch) • *rea'listic* (= realistisch) • *'sceptical* (= skeptisch)

Ahänger von „Ismen": *exi'stentialist* (= Existenzialist/in) • *i'dealist* (= Idealist/in) • *ma'terialist* (= Materialist/in) • *'positivist* (= Positivist/in) • *'pragmatist* (= Pragmatiker/in) • *'rationalist* (= Rationalist/in) • *'realist* (= Realist/in) • *'sceptic* ['skeptɪk] (= Skeptiker/in)

eclectic [ɪ'klektɪk]	**eklektisch; Eklektiker(in)**
Eclectics combine ideas from different sources ['sɔ:sɪz] to form a new whole.	Eklektiker verbinden Ideen aus verschiedenen Quellen zu einem neuen Ganzen.
true [tru:] – **truth** [tru:θ]	**wahr** – (die) **Wahrheit**
the self [self]	**das Ich**
Socrates' ['sɒkrəti:z] search for the self	Sokrates' Suche nach dem Ich
thing-in-itself – things-in-themselves	**Ding an sich** – Dinge an sich
appearance [ə'pɪərəns] **and reality**	**Erscheinung und Wirklichkeit**
cause and effect [ɪ'fekt]	**Ursache und Wirkung**
mind [maɪnd] **and matter**	**Geist und Materie**
(the) **body** and (the) **mind**	(der) **Körper** und (der) **Geist**
time and space [speɪs]	**Zeit und Raum**
the **beautiful** ['bju:təfl] and the **ugly**	das **Schöne** und das **Hässliche**
good and evil [i:vl]	**Gut und Böse**
moral ['mɒrəl]	**moralisch; sittlich; Moral-; Moral**
moral values / principles ['prɪnsəplz]	moralische Werte / Grundsätze

Art and literature
Kunst und Literatur

1 Painting and sculpture
Malerei und Bildhauerei

2 Graphic art
Grafische Kunst

3 Photography
Fotografie

4 Music and dance
Musik und Tanz

5 Theatre and cinema
Theater und Film

6 Architecture
Architektur

7 Literature
Literatur

Painting and sculpture
Malerei und Bildhauerei

I paint objects as I think them, not as I see them.
(*Pablo Picasso, Spanish-born artist, 1881–1973*)

paint ['peɪnt]	**Farbe; malen**
apply paint to a surface ['sɜːfɪs]	auf eine Fläche Farbe auftragen
paint a portrait ['pɔːtrət]	ein Porträt malen
painter ['peɪntə]	**Maler(in)**
painting ['peɪntɪŋ]	(die) **Malerei; Bild; Gemälde**
Painting is a wonderful hobby.	Malen ist ein herrliches Hobby.
The painting depicts a landscape.	Das Bild zeigt eine Landschaft.
picture ['pɪktʃə]	**Bild**
There are three women in the picture.	Auf dem Bild sind drei Frauen.
artist ['ɑːtɪst]	**Künstler(in)**
drawing ['drɔːɪŋ]	**Zeichnung**
do / make a drawing of something	eine Zeichnung von etwas anfertigen
draughtsman ['drɑːftsmən]	**Zeichner**
Picasso as (a) draughtsman	Picasso als Zeichner
draughtswoman ['drɑːftswʊmən]	**Zeichnerin**
watercolour ['wɔːtəkʌlə]	**Aquarell**
an exhibition of British watercolours	eine Ausstellung englischer Aquarelle
studio ['stjuːdiəʊ]	**Atelier**
out-of-doors, not in the studio	im Freien, nicht im Atelier
canvas ['kænvəs]	**Leinwand**
He works directly on the canvas.	Er malt direkt auf die Leinwand.
brush [brʌʃ]	**Pinsel**
with a few strokes of the brush	mit wenigen Pinselstrichen
oil(s) [ɔɪl(z)]	**Öl**
He usually ['juːʒəli] painted in oils.	Meistens malte er in Öl.
a large oil painting	ein großes Ölgemälde
subject (matter) ['sʌbdʒɪkt (mætə)]	**Gegenstand**
the subject (matter) of a painting	der Gegenstand eines Bildes
landscape ['lændskeɪp]	**Landschaft**
portrait ['pɔːtrət]	**Porträt; Bildnis**
She had her portrait painted.	Sie ließ sich porträtieren.
a self-portrait [self'pɔːtrət]	ein Selbstporträt / Selbstbildnis
still life [stɪl 'laɪf] *Pl.* still lifes	**Stillleben**
nude [njuːd]	**Akt**
nude painting	Aktmalerei
draw [drɔː] / paint from the nude	einen Akt zeichnen / malen
sitting / standing / reclining nude	sitzender / stehender / liegender Akt
arrangement [ə'reɪndʒmənt]	**Anordnung**
the arrangement of the figures ['fɪgəz]	die Anordnung der Personen
perspective [pə'spektɪv]	**Perspektive**
in / out of perspective	perspektivisch richtig / falsch
composition [kɒmpə'zɪʃn]	**Komposition**
the picture's perfect composition	die vollendete Komposition des Bildes
reproduction [riːprə'dʌkʃn]	**Reproduktion**

reproductions of famous paintings	Reproduktionen berühmter Bilder
a work of art [wɜ:k əv 'ɑ:t]	**ein Kunstwerk**
ancient ['eɪnʃənt] works of art	antike Kunstwerke
exhibit [ɪg'zɪbɪt]	**ausstellen; Ausstellungsstück**
the pictures exhibited here	die hier ausgestellten Bilder
exhibition [eksɪ'bɪʃn]	**Ausstellung**
(art) gallery ['gæləri]	**(Kunst-)Galerie**
the National Gallery [næʃnəl 'gæləri]	die Nationalgalerie
museum [mju'zɪəm]	**Museum**
the Museum of Modern Art	das Museum für moderne Kunst

Art movements ['mu:vmənts] ***and styles*** **(= Kunstrichtungen und -stile)**
abstract ['æbstrækt] *art* (= abstrakte Kunst) • *art nouveau* [ɑ:t nu:'vəʊ] / *Jugendstil* • *baroque* [bə'rɒk] (= Barock) • *cubism* ['kju:bɪzm] (= Kubismus) • *expressionism* [ɪk'spreʃənɪzm] (= Expressionismus) • *Gothic* ['gɒθɪk] *art* (= gotische Kunst) • *impressionism* [ɪm'preʃənɪzm] (= Impressionismus) • *junk* [dʒʌŋk] *art* • *neoclassicism* [ni:əʊ'klæsɪsɪzm] (= Klassizismus) • *performance* [pə'fɔ:məns] *art* • *pop art* • *realism* ['rɪəlɪzm] (= Realismus) • *Renaissance* [rɪ'neɪsns] *art* • *representational* [reprɪzen'teɪʃnəl] *art* (= gegenständliche Kunst) • *Romanesque* [rəʊmə'nesk] *art* (= romanische Kunst) • *rococo* [rə'kəʊkəʊ] (= Rokoko) • *surrealism* [sə'rɪəlɪzm] (= Surrealismus)

Entsprechende Adjektive und Substantive:
expressionist / impressionist / realist / surrealist / Renaissance painters
junk / neoclassical / performance / pop / rococo artists
the expressionists / neoclassicists / realists / surrealists / cubists

sculpture ['skʌlptʃə]	**Skulptur; Plastik; Bildwerk; Bildhauerkunst; Bildhauerei**
a marble ['mɑ:bl] sculpture	eine Marmorskulptur / -plastik
sculptures fashioned from ivory ['aɪvəri]	aus Elfenbein gearbeitete Plastiken
the history ['hɪstri] of sculpture	die Geschichte der Bildhauerei
a **sculptured** frieze [fri:z]	ein **skulptierter / mit Skulpturen verzierter** Fries
a portrait bust **sculpted** by X	eine von X **geschaffene** Porträtbüste
sculptural ['skʌlptʃərəl]	**plastisch; bildhauerisch**
the sculptural works of Michelangelo	Michelangelos plastisches Werk
sculptor ['skʌlptə]	**Bildhauer(in)**
carve [kɑ:v]	(*Holz*) **schnitzen;** (*Stein*) **meißeln**
stone carving	Steinskulptur / -plastik
wood carving	Holzschnitzerei
carved from limestone	aus Kalkstein gehauen / gearbeitet
a statuette **cast** in bronze [brɒnz]	eine in Bronze **gegossene** Statuette
a figurine **modelled** ['mɒdld] in clay	eine in Ton modellierte Figurine
a marble **statue** ['stætʃu:]	eine Marmor**statue**
a bronze **bust** [bʌst]	eine Bronze**büste**
a plaster ['plɑ:stə] **figure**	eine Gips**figur**
relief [rɪ'li:f]	**Relief**
high / low relief	Hoch- / Flachrelief
mosaic [məʊ'zeɪɪk]	**Mosaik**
adorned [ə'dɔ:nd] with marble **inlays**	mit Marmor**intarsien** verziert

Graphic art
Grafische Kunst

You use a glass mirror to see your face; you use works of art to see your soul. (*George Bernard Shaw, Irish writer, 1856–1950*)

graphic art(s) / **graphic design**	(die) **Grafik** (= *grafisches Schaffen*)
Slevogt's graphic designs [dɪ'zaɪnz]	Slevogts Grafiken
after the artist's original designs	nach Originalentwürfen des Künstlers
graphic artist [græfɪk 'ɑ:tɪst]	**Grafiker(in)** (*als Künstler*)
the graphic artist Käthe Kollwitz	die Grafikerin Käthe Kollwitz
commercial art [kəmɜ:ʃl 'ɑ:t]	**Gebrauchs- / Werbegrafik**
commercial artist	**Gebrauchs- / Werbegrafiker(in)**
graphic designer [dɪ'zaɪnə]	**Grafikdesigner(in)**
book illustrations [ɪlə'streɪʃnz]	**Buchillustrationen**
printmaking ['prɪntmeɪkɪŋ]	**Druckgrafik**
plate [pleɪt]	**(Bild-)Tafel** (*in Buch*)
artwork ['ɑ:twɜ:k]	(*Buch*) **Illustrationen, Bildmaterial**
poster ['pəʊstə]	**Plakat; Poster**
cartoon [kɑ:'tu:n]	**Karikatur; Cartoon; Witzzeichnung**
Cartoons are humorous drawings.	Cartoons sind witzige Zeichnungen.
ink [ɪŋk]	**Tinte; Tusche; Druckfarbe**
drawing ['drɔ:ɪŋ]	**(Hand-)Zeichnung**
chalk [tʃɔ:k] drawing	Kreidezeichnung
pen-and-ink drawing	Tuschzeichnung
engrave [ɪn'greɪv] – **engraver**	**(ein)gravieren** – **Graveur(in)**
engraving [ɪn'greɪvɪŋ]	(Kupfer- / Stahl-)Stich; Holzschnitt
woodcut ['wʊdkʌt] / wood engraving	Holzschnitt
copperplate print / engraving	Kupferstich
lithography [lɪ'θɒgrəfi]	**Lithographie** (= *Verfahren*)
lithographer [lɪ'θɒgrəfə]	Lithograph(in)
lithograph ['lɪθəgrɑ:f]	**Lithographie** (= *Kunstblatt*)
etching ['etʃɪŋ]	**Ätzung; Radierung**
Rembrandt as an etcher	Rembrandt als Radierer
linocut ['laɪnəʊkʌt]	**Linolschnitt**
facsimile [fæk'sɪməli]	**Faksimile**
collage ['kɒlɑ:ʒ]	**Collage**
monotone ['mɒnətəʊn] – **duotone** ['dju:ətəʊn]	**einfarbig(es Bild)** – **zweifarbig(es Bild)**
screen [skri:n]	**Raster**
a 50-line screen	ein 50er-Raster
halftone ['hɑ:ftəʊn]	**Halbton- / Rasterbild**
(printing) block [('prɪntɪŋ) blɒk]	**Druckstock**
printing process ['prəʊses] / **method**	**Druckverfahren**
letterpress (printing) ['letəpres]	**Hochdruck** (= *Verfahren*)
offset (lithography / printing) ['ɒfset]	**Offset(druck)**
gravure (printing) [grə'vjʊə]	**Tiefdruck**

Photography
Fotografie

The camera is an instrument that teaches people how to see without a camera. (*Dorothea Lange, US photographer, 1895–1979*)

photography [fə'tɒgrəfi]	(die) **Fotografie** (*Kunst / Verfahren*)
available-light photography	Fotografieren ohne Kunstlicht bei ungünstigen Lichtverhältnissen
photographer [fə'tɒgrəfə]	**Fotograf(in)**
photo(graph) ['fəʊtəʊ / 'fəʊtəgrɑ:f]	**Foto(grafie); Aufnahme**
mount / put photos in an album ['ælbəm]	Fotos in ein Album kleben / tun
photograph something ['fəʊtəgrɑ:f]	etwas fotografieren
She doesn't photograph very well.	Sie ist nicht sehr fotogen.
photographic [fəʊtə'græfɪk]	**fotografisch; Foto-**
my photographic equipment [ɪ'kwɪpmənt]	meine Fotoausrüstung
take pictures (– took – taken) ['pɪktʃəz]	**Aufnahmen machen**
snap(shot) ['snæpʃɒt]	**Schnappschuss**
take a few snaps / snapshots	ein paar Schnappschüsse machen
This shot is overexposed [-ɪk'spəʊzd].	Diese Aufnahme ist überbelichtet.
(colour / black-and-white) **prints**	(Farb- / Schwarzweiß-)**Abzüge**
standard ['stændəd] print	Standardvergrößerung
glossy ['glɒsi] (print)	Hochglanzabzug / -vergrößerung
flash [flæʃ]	**Blitz(licht)**
I don't like to use flash.	Ich blitze nicht gern.
a flash shot	eine Blitzlichtaufnahme
camera ['kæmərə]	**Kamera; (Foto-)Apparat**
a fully automatic [ɔ:tə'mætɪk] camera	eine vollautomatische Kamera
instant ['ɪnstənt] camera	Sofortbildkamera
camera accessories [ək'sesəriz]	Kamerazubehör
(camera) body	(Kamera-)Gehäuse
lens [lenz]	**Objektiv**
change [tʃeɪndʒ] the lens	das Objektiv wechseln
mount / remove [rɪ'mu:v] the lens	das Objektiv einsetzen / abnehmen
interchangeable [ɪntə'tʃeɪndʒəbl] lenses	auswechselbare Objektive
telephoto lens [telifəʊtəʊ 'lenz]	Teleobjektiv
wide-angle lens [waɪd æŋgl 'lenz]	Weitwinkelobjektiv
single-lens reflex (camera) / SLR	einäugige Spiegelreflexkamera
lens cap [lenz 'kæp]	Objektivkappe
focal length [fəʊkl 'leŋθ]	**Brennweite**
zoom (button) [zu:m]	**Zoom(schalter)**
filter ['fɪltə]	**Filter**
load [ləʊd] **the film**	**den Film einlegen**
a film for 36 exposures [ɪk'spəʊʒəz]	ein Film für 36 Aufnahmen
speed [spi:d]	**Empfindlichkeit; Lichtstärke**
the speed of the film [fɪlm]	die Empfindlichkeit des Films
the speed of the lens [lenz]	die Lichtstärke des Objektivs

a **fast** [fɑ:st] film	ein **hochempfindlicher** Film
a fast lens [lenz]	ein lichtstarkes Objektiv
subject ['sʌbdʒɪkt]	**(Aufnahme-)Objekt / Motiv**
(view)finder ['vju:faɪndə]	**Sucher**
rangefinder ['reɪndʒfaɪndə]	**Entfernungsmesser**
focus ['fəʊkəs]	**die Entfernung einstellen**
Focusing is easy with this camera.	Die Scharfeinstellung ist bei dieser Kamera einfach.
The subject must be in focus / sharp.	Der Aufnahmegegenstand muss scharf sein.
The foreground is out of focus.	Der Vordergrund ist unscharf.
autofocus [ɔ:təʊ'fəʊkəs]	**Autofokus**
(in) **close-up** ['kləʊsʌp]	(in) **Nahaufnahme**
exposure (speed) [ɪk'spəʊʒə]	**Belichtung(szeit)**
exposure meter ['mi:tə]	Belichtungsmesser
overexposure [əʊvərɪk'spəʊʒə]	Überbelichtung
Slides are best when they're slightly underexposed.	Dias sind am besten, wenn sie etwas unterbelichtet sind.
set the **shutter speed** ['ʃʌtə spi:d]	die **(Verschluss-)Zeit** einstellen
aperture ['æpətʃə]	**Blende(nöffnung)**
set the aperture	die Blende einstellen
set the aperture to 8	die Blende auf 8 stellen
depth of field [depθ əv 'fi:ld]	**Tiefenschärfe; Schärfentiefe**
shutter / release (button) [rɪ'li:s]	**Auslöser**
Say cheese! / Smile please!	**Bitte recht freundlich!**
rewind the film (– rewound – rewound)	den Film **zurückspulen**
process ['prəʊses] / **develop** [dɪ'veləp] a film	einen Film **entwickeln**
have the exposed film processed	den belichteten Film entwickeln lassen
1 hour processing ['prəʊsesɪŋ]	Entwickeln und Vergrößern in 1 Stunde
negative ['negətɪv]	**Negativ**
enlargement / blow-up ['bləʊʌp]	**Vergrößerung**
enlarge it [ɪn'lɑ:dʒ] / **blow** it **up** to …	es auf … **vergrößern**
glossy [ɒ] **or matt** [mæt]**?**	**glänzend oder matt?**
colour slide / colour transparency [træns'pærənsi]	**Farbdia**
insert [ɪn'sɜ:t] **a new battery**	**eine neue Batterie einsetzen**
accessories [ək'sesəriz]	**Zubehör**
ever-ready case [keɪs]	**Bereitschaftstasche**
digital ['dɪdʒɪtl] **camera**	**Digitalkamera; digitale Kamera**
sensor ['sensə]	**Sensor**
(mega)pixels [('megə)pɪksl]	**(Mega-)Pixel**
a resolution of 3.2 megapixels	eine Auflösung von 3,2 Megapixeln
compress [kəm'pres] an image ['ɪmɪdʒ]	ein Bild **komprimieren**
compression [kəm'preʃn]	**Kompression; Komprimierung; Verdichtung**
store a picture / an image	ein Bild **speichern**
memory card ['meməri kɑ:d]	**Speicherkarte**

Music and dance
Musik und Tanz

People whose sensibility is destroyed by music in trains, airports, lifts cannot concentrate on a Beethoven quartet.
(*Witold Lutoslawski, Polish composer, 1913–1994*)

music ['mju:zɪk]	**Musik; Noten**
classical ['klæsɪkl] / light music	klassische / leichte Musik
I listen ['lɪsn] to music a lot.	Ich höre viel Musik.
Shall I put on some music?	Soll ich ein bisschen Musik auflegen?
a piece of music	ein Musikstück
Can you read music?	Kannst du Noten lesen?
musical ['mju:zɪkl]	**musikalisch; Musik-; Musical**
musical instrument ['ɪnstrəmənt]	Musikinstrument
I'm not very musical.	Ich bin nicht sehr musikalisch.
musician [mju'zɪʃn]	**Musiker(in)**
muzak ['mju:zæk]	**Musikberieselung** (*in Kaufhäusern etc.*)
sing (– sang – sung) – **singer** ['sɪŋə]	**singen** – **Sänger(in)**
singing ['sɪŋɪŋ]	**Singen; Gesang**
He takes singing lessons.	Er nimmt Gesangstunden.
I'm afraid I've a poor singing voice.	Leider kann ich nicht gut singen.
song [sɒŋ]	**Lied; Song; Chanson**

„Text": *the words of a song* (= der Text eines Liedes), *the lyrics* ['lɪrɪks] *of a pop song* (= der Text eines Schlagers), *the libretto* [lɪ'bretəʊ] *of an opera* ['ɒprə] (= der Text einer Oper).

chorus ['kɔ:rəs]	(*Oper, Oratorium*) **Chor; Refrain**
the final chorus of Beethoven's Ninth Symphony ['sɪmfəni]	der Schlusschor von Beethovens Neunter Sinfonie
(church / school) **choir** ['kwaɪə]	(Kirchen- / Schul-)**Chor**
soprano [sə'prɑ:nəʊ] – **contralto** [kən'træltəʊ]	**Sopran** – **Alt**
tenor ['tenə] – **bass** [beɪs]	**Tenor** – **Bass**
tune [tju:n] / **melody** ['melədi]	**Melodie**
You can sing it to the tune / melody of "Greensleeves".	Man kann es nach der Melodie von „Greensleeves" singen.
sing in tune / out of tune	richtig / falsch singen
The piano [pi'ænəʊ] is out of tune.	Das Klavier ist verstimmt.
play (the piano / the violin [vaɪə'lɪn])	(Klavier / Geige) **spielen**
He played it to me on the piano.	Er spielte es mir auf dem Klavier vor.
pianist ['pɪənɪst]	**Pianist(in)**
accompany [ə'kʌmpəni]	(instrumental) **begleiten**
He accompanied her on the piano.	Er begleitete sie auf dem Klavier.
composer [kəm'pəʊzə]	**Komponist(in)**
composition [kɒmpə'zɪʃn]	**Komposition;** (das) **Komponieren**
arrangement [ə'reɪndʒmənt]	**Arrangement; Bearbeitung**
orchestra ['ɔ:kɪstrə]	**Orchester**
chamber ['tʃeɪmbə] orchestra / music	Kammerorchester / -musik

band [bænd]	**Kapelle; Band**
brass band [brɑ:s 'bænd]	Blaskapelle
conductor [kən'dʌktə]	**Dirigent(in)**
conduct [kən'dʌkt] a concert	ein Konzert **dirigieren**
the Berlin Philharmonic [fɪlɑ:'mɒnɪk] conducted by Sir Simon Rattle	die Berliner Philharmoniker unter der Leitung von Sir Simon Rattle
concert ['kɒnsət]	**Konzert** (= *Veranstaltung*)
We were at a concert.	Wir waren in einem Konzert.
concerto [kən'tʃɜ:təʊ]	**Konzert** (= *Komposition*)
Beethoven's violin [vaɪə'lɪn] concerto	Beethovens Violinkonzert
sonata [sə'nɑ:tə]	**Sonate**
string quartet [strɪŋ kwɔ:'tet]	**Streichquartett**
overture ['əʊvətjʊə]	**Ouvertüre**

***Notes* (= Noten):** *semibreve* ['semibri:v] BE / AE *whole note* (= ganze Note) • *minim* BE / AE *half note* (= halbe Note) • *crotchet* BE / AE *quarter note* (= Viertelnote) • *quaver* [eɪ] BE / AE *eighth note* (= Achtelnote).

a (whole / half) **tone** [təʊn]	ein (ganzer / halber) **Ton**
pitch [pɪtʃ]	**Tonhöhe / -lage; Stimmlage**
She has perfect pitch.	Sie hat das absolute Gehör.
chord [kɔ:d] – **harmony** ['hɑ:məni]	**Akkord – Harmonie**

„Takt": Takt als „Einheit" ist *bar: He just played the first few bars.* (= Er spielte nur die ersten Takte.) Als rhythmisches Element ist Takt *time* oder *beat* (= Taktschlag): *in three-four time* (= im Dreivierteltakt), *stay in time* (= im Takt bleiben), *lose the beat* (= aus dem Takt kommen), *beat time* (= den Takt schlagen). – Rhythmus ist *rhythm* ['rɪðm].

scale [skeɪl]	**Tonleiter**
the scale of C	die C-Dur-Tonleiter
major ['meɪdʒə] – **minor** ['maɪnə]	**Dur – Moll**
in a major / minor key [ki:]	in einer Dur- / Molltonart

***Keys* (= Tonarten):** *C major* (= C-Dur) • *C minor* (= c-Moll) • *C sharp minor* (= cis-Moll) • *E flat major* (= Es-Dur) • *F sharp minor* (= fis-Moll). Dis / dis wäre entsprechend *D sharp*; Des / des dagegen *D flat*. Beachten Sie besonders: *B flat major* (= B-Dur) – *B minor* (= h-Moll).

dance [dɑ:ns]	**Tanz(-); tanzen**
She loved dancing the waltz [wɔ:ls].	Sie tanzte furchtbar gern Walzer.
dance band – dance floor	Tanzkapelle – Tanzfläche
dance studio / school	Tanzstudio / -schule
dancer ['dɑ:nsə]	**Tänzer(in)**
dancing ['dɑ:nsɪŋ]	**Tanzen; Tanz-**
tap dancing – tap dancer	Steppen – Stepptänzer(in)
Sometimes we went dancing.	Manchmal sind wir tanzen gegangen.
ballet ['bæleɪ]	(das) **Ballett**

Theatre and cinema

Theater und Film

You need three things in the theatre – the play, the actors, and the audience, and each must give something. (*Kenneth Haigh, British actor, born in 1929*)

theatre ['θɪətə]	**Theater**
go to the theatre	ins Theater gehen

Als *fringe* [frɪndʒ] *theatre* (AE *off-off-Broadway theater*) bezeichnet man experimentelles, avantgardistisches Theater, das sich an ein jugendliches, oft studentisches Publikum wendet – deutsch Off-Theater.

cinema *BE* / *AE* **movie theater**	**Kino**
(film / movie ['mu:vi]) **star**	(Film-)**Star**
a film / movie starring / featuring Hugh [hju:] Grant	ein Film mit Hugh Grant (in der Hauptrolle)
film / **movie** / **motion picture**	**(Kino-)Film**
The film's still showing at the Plaza.	Im Plaza läuft der Film noch.
We went to the movies ['mu:viz].	Wir sind ins Kino gegangen.
feature film ['fi:tʃə fɪlm]	Spielfilm
filmgoer / moviegoer	Kinogänger(in)
the film / motion-picture industry	die Filmindustrie
the screen [skri:n]	**die Leinwand; der Film; das Kino**
adapt [ə'dæpt] a novel for the screen	einen Roman für den Film bearbeiten
write for the screen (– wrote – written)	für den Film / das Fernsehen schreiben
screenplay / script [skrɪpt]	(*Film*) Drehbuch
screen a film / movie	einen Film zeigen / vorführen
dub [dʌb] a film / movie	einen Film **synchronisieren**
I'd rather watch a film with subtitles than one that's been dubbed.	Ich sehe mir lieber einen Film mit Untertiteln an als einen, der synchronisiert ist.
show [ʃəʊ]	**Show; Aufführung; Vorstellung**
We're going to a show tomorrow.	Morgen gehen wir in eine Show.
performance [pə'fɔ:məns]	**Aufführung; Vorstellung**
The performance was well attended.	Die Vorstellung war gut besucht.
the first night / first performance	die Uraufführung
premiere ['premieə]	**Premiere; Ur- / Erstaufführung**
The premiere was a flop.	Die Uraufführung war ein Reinfall.
matinée ['mætɪneɪ]	**Matinee;** (*nachmittags*) **Frühvorstellung**
We've got tickets for the matinée.	Wir haben Karten für die Nachmittagsvorstellung.
box office ['bɒks ɒfɪs]	**(Theater- / Kino-)Kasse**
seat [si:t]	**(Sitz-)Platz**
two seats in the front stalls [stɔ:lz]	zwei Plätze vorne im Parkett
Are there any seats left for tonight?	Gibt's noch Karten für heute Abend?
row [rəʊ]	**Reihe**
What row are we in?	In welcher Reihe sitzen wir?

programme ['prəʊgræm]	**Programm**
produce – production [prə'dʌkʃn]	**inszenieren – Inszenierung**
a well-produced [prə'dju:st] play	ein gut inszeniertes Stück
(not) a very convincing production	(k)eine sehr überzeugende Inszenierung
director [də'rektə]	**(Film- / Theater-)Regisseur(in)**
directed by Steven Spielberg	Regie Steven Spielberg
the stage [steɪdʒ]	**die Bühne; das Theater**
She went on the stage.	Sie ging zur Bühne / zum Theater.
the scenery ['si:nəri]	**die Bühnendekoration / Kulissen**
Scenery was limited to a few props.	Das Bühnenbild beschränkte sich auf ein paar Requisiten.
costume ['kɒstju:m]	**Kostüm**
play [pleɪ]	**spielen; (Theater-)Stück**
the plays of Shakespeare ['ʃeɪkspɪə]	die Dramen Shakespeares
The play is set in post-war Rome.	Das Stück spielt im Nachkriegs-Rom.
What is the play about?	Wovon handelt das Stück?
What film is playing at the Odeon?	Was für ein Film läuft im Odeon?
playwright ['pleɪraɪt]	**Stückeschreiber(in); Dramatiker(in)**
thriller ['θrɪlə]	(*Buch / Film*) **Thriller, Krimi, Reißer**
Act 1, Scene 3 [si:n]	**1. Akt, 3. Szene / Auftritt**
plot [plɒt]	**Handlung**
The plot is as follows: …	Die Handlung ist folgendermaßen: …
action ['ækʃn]	**Handlung; Action**
The action of the play takes place in …	Das Stück spielt in …
There's not much action in the play.	In dem Stück passiert nicht viel.
theme [θi:m]	**Thema**
character (in a play) ['kærəktə]	**(handelnde) Person (in einem Stück)**
character actress ['æktrəs] / part	Charakterdarstellerin / -rolle
hero ['hɪərəʊ] – **villain** ['vɪlən]	**Held – Schurke**
monologue ['mɒnəlɒg] / **soliloquy**	**Monolog**
Hamlet's famous soliloquy [sə'lɪləkwi]	Hamlets berühmter Monolog
actor ['æktə] – **actress** ['æktrəs]	**Schauspieler – Schauspielerin**
the cast [kɑ:st]	**die Besetzung / Mitwirkenden**
Who's in the cast / in it?	Wer spielt mit?
part [pɑ:t]	**Rolle**
play the part of the villain ['vɪlən]	die Rolle des Schurken spielen
act [ækt]	(*eine Rolle*) **spielen; schauspielern**
She acts the part convincingly [-'vɪns-].	Sie spielt die Rolle überzeugend.
The acting was excellent ['eksələnt].	Man sah hervorragende schauspielerische Leistungen.
the audience ['ɔ:diəns]	**das Publikum; die Zuschauer**
The audience was / were enthusiastic.	Das Publikum war begeistert.
applause [ə'plɔ:z]	**Applaus; Beifall; Klatschen**
critic ['krɪtɪk]	**(Theater- / Film-)Kritiker(in)**
a review [rɪ'vju:]	**eine Kritik / Besprechung**
hit [hɪt] – **flop** [flɒp]	**Erfolg – Reinfall**
a smash hit – a total ['təʊtl] flop	ein Riesenerfolg – ein totaler Reinfall
an Academy Award [əkædəmi ə'wɔ:d] / **an Oscar**	**ein Oscar** (*Filmpreis*)
He won [ʌ] / received an Oscar for …	Er bekam / erhielt einen Oscar für …

Architecture
Architektur

The physician can bury his mistakes, but the architect can only advise his client to plant vines. (*Frank Lloyd Wright, US architect, 1867–1959*)

architect ['ɑ:kɪtekt]	**Architekt(in)**
the (architect's) **client** ['klaɪənt]	der / die **Bauherr(in)**
architecture ['ɑ:kɪtektʃə]	(die) **Architektur**
architectural [ɑ:kɪ'tektʃərəl]	**architektonisch**
architectural style [staɪl]	Baustil

***Styles of architecture* (= Baustile)**
art deco [ɑ:t 'dekəʊ] • *art nouveau* [ɑ:t nu:'vəʊ] (= Jugendstil) • *baroque* [bə'rɒk] (= Barock) • *Bauhaus* ['baʊhaʊs] • *Colonial* [kə'ləʊniəl] (= amerik. Kolonialstil des 17.–18. Jahrhunderts) • *Edwardian* [ed'wɔ:diən] (= aus der Regierungszeit Edward VII., 1901–10) • *Georgian* ['dʒɔ:dʒən] (= aus der Regierungszeit George I., II., III., IV., 1714–1830) • *Gothic* ['gɒθɪk] (= gotisch) • *Gothic Revival* [rɪ'vaɪvl] / *neo-Gothic* [ni:əʊ'gɒθɪk] (= neugotisch) • *neoclassical* [ni:əʊ'klæsɪkl] (= klassizistisch) • *postmodern* [pəʊst'mɒdn] (= spätes 20. Jahrhundert) • *Regency* ['ri:dʒənsi] (= Regencystil 1811–20) • *Renaissance* [rɪ'neɪsns] • *Romanesque* [rəʊmə'nesk] (= romanisch) • *Tudor* ['tju:də] (= Tudorstil 1485–1558) • *Victorian* [vɪk'tɔ:riən] (= aus der Regierungszeit Victorias, 1837–1901)

design [dɪ'zaɪn]	**Entwurf; Gestaltung; entwerfen**
the designs for the new building	die Entwürfe für das neue Gebäude
Wright designed the Guggenheim [ʊ] Museum in New York.	Wright entwarf / gestaltete / schuf das Guggenheim Museum in New York.
win a competition (– won – won) [kɒmpə'tɪʃn]	**einen Wettbewerb gewinnen**
planning ['plænɪŋ]	(die) **Planung**
in / at the planning stage [steɪdʒ]	im Planungsstadium
planning permission [pə'miʃn]	(die) **Baugenehmigung**
Planning permission was granted [ɑ:].	Die Baugenehmigung wurde erteilt.
the planners ['plænəz]	**die Planer**
blueprint ['blu:prɪnt]	**Plan; Entwurf**
ground plan ['graʊnd plæn]	**Grundriss**
build [bɪld] (– built [bɪlt] – built)	**bauen**
building ['bɪldɪŋ]	**Gebäude; Bau(-);** (das) **Bauen**
building materials [mə'tɪəriəlz]	Baumaterialien / -stoffe
building operations [ɒpə'reɪʃnz]	Baumaßnahmen
building / construction work [wɜ:k]	Bauarbeiten
the building plans [plænz]	die Baupläne
building site [saɪt]	Baustelle
(master) builder ['bɪldə]	**Baumeister**
construct [kən'strʌkt] – **construction**	**bauen – Bau**
(the) construction of the bridge	der Bau / das Bauen der Brücke
the construction industry ['ɪndəstri]	die Bauindustrie

construction time [kən'strʌkʃn] — (die) Bauzeit
The building is still under construction. — Das Gebäude ist noch in Bau.
steel skeleton ['skelɪtn] construction — Stahlskelettbauweise
structural ['strʌktʃərəl] — **Bau-; baulich; statisch**
The building is structurally sound. — Die Bausubstanz ist in Ordnung.
(property) developer [dɪ'veləpə] — (*etwa*) **Grundstücksspekulant(in)**
(building) contractor [kən'træktə] — **Bauunternehmer / -unternehmung**
house [haʊs] *Pl.* houses ['haʊzɪz] — **Haus**
facade [fə'sɑːd] — **Fassade**
wall [wɔːl] — **Wand; Mauer**
window ['wɪndəʊ] — **Fenster**
masonry ['meɪsnri] — **Mauerwerk**
brick [brɪk] — **Ziegelstein; Backstein**
stone – **stucco** ['stʌkəʊ] – **glass** — **Stein – Stuck – Glas**
mortar ['mɔːtə] — **Mörtel**
(reinforced) concrete [(riːɪnfɔːst) 'kɒŋkriːt] — **(Stahl-)Beton**
prefabricated [priː'fæbrɪkeɪtɪd] — **in Fertigbauweise errichtet**
tower ['taʊə] — **Turm**
tower block ['taʊə blɒk] *BE* — Hochhaus
(triumphal) **arch** [(traɪʌmfl) 'ɑːtʃ] — (Triumph-)**Bogen**
(Corinthian / Doric) **column** [(kə'rɪnθiən / 'dɒrɪk) 'kɒləm] — (korinthische / dorische) **Säule**
pillar ['pɪlə] — **Pfeiler; Stütze**

***Church architecture* (= Kirchenarchitektur)**
nave (= Haupt- / Mittel- / Längsschiff) • *transept* ['trænsept] (= Querschiff) • *chancel* ['tʃɑːnsl] (= Altarraum / Chor) • *aisle* [aɪl] (= Seitenschiff) • *dome* (= Kuppel) • *steeple* (= spitzer Kirchturm) • *spire* (= Turmspitze)

"It was designed by a famous architect."

Literature
Literatur

Great literature is simply language charged with meaning to the utmost possible degree. (*Ezra Pound, US poet, 1885–1972*)

literature ['lɪtrətʃə]	(die) **Literatur**
literary ['lɪtərəri]	**literarisch**
literary criticism ['krɪtɪsɪzm]	Literaturkritik / -wissenschaft
literary history / history of literature	Literaturgeschichte
literary genre [lɪtərəri 'ʒɑːnrə]	Literaturgattung
narrative ['nærətɪv]	**erzählend; Erzähl-; Erzählung**
first-person narrator [nə'reɪtə]	Ich-Erzähler(in)
fiction ['fɪkʃn]	**Erzähl- / Romanliteratur; Belletristik**

Kinds of fiction **(= Arten von Erzählliteratur)**
novel [ɒ] (= Roman) • *historical novel* (= historischer Roman) • *Gothic* [ɒ] *novel* (= Schauerroman) • *detective novel* (= Kriminalroman) • *detective story* (= Detektivgeschichte) • *whodunit* [huː'dʌnɪt] (= Krimi) • *thriller / cliffhanger* (= Thriller) • *novella* [nə'velə] (= Novelle) • *short story* [ʃɔːt 'stɔːri] (= Kurzgeschichte) • *short short story* • *anecdote* ['ænɪkdəʊt] (= Anekdote) • *light fiction* (= Trivialliteratur) • *science fiction* (= wissenschaftlich-utopische Literatur) • *pulp fiction* (= Schundliteratur) • *pulp novel* (= Schundroman) • *penny dreadful* BE (= Groschenheft)

fairy tale – **folk tale** ['fəʊk teɪl]	**Märchen**
Grimm's fairy tales ['feəri teɪlz]	Grimms Märchen
legend ['ledʒənd]	**Legende; Sage**
biography [baɪ'ɒgrəfi]	**Biografie; Lebensbeschreibung**
autobiography [ɔːtəbaɪ'ɒgrəfi]	Autobiografie
biographer [baɪ'ɒgrəfə]	Biograf(in)
(auto)biographical [(ɔːtə)baɪə'græfɪkl]	(auto)biografisch
diary ['daɪəri]	**Tagebuch**
an **essay** on … ['eseɪ]	ein **Essay** über …
drama ['drɑːmə]	(das) **Drama**
the development of modern drama	die Entwicklung des modernen Dramas
comedy ['kɒmədi] – **tragedy** ['trædʒ-]	**Komödie** – **Tragödie**
comic ['kɒmɪk] – tragic ['trædʒɪk]	komisch – tragisch
comic relief [kɒmɪk rɪ'liːf]	befreiende Komik
satire ['sætaɪə] – **satirical** [sə'tɪrɪkl]	**Satire** – **satirisch**
parody ['pærədi]	**Parodie**
prose [prəʊz]	(die) **Prosa; Prosa-**
lyric poet [lɪrɪk 'pəʊɪt] – **lyric poetry**	**Lyriker(in)** – (die) **Lyrik**
poetry ['pəʊətri]	(die) **Lyrik** / **(Vers-)Dichtung**
an anthology [æn'θɒlədʒi] of modern poetry	eine Anthologie moderner Lyrik
epic ['epɪk]	**Epos; episch**
epic poetry [epɪk 'pəʊətri]	(die) Epik

Kinds of poetry (= Arten von Lyrik)
poem (= Gedicht) • *occasional poem* (= Gelegenheitsgedicht) • *ballad* ['bæləd] (= Ballade) • *sonnet* ['sɒnɪt] (= Sonett) • *limerick* ['lɪmərɪk] (= witziges fünfzeiliges Gedicht, Reimschema aabba)

refrain [rɪ'freɪn] / **chorus** ['kɔ:rəs]	**Refrain**
verse [vɜ:s]	**Vers; Strophe; Gedichte; Poesie**
written in verse	in Versform
(the first / final) **stanza** ['stænzə]	(die erste / letzte) **Strophe**
rhyme [raɪm]	**Reim; (sich) reimen**
"Kind" rhymes with "find".	"Kind" reimt sich auf "find".
rhyme scheme [ski:m] / **pattern**	**Reimschema**
metre ['mi:tə]	**Metrum; Versmaß**
poet ['pəʊɪt] – **poetic** [pəʊ'etɪk]	**Dichter(in) – dichterisch / poetisch**
Poet Laureate *BE*	Hofdichter(in)
writer ['raɪtə]	**Schriftsteller(in)**
author ['ɔ:θə]	**Autor(in); Verfasser(in)**
novelist ['nɒvəlɪst]	**Romanautor(in)**
interpretation [ɪntɜ:prɪ'teɪʃn]	**Interpretation; Auslegung**
interpret [ɪn'tɜ:prɪt] a text	einen Text interpretieren
content ['kɒntent] **and form**	**Inhalt und Form**
(deep) structure ['strʌktʃə]	**(Tiefen-)Struktur**
plot – **subplot** ['sʌbplɒt]	**Handlung – Nebenhandlung**
setting ['setɪŋ]	**Schauplatz; Zeit und Ort der Handlung**
atmosphere ['ætməsfɪə]	**Atmosphäre**
local colour [ləʊkl 'kʌlə]	**Lokalkolorit**
point of view [pɔɪnt əv 'vju:]	**Erzählperspektive**
stage directions ['steɪdʒ dərekʃnz]	**Bühnenanweisungen**
flashback ['flæʃbæk]	**Rückblende**
suspense [sə'spens]	**Spannung**
climax ['klaɪmæks]	**Höhepunkt**
surprise [sə'praɪz] **ending**	**überraschender Schluss**
a **rhetorical device** [rɪtɒrɪkl dɪ'vaɪs]	ein **rhetorisches Mittel**
imagery ['ɪmɪdʒəri]	**Bilder(sprache); Metaphorik**
metaphor ['metəfə]	**Metapher**
use a word metaphorically [-'fɒrɪkli]	ein Wort metaphorisch gebrauchen
irony ['aɪrəni]	(die) **Ironie**
pun [pʌn]	**(ein) Wortspiel (machen)**
bowdlerize ['baʊdləraɪz] a book	ein Buch **von (angeblich) anstößigen Stellen befreien**
plagiarize ['pleɪdʒə-] – **plagiarism**	**plagiieren – Plagiat**
He's been accused of plagiarism.	Man hat ihn des Plagiats beschuldigt.
romantic [rəʊ'mæntɪk]	**romantisch; Romantiker(in)**

Literary -isms (= literarische „Ismen")
romanticism [-'mæn-] (= Romantik) • *realism* (= Realismus) • *naturalism* (= Naturalismus) • *expressionism* [ɪk'spreʃənɪzm] (= Expressionismus)

Leisure and recreation
Freizeit und Erholung

1 **Holidays**
Feiertage und Urlaub

2 **Festive occasions**
Festliche Anlässe

3 **Socializing**
Gesellschaftlicher Umgang

4 **Entertainments**
Vergnügungen

5 **Travel and tourism**
Reisen und Tourismus

6 **Accommodation**
Unterkunft

7 **Shopping**
Einkaufen

8 **Sports**
Sport

9 **Hobbies**
Hobbys

10 **Drinking and smoking**
Trinken und Rauchen

Holidays
Feiertage und Urlaub

Term, holidays, term, holidays, till we leave school, and then work, work, work till we die. (*C.S. Lewis, British writer, 1898–1963*)

holiday ['hɒlədeɪ]	**Feiertag; Urlaub**
bank holiday *BE* / *AE* legal [iː] holiday	(gesetzlicher) Feiertag
God Friday is a public holiday.	Karfreitag ist ein (gesetzlicher) Feiertag.
Are you here on business ['bɪznəs]? – No, on holiday.	Sind Sie geschäftlich hier? – Nein, auf Urlaub.
holidays ['hɒlədeɪz] *Pl.*	*BE* **Ferien**
What are you doing in the summer holidays?	Was machst du in den Sommerferien?
vacation [və'keɪʃn]	*AE* **Urlaub / Ferien**
Dr Gore is on vacation.	Herr Dr. Gore ist auf / in Urlaub.
The summer vacation starts on July 28.	Die Sommerferien beginnen am 28. Juli.
leave [liːv]	**Urlaub**
Captain Brown is on leave.	Hauptmann Brown ist auf Urlaub.
She's been on sick leave for two weeks.	Sie ist seit zwei Wochen krankgeschrieben.
break [breɪk]	**Pause; Unterbrechung**
I think we ought [ɔːt] to have / take a break.	Ich denke, wir sollten mal (eine) Pause machen.
They've gone [gɒn] away for a weekend break.	Sie sind übers Wochenende verreist.
The children are still at break.	Die Kinder sind noch in der Pause.
have time off [taɪm 'ɒf]	**frei haben**
I'm going to take some time off.	Ich werde mir etwas frei nehmen.
Why don't you take a day off?	Warum nehmen Sie sich nicht einen Tag frei?
We were given a day off from school.	Wir bekamen einen Tag schulfrei.
weekend [wiːk'end]	**Wochenende**
We usually meet at the / *AE auch* on the weekend.	Meist sehen wir uns am Wochenende.
We're going to be away for the weekend.	Wir sind übers Wochenende weg / verreist.

Important [ɪm'pɔːtnt] ***holidays* (= wichtige Feiertage)**
New Year's Eve [iːv] (= Silvester), *New Year's Day* (= Neujahr)
Easter (= Ostern): *Good Friday* (= Karfreitag), *Easter Sunday* (= Ostersonntag), *Easter Monday* (= Ostermontag)
May Day (= Maifeiertag – 1. Mai) / AE *Labor* ['leɪbə] *Day* (= Tag der Arbeit – erster Montag im September)
Whitsun ['wɪtsn] (= Pfingsten): *Whit Sunday* (= Pfingstsonntag), *Whit Monday* (= Pfingstmontag)
Independence [ɪndɪ'pendəns] *Day* AE (= Unabhängigkeitstag – 4. Juli, bedeutendster nationaler Feiertag der USA)

Election [ɪ'lekʃn] *Day* AE (= Wahltag – erster Dienstag nach dem ersten Montag im November; an diesem Tag finden in den USA in jedem geraden Jahr Wahlen zum Kongress und in jedem zweiten geraden Jahr Präsidentschaftswahlen statt)
Thanksgiving Day AE (= Erntedanktag – am 4. Donnerstag im November)
Christmas ['krɪsməs] (= Weihnachten): *Christmas Eve* (= Heiligabend), *Christmas Day* (= 1. Weihnachtstag), *Boxing Day* BE (= 1. Wochentag nach *Christmas Day*)
→ Seite 236: *Poppy Day / Remembrance Day*

Christmas ['krɪsməs]	**Weihnachten;** (das) **Weihnachtsfest**
Merry / Happy Christmas!	Frohe / Fröhliche Weihnachten!
We wish you a merry / happy Christmas.	Wir wünschen euch ein frohes / schönes Weihnachtsfest.
Did you have a good / nice Christmas?	Hattet ihr schöne Weihnachten?
What did you get for Christmas?	Was hast du zu Weihnachten bekommen?

"Why don't you take a day off?"

Festive occasions
Festliche Anlässe

That everyone should eat and drink and enjoy himself, in return for all his labours, is a gift of God. (*The Bible*)

celebration [selə'breɪʃn]	**Feier; Feierlichkeit**
The victory was cause for celebration.	Der Sieg war Grund zum Feiern.
Weddings are marked by celebration.	Hochzeiten werden feierlich begangen.
celebrate ['seləbreɪt]	**feiern; begehen**
celebrate a birthday / an anniversary	einen Geburtstag / ein Jubiläum feiern
ceremony ['serəməni]	**Zeremonie; Feier**
the opening ceremony	die Eröffnungsfeier
the wedding ceremony	die feierliche Trauung / Trauzeremonie
festivity [fe'stɪvəti]	**Feier**
public and private festivities	öffentliche und private Festlichkeiten
festival ['festɪvl]	**Fest(ival); Festspiele; Festwoche(n)**
the Berlin Film Festival	die Berliner Filmfestspiele
an international sports festival	ein internationales Sportfest
feast [fi:st]	**Festessen; Festmahl**
a wedding feast	ein Hochzeitsmahl
carnival ['kɑ:nɪvl]	**Volksfest; Karneval**
Rio was celebrating carnival just then.	Rio feierte damals gerade Karneval.
parade [pə'reɪd]	**Parade; Umzug**
victory parade – farewell parade	Siegesparade – Abschiedsparade
a ticker-tape parade	eine Konfettiparade
birthday ['bɜ:θdeɪ]	**Geburtstag**
He had a birthday yesterday.	Er hatte gestern Geburtstag.
What are you giving her for her birthday?	Was schenkst du ihr zum Geburtstag?
Many happy returns (of the day)!	Herzlichen Glückwunsch zum Geburtstag!
anniversary [ænɪ'vɜ:sri]	**Jahrestag**
We're celebrating our fiftieth anniversary.	Wir feiern unser fünfzigjähriges Jubiläum / Bestehen.
on their tenth wedding anniversary	an / zu ihrem zehnten Hochzeitstag
the tenth anniversary of her death	ihr zehnter Todestag
jubilee ['dʒu:bɪli:]	**Jubiläum**
Queen Elizabeth's Silver Jubilee in 1977	Königin Elisabeths silbernes Thronjubiläum 1977
silver wedding – golden wedding	**Silberhochzeit – Goldhochzeit**
They've just celebrated their golden wedding.	Sie haben gerade ihre goldene Hochzeit gefeiert.
a red-letter day [red 'letə deɪ]	**ein besonderer Tag**
The day we moved into our own home was a red-letter day for us.	Der Tag, an dem wir ins eigene Heim einzogen, war ein besonderer Tag für uns.

Socializing
Gesellschaftlicher Umgang

Show me your company, and I'll tell you who you are. (*Proverb*)

company ['kʌmpəni]	**Gesellschaft; Umgang**
Her niece [ni:s] keeps her company.	Ihre Nichte leistet ihr Gesellschaft.
the people he keeps company with	die Leute, mit denen er verkehrt
She's good company.	Es ist schön, mit ihr zusammen zu sein.
Oh, you're expecting company?	Ach, du erwartest wohl Besuch?
visit ['vɪzɪt]	**Besuch; besuchen**
We were planning to pay you a visit.	Wir hatten vor, dich zu besuchen.
We had a visit from him last summer.	Er war vorigen Sommer bei uns zu Besuch.
I'm going on a visit to Brighton.	Ich fahre nach Brighton zu Besuch.
She regularly visits her old aunt.	Sie besucht regelmäßig ihre alte Tante.
call on [kɔ:l]	**besuchen; aufsuchen**
May I call on you the next time I'm in town?	Darf ich Sie aufsuchen, wenn ich das nächste Mal in der Stadt bin?
get together [get tə'geðə]	**zusammenkommen; sich treffen**
We get together regularly ['regjʊləli] to discuss things.	Wir treffen uns regelmäßig, um alles zu bereden.
get-together ['get təgeðə]	**Zusammenkunft; Treffen**
We have a get-together every two weeks.	Wir treffen uns alle vierzehn Tage.
go out with someone	**mit jemand (aus)gehen**
He used to ['ju:stə] go out with her.	Sie war mal seine Freundin.
date [deɪt]	**Verabredung;** *AE auch* **Freund(in)**
I have a date with Bill.	Ich bin mit Bill verabredet.
The girls were talking about their dates.	Die Mädchen unterhielten sich über ihre Freunde.
Is she still dating him? *AE*	Geht sie noch mit ihm?
party ['pɑ:ti]	**Party**
give / have / throw [θrəʊ] a party	eine Party geben / machen
gatecrash a party	uneingeladen zu einer Party kommen
They had a big party to celebrate ['seləbreɪt] the win.	Sie feierten den Sieg mit einer großen Party.
Were you at June's New Year's party?	Warst du auf Junes Silvesterparty?
In London we did a lot of partying.	In London waren wir viel auf Partys.
housewarming (party)	**Einzugsparty**
We're having our housewarming on Saturday.	Am Samstag feiern wir unseren Einzug.
reunion [ri:'ju:niən]	**Treffen; Zusammenkunft**
class / family reunion	Klassen- / Familientreffen
dance [dɑ:ns]	**Tanzveranstaltung / -abend / -party**
There's a dance at the club tonight.	Im Klub wird heute Abend getanzt.
May I have the next dance?	Darf ich (Sie um den nächsten Tanz) bitten?

ball [bɔːl] — **Ball**
have / organize ['ɔːgənaɪz] a ball — einen Ball veranstalten
We're going to a ball tonight. — Wir gehen heute Abend auf einen Ball.

reception [rɪ'sepʃn] — **Empfang**
a reception in honour of the president — ein Empfang zu Ehren des Präsidenten

attend [ə'tend] a reception — an einem Empfang teilnehmen
host [həʊst] – **hostess** ['həʊstəs] — **Gastgeber – Gastgeberin**
hospitality [hɒspɪ'tæləti] — **Gastfreundschaft**
We appreciate [ə'priːʃieɪt] your hospitality. — Wir sind Ihnen für Ihre Gastfreundschaft dankbar.
entertain [entə'teɪn] — **bewirten; einladen**
We often entertain people to dinner. — Wir haben oft Gäste zum Essen.
They do a lot of entertaining. — Sie haben häufig Gäste.
guest [gest] — **Gast**
We have invited [ɪn'vaɪtɪd] six guests. — Wir haben sechs Gäste eingeladen.
The guest of honour is served first. — Der Ehrengast wird zuerst bedient.
If you want to use my phone, be my guest. — Wenn Sie mein Telefon benutzen wollen – bitte!
toast [təʊst] — **Toast; Trinkspruch**
They drank a toast to the bride and groom. — Man trank (einen Toast) auf das Brautpaar.

Common **['kɒmən]** ***toasts*** **(= gebräuchliche Trinksprüche)**
Health! [helθ] / *Your health!* / *To your health!* (= Auf Ihr / dein Wohl!)
Cheers! [tʃɪəz] (= Prost! / Prosit! / Zum Wohl!)
Here's to you! / *Here's looking at you!* (= Auf dein Wohl!)
Here's to our collaboration [kəlæbə'reɪʃn] / *your new job!* (= Auf unsere Zusammenarbeit / deinen neuen Job!)

"May I have the next dance?"

Entertainments
Vergnügungen

→ 11.5 Theatre and cinema

Hell is populated with the victims of harmless amusements. (*Proverb*)

circus ['sɜ:kəs]	**Zirkus**
Every circus has a clown [klaʊn].	Jeder Zirkus hat einen Clown.
busker ['bʌskə]	**Straßenmusikant(in)**
Busking prohibited [prə'hɪbɪtɪd]	Musizieren verboten
band [bænd]	**Kapelle; Band**
They've got a live [laɪv] band there.	Die haben da eine richtige Kapelle.
dance [dɑ:ns]	**Tanz; tanzen**
We're going dancing. / We're going to a dance.	Wir gehen tanzen.
There's disco ['dɪskəʊ] dancing on Saturday nights.	Samstagabends ist Disko.
nightclub ['naɪtklʌb] / **nightspot**	**Nachtlokal; Nachtklub**
They watched the floor show at a nightclub.	Sie sahen sich die Show in einem Nachtklub an.
casino [kə'si:nəʊ]	**(Spiel-)Kasino; Spielbank**
Las Vegas is famous / notorious [nəʊ'tɔ:riəs] for its gambling casinos.	Las Vegas ist wegen seiner Spielkasinos berühmt / berüchtigt.
contest ['kɒntest]	**(Wett-)Kampf; Wettbewerb**
beauty ['bju:ti] contest	Schönheitswettbewerb
fair [feə]	**(Jahr-)Markt; Volksfest**
funfair *BE* / *AE* amusement park	Jahrmarkt; Kirmes
merry-go-round / **roundabout**	**Karussell**
We had a ride on the merry-go-round.	Wir sind Karussell gefahren.

***Funfair attractions* (= Jahrmarktsattraktionen)**
the Ferris ['ferɪs] *wheel* / BE *the Big Wheel* (= das Riesenrad) • *roller coaster* (= Achterbahn) • *shooting gallery* ['gæləri] (= Schießstand / Schießbude) • *sideshows* (= Nebenattraktionen / Schaubuden)

theme park ['θi:m pɑ:k]	(thematisch gestalteter) **Freizeitpark**
Disneyland is a theme park.	Disneyland ist ein Vergnügungspark.
show [ʃəʊ]	**Schau**
fashion show ['fæʃn ʃəʊ]	Mode(n)schau
Punch-and-Judy show [pʌnʃ n 'dʒu:di]	Kasperletheater
puppet show ['pʌpɪt ʃəʊ]	Puppenspiel; Marionettenspiel
wax museum / **waxworks (museum)** [wæks]	**Wachsfigurenkabinett**
Madame Tussaud's [tə'sɔ:dz] waxworks museum is one of London's main tourist attractions.	Madame Tussauds Wachsfigurenkabinett gehört zu Londons Haupttouristenattraktionen.
race [reɪs]	**Rennen; Lauf**
They often go to the races ['reɪsɪz].	Sie gehen oft zum Pferderennen.

5 Travel and tourism

Reisen und Tourismus

→ 19 Means of transport

Travel broadens the mind. (*Proverb*)

travel ['trævl]	**reisen; Reisen**
travel (a)round the country	im Land herumreisen
go to the travel agent's / agency	zum Reisebüro gehen
travel brochures ['brəʊʃəz]	Reiseprospekte
tourist ['tʊərɪst]	**Tourist(in)**
The island ['aɪlənd] lives off tourists / on tourism.	Die Insel lebt von den Touristen / vom Tourismus.
tourist information office	Verkehrsamt
book [bʊk]	**buchen; reservieren**
book a room / flight [flaɪt]	ein Zimmer / einen Flug reservieren
book a package ['pækɪdʒ] holiday	einen Pauschalurlaub buchen
cancel ['kænsl]	**streichen; rückgängig machen**
We've cancelled the booking.	Wir haben die Reservierung rückgängig gemacht.
The flight has been cancelled.	Der Flug ist ausgefallen.
journey ['dʒɜ:ni]	(*oft* längere) **Reise**
a journey round the world	eine Weltreise
trip [trɪp]	**Reise; Fahrt**
Have a nice trip.	Gute Reise!
take a boat trip on the Thames [temz]	eine Bootsfahrt auf der Themse machen
the trip there and back	die Reise / Fahrt hin und zurück
day trip – day tripper *BE*	Ausflug – Ausflügler(in)
tour [tʊə]	**Tour; (Rund-)Fahrt; (Rund-)Reise**
go on a tour of Ireland ['aɪələnd]	eine Irland(rund)reise machen
a guided ['gaɪdɪd] tour of the palace	eine Führung durch den Palast
book a package tour	eine Pauschalreise buchen
the tour operator ['ɒpəreɪtə]	der Reiseveranstalter
excursion [ɪk'skɜ:ʃn]	**Ausflug**
go on an excursion	einen Ausflug machen
hike [haɪk]	**Wanderung; wandern**
go on a hike	eine Wanderung machen
hiker ['haɪkə]	Wanderer / Wanderin
visit ['vɪzɪt]	**besuchen; Besuch**
I'm just visiting here.	Ich bin hier nur zu / auf Besuch.
her last visit to London ['lʌndən]	ihr letzter Londonbesuch
stay [steɪ]	**Aufenthalt; wohnen**
the hotel [həʊ'tel] we were staying at	das Hotel, in dem wir wohnten
itinerary [aɪ'tɪnərəri]	**Reiseplan / -ablauf / -route**
draw [drɔ:] up an itinerary	einen Reiseplan aufstellen
destination [destɪ'neɪʃn]	**Reiseziel; Zielbahnhof; Zielflughafen**
He has left the country for an unknown ['ʌnnəʊn] destination.	Er hat das Land mit unbekanntem Ziel verlassen.

resort [rɪ'zɔ:t]	**Urlaubsort**
Brighton ['braɪtn] is a seaside resort.	Brighton ist ein Seebad.
sightseeing ['saɪtsi:ɪŋ]	**Besichtigungen**
Today we're going sightseeing.	Heute schauen wir uns die Sehenswürdigkeiten an.
sightseeing tour [tʊə]	Besichtigungsfahrt; Stadtrundfahrt
guide [gaɪd]	**(Fremden- / Reise-)Führer**
a guide to London	ein Londonführer (= *Buch*)
our tour guide	unser(e) Reiseleiter(in)
opening hours ['əʊpnɪŋ aʊəz]	**Öffnungszeiten**
What are the opening hours?	Wann ist geöffnet?
tip [tɪp]	**Trinkgeld**
How much did you tip him?	Wie viel Trinkgeld hast du ihm gegeben?
the Channel Tunnel [tʃænl 'tʌnl]	**der Kanaltunnel**
The trip through the Channel Tunnel takes about 20 minutes.	Die Fahrt durch den Kanaltunnel dauert etwa 20 Minuten.
arrival [ə'raɪvl]	**Ankunft**
the arrivals board [bɔ:d]	die Ankunftstafel / -anzeige
departure [dɪ'pɑ:tʃə]	**Abreise; Abfahrt; Abflug**
the departures board [bɔ:d]	die Abfahrtstafel / -anzeige
delay [dɪ'leɪ]	**Verspätung; Verzögerung**
The strike is causing enormous [ɪ'nɔ:məs] delays.	Der Streik führt zu enormen Verspätungen.
customs ['kʌstəmz]	**Zoll**
At (the) customs, take the green channel if you have nothing to declare [dɪ'kleə].	Gehen Sie am Zoll durch den grünen Ausgang, wenn Sie nichts anzumelden / zu verzollen haben.
customs clearance ['klɪərəns]	Zollabfertigung
(customs) duty ['dju:ti]	**Zoll(abgabe)**
Do I have to pay duty on this?	Muss ich hierauf Zoll bezahlen?
duty-free [dju:ti'fri:]	**zollfrei; zollfreie Ware**
I've brought some duty-frees from Heathrow [hi:θ'rəʊ].	Ich habe einige zollfreie Sachen von Heathrow (= Londoner Flughafen) mitgebracht.
consulate (general) ['kɒnsjʊlət]	**(General-)Konsulat**
You can get your passport renewed [rɪ'nju:d] at the consulate.	Man kann sich seinen Pass auf dem Konsulat verlängern lassen.
embassy ['embəsi]	**Botschaft**
the German embassy in London	die deutsche Botschaft in London
apply [ə'plaɪ] for a visa ['vi:zə]	**ein Visum beantragen**
application [æplɪ'keɪʃn] for a visa	**Antrag auf ein Visum**
passport ['pɑ:spɔ:t]	**(Reise-)Pass**
My passport has expired [ɪk'spaɪəd].	Mein (Reise-)Pass ist abgelaufen.
go through passport control [kən'trəʊl]	durch die Passkontrolle gehen
visa ['vi:zə]	**Visum; Sichtvermerk**
issue ['ɪʃu:] a visa	ein Visum ausstellen
valid ['vælɪd]	**gültig**
This visa is valid for 90 days.	Dieses Visum ist 90 Tage gültig.
identity [aɪ'dentəti] **card / ID card**	**Personalausweis**

vaccination [væksɪ'neɪʃn]	**(Schutz-)Impfung**
vaccination against smallpox	Pockenschutzimpfung
vaccination certificate [sə'tɪfɪkət]	Impfzeugnis, -ausweis
vaccination card	Impfpass
insurance [ɪn'ʃʊərəns]	**Versicherung**
luggage / baggage insurance	(eine) Gepäckversicherung
trip cancellation insurance	(eine) Reiserücktritt(s)versicherung
change [tʃeɪndʒ]	**wechseln; umtauschen**
change euros into sterling ['stɜ:lɪŋ]	Euro in britische Pfund umtauschen
bureau de change [bjʊərəʊ də 'ʃɒndʒ]	**Wechselstube**
exchange [ɪks'tʃeɪndʒ]	(*Geld*) **Umtausch**
exchange rate / rate of exchange	Wechselkurs
travellers cheque ['trævləz tʃek]	**Reisescheck**
I'd like to cash a travellers cheque.	Ich möchte einen Reisescheck einlösen.
luggage ['lʌgɪdʒ] / **baggage** ['bægɪdʒ]	**Gepäck**
a piece / an item ['aɪtəm] of luggage / baggage	ein Gepäckstück
(left-)luggage locker ['lɒkə]	Gepäckschließfach
left-luggage office *BE* / *AE* baggage room	Gepäckaufbewahrung
luggage trolley ['trɒli] *BE* / *AE* **baggage cart**	**Kofferkuli**
bag [bæg]	**Tasche**
a collapsible [kə'læpsəbl] bag	eine zusammenfaltbare Tasche
Do you want to check your bags?	Möchten Sie Ihr Gepäck aufgeben?
(suit)case [('su:t)keɪs]	**Koffer**
There's space for four cases ['keɪsɪz].	Es ist Platz für vier Koffer.
holdall ['həʊldɔ:l] *BE* / *AE* **carryall**	**Reisetasche**

Group travel.

Accommodation
Unterkunft

The great advantage of a hotel is that it's a refuge from home life.
(*George Bernard Shaw, Irish writer, 1856–1950*)

accommodation [əkɒmə'deɪʃn] *BE* / *AE* **accommodations**	**Unterkunft; (Nacht-)Quartier**
Hotel accommodation is expensive.	Hotelzimmer sind teuer.
hotel [həʊ'tel]	**Hotel**
stay at / in a hotel	in einem Hotel wohnen
guesthouse ['gesthaʊs]	**(Fremden-)Pension**
Some guesthouses offer bed and breakfast only.	Manche Pensionen bieten nur Übernachtung und Frühstück.
motel [məʊ'tel]	**Motel**
inn [ɪn]	**Gasthaus**
Inns are pubs with accommodation and meals.	Inns sind Pubs, die Unterkunft und Mahlzeiten bieten.
youth hostel ['ju:θ hɒstl]	**Jugendherberge**
licensed ['laɪsnst] *BE*	**zum Ausschank alkoholischer Getränke berechtigt**
Is this place licensed?	Gibt es hier alkoholische Getränke?
vacancy ['veɪkənsi]	**freies Zimmer**
I'm afraid we haven't any vacancies at the moment.	Leider haben wir zurzeit keine Zimmer frei.
reservation [rezə'veɪʃn]	**(Zimmer-)Reservierung**
make a reservation	ein Zimmer bestellen
Reservations, please.	(*Tel.*) Bitte die (Zimmer-)Reservierung.
book [bʊk]	**buchen; reservieren**
We've booked a room at the Prince Hotel.	Wir haben ein Zimmer im Prince Hotel gebucht / reservieren lassen.
I'm afraid we're fully booked.	Leider sind wir total ausgebucht.
cancel ['kænsl]	**stornieren; rückgängig machen**
We've cancelled our reservation.	Wir haben unsere Zimmerbestellung rückgängig gemacht.
deposit [dɪ'pɒzɪt]	**Anzahlung**
Some hotels require a deposit on booking.	Manche Hotels verlangen bei der Zimmerbestellung eine Anzahlung.
supplement ['sʌpləmənt]	**Aufschlag; Aufpreis**
For seaview rooms, supplements apply [ə'plaɪ].	Für Zimmer mit Seeblick wird ein Aufpreis erhoben.
single ['sɪŋgl]	**Einzel-**
a single (room) with bath [bɑ:θ]	ein Einzelzimmer mit Bad
double ['dʌbl]	**Doppel-**
Do you want a double (room) or a twin(-bedded room)?	Möchten Sie ein Zimmer mit Doppelbett oder ein Zweibettzimmer?
board [bɔ:d]	**Kost; Verpflegung**
board and lodging ['lɒdʒɪŋ]	Kost und Logis
full board *BE* / *AE* American plan	Vollpension
half board	Halbpension

European [jʊərə'pi:ən] **plan** *AE*	(*Zimmer*) **ohne Mahlzeiten**
check in [tʃek 'ɪn]	**sich (am Empfang) anmelden**
What time will you be checking in?	Um welche Zeit werden Sie ankommen?
check out [tʃek 'aʊt]	**abreisen**
When will you be checking out?	Wann werden Sie abreisen?
Checkout ['tʃekaʊt] time is 1100 hrs ['aʊəz].	Das Zimmer muss bis 11 Uhr geräumt sein.
reception desk [rɪ'sepʃn desk]	**Empfang**
There was a message ['mesɪdʒ] for me at reception.	Am (Hotel-)Empfang war eine Nachricht für mich.
hall porter / **concierge** ['kɒnsieəʒ]	**(Hotel-)Portier**
Leave your keys [ki:z] at the hall porter's desk.	Lassen Sie Ihre Schlüssel beim Portier.
cashier [kæ'ʃɪə]	**Kassierer(in)**
There was a long queue [kju:] *BE* / *AE* line at the cashier's desk.	An der Kasse war eine lange Schlange.
lounge [laʊndʒ]	(Hotel-)**Halle**
Drinks are served in the lounge.	Drinks werden in der Halle serviert.
lobby ['lɒbi]	(*Hotel*) **Foyer**
coffee shop ['kɒfi ʃɒp]	**kleines Restaurant; Frühstücksraum**
Breakfast is served in the coffee shop.	Frühstück gibt es im Coffee Shop.
breakfast ['brekfəst]	**Frühstück**
What would you like for breakfast?	Was hätten Sie gern zum Frühstück?
bed and breakfast / B&B	Übernachtung mit Frühstück
We stayed at a bed and breakfast.	Wir wohnten in einem Hotel garni.

English or continental [kɒntɪ'nentl] ***breakfast?***
Das erstere ein „großes" Frühstück mit *orange juice* ['ɒrɪndʒ dʒu:s] (= Orangensaft), *porridge* (= Haferbrei), *cereals* ['sɪərɪəlz] (= Cornflakes, Müsli usw.), *boiled eggs* (= gekochten Eiern), *fried eggs* (= Spiegeleiern) oder *scrambled eggs* (= Rührei) vielleicht in Kombination mit *bacon* ['beɪkən] (= Speck) oder *ham* (= Schinken), aber auch mit *sausage* ['sɒsɪdʒ] (= Wurst), *mushrooms* (= Pilzen) oder *grilled tomatoes* (= gegrillten Tomaten). Dazu dann noch das, was auch zum *continental breakfast* gehört: *fresh breakfast rolls* (= frische Frühstücksbrötchen), *hot croissants* ['kwæsɑ:nts] (= heiße Croissants) und natürlich – hoffentlich jede Menge – *toast* mit *marmalade* ['mɑ:məleɪd] (= Orangen- bzw. Grapefruitmarmelade), *jam* (= Marmelade nicht aus Zitrusfrüchten) und *honey* ['hʌni] (= Honig), vielleicht *lemon* ['lemən] *curd* (= Zitronencreme). In jedem Fall selbstverständlich auch *coffee* (= Kaffee), *tea* (= Tee) oder *milk* (= Milch).

room service ['ru:m sɜ:vɪs]	**Zimmerservice**
I called Room Service and ordered a sandwich.	Ich rief den Zimmerservice an und bestellte ein Sandwich.
morning call / **wake-up call**	**Weckruf**
Could you wake us at six, please?	Könnten Sie uns bitte um sechs wecken?
disturb [dɪ'stɜ:b]	**stören**
Please do not disturb.	Bitte nicht stören.

Shopping
Einkaufen

A good shop needs no sign. (*Proverb*)

***Useful phrases* (= nützliche Redensarten)**

I'm looking for …	Ich suche …
Do you have / sell / stock …?	Haben / Führen Sie …?
Where do I find …?	Wo finde ich …?
How much is …?	Was kostet …?
Would you like it gift-wrapped?	Soll ich es als Geschenk einpacken?

shopping ['ʃɒpɪŋ]	**Einkaufen**
I'm doing my shopping today.	Heute mache ich meine Einkäufe.
I've got my shopping in the car.	Ich habe meine Einkäufe im Auto.
shopping bag – shopping basket [ɑ:]	Einkaufstasche – Einkaufskorb
shopping trolley *BE* / *AE* shopping cart	Einkaufswagen
shopping centre *BE* / *AE* shopping mall	Einkaufszentrum
go on a shopping spree [spri:]	einen Einkaufsbummel machen

Shop – store: Im AE bezeichnet *store* auch einen (kleineren) Laden, der im BE als *shop* bezeichnet würde; BE *store* meint in der Regel *department store,* also „Kaufhaus". Entsprechend z.B. BE *bookshop* = AE *bookstore.*

department store [dɪ'pɑ:tmənt stɔ:]	**Kaufhaus; Warenhaus**
big stores like Harrods ['hærədz]	große Kaufhäuser wie Harrods
mail-order firm / company	**Versandhaus**
mail-order catalogue ['kætəlɒg]	Versandhauskatalog
buy something by mail order	etwas bei einem Versandhaus kaufen
customer ['kʌstəmə]	**Kunde / Kundin**
counter ['kaʊntə]	**Ladentisch**
medicines ['medsnz] that you can buy over the counter	Medikamente, die man rezeptfrei bekommt
assistant [ə'sɪstənt] *BE* / *AE* **salesperson**	**Verkäufer(in)** (*in Laden, Kaufhaus etc.*)
service ['sɜ:vɪs]	**(Kunden-)Dienst**
For customer service, call …	Unsere Kundenbetreuung erreichen Sie unter der Nummer …
our after-sales service	unser Kundendienst
bargain ['bɑ:gən]	**günstiges Angebot; Sonderangebot**
It was a bargain.	Es war ein Schnäppchen.
save [seɪv]	**sparen**
You can save up to 40 per cent.	Sie können bis zu 40 Prozent sparen.
off [ɒf]	**„runter"**
25% off the retail ['ri:teɪl] price	25% unter dem Einzelhandelspreis
2 per cent off for cash	2 Prozent Skonto bei Barzahlung
bill *BE* / *AE* **check**	**Rechnung**
a bill for £150	eine Rechnung über 150 Pfund
deposit [dɪ'pɒzɪt] / **down payment**	**Anzahlung**
pay a deposit	eine Anzahlung leisten

instalment [ɪn'stɔ:lmənt]	**Rate**
payment by instalments	Ratenzahlung
We bought it on the installment plan *AE* / *BE* on hire purchase ['pɜ:tʃəs] / HP.	Wir haben es auf Raten gekauft.
sale [seɪl]	**Verkauf**
clearance (sale) ['klɪərəns]	Räumungsverkauf
There's a sale on at Clark's.	Bei Clark läuft gerade ein Ausverkauf.
get it cheap at the sales	es billig im Ausverkauf bekommen
offer ['ɒfə]	**Angebot; anbieten**
We have two models on offer.	Wir haben zwei Modelle im Angebot.
special offer	Sonderangebot
brand [brænd]	**Marke**
What brand of toothpaste ['tu:θpeɪst]?	Was für eine Zahnpasta(marke)?

Kinds of shop (AE statt *shop* oft *store*)
clothes [kləʊðz] *store* (= Konfektionshaus) • *fashion shop* (= Modegeschäft) • *shoe shop* (= Schuhgeschäft) • *antique* [æn'ti:k] *shop* (= Antiquitätengeschäft) • *gift shop* (= Geschenkladen) • *craft* [ɑ:] *shop* (= Kunstgewerbeladen) • *antiquarian* [æntɪ'kweəriən] / *second-hand bookshop* (= Antiquariat) • *music shop* (= Musikalienhandlung / Musikladen) • *toy shop* (= Spielwarengeschäft) • *sports shop* (= Sportgeschäft) • *photographic shop* / *camera store* (= Fotogeschäft) • *electronics* [ɪlek'trɒnɪks] *shop* (= Elektronikgeschäft) • *newsagent* ['nju:zeɪdʒənt] BE / AE *newsdealer* (= Zeitungshändler) • *art dealer* (= Kunsthändler) • *jeweller* ['dʒu:ələ] (= Juwelier) • *hairdresser* (= Friseur)

stationer('s shop) ['steɪʃnə]	**Schreibwarenhandlung / -geschäft**
florist('s shop) ['flɒrɪst]	**Blumengeschäft**
grocer('s shop) ['grəʊsə]	**Lebensmittelhändler**
greengrocer('s shop) *BE*	**Obst- und Gemüsehändler**

Lebensmittel bekommt man in Amerika außer *at the supermarket* oder *in a grocery* ['grəʊsəri] auch *in a deli* ['deli] (= *delicatessen*). *Delis* bieten auch *sandwiches, hamburgers, salads* und kleine Spezialitätengerichte.

chemist ['kemɪst] *BE* / *AE&BE* **pharmacy** ['fɑ:məsi] / *AE* **drugstore**	**Apotheke**
You'll get it at any chemist's / pharmacy / drugstore.	Das bekommen Sie in jeder Apotheke.

Apotheken sind in Großbritannien und Amerika in der Regel nicht so ausschließlich medizinisch ausgerichtet wie in den deutschsprachigen Ländern. Manche Filialen der britischen Pharmaziekette *Boots* führen fast alles *from toothpaste to computers*; amerikanische *drugstores* verkaufen nicht nur *drugs* (= Medikamente), sondern auch *toiletries* (= Toilettenartikel), *cosmetics* (= Kosmetikartikel), *stationery* (= Schreibwaren) sowie *sweets* (= Süßigkeiten) und *refreshments* (= Erfrischungen).

Sports
Sport

True sport is always a duel: a duel with nature, with one's own fear, with one's own fatigue, a duel in which body and mind are strengthened. (*Yevgeny Yevtushenko, Russian poet, born in 1933*)

sport [spɔ:t]	**Sport; Sportart**
Baseball ['beɪsbɔ:l] is the USA's most popular ['pɒpjələ] sport.	Baseball ist Amerikas beliebtester Sport.
What sports do you go in for / do?	In welchen Sportarten sind Sie aktiv?
Don't you do any sport?	Treibst du denn keinen Sport?
game [geɪm]	**Spiel; Partie**
Shall we have / play a game of chess?	Wollen wir eine Partie Schach spielen?
match [mætʃ]	**(Wett-)Spiel; Partie; (Wett-)Kampf**
contest ['kɒntest] / **competition** [kɒmpə'tɪʃn]	**Wettbewerb**
(track and field) meet [mi:t]	*AE* **(Leichtathletik-)Sportfest**
tournament ['tʊənəmənt]	**Turnier**
championship ['tʃæmpiənʃɪp]	**Meisterschaft**
challenge ['tʃælɪndʒ]	**herausfordern; Herausforderung**
challenger ['tʃælɪndʒə]	**Herausforderer / Herausforderin**
win (– won [wʌn] – won)	**gewinnen** (– gewann – gewonnen)
lose [lu:z] (– lost [lɒst] – lost)	**verlieren**

***Where sporting events take place* (= Orte sportlichen Geschehens)**
venue ['venju:] (= Austragungsort) • *sportsground* (= Sportplatz) • *stadium* ['steɪdiəm] (= Stadion) • *football pitch* (Fußball: = Spielfeld) • *football ground* (= Fußballplatz) • *cricket ground / pitch* (= Kricketfeld) • *handball court* [kɔ:t] (= Handballplatz) • *tennis court* (= Tennisplatz) • *golf course* ['gɒlf kɔ:s] (= Golfplatz) • *ballpark* (= Baseballstadion) • *gym* [dʒɪm] (= Turnhalle)

(world) champion ['tʃæmpiən]	**(Welt-)Meister(in)**
runner-up [rʌnər 'ʌp]	**Zweite(r); Zweitplatzierte(r)**
(world) record [(wɜ:ld) 'rekɔ:d]	**(Welt-)Rekord**
set / break / hold a record	einen Rekord aufstellen / brechen / halten
favourite ['feɪvrət] – **underdog**	**Favorit(in) – sichere(r) Verlierer(in)**
British fans want the underdog to win.	Britische Fans wollen, dass der Schwächere / Außenseiter gewinnt.
amateur ['æmətə] – **professional**	**Amateur(-) – Profi(-)**
sportsman – sportswoman	**Sportler – Sportlerin**
sportsmanlike behaviour [bɪ'heɪvjə]	sportliches / faires Verhalten; Fairness
race [reɪs]	**Rennen; (Wett-)Lauf**
the 100-metre race / dash / run	der 100-Meter-Lauf
I ran a race with her.	Ich bin mit ihr um die Wette gelaufen.
relay race ['ri:leɪ reɪs]	Staffellauf
racing ['reɪsɪŋ]	**Rennen; Rennsport**
motor racing *BE* / *AE* auto racing	Autorennsport

racing car – racing driver	Rennwagen – Rennfahrer(in)
track [træk]	**(Renn-)Bahn; Rennstrecke; Piste**
track event / running event [ɪ'vent]	(*Leichtathletik*) Laufwettbewerb
athletics [æθ'letɪks] *BE* / *AE* **track and field**	**Leichtathletik**
Track and field (athletics) is one of the oldest of sports.	Die Leichtathletik ist eine der ältesten Sportarten.
running – **jumping** – **throwing**	**Laufen – Springen – Werfen**
high / **long jump** [dʒʌmp]	**Hoch- / Weitsprung**
skating ['skeɪtɪŋ]	**Schlittschuh- / Rollschuhlauf(en)**
ice-skating	Schlittschuhlauf(en)
roller-skating	Rollschuhlauf(en)
figure ['fɪgə] skating	Eiskunstlauf
skiing ['skiːɪŋ]	**Skilaufen; Skifahren**
In winter, we go skiing a lot.	Im Winter gehen wir oft Ski laufen.
yachting ['jɒtɪŋ]	**Segeln**
yachtsman – yachtswoman	Segler – Seglerin
swimming – **diving** ['daɪvɪŋ]	**Schwimmen – Tauchen**
boxing ['bɒksɪŋ] – **wrestling** ['reslɪŋ]	**Boxen – Ringen**

Fußball = *soccer* ['sɒkə] / ***football*** ['fʊtbɔːl] / ***American football***
Im BE heißt Fußball *football* oder *soccer* (= *Association* [əsəʊsi'eɪʃn] *football).* Die Amerikaner nennen „unsere" Art von Fußball *soccer,* während *football* dort *American football* ist, bei dem ein eiförmiger Ball getragen oder getreten wird (= *is carried or kicked* [kɪkt]). *American football* ist durch große Härte gekennzeichnet und wird daher mit stark gepolsterter Kleidung (= *heavily padded clothing* ['kləʊðɪŋ]), *Helmen* (= *helmets*) und Gesichtsschutz (= *masks* [mɑːsks]) gespielt.

Some soccer terms	**Einige Fußballausdrücke**
striker ['straɪkə]	**Stürmer(in)**
midfield player / **midfielder**	**Mittelfeldspieler(in)**
defender [dɪ'fendə] – **defence**	**Verteidiger(in) – Verteidigung**
The **goalkeeper** ['gəʊlkiːpə] made an excellent save.	Der **Torwart** bot eine Glanzparade.
(team) captain ['kæptən]	**(Mannschafts-)Kapitän**
substitute ['sʌbstɪtjuːt]	**Ersatz- / Auswechselspieler(in)**
the England **manager** ['mænɪdʒə]	der englische **Nationaltrainer**
a strong English **side** / **team** / **squad** [skwɒd]	eine starke englische **Mannschaft**
a **friendly** ['frendli] against Wales	ein **Freundschaftsspiel** gegen Wales
a **home match** [həʊm 'mætʃ]	ein **Heimspiel**
an **away victory** ['vɪktəri]	ein **Auswärtssieg**
the **World Cup** [wɜːld 'kʌp]	die **Fußballweltmeisterschaft**
in the **first** / **second half**	in der **ersten** / **zweiten Halbzeit**
a **cross** from the right	eine **Flanke** von rechts
go into **extra time** (– went – gone [ɒ])	in die **Verlängerung** gehen
He **crossed** [krɒst] from the left.	Er **flankte** von links.
His **header** ['hedə] hit the **(cross)bar.**	Sein **Kopfball** ging an die **(Quer-)Latte.**

Neal **scored** [skɔ:d] the **equalizer** ['i:kwəlaɪzə].	Neal **erzielte** den **Ausgleichstreffer**.
a **set piece** [set 'pi:s]	eine **Standardsituation**
an **own goal** [əʊn 'gəʊl]	ein **Eigentor**
penalty ['penlti] **area** – **penalty kick**	**Strafraum** – **Strafstoß**
penalty shootout ['ʃu:taʊt]	**Elfmeterschießen**
golden goal [gəʊldn 'gəʊl]	erstes, das Spiel entscheidende und beendende Tor in der Verlängerung (*sudden death*)
He was **offside** [ɒf'saɪd].	Er war im **Abseits**.
They were awarded [ə'wɔ:dɪd] a **free kick** [fri: 'kɪk].	Sie erhielten einen **Freistoß**.
He was **sent off** / **shown the red card** for fouling Smith.	Er wurde wegen eines Fouls an Smith **vom Platz verwiesen** / **bekam** wegen ... **die rote Karte**.
their first **win** in six **matches**	ihr erster **Sieg** in sechs **Spielen**
a **goalless draw** [drɔ:]	ein **torloses Unentschieden**
Premier League [premiə 'li:g] *BE*	**(oberste britische Liga)**
the German **league champion**	der deutsche **Fußballmeister**

Beachten Sie, dass nach Namen von Fußballmannschaften im BE die Pluralform des Verbs steht:
Everton ['evətn] *are at the bottom* ['bɒtəm] *of the Premier League.* (= Everton steht in der Ersten Liga an letzter Stelle.)
Southampton were lucky to win. (= Southampton hat mit Glück gewonnen.)
England have qualified ['kwɒlɪfaɪd] *for the World Cup.* (= England hat sich für die Weltmeisterschaft qualifiziert.)

Some tennis terms	**Etwas Tenniswortschatz**
tennis court ['tenɪs kɔ:t]	**Tennisplatz**
baseline ['beɪslaɪn] – **sideline**	**Grundlinie** – **Seitenlinie**
racket ['rækɪt]	(Tennis-)**Schläger**
play a **singles** / **doubles** / **mixed doubles**	ein **Einzel** / **Doppel** / **gemischtes Doppel** spielen
ace [eɪs]	**(Aufschlag-)Ass**
He served nine aces in the first set.	Im ersten Satz schlug er neun Asse.
double fault [dʌbl 'fɔ:lt]	**Doppelfehler**
forehand ['fɔ:hænd] – **backhand**	**Vorhand** – **Rückhand**
fifteen – **love** [lʌv]	**fünfzehn** – **null**
deuce [dju:s] – **advantage** [əd'vɑ:ntɪdʒ]	**Einstand** – **Vorteil**
set point – **match point**	**Satzball** – **Matchball**
The **score** is three – **zero** ['zɪərəʊ] in the **tiebreak** ['taɪbreɪk].	Es steht drei – null im Tiebreak.
a successful **tennis coach** [kəʊtʃ]	ein(e) erfolgreiche(r) **Tennistrainer(in)**

Achtung, Schiedsrichter – *referee* [refə'ri:] **oder *umpire*** ['ʌmpaɪə]?
In *basketball, boxing, football, hockey* ['hɒki], *rugby, snooker, squash* [skwɒʃ] und *wrestling* ['reslɪŋ] (= Ringen) ist Schiedsrichter(in) = *referee.*
In *badminton* (= Federball), *baseball* ['beɪsbɔ:l], *cricket* ['krɪkɪt], *swimming, tennis* und *volleyball* ['vɒlibɔ:l] ist Schiedsrichter(in) = *umpire.*

Hobbies
Hobbys

None but the wise man can employ leisure well. (*Proverb*)

My **hobbies** include [ɪn'klu:d] … — Zu meinen **Hobbys** gehört …
Beekeeping is a rewarding [rɪ'wɔ:dɪŋ] hobby. — Die Imkerei ist ein lohnendes / dankbares Hobby.
Gardening is a hobby he's passionate ['pæʃnət] about. — Die Gartenarbeit ist ein Hobby, dem er sich mit Leidenschaft widmet.
pastime ['pɑ:staɪm] — **Zeitvertreib; Hobby**
my favourite ['feɪvrət] pastime — meine Lieblingsbeschäftigung
interest ['ɪntrəst] — **Interesse(ngebiet)**
What interests do you have? — Was für Interessen haben Sie?
My chief [tʃi:f] interests are music ['mju:zɪk] and tennis. — Meine Hauptinteressen sind Musik und Tennis.
activity [æk'tɪvəti] — **Betätigung; Tätigkeit**
What's your favourite activity? — Was ist deine Lieblingsbeschäftigung?
Cooking is a popular leisure ['leʒə] activity. — Kochen ist eine beliebte Freizeitbeschäftigung.
pursuits [pə'sju:ts] — **Beschäftigungen; Betätigungen**
artistic [ɑ:'tɪstɪk] pursuits — künstlerische Betätigungen
She now devotes [dɪ'vəʊts] most of her time to her literary ['lɪtərəri] pursuits. — Den größten Teil ihrer Zeit widmet sie jetzt ihren literarischen Aktivitäten.

Crafts [krɑ:fts] **(= Handarbeit, Kunsthandwerk, Basteln)**
needlework ['ni:dlwɜ:k] (= Nadel- / Handarbeit) • *sewing* ['səʊɪŋ] (= Nähen) • *knitting* ['nɪtɪŋ] (= Stricken) • *weaving* ['wi:vɪŋ] (= Weben) • *spinning* (= Spinnen) • *embroidery* [ɪm'brɔɪdəri] (= Sticken) • *dressmaking* (= Schneidern) • *flower arranging* [ə'reɪndʒɪŋ] (= Blumenstecken) • *pottery* ['pɒtəri] (= Töpfern) • *basketry* ['bɑ:skɪtri] (= Korbflechten) • *woodworking* (= Holzarbeiten) • *metalwork* ['metlwɜ:k] (= Metallarbeiten)

relaxation [ri:læk'seɪʃn] — **Entspannung; Freizeitbeschäftigung**
The cinema is her relaxation. — Zur Entspannung geht sie ins Kino.
Painting is his favourite ['feɪvrət] relaxation. — Beim Malen entspannt er sich am liebsten.
She listens to classical music for relaxation. — Zur Entspannung hört sie klassische Musik.
recreation [rekri'eɪʃn] — **Erholung; Freizeitbeschäftigung**
He repairs old clocks for recreation. — Zur Erholung repariert er alte Uhren.
Chess is a wonderful ['wʌndəfl] recreation. — Schach ist eine herrliche Freizeitbeschäftigung.
leisure ['leʒə] — (die) **Freizeit; Muße**
spare time [speə 'taɪm] — **Freizeit**
What do you do in your spare time? — Was machst du in deiner Freizeit?
engage in something [ɪn'geɪdʒ] — **sich mit etwas befassen**
She engages in all sorts of voluntary ['vɒləntri] work. — Sie widmet sich allen möglichen ehrenamtlichen Aufgaben.

take up a hobby (– took – taken)	**sich** ein Hobby **zulegen**
I've taken up photography [fə'tɒgrəfi].	Ich habe zu fotografieren angefangen.
pursue [pə'sju:] / **follow** a hobby	ein Hobby **betreiben**
go in for something (– went – gone [ɒ])	etwas **betreiben**
She doesn't go in for sports.	Mit Sport hat sie nichts im Sinn.
indulge [ɪn'dʌldʒ] **in** something	einer Sache **frönen**; **sich** einer Sache **hingeben**
For relaxation she indulges (in) her passion for riding.	Zur Entspannung gibt sie sich ihrer Leidenschaft für das Reiten hin.

What people collect [kə'lekt] **(= Was die Leute so sammeln)**
stamps (= Briefmarken) • *postcards* (= Postkarten) • *phonecards* (= Telefonkarten) • *coins* (= Münzen) • *autographs* ['ɔ:təgrɑ:fs] (= Autogramme) • *antiques* [æn'ti:ks] (= Antiquitäten) • *fine old books* (= schöne alte Bücher) • *matchboxes* (= Streichholzschachteln) • *beer mats* (= Bierdeckel) • *butterflies and moths* [mɒθs] (= Schmetterlinge und Nachtfalter)

enjoy doing something [ɪn'dʒɔɪ]	**etwas gern tun**
I enjoy listening ['lɪsnɪŋ] to music.	Ich höre gern Musik.
She enjoys doing crossword puzzles.	Sie löst gern Kreuzworträtsel.
do-it-yourself / DIY	**Heimwerken**
Do-it-yourself is a popular ['pɒpjələ] pastime.	Heimwerken ist ein beliebter Zeitvertreib.
He's a keen **do-it-yourselfer**.	Er ist ein begeisterter **Heimwerker**.
She **does a lot of reading**.	Sie **liest viel**.
We spend a lot of time **playing cards**.	Wir verbringen viel Zeit beim **Kartenspiel**.
fishing ['fɪʃɪŋ]	**Angeln; Fischen**
He goes fishing for relaxation [ri:læk'seɪʃn].	Zur Entspannung geht er angeln.

Outdoor activities [æk'tɪvətiz] **(= Aktivitäten im Freien)**
gardening (= Gartenarbeit) • *beekeeping* ['bi:ki:pɪŋ] (= Imkern) • *jogging* (= Joggen) • *hiking* (= Wandern) • *backpacking* (= Rucksackwandern / -reisen) • *mountain climbing* ['maʊntən klaɪmɪŋ] / *mountaineering* [maʊntə'nɪərɪŋ] (= Bergsteigen) • *birdwatching* (= Vogelbeobachtung) • *cycling* ['saɪklɪŋ] (= Radfahren) • *(horse-)riding* (= Reiten) • *hunting* (= Jagd) • *skiing* ['ski:ɪŋ] (= Skilaufen) • *roller-skating* (= Rollschuhlaufen) • *ice-skating* (= Schlittschuhlaufen) • *sailing / yachting* ['jɒtɪŋ] (= Segeln) • *windsurfing* (= Windsurfen) • *water-skiing* (= Wasserskilaufen) • *scuba-diving* ['sku:bə daɪvɪŋ] (= Sport- / Gerättauchen) • *skin-diving* (= Sport- / Schnorcheltauchen) • *parachuting* ['pærəʃu:tɪŋ] / *skydiving* (= Fallschirmspringen) • *hang-gliding* (= Drachenfliegen)

10 Drinking and smoking
Trinken und Rauchen

→ 7.3 Drug and alcohol abuse

We drink one another's healths and spoil our own.
(*Jerome K. Jerome, English writer, 1859–1927*)
The Surgeon General has determined that smoking cigarettes is bad for your health. (*Health warning on cigarette packets*)

drink (– drank – drunk)	**trinken**
He drinks like a fish.	Er säuft wie ein Loch.
hard / soft [sɒft] drinks	harte / alkoholfreie Getränke
What about a drink?	Wie wär's mit 'nem Drink / Gläschen?
(problem / serious ['sɪərɪəs]) drinker	Trinker(in)
drunk [drʌŋk]	**Betrunkene(r); Trinker(in)**
alcoholic [ælkə'hɒlɪk]	**Alkoholiker(in)**
booze [bu:z]	**Schnaps; saufen**
boozer ['bu:zə]	Säufer(in)
teetotaller [ti:'təʊtlə]	**Abstinenzler(in)**
have (– had – had)	**haben; trinken**
have a hangover ['hæŋəʊvə]	einen Kater haben
Have another drink.	Trinken Sie doch noch einen.
Let's have one for the road.	Trinken wir noch einen, bevor wir gehen.
drunk / **intoxicated** [ɪn'tɒksɪkeɪtɪd]	**betrunken**
(stone-cold) **sober** ['səʊbə]	(stock)**nüchtern**
beer (on draught [drɑ:ft] / on tap)	**Bier** (vom Fass)
I prefer [prɪ'fɜ:] draught beer [bɪə].	Ich trinke lieber Bier vom Fass.

***Types of beer* (= Biersorten)**
beer (neutraler Ausdruck für Bier) • *bitter* (goldgelb mit starkem Hopfengeschmack, das meistgetrunkene englische Fassbier) • *mild* [aɪ] (rotbraun, schwächer, süßer als *bitter*) • *stout* [aʊ] (kräftiges dunkles Bier) • *pale ale* (schwaches helles Bier) • *lager* (den deutschen hellen Bieren ähnlich)

(white / red) wine [waɪn]	**(Weiß- / Rot-)Wein**
sparkling wine [spɑ:klɪŋ 'waɪn]	Schaumwein; Sekt
hock [hɒk] *BE*	**deutscher Weißwein**
moselle [məʊ'zel]	**Moselwein**
champagne [ʃæm'peɪn]	**Champagner; Sekt**
vintage ['vɪntɪdʒ]	(*Wein*) **Jahrgang**
a vintage wine / champagne	ein edler / erlesener Wein / Sekt
liquor ['lɪkə] – **liqueur** [lɪ'kjʊə]	**Schnaps** – **Likör**
He can't hold his liquor ['lɪkə].	Der verträgt nichts.
shandy ['ʃændi]	**„Radlermaß"; „Alsterwasser"**

***How to say* prost! *in English* (= Wie man auf Englisch *prost!* sagt)**
Cheers! [tʃɪəz] • *Skol!* [skɒl] • *Bottoms* ['bɒtəmz] *up!* • *Here's to you!* • *Your (very) good health* [helθ]. • *Down the hatch!*

pint [paɪnt]	(BE = 0,57 Liter / AE = 0,47 Liter)
A pint of bitter, please.	Bitte ein großes Bitter.
A half [hɑ:f] of bitter, please.	Bitte ein kleines Bitter.
double ['dʌbl]	**doppelt**
A double Scotch, please.	Bitte einen doppelten Scotch (Whisky).
barmaid ['bɑ:meɪd]	**Bardame**
barman *BE / AE* **bartender** ['bɑ:tendə]	**Barmann**

To have a drink (= um einen zu trinken) geht man in England *to a pub* (= in einen Pub), in Amerika *to a bar* (= in eine Bar). *Saloons* [sə'lu:nz] waren im 19. Jahrhundert *in the American West* verbreitet; heute gibt es sie fast nur noch in *westerns*. *Tavern* ['tævən] ist ebenfalls historisch, überlebt aber in den Namen von *pubs* und *bars* (*Railway Tavern, Trafalgar* [trə'fælgə] *Tavern* etc.).

smoke [sməʊk]	**rauchen; Rauch**
I don't smoke.	Ich rauche nicht / bin Nichtraucher(in).
have a smoke	eine (Zigarette) rauchen
passive ['pæsɪv] smoking	passives Rauchen
No smoking	Rauchen verboten
(non-)smoking section / area	(Nicht-)Raucherbereich
(non-)smoking compartment	(Nicht-)Raucherabteil
(non-)smoker	(Nicht-)Raucher(in)
smoker's cough [kɒf]	Raucherhusten
chain-smoker ['tʃeɪn sməʊkə]	Kettenraucher(in)
cigarette [sɪgə'ret]	**Zigarette**
(filter-)tipped [tɪpt] / filter cigarette	Filterzigarette
high- / low-tar [tɑ:] cigarettes	Zigaretten mit hohem / niedrigem Teergehalt
a pack(et) of cigarettes	eine Packung / Schachtel Zigaretten
a carton ['kɑ:tən] of cigarettes	eine Stange Zigaretten
cigarette case [keɪs] / holder	Zigarettenetui / -spitze
cigarette paper *BE / AE* rolling paper	Zigarettenpapier
cigarette machine [mə'ʃi:n]	Zigarettenautomat
roll-up *BE / AE* **roll-your-own**	**selbst gedrehte Zigarette**
cigar [sɪ'gɑ:]	**Zigarre**
a box of cigars	eine Kiste Zigarren
pipe (cleaner) [paɪp]	**Pfeife(nreiniger)**
As always he was smoking his pipe.	Wie immer rauchte er seine Pfeife.
tobacco [tə'bækəʊ]	**Tabak**
The men chewed [tʃu:d] tobacco and spit a lot.	Die Männer kauten Tabak und spuckten viel.
tobacconist [tə'bækənɪst]	**Tabak(waren)laden**
nicotine ['nɪkəti:n]	**Nikotin**
He's addicted [ə'dɪktɪd] to nicotine.	Er ist nikotinsüchtig.
light a cigarette (– lit* – lit*)	(sich) eine Zigarette **anzünden**
light up [laɪt 'ʌp] (– lit* – lit*)	(sich) eine (Zigarette) **anzünden**
lighter ['laɪtə] – **ashtray** ['æʃtreɪ]	**Feuerzeug** – **Aschenbecher**

The universe
Das Weltall

13
1

Stars and planets
Sterne und Planeten

My own suspicion is that the universe is not only queerer than we suppose, but queerer than we *can* suppose. (*J.B.S. Haldane, British scientist, 1892–1964*)

the origin ['ɒrɪdʒɪn] of the **universe**	die Entstehung der **Welt**
The universe ['ju:nɪvɜ:s] has neither boundary ['baʊndəri] nor centre.	Das Weltall / Universum hat weder Grenze noch Mittelpunkt.
the **cosmos** ['kɒzmɒs]	der **Kosmos**; das **Weltall**
(outer) space [speɪs]	der **Weltraum**; das **(Welt-)All**
at light speed / **at the speed of light**	**mit Lichtgeschwindigkeit**
a distance ['dɪstəns] of … **light years**	eine Entfernung von … **Lichtjahren**
galaxy ['gæləksi]	**Galaxis; Galaxie; Milchstraße**
the Galaxy / the Milky Way	die Galaxis / Milchstraße
(galactic) **nebula** ['nebjʊlə] *Pl.* nebulas / nebulae ['nebjʊli:]	(galaktischer) **Nebel**
celestial [sə'lestiəl] **body** / **object**	**Himmelskörper**
(super)nova ['nəʊvə] *Pl.* novas / novae ['nəʊvi:]	**(Super-)Nova**
pulsar ['pʌlsɑ:] – **quasar** ['kweɪzɑ:]	**Pulsar** – **Quasar**
comet ['kɒmɪt]	**Komet**
meteor ['mi:tiə]	**Meteor**
meteorite ['mi:tiəraɪt]	**Meteorit**
shooting star / **falling star**	**Sternschnuppe**
planet ['plænɪt]	**Planet**
(The) Earth [ɜ:θ] is the third planet from the Sun.	Die Erde ist von der Sonne aus der dritte Planet.

***The nine planets in the solar system* (= Die neun Planeten im Sonnensystem)**
Mercury ['mɜ:kjəri] (= Merkur) • *Venus* ['vi:nəs] • *Earth* [ɜ:θ] (= Erde) • *Mars* [mɑ:z] • *Jupiter* ['dʒu:pɪtə] • *Saturn* ['sætɜ:n] • *Uranus* ['jʊərənəs] • *Neptune* ['neptju:n] (= Neptun) • *Pluto* ['plu:təʊ]

orbit ['ɔ:bɪt]	**(Umlauf-)Bahn; (um)kreisen**
a circular ['sɜ:kjələ] / an elliptical [ɪ'lɪptɪkl] orbit	eine kreisförmige / elliptische Bahn
The earth orbits (a)round the sun.	Die Erde umkreist die Sonne.
rotate [rəʊ'teɪt] on an axis ['æksɪs]	sich um eine Achse **drehen**
revolve [rɪ'vɒlv] (a)round the sun	sich um die Sonne **drehen**
satellite ['sætəlaɪt]	**Satellit; Trabant**
The moon is Earth's / the earth's satellite.	Der Mond ist der Trabant der Erde.
the **sun** – the **moon**	die **Sonne** – der **Mond**
waxing ['wæksɪŋ] moon	zunehmender Mond
waning ['weɪnɪŋ] moon	abnehmender Mond
solar eclipse [səʊlər ɪ'klɪps]	**Sonnenfinsternis**
lunar eclipse [lu:nər ɪ'klɪps]	Mondfinsternis

"Moon" idioms

You're asking for the moon. (= Du verlangst Unmögliches.) • *He promised* ['prɒmɪst] *me the moon.* (= Er hat mir das Blaue vom Himmel herunter versprochen.) • *She writes once in a blue moon.* (= Sie schreibt nur alle Jubeljahre einmal.) • *She was over the moon about it.* (= Sie war überglücklich darüber.)

constellation [kɒnstə'leɪʃn]	**Sternbild; Konstellation**
The Big Dipper is a well-known constellation.	Der Große Wagen ist ein bekanntes Sternbild.
crater ['kreɪtə]	**Krater**
atmosphere ['ætməsfɪə]	**Atmosphäre**
magnetic field [mægnetɪk 'fi:ld]	**Magnetfeld**
gravity ['grævəti] / **gravitation**	**Gravitation; Schwerkraft**
Gravity at the equator [ɪ'kweɪtə] is lower than at the poles.	Die Schwerkraft ist am Äquator geringer als an den Polen.
Newton's theory ['θɪəri] of gravitation	Newtons Gravitationstheorie
the earth's **gravitational pull**	die **Anziehungskraft** der Erde
observatory [əb'zɜ:vətri]	**Observatorium; Sternwarte**
astronomy [ə'strɒnəmi]	(die) **Astronomie**
cosmology [kɒz'mɒlədʒi]	(die) **Kosmologie**
the **creation** [kri'eɪʃn] **accounts** in the Bible ['baɪbl]	die **Schöpfungsberichte** in der Bibel (→ *S. 139*)
the **big bang theory** [bɪg 'bæŋ θɪəri]	die **Urknalltheorie**
a **black hole** [blæk 'həʊl]	ein **schwarzes Loch**
Einstein's **theory of relativity** [relə'tɪvəti]	Einsteins **Relativitätstheorie**

"I wonder why my phone bill is always so high."

Space exploration
Raumforschung

That's one small step for a man, one giant leap for mankind.
(*Astronaut Neil Armstrong on stepping on the moon's surface, 20 July 1969*)

(outer) space [(aʊtə) 'speɪs]	(der) **(Welt-)Raum;** (das) **(Welt-)All**
the space age ['speɪs eɪdʒ]	das Zeitalter der Raumfahrt
space travel ['speɪs trævl]	(die) (Welt-)Raumfahrt
space programme ['speɪs prəʊgræm]	Raumfahrtprogramm
space mission ['mɪʃn] / spaceflight	(Welt-)Raumflug
spacesuit ['speɪssuːt]	Raumanzug
spacecraft ['speɪskrɑːft]	Raumfahrzeug
spaceship ['speɪsʃɪp]	Raumschiff
space capsule ['speɪs kæpsjuːl]	Raumkapsel
space shuttle ['speɪs ʃʌtl]	Raumfähre
space probe ['speɪs prəʊb]	Raumsonde
space station ['speɪs steɪʃn]	(Welt-)Raumstation
space junk ['speɪs dʒʌŋk]	Weltraummüll
space medicine ['speɪs medsn]	Raumfahrtmedizin
manned [mænd] – **unmanned**	**bemannt** – **unbemannt**
astronaut ['æstrənɔːt]	**Astronaut(in)**
cosmonaut ['kɒzmənɔːt]	**Kosmonaut(in)**
testing / **proving** [uː] **ground**	**Versuchsgelände**
launch a rocket [lɔːntʃ ə 'rɒkɪt]	eine Rakete **starten**
launching site ['lɔːntʃɪŋ saɪt]	(Raketen-)Abschussbasis
launchpad / launching pad [pæd]	Start- / Abschussrampe
launcher ['lɔːntʃə]	Trägerrakete
countdown ['kaʊntdaʊn]	**Countdown**
liftoff ['lɪftɒf]	(das) **Abheben;** (der) **Start**
We have liftoff.	Der Start ist erfolgt.
trajectory [trə'dʒektəri]	**Flugbahn**
rendezvous *Pl.* -vous ['rɒndɪvuː]	**Rendezvous**
docking manoeuvre [mə'nuːvə]	**Kopplungsmanöver**
circle (the moon) ['sɜːkl]	(den Mond) **umrunden**
fly-by (mission) ['flaɪbaɪ]	**Vorbeiflug**
lander ['lændə]	**Landefahrzeug** / **-fähre**
soft-land / **make a soft** [sɒft] **landing** on the moon	auf dem Mond **weich landen**
impact area ['ɪmpækt eəriə]	**Landezone**
lunar (excursion) module ['mɒdjuːl] / LEM	**Mond(lande)fähre**
collect **rock samples** ['sɑːmplz]	**Gesteinsproben** aufsammeln
abort [ə'bɔːt] a mission	einen (Raum-)Flug **abbrechen**
A thruster ['θrʌstə] failure aborted the flight.	Ein Fehler am Korrekturtriebwerk führte zum Abbruch des Fluges.
The lunar landing had to be aborted / cancelled ['kænsəld].	Die Mondlandung musste abgebrochen / abgesetzt werden.
reentry [ri'entri]	**Wiedereintritt** (*in die Erdatmosphäre*)
(ground) tracking station	**Bodenstation**

mission control [mɪʃn kən'trəʊl]	(das) **Kontrollzentrum**

Rakete: In der Raumfahrt *rocket* ['rɒkɪt], als militärische Waffe *missile* ['mɪsaɪl].

multistage ['mʌltisteɪdʒ] **rocket**	**Mehrstufenrakete**
retrorocket ['retrəʊrɒkɪt]	**Bremsrakete**
booster (rocket) ['bu:stə]	**Booster; Startrakete**
propulsion system [prə'pʌlʃn sɪstəm]	**Antriebssystem**
(rocket) engine ['endʒɪn]	**(Raketen-)Triebwerk**
fuel ['fju:əl]	**Treibstoff**
hydrogen ['haɪdrədʒən]	**Wasserstoff**
thrust [θrʌst] / **push** [pʊʃ]	**Schub**
command module [kə'mɑ:nd mɒdju:l]	**Kommandokapsel**
service module ['sɜ:vɪs mɒdju:l]	**Versorgungsteil**
life support [sə'pɔ:t] **system**	**„Lebenserhaltungssystem"**
payload ['peɪləʊd]	**Nutzlast**
(artificial) **satellite** ['sætəlaɪt]	(künstlicher) **Satellit**
communications satellite	Nachrichtensatellit
weather satellite	Wettersatellit
orbit ['ɔ:bɪt]	**Umlaufbahn; (um)kreisen**
put / place a satellite into orbit	einen Satelliten in eine Umlaufbahn bringen
orbit the earth [ɜ:θ]	die Erde umkreisen
microgravity ['maɪkrəʊgrævəti] / **weightlessness**	**Schwerelosigkeit**
radiation [reɪdi'eɪʃn]	**Strahlung**

Space tourism in the year 2050.

The earth
Die Erde

Geology
Geologie

The main activities of geology have been to map and classify the rocks exposed on the earth's surface and those accessible underground, and to explain their origin and distribution.
(J.L.M. Lambert in The Fontana Dictionary of Modern Thought, 1977)

geology [dʒi'ɒlədʒi]	(die) **Geologie**
structural ['strʌktʃərəl] geology / tectonics [tek'tɒnɪks]	Geotektonik
engineering [endʒɪ'nɪərɪŋ] geology	Ingenieurgeologie
marine [mə'ri:n] geology	Meeresgeologie
historical [hɪ'stɒrɪkl] geology	historische Geologie
geologic(al) [dʒi:ə'lɒdʒɪk(l)] processes	**geologische** Vorgänge
geologic(al) formation [fɔ:'meɪʃn]	geologische Formation
geologic(al) map [mæp]	geologische Karte
geological survey ['sɜ:veɪ]	geologische Aufnahme
geologist [dʒi'ɒlədʒɪst]	**Geologe / Geologin**
geography [dʒi'ɒgrəfi]	**Geographie; geographische Beschaffenheit**

☞ *-ology* [-ɒlədʒi] und *-alogy* [-ælədʒi] – beachten Sie die Betonung: *geochro'nology* [dʒi:əʊkrə'nɒlədʒi] (= Geochronologie) • *glaci'ology* [gleɪsi'ɒlədʒi] (= Glaziologie) • *mine'ralogy* [mɪnə'rælədʒi] (= Mineralogie) • *paleon'tology* [pæliɒn'tɒlədʒi] (= Versteinerungskunde) • *pe'trology* [pə'trɒlədʒi] (= Petrologie) • *seis'mology* [saɪz'mɒlədʒi] (= Erdbebenkunde) • *volca'nology* [vɒlkə'nɒlədʒi] (= Vulkanologie)

(the) **history** ['hɪstri] **of the earth**	(die) **Erdgeschichte**
the **evolution** [i:və'lu:ʃn] **of the earth**	die **Entwicklung der Erde**
the earth's **core** [kɔ:]	der Erd**kern**
the earth's **interior** [ɪn'tɪəriə]	das Erd**innere**
the earth's **crust** [krʌst]	die Erd**kruste** / Erd**rinde**
continental shelf [kɒntɪnentl 'ʃelf]	**Festland(s)sockel**
continental drift [kɒntɪnentl 'drɪft]	**Kontinentalverschiebung** / **-drift**
plate tectonics ['pleɪt tektɒnɪks]	**Plattentektonik**
sea- / **ocean-floor** ['əʊʃn] **spreading**	**Erweiterung der Ozeane**
stratum ['strɑ:təm] *Pl.* strata ['strɑ:tə]	**Schicht; Stratum**
fault [fɔ:lt]	**Verwerfung; (Schichten-)Bruch**
rock(s) [rɒk(s)]	**Gestein(e)**
analyse **minerals** [ænəlaɪz 'mɪnərəlz]	**Mineralien** analysieren
mineral resources [rɪ'zɔ:sɪz]	**Bodenschätze**
composition [kɒmpə'zɪʃn]	**Zusammensetzung**
the **formation** of crystals ['krɪstlz]	die **Bildung** von Kristallen
sedimentation – **sediments** ['sedɪ-]	**Sedimentation** – **Sedimente**

deposit [dɪ'pɒzɪt]	**Lagerstätte; Ablagerung**
deposits of oil and natural gas [gæs]	Öl- und Erdgasvorkommen
erosion [ɪ'rəʊʒn]	**Abtragung; Erosion**
weathering ['weðrɪŋ]	**Verwitterung**
fossil ['fɒsl]	**Fossil; Versteinerung**
index fossil ['ɪndeks fɒsl]	Leitfossil
fossilize ['fɒsəlaɪz] / become fossilized	versteinern
fossilized remains [fɒsəlaɪzd rɪ'meɪnz]	Versteinerung(en)
petrify ['petrɪfaɪ] / **become petrified**	**versteinern**
(age-)dating [(eɪdʒ) 'deɪtɪŋ]	**Altersbestimmung**
radiocarbon dating [reɪdiəʊkɑ:bn 'deɪtɪŋ]	Radiokarbondatierung
era ['ɪərə]	**Ära; (Erd-)Zeitalter**
period ['pɪəriəd]	**Periode**
epoch ['i:pɒk]	**Epoche**
ice age ['aɪs eɪdʒ]	**Eiszeit**
glacier ['glæsiə]	**Gletscher**
meltwater ['meltwɔ:tə]	**Schmelzwasser**
(terminal / end) **moraine** [mə'reɪn]	(End-)**Moräne**
(earth)quake [('ɜ:θ)kweɪk]	**(Erd-)Beben**
the **Richter scale** ['rɪktə skeɪl]	die **Richter-Skala**
volcano [vɒl'keɪnəʊ] *Pl.* -oes	**Vulkan**
volcanic activity [vɒlkænɪk æk'tivəti]	vulkanische Tätigkeit
(volcanic) eruption [ɪ'rʌpʃn]	(Vulkan-)Ausbruch
topography [tə'pɒgrəfi]	**Topographie**

"There are no active volcanoes in this part of the world."

Metals and gemstones
Metalle und Schmucksteine

Better have a friend on the road than gold or silver in your purse. (*Proverb*)

a **precious metal** [preʃəs 'metl]	ein **Edelmetall**
heavy / light metals	Schwer- / Leichtmetalle
gold [gəʊld]	**Gold; golden**

Beachten Sie den Unterschied zwischen den Adjektiven *gold* und *golden:*

gold = aus Gold:
a gold watch [gəʊld 'wɒtʃ] (= eine goldene Uhr), *a gold necklace* ['nekləs] (= eine goldene Halskette), *a gold medal* ['medl] (= eine Goldmedaille)

golden ['gəʊldən] = golden im übertragenen Sinn:
golden wedding (= goldene Hochzeit), *the golden age* (= das goldene Zeitalter), *a golden rule* (= eine goldene Regel)

silver ['sɪlvə]	**Silber; silbern**
mercury ['mɜːkjəri]	**Quecksilber**
iron ['aɪən]	**Eisen; eisern**
iron ore [aɪən 'ɔː]	Eisenerz
copper ['kɒpə]	**Kupfer; kupfern**
zinc [zɪŋk] – **tin** [tɪn]	**Zink – Zinn**
lead [led]	**Blei**
lead-free [led'friː] – unleaded [ʌn'ledɪd]	bleifrei – unverbleit
aluminium [ælə'mɪniəm] *BE* / *AE* **aluminum** [ə'luːmɪnəm]	**Aluminium**
alloy ['ælɔɪ]	**Legierung; legieren**
(stainless) **steel** [(steɪnləs) 'stiːl]	(Edel-)**Stahl**
bronze [brɒnz]	**Bronze; bronzen**
the Bronze Age ['brɒnz eɪdʒ]	die Bronzezeit
brass [brɑːs]	**Messing**

Idioms with gems [dʒemz] ***and metals*** ['metlz]
Be a gem and run me to the station. (= Sei ein Schatz und fahr mich zum Bahnhof.) • *This CD is a real gem.* (= Diese CD ist wirklich Spitze.) • *He's a rough diamond* [rʌf 'daɪəmənd]. (= Er hat eine raue Schale.) • *She had the brass to say that to my face.* (= Sie besaß die Unverfrorenheit, mir das ins Gesicht zu sagen.) • *Let's get down to brass tacks – how much do you want?* (= Kommen wir doch zur Sache – wie viel wollen Sie?) • *As a secretary* ['sekrətri], *she's worth her weight in gold.* (= Als Sekretärin ist sie Gold wert.)

gem(stone) [dʒem]	**Schmuckstein; Edelstein**
The cutting of gems is an art.	Das Schleifen von Edelsteinen ist eine Kunst.
imitation [ɪmɪ'teɪʃn] gems	unechter Schmuck
synthetic [sɪn'θetɪk] gems / precious stones	künstliche Edelsteine

precious stone [preʃəs 'stəʊn]	**Edelstein**
semiprecious [semi-] stone	Halbedelstein

This precious stone set in the silver sea … (= Dies Kleinod, in die Silbersee gefasst …). So Shakespeare (1564–1616) in seinem Drama (= *play*) *Richard II (Richard the Second)* in einem langen Hymnus über England.

rough [rʌf] / cut **diamond** ['daɪəmənd]	Roh**diamant** / geschliffener **Diamant**
jewel ['dʒuːəl]	**Juwel; Edelstein**
the British crown jewels	die britischen Kronjuwelen
She had to sell her jewels.	Sie musste ihren Schmuck verkaufen.
jewellery ['dʒuːəlri] *BE* / *AE* **jewelry**	**Schmuck**
She always wears expensive / valuable jewellery.	Sie trägt immer teuren / wertvollen Schmuck.
a precious ['preʃəs] piece of jewellery	ein kostbares Schmuckstück
Several pieces of jewellery were missing.	Mehrere Schmuckstücke fehlten.
costume jewellery ['kɒstjuːm dʒuːəlri]	Modeschmuck
emerald ['emərəld]	**Smaragd**
ruby ['ruːbi]	**Rubin**
sapphire ['sæfaɪə]	**Saphir**
pearl [pɜːl]	**Perle**
(a string of) pearls / a pearl necklace	eine Perlenkette
amber ['æmbə]	**Bernstein**

Geographical divisions
Geographische Einteilungen

Boundary: In political geography, an imaginary line between two nations, separating the imaginary rights of one from the imaginary rights of the other. (*Definition in The Devil's Dictionary, by Ambrose Bierce, 1842–1914?*)

longitude ['lɒndʒɪtju:d]	(geographische) **Länge**
5 deg(rees) [dɪ'gri:z] east longitude	5 Grad östlicher Länge
latitude ['lætɪtju:d]	(geographische) **Breite**
hemisphere ['hemɪsfɪə]	**Halbkugel; Hemisphäre**
time zone ['taɪm zəʊn]	**Zeitzone**
the **tropics** ['trɒpɪks]	die **Tropen**
the tropic of Cancer ['kænsə]	der Wendekreis des Krebses
the **Old** / **New World** [nju: 'wɜ:ld]	die **Alte** / **Neue Welt**
the **Third World** [θɜ:d 'wɜ:ld]	die **Dritte Welt**
the **(Ant-)Arctic** [(ænt)'ɑ:ktɪk]	die **(Ant-)Arktis**
(at the) **equator** [ɪ'kweɪtə]	(am) **Äquator**
continent ['kɒntɪnənt]	**Kontinent; Erdteil**
on the Continent	auf dem Kontinent; in Europa
subcontinent [sʌb'kɒntɪnənt]	Subkontinent
continental [kɒntɪ'nentl]	**kontinental**
Britain's Continental neighbours	Großbritanniens europäische Nachbarn
Europe ['jʊərəp]	**Europa**
the old Europe	das alte Europa
European [jʊərə'pi:ən]	europäisch
Western Europe – Western European	Westeuropa – westeuropäisch
America – **American** [ə'merɪkən]	**Amerika** – **amerikanisch**
the Americas [ə'merɪkəz]	Nord-, Süd- und Mittelamerika
North / South America	Nord- / Südamerika
Latin America [lætɪn ə'merɪkə]	Lateinamerika
Australia [ɒ'streɪliə] – **Australian**	**Australien** – **australisch**
Africa ['æfrɪkə] – **African** ['æfrɪkən]	**Afrika** – **afrikanisch**
Asia ['eɪʒə] – **Asian** ['eɪʒn]	**Asien** – **asiatisch**
west [west]	**Westen; West-**
the Middle West / Midwest	der mittlere Westen (der USA)
western ['westən]	**westlich; West-**
the Western world [westən 'wɜ:ld]	die westliche Welt
Midwestern American small towns	Kleinstädte im mittleren Westen der USA

Beachten Sie den Unterschied:
They lived in West Germany (d.h. in der Bundesrepublik Deutschland vor der Wiedervereinigung von 1990).
They live in western Germany (d.h. im westlichen Teil Deutschlands).

east [i:st]	**Osten; Ost-**
the Middle / Far East	der Nahe / Ferne Osten

The Middle East is the region ['ri:dʒən] where Asia, Africa, and Europe meet.	Der Mittlere (dt. ≈ Nahe) Osten ist das Gebiet, wo Asien, Afrika und Europa sich berühren.
the east coast [i:st 'kəʊst]	die Ostküste
the East Asian ['eɪʒn] countries	die ostasiatischen Länder
eastern ['i:stən]	**östlich; Ost-**
the eastern Mediterranean [medɪtə'reɪniən]	das östliche Mittelmeer
Eastern Europe – Eastern European	Osteuropa – osteuropäisch
the Middle Eastern nations	die Staaten im Nahen Osten
north [nɔ:θ]	**Norden; Nord-**
the North-South divide [dɪ'vaɪd]	das Nord-Süd-Gefälle
the North / South Pole [pəʊl]	der Nord- / Südpol
They have moved [mu:vd] up north.	Sie sind nach Norden gezogen.
northern ['nɔ:ðən]	**nördlich; Nord-**
Northern Ireland [nɔ:ðən 'aɪələnd]	Nordirland
Northern Irish [nɔ:ðən 'aɪrɪʃ]	nordirisch

Im BE heißt *north of Watford* ['wɒtfəd] (= nördlich von Watford) scherzhaft so viel wie „jwd" oder „auf dem Mond". Watford, eine *dormitory* ['dɔ:mətri] *town* (= Schlafstadt) *northwest of London* (= nordwestlich von London) ist Endstation der U-Bahn – *civilization* [sɪvəlaɪ'zeɪʃn] *ends there!* AE-Entsprechungen sind *in the sticks* und *in the boondocks* ['bu:ndɒks].

south [saʊθ]	**Süden; Süd-**
south of the river ['rɪvə]	südlich des Flusses
Brighton is due [dju:] south of London.	Brighton liegt genau südlich von London.
Our living room faces south.	Unser Wohnzimmer liegt nach Süden.
The wind was coming from the southwest.	Der Wind kam von Südwesten.
southern ['sʌðən]	**südlich; Süd-**

Beachten Sie den Unterschied:
South Africa (= Südafrika) – *southern Africa* (= das südliche Afrika).

area ['eəriə]	**Gebiet; Gegend; Fläche**
The Dead Sea area is one of the hottest regions in the world.	Das Gebiet um das Tote Meer ist eine der heißesten Gegenden der Welt.
a mountainous ['maʊntənəs] area	eine bergige / gebirgige Gegend
Belgium ['beldʒəm] has a total area of 30,521 sq km [skweə 'kɪləmi:təz].	Belgien hat eine Gesamtfläche von 30 521 km².
territory ['terətri]	**Gebiet; Territorium**
the occupied ['ɒkjupaɪd] territories	die besetzten Gebiete
on German territory	auf deutschem Staats- / Hoheitsgebiet
outside **territorial** [terə'tɔ:riəl] waters	außerhalb der Hoheitsgewässer
terrain [tə'reɪn]	**Gelände; Terrain**
rough terrain [rʌf tə'reɪn]	unebenes Gelände
in mountainous ['maʊntənəs] terrain	in bergigem Gelände / Terrain
the **Midlands** ['mɪdləndz]	**Mittelengland**

Oceans, lakes, rivers
Meere, Seen, Flüsse

All the rivers flow into the sea, yet the sea never overflows; back to the place from which the rivers flowed they return to flow again. (*From the Book of Ecclesiastes in the Bible*)

the **sea** [siː]	die **See**; das **Meer**
the Mediterranean [medɪtəˈreɪniən] Sea	das Mittelmeer
the Baltic Sea [bɔːltɪk ˈsiː]	die Ostsee
inland sea [ɪnlənd ˈsiː]	Binnenmeer
a holiday at the **seaside**	ein Urlaub an der **See**
the **seabed** / **seafloor** [ˈsiːflɔː]	der **Meeresboden**
ocean [ˈəʊʃn]	**Ozean; Meer**
the Atlantic [ətˈlæntɪk] Ocean	der Atlantische Ozean
the Pacific [pəˈsɪfɪk] Ocean	der Pazifische Ozean
strait [streɪt]	**Meerenge**
the Strait of Gibraltar [dʒɪˈbrɔːltə]	die Straße von Gibraltar
gulf [gʌlf]	**Golf; Meerbusen**
the Persian Gulf [pɜːʃn ˈgʌlf]	der Persische Golf
bay [beɪ]	**Bucht**
the southern portion of Hudson Bay	der südliche Teil der Hudson Bay
cape [keɪp]	**Kap**
the Cape of Good Hope	das Kap der Guten Hoffnung
the **coast(line)** [kəʊst]	die **Küste**
situated [ˈsɪtʃueɪtɪd] on the south coast	an der Südküste gelegen
(on the) **beach** [biːtʃ]	(am) **Strand**
a **lake** [leɪk]	ein **See**
Lake Constance [ˈkɒnstəns]	der Bodensee

Das schottische Wort für *lake* ist *loch* [lɒx]: *on the bonnie, bonnie banks of Loch Lomond* [lɒx ˈləʊmənd] (= „an den schönen, schönen Ufern des Lomond-Sees"). In irischen Namen dagegen *lough* [lɒx]: *Lough Gill* [lɒx ˈgɪl] *is one of the prettiest Irish lakes.* (= Der Gill-See ist einer der hübschesten irischen Seen.)

reservoir [ˈrezəvwɑː]	**Stausee**
pond – **fishpond** [ˈfɪʃpɒnd]	**Teich** – **Fischteich**
pool [puːl]	**Schwimmbecken; Schwimmbad**
river [ˈrɪvə]	**Fluss**
the River Rhine *BE* / *AE* Rhine River	der Rhein
The river flows [fləʊz] across a plain.	Der Fluss fließt durch eine Ebene.
riverside [ˈrɪvəsaɪd]	**Flussufer**
down by the riverside	unten am Fluss
bank [bæŋk] (of a lake / river)	**Ufer** (eines Sees / Flusses)
on the banks of the Rhine	an den Ufern des Rheins
the **shore** [ʃɔː]	das **Ufer**; die **Küste**
two miles from / off (the) shore	zwei Meilen vom Ufer entfernt / vor der Küste

on the western shore of Lake Michigan ['mɪʃɪgən]	am Westufer des Michigansees
tributary (river) ['trɪbjətri]	**Nebenfluss**
The Moselle [məʊ'zel] is a tributary of the Rhine.	Die Mosel ist ein Nebenfluss des Rheins.
mouth [maʊθ] / **estuary** ['estʃuəri]	(*Fluss*) **Mündung**
the Thames [temz] estuary	die Themsemündung

Als *Estuary English* bezeichnet man eine in den Städten des Mündungsgebiets der *Thames,* also in der Londoner Gegend, anzutreffende Aussprache des Englischen. Es handelt sich um eine „veredelte" Form des traditionellen Ostlondoner *cockney*-Dialekts, die sich seit den Sechzigerjahren des 20. Jahrhunderts ausbreitet.

channel ['tʃænl]	**Fahrrinne; (Fluss-)Bett**
the (English) Channel	der (Ärmel-)Kanal
canal [kə'næl]	(*künstlicher*) **Kanal**
the Panama / Suez ['suːɪz] Canal	der Panama- / Suezkanal
waterfall ['wɔːtəfɔːl]	**Wasserfall**
He crossed (the) Niagara [naɪ'ægərə] Falls on a tightrope.	Er überquerte die Niagarafälle auf einem Drahtseil.
stream [striːm] / **brook** [brʊk]	**Bach**
(hot) **spring** [sprɪŋ]	(Thermal-)**Quelle**
the **current** ['kʌrənt]	die **Strömung**
swim against the current (– swam – swum)	gegen den Strom schwimmen
the **tides** [taɪdz]	die **Gezeiten**
low [ləʊ] tide – high tide	Ebbe – Flut
iceberg ['aɪsbɜːg]	**Eisberg**
The Titanic [taɪ'tænɪk] struck an iceberg and sank.	Die Titanic rammte einen Eisberg und sank.
island ['aɪlənd]	**Insel**
Manhattan Island / the island of Manhattan [mæn'hætn]	die Insel Manhattan
Manhattan is a long narrow island.	Manhattan ist eine lange, schmale Insel.
peninsula [pə'nɪnsjʊlə]	**Halbinsel**

Isle [aɪl] (= Insel / Eiland) heute nur noch in Namen: *the British Isles* (= die Britischen Inseln) • *the Isle of Man* (= die Insel Man) • *the Isle of Wight* (= die Insel Wight).

port [pɔːt]	**Hafen(stadt)**
New York is one of the largest ports.	New York ist einer der größten Häfen.
harbour ['hɑːbə]	**Hafen**
a ship anchored ['æŋkəd] in the harbour	ein Schiff, das im Hafen vor Anker lag
the **docks** [dɒks]	die **Hafenanlagen**
Her husband works at the docks.	Ihr Mann arbeitet im Hafen.

The countryside
Die Landschaft

→ 14.6 The farming world, 15.1 Animals, 15.2 Plants

Each blade of grass has its spot on earth whence it draws its life, its strength; and so is man rooted to the land from which he draws his faith together with his life. (*Joseph Conrad, Polish-born British novelist, 1857–1924*)

countryside ['kʌntrisaid]	**Land(schaft)**
She loves the English countryside.	Sie liebt die englische Landschaft.
live in the country(side)	auf dem Land leben
walks in the surrounding [sə'raʊndɪŋ] countryside	Spaziergänge in der Umgebung
landscape ['lændskeɪp]	**Landschaft**
a hilly / rolling landscape	eine hügelige / wellige Landschaft
scenic ['siːnɪk] areas	landschaftlich schöne Gegenden
the beautiful **scenery** ['siːnəri] of the Highlands	die landschaftliche Schönheit des schottischen Hochlands
hills and **valleys** ['væliz]	**Berge** und **Täler**
mountain ['maʊntən]	(hoher) **Berg**
in the mountains	im Gebirge
a mountain range [reɪndʒ]	ein Gebirgszug

Mount [maʊnt] heute nur noch in Namen: *Alaska's highest peak* [piːk] *is Mount McKinley* [mə'kɪnli]. (= Alaskas höchster Berg ist Mount McKinley.)

peak [piːk] / **summit** ['sʌmɪt] / **top**	**(Berg-)Gipfel**
the **highland(s)** / **lowland(s)** ['ləʊləndz]	das **Hochland** / **Tiefland**
cliff [klɪf]	**Felswand** (am Meer)
the chalk [tʃɔːk] cliffs of Dover	die Kreidefelsen von Dover
the **Alps** [ælps]	die **Alpen**
canyon ['kænjən]	**Cañon** (= enges, tiefes Flusstal)
ravine [rə'viːn]	**Schlucht**
cave [keɪv]	**Höhle**
plateau ['plætəʊ] *Pl. -s od. -x*	**Hochebene; Plateau**
plain [pleɪn]	**Ebene; Flachland**
grassland ['grɑːslænd]	**Grasland; Weideland**
prairie ['preəri]	(nordamerikanische Wiesenlandschaft)
wasteland ['weɪstlænd]	**Ödland**
steppe [step]	**Steppe**
desert ['dezət]	**Wüste**
the Sahara [sə'hɑːrə] Desert in northern Africa	die Wüste Sahara in Nordafrika
wetlands ['wetlændz]	**Feuchtgebiete**
bog [bɒg]	**Moor; Sumpf**
marsh [mɑːʃ] / **swamp** [swɒmp]	**Sumpf**

moor [mʊə]	**(Hoch-)Moor; Bergheide**
More than 50 per cent [pə 'sent] of Scotland is moorland.	Mehr als die Hälfte Schottlands ist Heidemoor.
heath [hi:θ]	**Heide**
shrubs [ʃrʌbz] / **bushes** ['bʊʃɪz]	**Sträucher; Gebüsch**
a treeless area covered with low shrubs and heather ['heðə]	eine baumlose Gegend, in der niedrige Sträucher und Heidekraut wachsen
thicket(s) ['θɪkɪt(s)]	**Dickicht; Büsche; Gebüsch**
a sandy **beach** [bi:tʃ]	ein Sand**strand**
On hot days Brighton's pebble beach is jam-packed with sun-hungry Londoners.	An heißen Tagen ist Brightons Kieselstrand proppe(n)voll mit sonnenhungrigen Londonern.
(sand) **dunes** [dju:nz]	(Sand-)**Dünen**
forest ['fɒrɪst]	(größerer) **Wald**
a thick forest	ein dichter Wald
large forest areas / regions ['ri:dʒənz]	große Waldgebiete
Hansel ['hænsl] and Gretel ['gretl] were abandoned [ə'bændənd] in the forest.	Hänsel und Gretel wurden im Wald ausgesetzt.
the Black Forest [blæk 'fɒrɪst]	der Schwarzwald
rain forest ['reɪn fɒrɪst]	Regenwald
wood(s) [wʊd(z)]	(kleinerer) **Wald**
We walked through a dense [dens] wood.	Wir gingen durch einen dichten Wald.
We went for a walk in the woods.	Wir gingen im Wald spazieren.
Sometimes you can't see the wood *BE* / *AE auch* forest for the trees.	Manchmal sieht man den Wald vor lauter Bäumen nicht.
backwoods ['bækwʊdz]	**unerschlossene Waldgebiete**
backwoodsman ['bækwʊdzmən]	Hinterwäldler
grove [grəʊv]	**Wäldchen**
clearing ['klɪərɪŋ]	**Lichtung**
wilderness ['wɪldənəs]	**Wildnis**
jungle ['dʒʌŋgl]	**Dschungel; Urwald**
rural areas [rʊərəl 'eəriəz]	**ländliche Gegenden**
farmland ['fɑ:mlænd]	**Ackerland**
rich / fertile ['fɜ:taɪl] farmland	fruchtbares Ackerland
field [fi:ld]	**Feld; Acker; Weide**
the farmers working in the fields	die Bauern, die auf den Feldern arbeite(te)n
garden ['gɑ:dn]	**Garten**
the front [frʌnt] / back garden *BE* / *AE* yard	der Garten vor / hinter dem Haus
orchard ['ɔ:tʃəd]	**Obstgarten**
vineyard ['vɪnjəd]	**Weinberg**
hedge [hedʒ]	**Hecke**
park [pɑ:k]	**Park**
national park [næʃnəl 'pɑ:k]	(geschützter) Nationalpark
wildlife park ['waɪldlaɪf pɑ:k]	Wildpark
nature reserve ['neɪtʃə rɪzɜ:v]	**Naturschutzgebiet**
green belt ['gri:n belt]	**Grüngürtel**

6 The farming world
Die Welt der Landwirtschaft

→ 15.1 Animals, 15.2 Plants

There is no gilding of setting sun or glamour of poetry to light up the ferocious and endless toil of the farmers' wives.
(Hamlin Garland, US writer, 1860–1940)

farm [fɑːm]	**Bauernhof; landwirtschaftlicher Betrieb**
farmhouse ['fɑːmhaʊs]	Farmhaus; Bauernhaus; Gutshaus
farm hand / farmworker	Landarbeiter(in)
farm products ['prɒdʌkts] / agricultural produce ['prɒdjuːs]	landwirtschaftliche Erzeugnisse
farming ['fɑːmɪŋ]	(die) **Landwirtschaft**
dairy farming ['deəri fɑːmɪŋ]	(die) Milchviehhaltung
fish farming ['fɪʃ fɑːmɪŋ]	(die) Fischzucht
factory farming ['fæktri fɑːmɪŋ]	(die) Massentierhaltung
farmer ['fɑːmə]	**Landwirt(in); Bauer / Bäuerin**

Peasants ['peznts] waren / sind arme, oft leibeigene Kleinbauern in früheren Zeiten oder in der Dritten Welt.

agriculture ['ægrɪkʌltʃə]	(die) **Landwirtschaft**
agricultural [ægrɪ'kʌltʃərəl]	**landwirtschaftlich; Landwirtschafts-**
agricultural / farm machinery [mə'ʃiːnri]	Landmaschinen
ranch [rɑːntʃ] *AE*	(auf Viehzucht spezialisierter landwirtschaftlicher Großbetrieb)
plantation [plɑːn'teɪʃn]	**Pflanzung; Plantage**
a coffee / sugar ['ʃʊgə] plantation	eine Kaffee- / Zuckerplantage
the **soil** [sɔɪl]	die **Erde**; der **Boden**
fertile ['fɜːtaɪl] / poor [pʊə] soils	fruchtbare / karge Böden
(arable ['ærəbl]) **land**	(Acker-)**Land**
field [fiːld]	**Feld; Acker; Weide; Wiese**
a fallow ['fæləʊ] field	ein brachliegendes Feld; eine Brache
pasture ['pɑːstʃə]	**Weide(land)**
cattle grazing on green pastures	Rinder, die auf grünen Weiden grasen
irrigate ['ɪrɪgeɪt] – **irrigation**	**bewässern – Bewässerung**
manure [mə'njʊə]	**Mist; Dung;** (natürlicher) **Dünger**
fertilize ['fɜːtəlaɪz] – **fertilization**	**düngen – Düngung**
(chemical ['kemɪkl] / artificial [ɑːtɪ'fɪʃl]) fertilizer	(Kunst-)Dünger
pesticide ['pestɪsaɪd]	**Pestizid**
insecticide [ɪn'sektɪsaɪd]	**Insektizid**
weed [wiːd] (killer)	**Unkraut**(vertilgungsmittel)
cultivate ['kʌltɪveɪt]	**kultivieren; bestellen; anbauen**
Asparagus [ə'spærəgəs] is widely cultivated here.	Hier wird viel Spargel angebaut.

plant [plɑ:nt]	**Pflanze; (an- / be)pflanzen**
plant a field with rye [raɪ]	auf einem Feld Roggen anbauen / säen
grow [grəʊ] (– grew [gru:] – grown)	**wachsen; anbauen; anpflanzen**
Rice doesn't grow here.	Reis gedeiht hier nicht.
We mainly grow maize *BE* / *AE* corn.	Wir bauen hauptsächlich Mais an.
raise / **grow** wheat [wi:t] / vegetables ['vedʒtəblz]	Weizen / Gemüse **anbauen**
raise / rear [rɪə] chickens / pigs	Hühner / Schweine züchten / aufziehen
seed(s) [si:d(z)]	**Samen; Saat(gut)**
grain [greɪn] – **grains**	**Korn / Getreide – Körner**
crop [krɒp]	(das, was angebaut wird) **Feldfrucht**
Cotton ['kɒtn] is the leading crop.	Es wird hauptsächlich Baumwolle angebaut.
The use of pesticides ['pestɪsaɪdz] has increased crop yields [ji:ldz].	Der Einsatz von Pestiziden hat die Ernteerträge erhöht.
crop rotation [rəʊ'teɪʃn]	Fruchtfolge; Fruchtwechsel
crop dusting ['dʌstɪŋ]	Schädlingsbekämpfung aus der Luft
crop failure(s) ['feɪljə(z)]	Missernte(n)
harvest ['hɑ:vɪst]	**Ernte; ernten**
Wheat [wi:t] harvest is in June.	Die Weizenernte ist im Juni.
Sugar beets [bi:ts] are harvested 20 to 30 weeks after the seeds are planted.	Zuckerrüben werden 20 bis 30 Wochen nach der Aussaat geerntet.
livestock ['laɪvstɒk] (*Mit Pluralverb!*)	**Vieh; Viehbestand / Viehbestände**
(live)stock / cattle breeding	Viehzucht
Many farms raise livestock.	Viele Farmen betreiben Viehzucht.
cattle ['kætl] (*Mit Pluralverb!*)	**(Rind-)Vieh; Rinder**
Here the cattle are being fattened.	Hier werden die Rinder gemästet.
The cattle were grazing in the fields.	Auf den Wiesen weidete das Vieh.
dairy cattle ['deəri kætl]	Milchvieh
ox [ɒks] *Pl.* oxen ['ɒksn]	**Ochse**
milk a **cow** [kaʊ]	eine **Kuh** melken
mad cow disease [mæd 'kaʊ dɪzi:z] / BSE	Rinderwahnsinn / BSE
a **herd** [hɜ:d] of cattle	eine **Rinderherde**
a **flock** [flɒk] of sheep	eine **Schafherde**
shepherd ['ʃepəd]	**Schafhirte / -hirtin; Schäfer(in)**
pig [pɪg] / *AE* auch **hog** [hɒg]	**Schwein**
pigsty ['pɪgstaɪ] *BE* / *AE* pigpen / *AE* hoghouse	Schweinestall
horse [hɔ:s]	**Pferd**
poultry ['pəʊltri] (farmer)	**Geflügel**(züchter / -züchterin)
free-range hens [fri: reɪndʒ 'henz]	**frei laufende** Hühner
free-range eggs	Eier von frei laufenden Hühnern
fodder ['fɒdə] / **animal feed** [fi:d]	**Viehfutter**
Corn is used for livestock ['laɪvstɒk] feed. *AE*	Mais wird als Viehfutter verwendet.
hay [heɪ]	**Heu**
haystack ['heɪstæk]	Heuschober
straw [strɔ:]	**Stroh**

coop [ku:p] / **henhouse** ['henhaʊs]	**Hühnerstall; Geflügelkäfig**
barn [bɑ:n]	**Scheune; Stall**
(equipment [ɪ'kwɪpmənt]) **shed** [ʃed]	(Geräte-)**Schuppen**
cowshed ['kaʊʃed]	Kuhstall
lean-to shed	Anbauschuppen
stable ['steɪbl]	**(Pferde-)Stall**
manger ['meɪndʒə]	**Futtertrog;** (*Bibel*) **Krippe**
greenhouse ['gri:nhaʊs]	**Gewächshaus**
silo ['saɪləʊ] – **silage** ['saɪlɪdʒ]	**Silo – Silage**
mow [məʊ] – **mower** ['məʊə]	**mähen – Mäher**
plough [plaʊ] *BE / AE* **plow** [plaʊ]	**Pflug**
tractor ['træktə]	**Traktor**
thresh [θreʃ] – **thresher** ['θreʃə]	**dreschen – Drescher**
combine (harvester) ['kɒmbaɪn ('hɑ:vɪstə)]	**Mähdrescher**
genetic engineering [dʒənetɪk endʒɪ'nɪərɪŋ]	(die) **Gentechnik**
clone [kləʊn] a sheep	ein Schaf **klonen**

"Farming" idioms

The stuff isn't worth [wɜ:θ] *a bean.* (= Das Zeug ist keinen Pfifferling wert.) • *a chicken and egg situation* [sɪtʃu'eɪʃn] (= eine Zwickmühle) • *hit the hay* (= sich in die Falle hauen) • *It's like looking for a needle in a haystack.* (= Es ist, wie wenn man eine Stecknadel im Heuhaufen sucht.) • *eat like a horse* (= wie ein Scheunendrescher essen) • *put the cart before the horse* (= das Pferd beim Schwanz aufzäumen) • *buy a pig in a poke* (= die Katze im Sack kaufen) • *He's the black sheep of the family.* (= Er ist das schwarze Schaf der Familie.) • *lock the stable door after the horse has bolted* ['bəʊltɪd] (= den Brunnen erst zudecken, wenn das Kind hineingefallen ist) • *That was the last straw* [strɔ:]. (= Das brachte das Fass zum Überlaufen.) • *catch at a straw* (= sich an einen Strohhalm klammern)

The black sheep.

The city
Die Stadt

→ 6.1 Communities, 5.1 Flats and houses, 7.1 Housing shortage, 19.6 Traffic

People come to the city to find safety and happiness, to lead the good life.
(Aristotle, Greek philosopher, 384–322 BC)

city ['sɪti]	(größere) **Stadt**
the city and its residents ['rezɪdənts]	die Stadt und ihre Bewohner
go / travel to the city	in die Stadt fahren
a provincial [prə'vɪnʃl] city / town	eine Provinzstadt / Stadt in der Provinz
an industrial [ɪn'dʌstriəl] city	eine Industriestadt
satellite ['sætəlaɪt] city / town	Trabantenstadt
my native ['neɪtɪv] city / town	meine Geburtsstadt
the city centre [sɪti 'sentə]	das Stadtzentrum
within the city limits	innerhalb der Stadtgrenze
10 miles beyond the city boundaries ['baʊndəriz]	10 Meilen jenseits der Stadtgrenze
city / town planning	(die) Stadtplanung
the city / town council ['kaʊnsl]	der Rat der Stadt; die Stadtverwaltung

Als Gegensatz zu *city* bezeichnet *town* objektiv eine kleinere Stadt (*a small town* = eine Kleinstadt). Emotional und in bestimmten Wendungen wird *town* aber auch in Bezug auf Großstädte wie London und New York gebraucht: *Are you going into town?* (= Fährst du in die Stadt?) *You're from out of town, aren't you?* (= Sie sind wohl nicht von hier?) *Going up to town* heißt, dass man aus der Provinz nach London fährt, und *So-and-so is in town / out of town* bedeutet, dass der Betreffende gerade oder gerade nicht in London / New York / Chicago ist. Wer *out on the town* ist, der will dort was erleben, einen draufmachen, und in dem Film *On the Town* (1950) singen drei *sailors* (= Matrosen) auf Landurlaub in New York den *song "New York, New York, a wonderful town"*.

city dweller ['dwelə]	**Stadtbewohner(in); (Groß-)Städter(in)**
slum / ghetto ['getəʊ] dweller	Slum- / Gettobewohner(in)
townsman – townswoman	**Städter – Städterin**
Townspeople are different ['dɪfrənt].	Leute aus der Stadt sind anders.

Garden cities [gɑːdn 'sɪtiz] (erste Gründung in GB war *Letchworth* ['letʃwəθ], 1903) sind auf dem Reißbrett (= *drawing board* ['drɔːɪŋ bɔːd]) entworfene, von Grüngürteln (= *green belts*) umgebene und von Grünflächen (= *green spaces / areas*) durchsetzte Gartenstädte.
Auch bei den seit dem Zweiten Weltkrieg in GB entstandenen ca. 30 *new towns* handelt es sich um *planned* [plænd] *cities.*

downtown [daʊn'taʊn] *AE*	**in der / in die Innenstadt**
Are you going downtown?	Fährst / Gehst du in die (Innen-)Stadt?
in the downtown ['daʊntaʊn] area	in der Innenstadt / City; im Zentrum
Munich's ['mju:nɪks] downtown area	die Münchner Innenstadt
metropolis [mə'trɒpəlɪs]	**Metropole**
Vancouver [væn'ku:və] is Canada's third largest metropolis.	Vancouver ist Kanadas drittgrößte Metropole.
the New York **metropolitan** [metrə'pɒlɪtn] **area**	der **Großraum** New York
the **central** ['sentrəl] **cities**	die **Innenstädte**
a map of central London	eine Karte / ein Plan der Londoner Innenstadt
the **suburbs** ['sʌbɜ:bz]	die **Vororte**
on the **outskirts** ['aʊtskɜ:ts] of Berlin	am **Stadtrand** von Berlin
settle on the **periphery** [pə'rɪfəri]	sich an der **Peripherie** ansiedeln

„Städtisch" im Sinn von „zu einer bestimmten Stadt gehörend" = *municipal* [mju:'nɪsɪpl]; im Sinn von „mit Städten allgemein zusammenhängend" = *urban* ['ɜ:bən]:

the municipal parks / hospitals / theatres (= die städtischen Parks / Krankenhäuser / Theater) • *the municipal government* ['gʌvnmənt] (= die Stadtregierung / -verwaltung) • *municipal elections* (= Kommunalwahlen)

urban life (= das Leben in der Stadt) • *the urban population* (= die Stadtbevölkerung) • *urban planning* (= Stadtplanung) • *urban development* (= Stadtentwicklung) • *urban renewal* [rɪ'nju:əl] (= Stadterneuerung)

facilities [fə'sɪlətiz]	**Einrichtungen**
educational / research facilities	Bildungs- / Forschungseinrichtungen
cultural / medical facilities	kulturelle / medizinische Einrichtungen
a **run-down** / **blighted** ['blaɪtɪd] neighbourhood / area	eine **heruntergekommene** Gegend
demolish [dɪ'mɒlɪʃ] old buildings	alte Häuser / Altbauten **abreißen**
improve [im'pru:v] (living) **conditions** in the cities	die **Lebensbedingungen** in den Städten verbessern

Unterschied zwischen *street* und *road*

Streets sind in der Stadt, zwischen Häusern – sie haben Bürgersteige (*pavements* ['peɪvmənts] BE / AE *sidewalks* ['saɪdwɔ:ks]), Geschäfte etc.: *We live in / on Russell* ['rʌsl] *Street.*

Der deutschen Hauptstraße entspricht BE *High Street* (*the shoe shop in the High Street*) und AE *Main Street* (*the shoe store on Main Street*).

Roads sind Verkehrswege, die irgendwo hinführen: *the Dover road* (= die Straße nach Dover). Viele *roads,* die sich ursprünglich zwischen Orten befanden, sind heute durch das Wachsen der Städte mitten in der Stadt. *Edgware* ['edʒweə] *Road* (= die Straße nach Edgware) z.B. ist heute ein Londoner Straßenname: *Her office is in / on Edgware Road.* (Londoner sagen auch: *in / on the Edgware Road.*)

The environment
Die Umwelt

The way that some people treat the world, you would think there is somewhere else to go once the earth's resources have been exhausted. (*From a Greenpeace leaflet*)

the environment [ɪn'vaɪrənmənt]	**die Umwelt**
You, too, can help protect [prə'tekt] the environment.	Auch Sie können zum Umweltschutz beitragen.
environmental [ɪnvaɪrən'mentl]	**Umwelt-**
environmental pollution / protection / awareness [ə'weənəs]	Umweltverschmutzung / -schutz / -bewusstsein
environmental problems / disasters	Umweltprobleme / -katastrophen
environmental groups such as Greenpeace	Umweltorganisationen wie etwa Greenpeace
environmentalism [ɪnvaɪrən'mentəlɪzm]	**Umweltschutz**
environmentalist [ɪnvaɪrən'mentəlɪst]	**Umweltschützer(in)**
despite protests from environmentalists	trotz der Proteste von Umweltschützern
environmentally friendly / **ecofriendly** ['i:kəʊfrendli]	**umweltfreundlich**
ecological [i:kə'lɒdʒɪkl]	**ökologisch; Umwelt-**
green [gri:n]	**grün; umweltfreundlich; ökologisch**
green / environmental issues ['ɪʃu:z]	Umweltthemen
The Greens want all waste to be segregated.	Die Grünen setzen sich für eine umfassende Abfalltrennung ein.
forest ['fɒrɪst]	**Wald**
Tropical forests are being destroyed.	Tropenwälder werden vernichtet.
deforestation [di:fɒrɪ'steɪʃn]	**Entwaldung**
desert ['dezət]	**Wüste**
Deserts are spreading ['spredɪŋ].	Die Wüsten breiten sich aus.
the ozone layer ['əʊzəʊn leɪə]	**die Ozonschicht**
CFCs destroy the ozone layer.	FCKW zerstören die Ozonschicht.
the greenhouse effect [ɪ'fekt]	**der Treibhauseffekt**
pollution [pə'lu:ʃn]	**Verschmutzung**
air / water / soil pollution	Luft- / Wasser- / Bodenverschmutzung
radiation [reɪdi'eɪʃn] pollution	radioaktive Verseuchung
noise pollution ['nɔɪz pəlu:ʃn]	Lärmbelästigung; Lärmbelastung
pollution control [kən'trəʊl]	Vermeidung von Umweltbelastungen
pollutants [pə'lu:tənts]	**Schadstoffe**

Müll ist umgangssprachlich *rubbish* ['rʌbɪʃ], AE auch *garbage* ['gɑ:bɪdʒ] oder *trash* [træʃ], in der Behördensprache allgemein *refuse* ['refju:s]. Abfall / Abfälle heißt in theoretischen Zusammenhängen – etwa in der Ökologie – häufig *waste*, wobei die Pluralform *wastes* (= Abfälle / Abfallstoffe) mehr im AE zu finden ist:
Wastes are / Waste is burned at very high temperatures ['temprətʃəz].
(= Abfälle werden / Müll wird bei sehr hohen Temperaturen verbrannt.)

waste disposal [dɪ'spəʊzl] (= Abfallbeseitigung / Abfallentsorgung) • *waste disposal site* (= Mülldeponie) • *household / domestic* [də'mestɪk] *waste(s)* (= Hausmüll) • *industrial* [ɪn'dʌstriəl] *waste(s)* (= Gewerbeabfälle) • *hazardous* ['hæzədəs] / *toxic* ['tɒksɪk] / *nuclear* ['nju:klɪə] *waste(s)* (= Sonder- / Gift- / Atommüll) • *waste / refuse* ['refju:s] / *garbage incineration* [ɪnsɪnə'reɪʃn] (= Müllverbrennung) • *refuse tip* BE / AE *garbage dump / landfill (site)* (= Müllkippe)
Space for landfills is running out. (= Der Platz für Müllkippen wird knapp.)

dump [dʌmp]	**abladen; abkippen; Müllkippe; Müllabladeplatz**
the dumping of radioactive waste in the ocean	die Versenkung / Verklappung von radioaktivem Müll im Ozean / Meer

NO TIPPING (*BE Schild*) Müllabladen verboten

an oil spill ['ɔɪl spɪl]	**eine Ölpest; ausgelaufenes Öl**
oil slick ['ɔɪl slɪk]	(ein) Ölteppich
overfertilization [əʊvəfɜ:təlaɪ'zeɪʃn]	**Überdüngung**
carbon dioxide [kɑ:bn daɪ'ɒksaɪd]	**Kohlendioxid**
reduce carbon dioxide emissions	den Kohlendioxidausstoß verringern
changes in (the) climate ['klaɪmət]	**Klimaveränderungen**
global warming [gləʊbl 'wɔ:mɪŋ]	**Erderwärmung**
Exhaust fumes [ɪg'zɔ:st fju:mz] contribute [kən'trɪbju:t] to global warming.	Auspuffgase tragen zur Erwärmung der Erdatmosphäre bei.
acid rain [æsɪd 'reɪn]	**saurer Regen**
sustainable [sə'steɪnəbl] **development**	**nachhaltige Entwicklung**
natural resources [rɪ'zɔ:sɪz]	**natürliche Ressourcen**
an endangered species ['spi:ʃi:z]	**eine vom Aussterben bedrohte Art**
the protection / preservation [prezə'veɪʃn] of endangered species	der Artenschutz
fossil fuels ['fɒsl fju:əlz]	**fossile Brennstoffe / Energieträger**
recycle [ri:'saɪkl]	**wiederverarbeiten; recyceln**
A lot of waste can be recycled.	Viele Abfallstoffe lassen sich wiederverwerten.
Recycling reduces the waste of raw materials [mə'tɪəriəlz].	Recycling reduziert die Verschwendung von Rohstoffen.
recycled paper	Recyclingpapier
bottle bank ['bɒtl bæŋk] *BE*	**Altglascontainer**
unleaded petrol [ʌnledɪd 'petrəl] *BE* / *AE* **gas** [gæs]	**bleifreies Benzin**
returnable bottles [rɪtɜ:nəbl 'bɒtlz]	**Mehrwegflaschen**
nonreturnable [nɒn-] bottles	Einwegflaschen
packaging ['pækɪdʒɪŋ]	**Verpackung**
Companies are required [rɪ'kwaɪəd] to take back the packaging.	Die Firmen sind zur Rücknahme der Verpackungen verpflichtet.
compulsory deposit [kəm'pʌlsəri dɪ'pɒzɪt]	**Zwangspfand**

Weather and climate
Wetter und Klima

When two Englishmen meet, their first talk is of the weather.
(*Samuel Johnson, known as Dr Johnson, British lexicographer, 1709–84*)

What's the **weather** like?	Wie ist denn das **Wetter?**
fair / foul weather	schönes / scheußliches Wetter
nice / dreadful ['dredfl] weather	schönes / furchtbares Wetter
weather permitting [pə'mɪtɪŋ]	wenn die Witterung es zulässt
a **fine** day	ein **schöner** Tag
Let's hope the **sun** comes out.	Hoffentlich kommt die **Sonne** heraus.
sunny periods / intervals / spells	**sonnige** Abschnitte; Aufheiterungen
sunshine ['sʌnʃaɪn]	**Sonnenschein**
We had a lot of sunshine.	Wir hatten viel Sonne.
on a **clear** day	bei **klarem** Wetter
hot – **cold**	**heiß** – **kalt**
heat [hiːt]	**Hitze**
a heat wave ['hiːt weɪv]	eine Hitzewelle
a **cold** / **warm front** [frʌnt]	eine **Kaltluft-** / **Warmluftfront**
fairly **warm** for the time of year	recht **warm** für die Jahreszeit
It seems to be getting warmer.	Es scheint wärmer zu werden.
warm and humid ['hjuːmɪd]	warm und feucht; feuchtwarm
humidity [hju'mɪdəti]	**(Luft-)Feuchtigkeit**
muggy ['mʌgi] / **sultry** ['sʌltri]	**schwül**
It's rather **close** [kləʊs] today.	Es ist heute ziemlich **drückend.**
It's turned [tɜːnd] **cooler.**	Es ist **kühler** geworden.
The evenings are **nice and cool**.	Die Abende sind **angenehm kühl**.
It's rather **chilly** ['tʃɪli] today.	Es ist heute recht **kühl** / **frisch.**
a chilly day	ein unfreundlicher Tag
It's a bit **nippy** ['nɪpi] this morning.	Es ist heute Morgen recht **frisch.**
biting / icy ['aɪsi] **cold**	schneidende / eisige **Kälte**
freeze [friːz] (– froze – frozen)	**(ge)frieren**
It'll probably freeze.	Es gibt wahrscheinlich Frost.
It's freezing (cold).	Es ist eiskalt.
above [ə'bʌv] / below freezing	über / unter dem Gefrierpunkt
frost [frɒst]	**Frost**
a **mild** [maɪld] / **severe** [sɪ'vɪə] winter	ein **milder** / **strenger** Winter
the **Met Office** ['met ɒfɪs] *BE* / *AE* **weather bureau** ['bjʊərəʊ]	das **Wetteramt**
the **weather map** ['weðə mæp]	die **Wetterkarte**
weather report [rɪ'pɔːt]	**Wetterbericht**
(tomorrow's) **weather forecast**	(die) **Wettervorhersage** (für morgen)
the **outlook** for tomorrow [tə'mɒrəʊ]	die **Vorhersage** für morgen
thermometer [θə'mɒmɪtə]	**Thermometer**
average **temperatures** ['temprətʃəz]	Durchschnitts**temperaturen**
above / below **zero** ['zɪərəʊ]	über / unter **null**
below-zero / subzero temperatures	Temperaturen unter null

9

Celsius ['selsiəs] **–** ***Fahrenheit*** ['færənhaɪt]
In GB hat sich bei Temperaturangaben *Celsius* inzwischen weitgehend durchgesetzt; in den USA ist in Wetterberichten noch ausschließlich *Fahrenheit* gebräuchlich. Entsprechungen:

°Fahrenheit	0	10	20	30	40	50	60	70	80	90	100
°Celsius	-18	-12	-7	-1	4	10	16	21	27	32	38

cloud [klaʊd]	**Wolke**
a cloudless sky [skaɪ]	ein wolkenloser Himmel
It'll cloud over in the afternoon.	Am Nachmittag wird es sich bewölken.
cloudy ['klaʊdi]	**bewölkt; bedeckt; wolkig**
It'll stay mostly cloudy.	Es bleibt überwiegend bewölkt.
overcast [əʊvə'kɑːst]	**bedeckt; bewölkt**
dull and **rainy** at first, **clearing up** later	zunächst **trübe** und **regnerisch,** später **aufheiternd**
dry – **wet**	**trocken – nass**
We're in for **rain.**	Es wird wohl **Regen** geben.
light / torrential [tə'renʃl] rain	leichter / wolkenbruchartiger Regen
It's pouring ['pɔːrɪŋ] (with rain).	Es gießt in Strömen.
It was raining heavily ['hevɪli].	Es regnete stark.
rainy weather ['weðə]	**regnerisches** Wetter / Regenwetter
a rainy day [reɪni 'deɪ]	ein verregneter Tag / Regentag
a **deluge** ['deljuːdʒ] / **downpour**	ein **(Regen-)Guss / Wolkenbruch**
(scattered ['skætəd]) **showers**	(vereinzelte) **Schauer**
drizzle ['drɪzl]	**Nieselregen; Sprühregen**
snow [snəʊ]	**Schnee; schneien**
precipitation [prɪsɪpɪ'teɪʃn]	**Niederschlag**
haze [heɪz] – **hazy** ['heɪzi]	**Dunst – diesig**
mist [mɪst]	**(leichter) Nebel; Dunst**
fog [fɒg] – **foggy** ['fɒgi]	**Nebel – neb(e)lig**
smog [smɒg]	**Smog**
dew [djuː]	**Tau**
a light / gentle [dʒentl] / fresh **breeze**	eine leichte / schwache / frische **Brise**
wind [wɪnd] – **windy** ['wɪndi]	**Wind – windig**
southerly ['sʌðəli] / easterly wind	Süd- / Ostwind
northerly ['nɔːðəli] / westerly winds	nördliche / westliche Winde
storm [stɔːm]	**Unwetter; Gewitter; Sturm**
thunderstorm ['θʌndəstɔːm]	Gewitter
a flash of **lightning** ['laɪtnɪŋ].	ein **Blitz**
There was thunder and lightning.	Es donnerte und blitzte.
gale (warning) ['geɪl (wɔːnɪŋ)]	**Sturm**(warnung)
climate ['klaɪmət]	**Klima**
a temperate / moderate climate	ein gemäßigtes Klima
maritime ['mærɪtaɪm] climate	Seeklima; Meeresklima
continental [kɒntɪ'nentl] climate	Kontinental- / Land- / Binnenklima
You could do with a change of climate.	Ein Klimawechsel würde Ihnen gut tun.
global climate change	globale / weltweite Klimaveränderung

Natural disasters
Naturkatastrophen

All the springs of the great deep burst out, the windows of the heavens were opened, and rain fell on the earth for forty days and forty nights. (*From the description of the Flood in the Bible*)

the victims of **natural disasters** [nætʃərəl dɪ'zɑːstəz]	die Opfer von **Naturkatastrophen**
disaster area ['eəriə]	Katastrophengebiet
(earth)quake [('ɜːθ)kweɪk]	**(Erd-)Beben**
a minor ['maɪnə] / major ['meɪdʒə] earthquake	ein kleineres / größeres Erdbeben
if a quake hits downtown L.A.	wenn es in der Innenstadt von Los Angeles zu einem Erdbeben kommt
The quake caused [kɔːzd] a landslide.	Das Beben verursachte einen Erdrutsch.
epicentre ['epɪsentə]	**Epizentrum**
aftershock ['ɑːftəʃɒk]	**Nachbeben**
volcano [vɒl'keɪnəʊ]	**Vulkan**
a violent **eruption** [ɪ'rʌpʃn] of Mount Vesuvius [və'suːviəs]	ein gewaltiger **Ausbruch** des Vesuvs
lava ['lɑːvə]	**Lava**
The city was buried ['berɪd] under a thick layer ['leɪə] of lava and ash.	Die Stadt wurde unter einer dicken Lava- und Ascheschicht begraben.
avalanche ['ævəlɑːnʃ]	**Lawine**
whirlwind ['wɜːlwɪnd]	**Wirbelwind; Wirbelsturm**
a violent **cyclone** [vaɪələnt 'saɪkləʊn]	ein heftiger **Wirbelsturm**
tornado [tɔː'neɪdəʊ] *Pl.* tornadoes	**Tornado; Wirbelsturm**
hurricane ['hʌrɪkən]	**Hurrikan; Orkan**
The hurricane claimed 500 lives.	Der Hurrikan forderte 500 Todesopfer.
typhoon [taɪ'fuːn]	**Taifun**
The typhoon killed [kɪld] 300 people.	Dem Taifun fielen 300 Menschen zum Opfer.
flood [flʌd]	**Flut; Überschwemmung**
flood warning ['wɔːnɪŋ]	Hochwasser- / Flutwarnung
flood control [kən'trəʊl]	(der) Hochwasserschutz
flood-prone areas ['eəriəz]	hochwassergefährdete Gebiete
the Flood	die Sintflut
a millennium [mɪ'leniəm] flood	eine Jahrtausendflut
A large area was **flooded** ['flʌdɪd].	Ein großes Gebiet wurde **überflutet / überschwemmt.**
The river **inundated** ['ɪnʌndeɪtɪd] a vast area.	Der Fluss **überflutete** ein riesiges Gebiet.
tidal wave [taɪdl 'weɪv]	**Flutwelle**
Hundreds of people were **drowned** [draʊnd].	Hunderte von Menschen ertranken.
tsunami [tsuː'nɑːmi]	**Tsunami**
drought [draʊt]	**Dürre(periode)**
a period of devastating drought	eine verheerende Dürreperiode

fire ['faɪə]	**Feuer; Brand**
a disastrous [dɪ'zɑ:strəs] fire / a fire disaster	eine Brandkatastrophe
Forest fires are often caused by lightning.	Waldbrände werden oft durch Blitzschlag verursacht.
locust (plague) ['ləʊkəst (pleɪg)]	**Heuschrecke(nplage)**
famine ['fæmɪn]	**Hungersnot; Hungerkatastrophe**
an impending [ɪm'pendɪŋ] famine	eine drohende Hungersnot
famine relief [rɪ'li:f]	Hungerhilfe
Thousands died of famine.	Tausende verhungerten.

Eine der entsetzlichsten Hungerkatastrophen (= *One of the most horrific famines*) der europäischen Geschichte (= *in the history of Europe*) war die *Irish Famine* (1846–50). Die Iren (= *The Irish*) waren damals fast vollkommen abhängig von der Kartoffel (= *almost totally dependent on the potato*). Als die Kartoffelernte (= *the potato crop*) mehrere Jahre hintereinander durch einen Pilz vernichtet wurde (= *was destroyed by a fungus for several years in a row*), kam es zu einer Hungersnot, der über eine Million Menschen zum Opfer fielen (= *which killed over a million people*). Durch die Hungersnot, Krankheit und Auswanderung nach Amerika (= *Owing to the famine, disease, and emigration to America*) fiel Irlands Bevölkerungszahl (= *Ireland's population dropped*) damals von acht auf fünf Millionen (= *from eight to five million*).

devastate ['devəsteɪt]	**verwüsten**
The city was devastated by an earthquake.	Die Stadt wurde durch ein Erdbeben verwüstet.
The city suffered a **devastating** earthquake.	Die Stadt wurde von einem **verheerenden** Erdbeben heimgesucht.
cause great **devastation** [devə'steɪʃn]	große **Verwüstungen** anrichten
the **aftereffects** ['ɑ:ftərɪfekts] of the disaster	die **Nachwirkungen** der Katastrophe
The city of X was the hardest hit, with 34 **fatalities** [fə'tælətiz].	Die Stadt X war mit 34 **Todesopfern** am stärksten betroffen.
The **death toll** ['deθ təʊl] has risen to 68.	Die **Zahl der Todesopfer** hat sich auf 68 erhöht.
An estimated ['estɪmeɪtɪd] 600 people **lost their lives**.	Die Zahl der Todesopfer wird auf 600 geschätzt.
rescue team ['reskju: ti:m]	**Rettungsmannschaft; Bergungskommando**
The rescue work is still going on.	Die Bergungsarbeiten dauern noch an.
They survived [sə'vaɪvd] the disaster **unscathed** [ʌn'skeɪðd].	Sie überlebten die Katastrophe **unversehrt**.
The **damage** ['dæmɪdʒ] is estimated at $2 billion.	Der **Sachschaden** wird auf 2 Milliarden Dollar geschätzt.
the Red Cross [red 'krɒs]	**das Rote Kreuz**
the Red Crescent ['kreznt]	der Rote Halbmond (= muslimische Entsprechung des Roten Kreuzes)

Living things
Lebewesen

Animals
Tiere

→ 3.1 Foods, 14.6 The farming world

We have enslaved the rest of the animal creation, and have treated our distant cousins in fur and feathers so badly that beyond doubt, if they were able to formulate a religion, they would depict the Devil in human form. (*William Ralph Inge, British churchman, 1860–1954*)

(tame / wild) **animal** ['ænɪməl]	(zahmes / wildes) **Tier**
experimental [ɪksperɪ'mentl] animals	Versuchstiere
cruelty ['kru:əlti] to animals	Tierquälerei
society [sə'saɪəti] for the prevention of cruelty to animals	Tierschutzverein
animal welfare / rights	Tierschutz
animal rights activist ['æktɪvɪst]	Tierschützer(in)
the animal kingdom ['kɪŋdəm]	das Tierreich
beast [bi:st]	**Tier; Bestie**
man and beast	Mensch und Tier
The lion ['laɪən] is called the king of beasts.	Den Löwen nennt man den König der Tiere.
beast of burden ['bɜ:dn]	Lasttier
pet [pet]	**(Haus-)Tier**
White mice are often kept as pets.	Weiße Mäuse werden oft als Haustiere gehalten.
mammal ['mæml]	**Säugetier**
fur [fɜ:]	**Fell**
Many animals are hunted for their fur.	Viele Tiere werden wegen ihres Fells gejagt.

Zur Bezeichnung von Tieren als Jagdwild steht häufig die Singularform. Vergleichen Sie:
*I've never shot **duck**.* (= Ich habe noch nie Enten geschossen / gejagt.)
*I've never seen **ducks** around here.* (= Ich habe hier noch nie Enten gesehen.)
*They're not allowed to shoot **elephant*** ['elɪfənt] / ***lion*** ['laɪən]. (= Elefanten / Löwen dürfen sie nicht schießen.)
*We didn't see any **elephants** / **lions**.* (= Elefanten / Löwen sahen wir nicht.)

dog [dɒg]	**Hund**
hunting dog – watchdog ['wɒtʃdɒg]	Jagdhund – Wachhund
fighting dog / killer dog	Kampfhund
hound [haʊnd] – **the hounds**	**Jagdhund – die Meute** (bei der Jagd)
bitch [bɪtʃ]	**Hündin; Weibchen** (= *Füchsin etc.*)
pup(py) ['pʌp(i)]	**Welpe; junger Hund**
Alsatian [æl'seɪʃn] / **German shepherd** ['ʃepəd]	**(deutscher) Schäferhund**
mongrel ['mʌŋgrəl]	**Bastard; Promenadenmischung**
cat [kæt]	**Katze**
tom(cat)	Kater

kitten ['kɪtn]	**(Katzen-)Junges; Kätzchen**
donkey ['dɒŋki] / **ass** [æs]	**Esel**
I've made an ass of myself.	Ich habe mich blamiert.
(big / small) **game** [geɪm]	(Groß- / Nieder-)**Wild**
game reserve [rɪ'zɜːv] / park	Wildreservat
deer [dɪə] *Pl.* deer	**Hirsch(e); Reh(e)**
fox [fɒks]	**Fuchs**
wolf [wʊlf] *Pl.* wolves [wʊlvz]	**Wolf**
monkey ['mʌŋki] – **ape** [eɪp]	**Affe – Menschenaffe**
Man is descended [dɪ'sendɪd] from the apes.	Der Mensch stammt vom Affen ab.
chimp / **chimpanzee** [tʃɪmpæn'ziː]	**Schimpanse**
lion ['laɪən] – **tiger** ['taɪgə]	**Löwe – Tiger**
(brown / grizzly / polar) **bear** [beə]	(Braun- / Grisli- / Eis-)**Bär**
mouse [maʊs] *Pl.* mice [maɪs]	**Maus**
rat [ræt]	**Ratte**
You rat!	Du Miststück / (gemeiner) Hund!
guinea pig ['gɪni pɪg]	**Meerschweinchen; Versuchskaninchen**
hamster ['hæmstə]	**Hamster**
squirrel ['skwɪrəl]	**Eichhörnchen**
feather ['feðə]	**Feder**
Owls [aʊlz] have strong legs, sharp claws, and soft feathers.	Eulen haben kräftige Beine, scharfe Krallen und weiche Federn.
Fine feathers make fine birds.	Kleider machen Leute.
bird [bɜːd]	**Vogel**
migratory ['maɪgrətri] bird – songbird	Zugvogel – Singvogel
bird of prey [preɪ]	Raubvogel; Greifvogel
bird's nest – birds' nests	Vogelnest – Vogelnester
The early bird catches the worm [ɜː].	Morgenstund hat Gold im Mund.
A bird in hand is worth two in the bush [bʊʃ].	Der Spatz in der Hand ist besser als die Taube auf dem Dach.
sparrow ['spærəʊ]	**Sperling; Spatz**
(blue / great) tit [tɪt]	**(Blau- / Kohl-)Meise**
swallow ['swɒləʊ] – **thrush** [θrʌʃ]	**Schwalbe – Drossel**
nightingale ['naɪtɪŋgeɪl]	**Nachtigall**
woodpecker ['wʊdpekə]	**Specht**
crow [krəʊ]	**Krähe**
As the crow flies, it's about two miles.	Luftlinie sind es ungefähr zwei Meilen.
owl [aʊl]	**Eule**
dove [dʌv]	**Taube**
duck [dʌk]	**Ente**
goose [guːs] *Pl.* geese [giːs]	**Gans**
swan [swɒn] – **stork** [stɔːk]	**Schwan – Storch**
parrot ['pærət] – **canary** [kə'neəri]	**Papagei – Kanarienvogel**
budgerigar ['bʌdʒərigɑː] / **budgie** ['bʌdʒi]	**Wellensittich**
penguin ['peŋgwɪn]	**Pinguin**
fish [fɪʃ] *Pl.* fish / fishes ['fɪʃɪz]	**Fisch**
Fish are plentiful here.	Fische sind hier reichlich vorhanden.

1

Some fishes don't have ribs.	Manche Fische (= Fischarten) haben keine Rippen.
goldfish ['gəʊldfɪʃ] *Pl.* goldfish	**Goldfisch**
shark [ʃɑːk] – **whale** [weɪl]	**Hai(fisch) – Wal(fisch)**
dolphin ['dɒlfɪn]	**Delphin**
seal [siːl]	**Seehund**
reptile ['reptaɪl]	**Reptil; Kriechtier**
tortoise ['tɔːtəs] – **turtle** ['tɜːtl]	**Landschildkröte – Wasserschildkröte**
crocodile ['krɒkədaɪl]	**Krokodil**
crocodile tears [tɪəz]	Krokodilstränen
snake [sneɪk] – **snail** [sneɪl]	**Schlange – Schnecke**
frog [frɒg] – **toad** [təʊd]	**Frosch – Kröte**
(tape- / book)worm [wɜːm]	**(Band- / Bücher-)Wurm**
spider ['spaɪdə] – **insect** ['ɪnsekt]	**Spinne – Insekt**
cobweb / *AE auch* spiderweb	Spinnwebe
ant [ænt] – **bee** [biː] – **wasp** [wɒsp]	**Ameise – Biene – Wespe**
moth [mɒθ]	**Nachtfalter; Motte**
fly [flaɪ] – **butterfly** ['bʌtəflaɪ]	**Fliege – Schmetterling**
midge [mɪdʒ] / **gnat** [næt] / **mosquito** [mə'skiːtəʊ] *Pl.* -es	**Mücke**
midge / gnat / mosquito bite	Mückenstich
flea(bite) [fliː]	**Floh(biss / -stich)**
louse [laʊs] *Pl.* lice [laɪs]	**Laus**
cockroach ['kɒkrəʊtʃ] / **roach**	**(Küchen-)Schabe; Kakerlake**
beetle ['biːtl]	**Käfer**
Colorado beetle / *AE auch* potato bug	(Kartoffel-)Käfer
ladybird (beetle) / *AE auch* ladybug	Marienkäfer
bug [bʌg]	**Wanze; Käfer; Insekt**
May bug *BE* / *AE* June bug	Maikäfer
tick [tɪk]	**Zecke**
tick bite ['tɪk baɪt]	Zeckenbiss
parasite ['pærəsaɪt]	**Schmarotzer; Parasit**
pest [pest] – **pests**	**Schädling – Ungeziefer**
potato [pə'teɪtəʊ] bugs and other pests	Kartoffelkäfer und andere Schädlinge
vermin ['vɜːmɪn]	**Ungeziefer**
vet [vet]	**Tierarzt / Tierärztin**
zoo [zuː] / **zoological** [zəʊə'lɒdʒɪkl] **garden**	**Zoo / zoologischer Garten**
cage [keɪdʒ]	**Käfig; (Vogel-)Bauer**

Plants
Pflanzen

→ 14.5 The countryside, 14.6 The farming world, 3.1 Foods

Any fine morning a power saw can fell a tree that took a thousand years to grow. (*Edwin Way Teale, US naturalist and writer, 1899–1980*)

plant [plɑ:nt]	**Pflanze; (an)pflanzen**
garden / cultivated / pot plant	Garten- / Kultur- / Topfpflanze
wild [waɪld] plant / flower	Wildpflanze / -blume
a hardy ['hɑ:di] plant	eine winterharte Pflanze
the plant kingdom ['kɪŋdəm]	das Pflanzenreich
tree [tri:]	**Baum**
ash (tree) [æʃ]	**Esche**
beech (tree) [bi:tʃ]	**Buche**
birch (tree) [bɜ:tʃ]	**Birke**
(horse) **chestnut** (tree) ['tʃesnʌt]	(Ross-)**Kastanie**
pull the chestnuts out of the fire	die Kastanien aus dem Feuer holen
lime (tree) *BE* / *AE* **linden** (tree) ['lɪndən]	**Linde**
maple (tree) ['meɪpl]	**Ahorn**
mulberry (tree) ['mʌlbəri]	**Maulbeerbaum**
oak (tree) [əʊk] – **acorn** ['eɪkɔ:n]	**Eiche** – **Eichel**
palm (tree) [pɑ:m]	**Palme**
poplar ['pɒplə]	**Pappel**
(weeping) **willow** [(wi:pɪŋ) 'wɪləʊ]	(Trauer-)**Weide**
yew (tree) [ju:]	**Eibe**
pine (tree) [paɪn]	**Kiefer**
Pines and firs are conifers ['kɒnɪfəz].	Kiefern und Tannen sind Nadelbäume.
(fir) cone [('fɜ:) kəʊn]	**(Tannen-)Zapfen**
coniferous [kə'nɪfərəs] **forest**	**Nadelwald**
deciduous [dɪ'sɪdjuəs] **forest** / **tree**	**Laubwald** / **-baum**
flower ['flaʊə]	**Blume; Blüte**
The roses have just come into flower.	Die Rosen haben gerade zu blühen begonnen.
cut flowers	Schnittblumen
cornflower – sunflower	Kornblume – Sonnenblume
buttercup ['bʌtəkʌp]	**Butterblume**
daffodil ['dæfədɪl] / **daff** [dæf]	**Osterglocke;** (gelbe) **Narzisse**
daisy ['deɪzi]	**Gänseblümchen**
look (as) fresh as a daisy	frisch wie der junge Morgen aussehen
an ox-eye daisy / a marguerite [mɑ:gə'ri:t]	eine Margerite
dandelion ['dændɪlaɪən]	**Löwenzahn; Pusteblume**
lily ['lɪli]	**Lilie**
lily of the valley ['væli]	Maiglöckchen
thistle ['θɪsl] – **poppy** ['pɒpi]	**Distel** – **Mohn(blume)**

2

On Poppy Day (offiziell: *Remembrance* [rɪ'membrəns] *Day / Remembrance Sunday,* jeweils der dem 11. November nächste Sonntag) gedenken die Briten ihrer Gefallenen beider Weltkriege. Als Zeichen der Trauer trägt man aus Papier oder Stoff gefertigte *(corn / Flanders) poppies* (= rote Mohnblumen), denn diese Blumen wuchsen auf den Schlachtfeldern (= *battlefields*) von *Flanders* ['flɑːndəz], wo im Ersten Weltkrieg (= *First World War*) so viele Soldaten verbluteten.

carnation [kɑː'neɪʃn]	**Nelke**
tulip (bulb) ['tjuːlɪp (bʌlb)]	**Tulpe(nzwiebel)**
fuchsia ['fjuːʃə]	**Fuchsie**
rose [rəʊz] – **orchid** ['ɔːkɪd]	**Rose – Orchidee**
cactus ['kæktəs] *Pl.* cacti ['kæktaɪ]	**Kaktus**
grass [grɑːs] – **grasses**	**Gras – Gräser**
sow [səʊ] grass (– sowed – sown / sowed)	Gras (aus)säen
sow the garden with grass	im Garten Gras (aus)säen
clover ['kləʊvə] – **moss** [mɒs]	**Klee – Moos**
herb [hɜːb]	**Kraut; Kräuter-**
fern [fɜːn]	**Farn(kraut)**
vine [vaɪn]	**Wein(rebe); Ranke**
weed(s) [wiːd(z)]	**Unkraut**
I've got to weed the garden.	Ich muss im Garten Unkraut jäten.
fungus ['fʌŋgəs] *Pl.* fungi ['fʌŋgiː]	**Pilz**
mushroom ['mʌʃrʊm]	(Speise- / essbarer) **Pilz; Champignon**
toadstool ['təʊdstuːl]	**Giftpilz; nicht essbarer Pilz**
annual ['ænjuəl]	**einjährig(e Pflanze)**
biennial [baɪ'eniəl]	**zweijährig(e Pflanze)**
an **evergreen** ['evəgriːn]	eine **immergrüne Pflanze**
root [ruːt]	**Wurzel**
stem [stem]	(*Blume, manchmal Baum*) **Stiel**
(tree) trunk [trʌŋk]	**(Baum-)Stamm**
branch [brɑːntʃ]	**Ast;** (dickerer) **Zweig**
twig [twɪg]	(kleiner / dünner) **Zweig**
bark [bɑːk]	**Borke; Rinde**
leaf [liːf] – **leaves** [liːvz]	**Blatt – Blätter / Laub**
The trees are shedding their leaves.	Die Bäume werfen ihr Laub ab.
bud [bʌd]	**Knospe**
The trees are in bud.	Die Bäume schlagen aus.
bloom [bluːm] / **blossom** ['blɒsəm]	**Blüte; blühen**
The trees are in full bloom / blossom.	Die Bäume stehen in voller Blüte.
The forget-me-not blooms from May to July.	Das Vergissmeinnicht blüht von Mai bis Juli.
yellow / fragrant ['freɪgrənt] blossoms	gelbe / duftende Blüten
when the cherry trees blossom	wenn die Kirschbäume blühen
flora ['flɔːrə]	**Flora**
botany ['bɒtəni]	(die) **Botanik / Pflanzenkunde**
botanic(al) [bə'tænɪk(l)] **garden(s)**	**botanischer Garten**

Simpler life forms
Einfachere Lebewesen

The Microbe is so very small / You cannot make him out at all. /
But many sanguine people hope / To see him through a microscope.
(*Hilaire Belloc, British writer, 1870–1953*)

organism ['ɔ:gənɪzm]	**Organismus**
microorganisms [maɪkrəʊ'ɔ:gənɪzmz]	Mikroorganismen; Kleinstlebewesen
single-cell(ed) organism(s)	Einzeller
gene [dʒi:n]	**Gen; Erbfaktor**
the **genetic code** [dʒənetɪk 'kəʊd]	der **genetische Code**
hereditary [hə'redətri] **information**	**Erbinformation; genetische Information**
DNA [di: en 'eɪ]	**DNA**
protein ['prəʊti:n]	**Protein; Eiweiß(körper)**
amino acid [əmi:nəʊ 'æsɪd]	**Aminosäure**
enzyme ['enzaɪm]	**Enzym**
cell [sel]	**Zelle**
cell division [dɪ'vɪʒn]	Zellteilung
stem cell ['stem sel]	Stammzelle
stem cell research [rɪ'sɜ:tʃ]	Stammzell(en)forschung
unicellular [-'seljʊlə] – **multicellular**	**einzellig** – **mehrzellig**
protozoans / **protozoa** [prəʊtə'zəʊə]	**Protozoen**
yeast [ji:st] – yeasts	**Hefe** – Hefen
mould [məʊld]	**Schimmel(pilz)**
mildew ['mɪldju:]	**Mehltau(pilz)**
lichen ['laɪkən]	**Flechte**
sponge [spʌndʒ]	**Schwamm**
microbe ['maɪkrəʊb]	**Mikrobe**
virus ['vaɪrəs]	**Virus**
microbiology [maɪkrəʊbaɪ'ɒlədzi]	**Mikrobiologie**

Der Plural lateinischer und griechischer Wörter
Nur unregelmäßig: *bacillus* [bə'sɪləs] – *bacilli* [bə'sɪlaɪ] (= Bazillus – Bazillen) • *coccus* ['kɒkəs] – *cocci* ['kɒksaɪ] (= Kokke – Kokken) • *stimulus* ['stɪmjələs] – *stimuli* ['stɪmjəlaɪ] (= Stimulus – Stimuli) • *bacterium* [bæk'tɪəriəm] – *bacteria* [bæk'tɪəriə] (= Bakterie – Bakterien) • *alga* ['ælgə] – *algae* ['ældʒi:] (= Alge – Algen)
Regelmäßig oder unregelmäßig: *amoeba* [ə'mi:bə] – *amoebae* [ə'mi:bi:] / *amoebas* (= Amöbe – Amöben) • *cactus* ['kæktəs] – *cactuses* / *cacti* ['kæktaɪ] (= Kaktus – Kakteen / Kaktusse) • *fungus* ['fʌŋgəs] – *fungi* ['fʌŋgi:] / *funguses* (= Pilz – Pilze) • *syllabus* ['sɪləbəs] – *syllabuses* / *syllabi* ['sɪləbaɪ] (= Lehrplan – Lehrpläne) • *curriculum* [kə'rɪkjələm] – *curricula* [kə'rɪkjələ] / *curriculums* (= Curriculum – Curricula) • *referendum* [refə'rendəm] – *referendums* / *referenda* [-də] (= Referendum – Referenden / Referenda)
Nur regelmäßig: *census* ['sensəs], *chorus* ['kɔ:rəs], *circus* ['sɜ:kəs], *virus* ['vaɪrəs]

Science
Wissenschaft

1 **Physics**
Physik

2 **Chemistry**
Chemie

3 **Medicine**
Medizin

4 **Mathematics**
Mathematik

5 **Numbers**
Zahlen

6 **Measures and weights**
Maße und Gewichte

Physics
Physik

→ 16.2 Chemistry, 17.3 Electricity and electronics

The content of physics is the concern of physicists, its effect the concern of all humanity. (*Friedrich Dürrenmatt, Swiss dramatist, 1921–90*)

physics ['fɪzɪks]	(die) **Physik**
theoretical [θɪə'retɪkl] physics	(die) theoretische Physik
particle ['pɑ:tɪkl] physics	(die) Elementarteilchenphysik
solid-state [sɒlɪd'steɪt] physics	(die) Festkörperphysik
atomic [ə'tɒmɪk] physics	(die) Atomphysik
nuclear ['nju:kliə] physics	(die) Kernphysik
physicist ['fɪzɪsɪst]	**Physiker(in)**
physical (laws) [fɪzɪkl ('lɔ:z)]	**physikalisch**(e Gesetze)
basic research [beɪsɪk rɪ'sɜ:tʃ]	(die) **Grundlagenforschung**
mechanics [mɪ'kænɪks]	(die) **Mechanik**
statics [æ] – **dynamics** [daɪ'næmɪks]	(die) **Statik** – **(die) Dynamik**
thermodynamics [θɜ:məʊdaɪ'næmɪks]	(die) **Thermodynamik**
optics ['ɒptɪks]	(die) **Optik**
acoustics [ə'ku:stɪks]	(die) **Akustik**
Acoustics is a science ['saɪəns].	Die Akustik ist eine Wissenschaft.
The acoustics (= acoustic properties) of this hall are excellent.	Die Akustik (= akustischen Eigenschaften) dieses Saales ist (sind) ausgezeichnet.

☞ Wissenschaftsnamen auf *-ics* werden als Singular konstruiert (→ S. 83): *Physics / Mechanics / Statics / Thermodynamics / Electronics / Optics is not taught at this college.* (= Physik / Mechanik / Statik / Thermodynamik / Elektronik / Optik wird an dieser Hochschule nicht gelehrt.)

theory ['θɪəri] – **theorist** ['θɪərɪst]	**Theorie – Theoretiker(in)**
Einstein's theory of relativity	Einsteins Relativitätstheorie
experiment [ɪk'sperɪmənt]	**Experiment; Versuch**
conduct / do an experiment	einen Versuch durchführen / machen
experimental [ɪksperɪ'mentl]	**experimentell; Experimental-**
experimental results [rɪ'zʌlts]	Versuchsergebnisse
verify something experimentally	etwas experimentell beweisen
atom ['ætəm] – **atomic** [ə'tɒmɪk]	**Atom – Atom-**
atomic weight [weɪt]	Atomgewicht
the properties of the atomic nucleus	die Eigenschaften des Atomkerns
matter and energy ['enədʒi]	**Materie und Energie**
an **electric** [ɪ'lektrɪk] current	ein **elektrischer** Strom
an electric(al) charge [tʃɑ:dʒ]	eine elektrische Ladung
electrically charged [tʃɑ:dʒd]	elektrisch geladen
(semi- / super)**conductor** [kən'dʌktə]	(Halb- / Supra-)**Leiter**
magnetism ['mægnətɪzm]	**Magnetismus**
a **magnetic** [mæg'netɪk] **field**	ein **Magnetfeld**

heat [hi:t]	**Wärme**
convert [kən'vɜ:t] heat into work	Wärme in Arbeit umwandeln
Newton's **laws of motion** ['məʊʃn]	Newtons **Bewegungsgesetze**
the **moment of inertia** [ɪ'nɜ:ʃə]	das **Trägheitsmoment**
acceleration – **deceleration**	**Beschleunigung** – **Verlangsamung**
at twice the **speed** / **velocity** [və'lɒsəti] of light	mit zweifacher **Lichtgeschwindigkeit**
an object ['ɒbdʒɪkt] **at rest**	ein **ruhender** Körper
the **force** acting on an object	die auf einen Körper einwirkende **Kraft**
centrifugal [sentrɪ'fju:gl] force	Zentrifugalkraft; Fliehkraft
the **mass** [mæs] of a body / an object	die **Masse** eines Körpers
solid ['sɒlɪd]	**fest; Festkörper / fester Körper**
liquid ['lɪkwɪd]	**flüssig; Flüssigkeit**
a solid / liquid substance ['sʌbstəns]	ein fester / flüssiger Stoff
a **gaseous** ['gæsiəs] substance	eine **gasförmige** Substanz
convert something to **vapour** ['veɪpə]	etwas in **Dampf** umwandeln
fluid ['flu:ɪd]	**fließend; Fluid**
fluid mechanics [mɪ'kænɪks]	Strömungslehre; Strömungsmechanik
fluid pressure ['preʃə]	hydraulischer Druck
Liquids and gases are fluids.	Flüssigkeiten und Gase sind Fluide.
volume ['vɒlju:m]	**Volumen; (Raum-)Inhalt**
electron [ɪ'lektrɒn]	**Elektron; Elektronen-**
the electron structure of an atom	die Elektronenstruktur eines Atoms
electronic [ɪlek'trɒnɪk]	**elektronisch; Elektronen-**
electronics [ɪlek'trɒnɪks]	(die) **Elektronik**
proton ['prəʊtɒn] – **neutron** ['nju:trɒn]	**Proton** – **Neutron**
photon ['fəʊtɒn]	**Photon**
quark [kwɑ:k]	**Quark** (= Elementarteilchen)
qantum ['kwɒntəm] – quanta [-tə]	**Quant** – **Quanten**
quantum mechanics / theory	Quantenmechanik / -theorie
quantum jump / leap	Quantensprung
vacuum ['vækjuəm]	**Vakuum**
wave(length) ['weɪv(leŋθ)]	**Welle(nlänge)**
frequency ['fri:kwənsi]	**Frequenz**
spectrum ['spektrəm] – spectra [-trə]	**Spektrum** – Spektren
measure ['meʒə] a current	einen Strom **messen**
density ['densəti]	**Dichte**
specific **gravity** [spəsɪfɪk 'grævəti]	spezifisches **Gewicht**
the centre of gravity	der Schwerpunkt
(un)stable **equilibrium** [i:kwɪ'lɪbriəm]	stabiles / labiles **Gleichgewicht**

Chemistry
Chemie

→ 16.1 Physics

There's nothing colder than chemistry. (*Anita Loos, US novelist, 1888–1981*)

chemistry ['kemɪstri]	(die) **Chemie**
organic / inorganic chemistry	(die) organische / anorganische Chemie
analytical [ænə'lɪtɪkl] chemistry	(die) analytische Chemie
physical ['fɪzɪkl] chemistry	(die) physikalische Chemie
biochemistry [baɪəʊ'kemɪstri]	(die) Biochemie
radiochemistry [reɪdiəʊ'kemɪstri]	(die) Radio- / Strahlenchemie
the chemistry of carbon ['kɑ:bən]	die chemischen Eigenschaften des Kohlenstoffs
chemist ['kemɪst]	**Chemiker(in)**
pharmaceutical chemist	Arzneimittelchemiker(in)
the **pharmaceutical** [fɑ:mə'su:tɪkl] industry	die **pharmazeutische** Industrie / Pharmaindustrie
chemical ['kemɪkl]	**chemisch; Chemikalie**
a chemical reaction [ri'ækʃn]	eine chemische Reaktion
chemical processes ['prəʊsesɪz]	chemische Prozesse / Vorgänge
a chemical laboratory [lə'bɒrətri]	ein chemisches Labor(atorium)
chemical research [rɪ'sɜ:tʃ]	(die) chemische Forschung
chemical bond(ing)	chemische Bindung
the chemical industry ['ɪndəstri]	die chemische Industrie
chemical engineering [endʒɪ'nɪərɪŋ]	Chemietechnik; Chemieingenieurwesen
chemical engineer [endʒɪ'nɪə]	Chemieingenieur(in); Chemotechniker(in)
the use [ju:s] of toxic chemicals	der Einsatz giftiger Chemikalien
a precise **science** ['saɪəns]	eine exakte **Wissenschaft**
scientific [saɪən'tɪfɪk] instruments	**wissenschaftliche** Instrumente
laboratory [lə'bɒrətri] / **lab** [læb]	**Laboratorium** / **Labor**
lab(oratory) assistant [ə'sɪstənt] / technician [tek'nɪʃn]	Laborant(in)
(electron) microscope ['maɪkrəskəʊp]	**(Elektronen-)Mikroskop**
microscopic [maɪkrə'skɒpɪk]	**mikroskopisch (klein)**
pipette [pɪ'pet] – **burette** [bju'ret]	**Pipette** – **Bürette**
observation [ɒbzə'veɪʃn]	**Beobachtung**
analysis [ə'næləsɪs] *Pl.* -lyses [-ləsi:z]	**Analyse; Untersuchung**
analyse ['ænəlaɪz] a sample	eine Probe **untersuchen**
the **composition** of a substance	die **Zusammensetzung** eines Stoffes
cancer-causing substances ['sʌbstənsɪz]	**krebserregende** / **krebserzeugende** Stoffe
the chemical **properties** of an element ['elɪmənt]	die chemischen **Eigenschaften** eines Elements
a chemical **compound** ['kɒmpaʊnd]	eine chemische **Verbindung**

form a compound	eine Verbindung eingehen
mixture ['mɪkstʃə]	**Gemenge; Gemisch**
solution [sə'lu:ʃn]	**Lösung**
a concentrated ['kɒnsntreɪtɪd] solution	eine konzentrierte Lösung
a dilute [daɪ'lu:t] solution	eine verdünnte Lösung
a saturated ['sætʃəreɪtɪd] solution	eine gesättigte Lösung
(water-)**soluble** ['sɒljʊbl]	(wasser)**löslich**
dissolve [dɪ'zɒlv]	**(sich) auflösen; (sich) zersetzen**
crystals ['krɪstlz] dissolved in water	in Wasser aufgelöste Kristalle
Acetone ['æsətəʊn] is used as a **solvent** ['sɒlvənt].	Aceton wird als **Lösungsmittel** verwendet.
component [kəm'pəʊnənt]	**Bestandteil**
(a hydrocarbon) **derivative** [dɪ'rɪvətɪv]	(ein Kohlenwasserstoff-)**Derivat**
formula ['fɔ:mjʊlə] *Pl.* -las / -lae [-li:]	**Formel**
symbol ['sɪmbl]	**Symbol**
O is the symbol for oxygen ['ɒksɪdʒən].	O ist das Symbol für Sauerstoff.
classification of the elements	**Anordnung** der Elemente
the **periodic table** [pɪərɪɒdɪk 'teɪbl]	das **Periodensystem**
acid ['æsɪd] – **base** [beɪs]	**Säure** – **Base**
acids and bases ['beɪsɪz]	Säuren und Basen
the arrangement of **atoms** ['ætəmz]	die Anordnung der **Atome**
atomic weight [weɪt]	**Atomgewicht**
atomic [ə'tɒmɪk] number	Kernladungszahl; Ordnungszahl
molecule ['mɒlɪkju:l]	**Molekül**
the **molecular** [mə'lekjʊlə] **structure**	die **Molekularstruktur**
radioactive **isotopes** ['aɪsətəʊps]	radioaktive **Isotope**
hydrogen ['haɪdrədʒən]	**Wasserstoff**
hydrocarbons [haɪdrəʊ'kɑ:bənz]	**Kohlenwasserstoffe**
carbohydrates [kɑ:bəʊ'haɪdreɪts]	**Kohle(n)hydrate**
alcohol ['ælkəhɒl]	**Alkohol**
combustion [kəm'bʌstʃn]	**Verbrennung**
combustible [kəm'bʌstəbl]	brennbar
corrosion [kə'rəʊʒn] – **corrode** [kə'rəʊd]	**Korrosion** – **korrodieren**
oxidation – **reduction** [rɪ'dʌkʃn]	**Oxidation** – **Reduktion**
boiling point ['bɔɪlɪŋ pɔɪnt]	**Siedepunkt; Kochpunkt**
Oxygen boils at –183 degC [dɪgri:z 'selsiəs].	Die Siedetemperatur des Sauerstoffs liegt bei –183°C.
catalyst ['kætəlɪst]	**Katalysator**
act as a catalyst	als Katalysator wirken
synthesis ['sɪnθəsɪs] *Pl.* -eses [-əsi:z]	**Synthese**
synthesize ['sɪnθəsaɪz] organic compounds	organische Verbindungen **synthetisch herstellen**
synthetic fibres [sɪnθetɪk 'faɪbəz]	**Chemiefasern**
electrolysis [ɪlek'trɒləsɪs] *Pl.* -lyses [-ləsi:z]	**Elektrolyse**
electrode [ɪ'lektrəʊd]	**Elektrode**
electron tube [ɪ'lektrɒn tju:b]	**Elektronenröhre**
anode ['ænəʊd] – **cathode** ['kæθəʊd]	**Anode** – **Kathode**
ion ['aɪən]	**Ion**

Medicine
Medizin

→ 4 Health care, 1.2 Parts of the body

The desire to take medicine is perhaps the greatest feature which distinguishes man from animals. (*Sir William Osler, Canadian physician, 1849–1919*)

internal medicine [ɪntɜ:nl 'medsn]	(die) **innere Medizin**
the internal organs ['ɔ:gənz]	die inneren Organe
occupational [ɒkju'peɪʃənl] medicine	(die) Arbeitsmedizin
forensic [fə'rensɪk] medicine	(die) Rechtsmedizin
internist ['ɪntɜ:nɪst] *AE*	**Internist(in); Facharzt / -ärztin für innere Krankheiten**
nonmedical practitioner	**Heilpraktiker(in)**
the healing professions [prə'feʃnz]	**die Heilberufe**
cardiology [kɑ:di'ɒlədʒi]	(die) **Kardiologie**
dermatology [dɜ:mə'tɒlədʒi]	(die) **Dermatologie**
gynaecology [gaɪnə'kɒlədʒi]	(die) **Gynäkologie / Frauenheilkunde**
neurology [nju'rɒlədʒi]	(die) **Neurologie**
ophthalmology [ɒfθæl'mɒlədʒi]	(die) **Augenheilkunde**
pathology [pə'θɒlədʒi]	(die) **Pathologie**
radiology [reɪdi'ɒlədʒi]	(die) **Radiologie / Strahlenkunde**
rheumatology [ru:mə'tɒlədʒi]	(die) **Rheumatologie**
urology [ju'rɒlədʒi]	(die) **Urologie**

Die vorstehenden *-ologies* werden jeweils auf der *-ol-*Silbe betont: *cardi'ology, neu'rology etc.* – Die Namen der betreffenden Fachärzte (= *specialists*) lauten jeweils auf *-ologist: urologist* (= Urologe/in) etc.

obstetrics [əb'stetrɪks]	**Geburtshilfe**
obstetric ward [əbstetrɪk 'wɔ:d]	Entbindungsstation
midwife ['mɪdwaɪf] / obstetric nurse	Hebamme
obstetrician [ɒbstə'trɪʃn]	(ärztl.) Geburtshelfer(in)
paediatrics [pi:di'ætrɪks]	(die) **Pädiatrie / Kinderheilkunde**
paediatric (ward / surgery)	Kinder(station / -chirurgie)
orthopaedic [ɔ:θə'pi:dɪk] **surgery**	(die) **Orthopädie**
endoscopy [en'dɒskəpi] – **endoscopic**	**Endoskopie – endoskopisch**
nursing ['nɜ:sɪŋ]	(die) **Krankenpflege**
clinic ['klɪnɪk]	**(Poli-)Klinik; Klinikum**
clinical ['klɪnɪkl]	klinisch
during / in clinical trials ['traɪəlz]	bei / in der klinischen Erprobung
diagnose ['daɪəgnəʊz] an illness	eine Krankheit **diagnostizieren**
She was diagnosed with breast cancer.	Bei ihr wurde Brustkrebs festgestellt.
diagnosis [daɪəg'nəʊsɪs] *Pl.* -ses [-si:z]	Diagnose
diagnostic [daɪəg'nɒstɪk]	diagnostisch
blood sample ['blʌd sɑ:mpl] / **test**	**Blutprobe / -untersuchung**
blood vessel / clot / bank	Blutgefäß / -gerinnsel / -bank
a **CAT scan** ['kæt skæn] / **CT scan**	eine **Computertomographie / CT**

Malpractice suits [mæl'præktɪs su:ts] sind Prozesse, die – besonders in den USA – wegen ärztlicher Kunstfehler geführt werden und oft zu Schadenersatzzahlungen in Millionenhöhe führen. Diese Entwicklung hatte einen starken Anstieg der *medical costs* [kɒsts] (= Ausgaben für medizinische Leistungen) zur Folge, da die Ärzte ihre Honorare erhöhten (= *increased their fees*) um sich gegen die erhöhten Risiken versichern zu können.

thorax ['θɔ:ræks] *Pl.* thoraxes / thoraces ['θɔ:rəsi:z]	**Thorax; Brustkorb** / **-kasten**
gastric ['gæstrɪk]	**gastrisch; Magen-**
gastric / stomach ['stʌmək] disorders	Magenleiden / -krankheiten
the gastrointestinal tract	der Magen-Darm-Trakt / -Kanal
pancreas ['pæŋkriəs]	**Pankreas; Bauchspeicheldrüse**
the large / small **intestine** [ɪn'testɪn]	der Dick- / Dünn**darm**
colon ['kəʊlən] *Pl.* colons / cola	**Colon; Grimmdarm**
rectum ['rektəm] – **rectal** ['rektl]	**Rektum** / **Mastdarm** – **rektal**
the **urinary** ['jʊərɪnəri] **tract**	die **Harnwege**
bone marrow ['bəʊn mærəʊ]	**Knochenmark**
the **spinal column** [spaɪnl 'kɒləm]	die **Wirbelsäule**
the **central nervous system**	das **Zentralnervensystem**
the **immune** system [ɪ'mju:n sɪstəm]	das **Immunsystem**
immunodeficiency / immune deficiency [dɪ'fɪʃnsi]	**Immunschwäche**
(body) **fluid** ['flu:ɪd] / **tissue** ['tɪʃu:]	(Körper-)**Flüssigkeit** / **Gewebe**
gland – **glandular** ['glændjʊlə]	**Drüse** – **Drüsen-**
lymph [lɪmf] node / gland [glænd]	Lymphknoten / -drüse
rheumatic [ru'mætɪk]	**rheumatisch; Rheumakranke(r)**
rheumatic fever [rumætɪk 'fi:və]	Gelenkrheumatismus
arthritis [ɑ:'θraɪtɪs]	**Arthritis; Gelenkentzündung**
asthma ['æsmə]	**Asthma**
asthmatic [æs'mætɪk]	asthmatisch; Asthmatiker(in)
an **occupational** disease [dɪ'zi:z]	eine **Berufskrankheit**
pulmonary ['pʌlmənəri] diseases	**Lungenkrankheiten**
He died of a pulmonary embolism.	Er starb an einer Lungenembolie.
She died of **kidney** failure ['feɪljə].	Sie starb an **Nierenversagen.**
dialysis [daɪ'æləsɪs] *Pl.* -lyses [-ləsi:z]	**Dialyse; Blutwäsche**
perform a **transplant** ['trænsplɑ:nt]	eine **Transplantation** durchführen
organ donor ['dəʊnə]	**Organspender(in)**
organ recipient [rɪ'sɪpiənt]	Organempfänger(in)
skin grafting ['skɪn grɑ:ftɪŋ]	**Hauttransplantation** / **-übertragung**
radiotherapy / **radiation therapy** ['θerəpi]	(die) **Strahlentherapie**
general / plastic **surgery** ['sɜ:dʒəri]	(die) allgemeine / plastische **Chirurgie**
open-heart surgery [əʊpnhɑ:t 'sɜ:dʒəri]	(die) Offenherzchirurgie
hygiene ['haɪdʒi:n] – **hygienic** [haɪ'dʒi:nɪk]	(die) **Hygiene** – **hygienisch**
public-health [pʌblɪk'helθ] **officer**	**Amtsarzt** / **-ärztin**
public-health department [dɪ'pɑ:tmənt]	Gesundheitsamt

Mathematics
Mathematik

→ 16.5 Numbers, 9.2 Subjects and skills

E = mc² (Energy equals mass times the speed of light squared.)
(*Albert Einstein, German-born US physicist, 1879–1955*)

mathematics [mæθə'mætɪks]	(die) **Mathematik**
maths [mæθs] *BE* / *AE* math [mæθ]	Mathe(matik)
write a math(s) test (– wrote – written)	eine Mathearbeit schreiben
arithmetic [ə'rɪθmətɪk]	(die) **Arithmetik**; (das) **Rechnen**
arithmetic(al) [ærɪθ'metɪk(l)]	**arithmetisch**
an arithmetical operation [ɒpə'reɪʃn]	eine Rechenoperation
solve an arithmetical problem	eine Rechenaufgabe lösen
geometry [dʒi'ɒmətri]	(die) **Geometrie**
geometric(al) [dʒi:ə'metrɪk(l)]	**geometrisch**
a geometric figure ['fɪgə]	eine geometrische Figur
geometric(al) progression [prə'greʃn]	geometrische Progression
trigonometry [trɪgə'nɒmətri]	(die) **Trigonometrie**
algebra ['ældʒɪbrə]	(die) **Algebra**
differential / integral **calculus**	Differenzial- / Integralrechnung
probability calculus ['kælkjʊləs]	Wahrscheinlichkeitsrechnung
set theory ['set θɪəri]	(die) **Mengenlehre**
count [kaʊnt]	**zählen**
The child can count (up) to eight now.	Das Kind kann jetzt bis acht zählen.
reckon ['rekən] / **work out**	**ausrechnen**
reckon up some figures	einige Zahlen zusammenrechnen
sum [sʌm]	**Rechenaufgabe**
do sums (– did – done)	rechnen
He's good / bad at sums.	Er kann gut / schlecht rechnen.
You got all the sums right.	Du hast alles richtig gerechnet.
do / solve **problems** ['prɒbləmz]	**Textaufgaben** bearbeiten / lösen
calculate ['kælkjuleɪt]	**(be- / er- / aus)rechnen**
calculate the area of a square	die Fläche eines Quadrats berechnen
calculate it to two places	es auf zwei Stellen nach dem Komma ausrechnen
calculation [kælkju'leɪʃn]	**(Be-)Rechnung**
perform [pə'fɔ:m] calculations	(Be-)Rechnungen durchführen
compute [kəm'pju:t]	**(be- / er)rechnen**
compute / calculate a distance ['dɪstəns]	eine Entfernung berechnen
compute the square root [skweə 'ru:t] of a number	die Quadratwurzel einer Zahl errechnen
the **fundamental operations**	die **Grundrechenarten**
add [æd] – **subtract** [səb'trækt]	**addieren – subtrahieren**
add numbers together / up	Zahlen zusammenrechnen / aufaddieren
addition [ə'dɪʃn] – **subtraction**	**Addition – Subtraktion**
multiply ['mʌltɪplaɪ] – **divide** [dɪ'vaɪd]	**multiplizieren – dividieren**

multiplication – **division** [dɪ'vɪʒn] — **Multiplikation – Division**
memorize the multiplication tables — das Einmaleins auswendig lernen

55 + 44 = 99: *If you add 55 and / to 44, you get 99.*
55 plus [plʌs] *44 is / equals* ['i:kwəlz] *99. / 55 and 44 is / are / make(s) 99.*
99 – 44 = 55: *If you subtract 44 from 99, you get 55.*
99 minus ['maɪnəs] *44 leaves* [li:vz] *55. / 44 from 99 is 55.*
11 x 6 = 66: *If you multiply 11 by 6, you get 66.*
11 multiplied ['mʌltɪplaɪd] *by 6 is 66. / 11 times 6 is 66.*
66 ÷ 11 = 6: *If you divide 66 by 11, you get 6.*
66 divided [dɪ'vaɪdɪd] *by 11 is 6. / 66 over 11 is 6.*

a **function** ['fʌŋkʃn]	eine (mathematische) **Funktion**
a **quantity** ['kwɒntəti]	eine (mathematische) **Größe**
finite ['faɪnaɪt] – **infinite** ['ɪnfɪnət]	**endlich – unendlich**
constant ['kɒnstənt] – **variable** ['væriəbl]	**Konstante – Variable**
prime number [praɪm 'nʌmbə]	**Primzahl**
integer ['ɪntɪdʒə] / **whole number**	**ganze Zahl**
square [skweə]	**Quadrat; quadratisch; Quadrat-**
two square metres ['mi:təz]	zwei Quadratmeter
144 is the square of 12	144 ist das Quadrat von 12
12^2 (= 12 squared) is 144	12 hoch 2 ist 144
cube [kju:b]	**dritte Potenz**
2^3 (= 2 cubed / the third power of 2)	2 hoch 3 / die 3. Potenz von 2
power ['paʊə]	**Potenz**
2 to the power of 4 is 16	2 hoch 4 ist 16
logarithm ['lɒgərɪðm] / **log** [lɒg]	**Logarithmus**
decimal / vulgar **fraction** ['frækʃn]	Dezimal- / gemeiner **Bruch**
quotient ['kwəʊʃnt]	**Quotient**
numerator – **denominator** [-'nɒm-]	**Zähler – Nenner**
seek a common [ɒ] denominator	einen gemeinsamen Nenner suchen
equal ['i:kwəl]	**gleich**
equation [ɪ'kweɪʒn]	**Gleichung**
an equation with two unknowns	eine Gleichung mit zwei Unbekannten
circle ['sɜ:kl]	**Kreis**
the centre of a circle	der Mittelpunkt eines Kreises
circular ['sɜ:kjələ]	**kreisförmig; Kreis-**
diameter [daɪ'æmɪtə]	**Durchmesser**
circumference [sə'kʌmfrəns]	**(Kreis-)Umfang**
the ratio ['reɪʃiəʊ] of the circumference to the diameter	das Verhältnis des Umfangs zum Durchmesser
tangent ['tændʒənt]	**Tangente; Tangens**
rectangle ['rektæŋgl] – **rectangular**	**Rechteck – rechteckig**
triangle ['traɪæŋgl] – **triangular**	**Dreieck – dreieckig**
a triangular [traɪ'æŋgjʊlə] pyramid	eine dreiseitige Pyramide
quadrangle ['kwɒdræŋgl]	**Viereck**
quadrangular [kwɒ'dræŋgjʊlə]	**viereckig**
an **angle** ['æŋgl] of 90 degrees	ein **Winkel** von 90 Grad
the **base** [beɪs] of a pyramid ['pɪrəmɪd]	die **Grundfläche** einer Pyramide

Numbers
Zahlen

→ 16.4 Mathematics

This is the third time; I hope good luck lies in odd numbers …
There is divinity in odd numbers, either in nativity, chance or death.
(*William Shakespeare, English dramatist and poet, 1564–1616*)

even ['i:vn] / **odd** [ɒd] numbers — **gerade** / **ungerade** Zahlen

Null
4 – 4 = 0: Four minus four is ***zero*** ['zɪərəʊ] / BE auch ***nought*** [nɔ:t].
3.06: three point ***zero*** / BE auch ***nought*** *six*
There are three ***zeros*** / BE auch ***noughts*** *in 1,000.*
The temperature was ten degrees [dɪ'gri:z] *below* ***zero***. (= 10° unter null)
My phone / room / account [ə'kaʊnt] *number is 7030 (= seven* ***oh*** *three* ***oh****).*
zero *growth* [grəʊθ] (= Nullwachstum)
Our chances are ***nil*** / ***zero***. (= Unsere Chancen sind gleich null.)
Leeds United won 3-0 (= three ***nil****).* (= Leeds hat 3:0 gewonnen.)
The Chicago White Sox won 3-0 (= three ***nothing*** / ***zip****).*
(Tennis:) *15-0 (= fifteen* ***love****), 30-0 (= thirty* ***love****), 40-0 (= forty* ***love****).*

one book – twenty-one books	**ein** Buch – einundzwanzig Bücher
two / fifty-two books	**zwei** / zweiundfünfzig Bücher
(forty-)**three** books	**drei**(undvierzig) Bücher
four – **fourteen** – **forty**	**vier** – **vierzehn** – **vierzig**
five – **fifteen** – **fifty**	**fünf** – **fünfzehn** – **fünfzig**
six – **sixteen** – **sixty**	**sechs** – **sechzehn** – **sechzig**
seven – **seventeen** – **seventy**	**sieben** – **siebzehn** – **siebzig**
eight – **eighteen** – **eighty**	**acht** – **achtzehn** – **achtzig**
nine – **nineteen** – **ninety**	**neun** – **neunzehn** – **neunzig**
nine hundred and four / *AE auch* nine hundred four	neunhundertvier

Numbers over 100 **(= Zahlen über 100)**
100 = *one / a hundred* ['hʌndrəd]
144 = *one / a hundred and forty-four* / AE auch *one hundred forty-four*
555 = *five hundred and fifty-five* / AE auch *five hundred fifty-five*
1,000 = *one / a thousand* ['θaʊznd]
1,888 = *one thousand eight hundred and eighty-eight* (AE auch ohne *and*)
3,000 = *three thousand*
100,000 = *one / a hundred thousand*
159,000 = *one hundred and fifty-nine thousand* (AE auch ohne *and*)
1,000,000 = *a / one million* ['mɪljən]
5,000,000 = *five million*
2,000,000,000 = *two billion* ['bɪljən] / BE auch *two thousand million*

Aussprachehinweise
Bei den Zahlen *thirteen* bis *nineteen* muss die *-teen*-Silbe deutlich, in der Regel betont gesprochen werden, da es sonst leicht zu Verwechslungen mit den *-ty*-Zahlen (*thirty, forty* etc.) kommt.
Bei den Ordnungszahlen *twentieth, thirtieth, fortieth* etc. ist das *-tieth* als [-tiəθ] zu sprechen: ['twentiəθ], ['θɜːtiəθ], ['fɔːtiəθ].

the **first** / thirty-first day	der **erste** / einunddreißigste Tag
the **second** day	der **zweite** Tag
the **third** / forty-third row [rəʊ]	die **dritte** / dreiundvierzigste Reihe

Die Ordnungszahlen (= *ordinal* ['ɔːdɪnl] *numbers*) als Ziffern

1st [fɜːst]	*4th* [fɔːθ]	*16th*	
2nd / AE auch *2d* ['sekənd]	*5th* [fɪfθ]	*27th*	
3rd / AE auch *3d* [θɜːd]	*6th* [sɪksθ]	*38th*	etc.

the **fourth** row [rəʊ]	die **vierte** Reihe
the **fifth** anniversary [ænɪ'vɜːsəri]	der **fünfte** Jahrestag
George VI = George the **Sixth**	Georg VI. = Georg der **Sechste**
This is the **eighth** [eɪtθ] time.	Dies ist das **achte** Mal.
in (the) **ninth** [naɪnθ] grade *AE*	in der **neunten** Klasse
the **thirtieth** ['θɜːtiəθ] of May	der **dreißigste** Mai
her **seventieth** ['sevntiəθ] birthday	ihr **siebzigster** Geburtstag

Fractions ['frækʃnz] **(= Brüche)**
$\frac{1}{2}$ = *a half / one half* • $\frac{3}{2}$ = *three halves* • $1\frac{1}{2}$ = *one and a half*
$\frac{1}{3}$ = *a third / one third* • $\frac{2}{3}$ = *two thirds* • $2\frac{1}{3}$ = *two and a third*
$\frac{1}{4}$ = *a / one quarter / one fourth* • $\frac{3}{4}$ = *three quarters / fourths*
$\frac{4}{5}$ = *four fifths* • $3\frac{3}{5}$ = *three and three fifths* • $\frac{145}{360}$ = *145 over 360*

Decimals ['desɪmlz] **(= Dezimalzahlen)**
Dem deutschen Komma entspricht im Englischen ein Punkt:
2.684 = *two point six eight four* (dt. = 2,684)
0.259 = *zero point two five nine* / BE auch *(nought) point two five nine*

once [wʌns]	**einmal**
Once / One times five is five.	Einmal fünf ist fünf.
twice [twaɪs]	**zweimal**
Twice / Two times five is ten.	Zwei mal fünf ist zehn.
Three times five is fifteen.	**Drei mal** fünf ist fünfzehn.
Four times three is twelve.	**Vier mal** drei ist zwölf.
Six times eight is forty-eight.	**Sechs mal** acht ist achtundvierzig.

Jahreszahlen
1066 = *ten sixty-six*
1997 = *nineteen (hundred and) ninety-seven*
1900 = *nineteen hundred*
1905 = *nineteen oh five / nineteen hundred and five*
2005 = *two thousand (and) five / twenty oh five*
2012 = *two thousand (and) twelve / twenty twelve*

6 Measures and weights
Maße und Gewichte

Give a fool an inch and he'll take a mile. (*Proverb*)

In Großbritannien werden alltägliche Dinge wie Körpergröße, Entfernungen und Körpergewicht oft noch in den traditionellen Maßeinheiten *foot* [fʊt], *inch* [ɪntʃ], *mile* und *stone* angegeben. In Handel, Technik und Wissenschaft dagegen hat sich das metrische System, das die Kinder auch in der Schule lernen, bereits weitgehend durchgesetzt. In den USA werden metrische Maßeinheiten sehr viel seltener benutzt.

1 **inch** [ɪnʃ] is equal to 2.54 centimetres ['sentɪmi:təz].	1 **Zoll** entspricht 2,54 Zentimetern.
a gap less than three inches ['ɪnʃɪz] wide	ein Spalt, der weniger als drei Zoll breit ist
a three-inch gap	ein drei Zoll breiter Spalt
a three-inch file	eine ca. acht Zentimeter dicke Akte
She didn't give / yield [ji:ld] an inch.	Sie gab keinen Fingerbreit nach.
foot [fʊt] *Pl.* feet [fi:t]	**Fuß** (= 30,48 cm)
One foot is about a third of a metre ['mi:tə].	Ein Fuß ist ungefähr ein Drittelmeter.
The tree has grown [grəʊn] a few feet.	Der Baum ist ein paar Fuß gewachsen.
We're flying ['flaɪɪŋ] at 30,000 feet now.	Wir fliegen jetzt in einer Höhe von 10 000 Metern.
a large room – 25 feet by 15	ein großes Zimmer – 7,60 mal 4,60 m
He's six feet / foot two inches tall.	Er ist 1,88 m groß.
a six-foot man	ein Mann, der über eins achtzig groß ist / war
He's 1.88 (= one point eight eight) **metres** tall.	Er ist 1,88 Meter groß.

Inch, foot, yard, mile und ihre metrischen Entsprechungen

		1 inch / in	=	*2.54 centimetres / cm*
12 inches / in(s)	=	*1 foot / ft*	=	*30.48 centimetres / cm*
3 feet / ft	=	*1 yard / yd*	=	*0.914 metre / m*
1760 yards / yd(s)	=	*1 mile / m*	=	*1.609 kilometres / km*

A **yard** [jɑ:d] is slightly less than a metre.	Ein **Yard** ist etwas weniger als ein Meter.
a few hundred yards from where I live	ein paar hundert Meter von meiner Wohnung entfernt
One **mile** is 1760 yards.	Eine **Meile** hat 1760 Yard.
It's ten miles to Hatfield.	Nach Hatfield sind es zehn Meilen.
a four-mile jog	ein Dauerlauf über vier Meilen
an area of ten square miles	ein Gebiet von zehn Quadratmeilen
There's a speed limit of 50 **kilometres** ['kɪləmi:təz] per hour (kph).	Es gilt ein Tempolimit von 50 Stunden**kilometern** (km/h).

Beachten Sie den Gebrauch der Pluralform bei Maßen über 1:
2.54 centimetres (= 2,54 Zentimeter) • *two inches* (= zwei Zoll) •
36 kilos (= 36 Kilo) • *five litres* (= fünf Liter)
Bei Maßen unter null kann der Singular oder Plural stehen:
0.914 metre(s) (= 0,914 Meter) • *0.454 kilogram(s)* (= 0,454 Kilogramm)
Stone steht in der Regel im Singular; die Pluralform gilt als nicht so korrekt:
I weigh about ten stone / (weniger korrekt:) *stones.*

One **pound** is equal to 0.454 kilogram(s) ['kɪləgræm(z)]. — Ein **Pfund** ist gleich 0,454 Kilogramm.

Half a pound of Cheddar, please. — Bitte ein halbes Pfund Cheddar.

There are 16 **ounces** ['aʊnsɪz] in a pound. — Ein Pfund hat 16 **Unzen.**

The baby weighs 7 lb(s) [paʊnd(z)] 6 oz ['aʊnsɪz]. — Das Baby wiegt 3,4 Kilo.

I weigh about ten **stone.** *BE* — Ich wiege ungefähr 63 Kilo.

I weigh about 139 lbs [paʊndz]. *AE* — Ich wiege ungefähr 63 Kilo.

The police found 1,200 **kilos** ['ki:ləʊz] of cocaine [kəʊ'keɪn]. — Die Polizei fand 1200 **Kilo** Kokain.

The Irish consumed [kən'sju:md] 12.7 **kilograms** ['kɪləgræmz] of chocolate per person last year. — Die Iren haben im vorigen Jahr pro Person 12,7 **kg** Schokolade konsumiert.

***Ounce, pound, stone* und ihre metrischen Entsprechungen**

		1 ounce / oz	=	*28.35 grams / g*
16 ounces / oz(s)	=	*1 pound / lb*	=	*0.454 kilogram / kg*
14 pounds / lb(s)	=	*1 stone / st*	=	*6.356 kilograms / kg*

one **pint** [paɪnt] — (*BE* = 0,568 / *AE* = 0,473 Liter)

a pint of milk / beer — (*etwa*) ein halber Liter Milch / Bier

I just had a couple of pints. — Ich habe nur ein paar Bier getrunken.

one **gallon** ['gælən] — (*BE* = 4,546 / *AE* = 3,785 Liter)

ten gallons of petrol *BE* / *AE* gas — 45 *BE* / *AE* 38 Liter Benzin

***Gallon* ['gælən] – *litre* ['li:tə] bei Benzin**
In Großbritannien wird Benzin heute in *litres* verkauft, in den USA nach wie vor in *gallons.*

Technology
Technik

Materials, tools, machines
Werkstoffe, Werkzeuge, Maschinen

Technological progress has merely provided us with more efficient means for going backwards. (*Aldous Huxley, English writer, 1894–1963*)

technology [tek'nɒlədʒi]	(die) **Technik / Technologie**
science ['saɪəns] and technology	Wissenschaft und Technik
the advantages of laser ['leɪzə] technology	die Vorteile der Lasertechnik
materials [mə'tɪəriəlz] technology	(die) Werkstoffkunde
high technology / high tech [haɪ 'tek]	(die) **Spitzen- / Hochtechnologie**
We have hi(gh)-tech equipment [ɪ'kwɪpmənt].	Wir haben eine High-Tech-Ausstattung.
technological [teknə'lɒdʒɪkl]	**technisch; technologisch**
technical ['teknɪkl] (innovations)	**technisch**(e Neuerungen)
engineering [endʒɪ'nɪərɪŋ]	(angewandte) **Technik; Ingenieurwesen**
engineering progress	technischer Fortschritt
material [mə'tɪərɪəl]	**Material; Werkstoff**
properties ['prɒpətiz] of materials	Materialeigenschaften
work a material	ein Material bearbeiten
This material is easily machined [mə'ʃi:nd].	Dieses Material lässt sich leicht (maschinell) bearbeiten.
metal ['metl]	**Metall(-)**
The collapse [kə'læps] of the bridge was due to metal fatigue [fə'ti:g].	Der Einsturz der Brücke war auf Metallermüdung zurückzuführen.
the components [kəm'pəʊnənts] of an **alloy** ['ælɔɪ]	die Bestandteile einer **Legierung**
(high-speed) **steel** [sti:l]	(Schnellarbeits-)**Stahl**
a steel sheet [ʃi:t]	ein Stahlblech
wood [wʊd] – **wooden** ['wʊdn]	**Holz – Holz- / hölzern**
hardwood – softwood ['sɒftwʊd]	Hartholz – Weichholz
plywood ['plaɪwʊd]	Sperrholz
timber *BE* / *AE* **lumber** ['lʌmbə]	**(Nutz-)Holz; Bauholz**

Nutzholz auf dem Stamm ist auch AE *timber* ['tɪmbə]; nach der Bearbeitung nennt man es AE *lumber*. Beispiel: *timber species* ['spi:ʃi:z] *unsuitable* [ʌn'su:təbl] *for lumber* (= Baumarten, die sich nicht als Bauholz eignen).

chipboard *Keine Pluralform möglich!*	**Spanplatte(n)**
doors made of chipboard ['tʃɪpbɔ:d]	aus Spanplatten gefertigte Türen
glass [glɑ:s]	**Glas(-)**
ceramic [sə'ræmɪk]	**Keramik(-); keramisch**
plastic ['plæstɪk]	**Plastik(-); Kunststoff-**
rubber ['rʌbə]	**Gummi(-); Kautschuk**
Rubber is a highly elastic [ɪ'læstɪk] material.	Gummi ist ein äußerst elastisches Material.

made of	**(gemacht / hergestellt) aus**
It's made of glass / plastic / steel.	Es ist aus Glas / Kunststoff / Stahl.
semiconductor [semikən'dʌktə]	**Halbleiter**
silicon (chip) ['sɪlɪkən]	**Silicium**(chip)
elasticity [iːlæ'stɪsəti]	**Elastizität**
strength [streŋθ]	(*z.B. Bruch-*)**Festigkeit**
ductility [dʌk'tɪləti]	**Dehnbarkeit; Duktilität**
heat / corrosion **resistance** [rɪ'zɪstəns]	Hitze- / Korrosions**beständigkeit**
conductivity [kɒndʌk'tɪvəti]	**Leitfähigkeit / -vermögen**
brittle ['brɪtl]	**spröde**
This material is extremely brittle.	Dieses Material ist äußerst brüchig / spröde.
a **tool** [tuːl] – my **tools**	ein **Werkzeug** – mein(e) **Werkzeug(e)**
hammer and chisel ['tʃɪzl]	**Hammer und Meißel**
nail [neɪl]	**Nagel**
screw(driver) ['skruː(draɪvə)]	**Schraube(nzieher)**
thread [θred]	**(Schrauben-)Gewinde**
nut and bolt [bəʊlt]	**Mutter und Bolzen / Schraube**
spanner *BE* / *AE* **wrench** [rentʃ]	**Schraubenschlüssel**
lever ['liːvə]	**Hebel**
file [faɪl]	**Feile; feilen**
drill [drɪl]	**Bohrer; Bohrmaschine; bohren**
pneumatic [nju'mætɪk] drill	Pressluftbohrer
vice [vaɪs] *BE* / *AE* **vise** [vaɪs]	**Schraubstock**
a pair of **scissors** ['sɪzəz] / **pliers** ['plaɪəz]	eine **Schere / Zange**
Where are my scissors / pliers?	Wo ist meine Schere / Zange?
a pair of **pincers** ['pɪnsəz]	eine **Kneif- / Beißzange**
Have you got any pincers?	Hast du eine Kneifzange?
saw [sɔː] (– sawed – sawn*)	**sägen**
handsaw – hacksaw	Fuchsschwanz – Bügelsäge
circular saw [sɜːkjʊlə 'sɔː]	Kreissäge
plane [pleɪn]	**Hobel; hobeln**
planing machine / planer	Hobelmaschine
machine [mə'ʃiːn]	**Maschine**
metalworking machine	Metallbearbeitungsmaschine
woodworking machine	Holzbearbeitungsmaschine
sewing machine ['səʊɪŋ məʃiːn]	Nähmaschine
printing machine ['prɪntɪŋ məʃiːn]	Druckmaschine
grinding machine / grinder ['graɪndə]	Schleifmaschine
machine component [kəm'pəʊnənt]	Maschinenteil
machine tool [mə'ʃiːn tuːl]	Werkzeugmaschine
machinery *Als Singular konstruiert!*	**Maschinen**
earth-moving machinery [mə'ʃiːnəri]	Erdbewegungsmaschinen
equipment *Als Singular konstruiert!*	**Ausrüstung; Geräte; Maschinen**
the construction of machinery and equipment [ɪ'kwɪpmənt]	der Bau von Maschinen und Anlagen
device [dɪ'vaɪs]	**Vorrichtung; Gerät**
The crank is a motion-transmitting device.	Die Kurbel ist eine Vorrichtung zur Bewegungsübertragung.
mechanism ['mekənɪzm]	**Mechanismus**

lathe [leɪð]	**Drehbank / -maschine**
(electric) **motor** ['məʊtə]	(Elektro-)**Motor**
(internal-combustion) **engine** ['endʒɪn]	(Verbrennungs-)**Motor**
four-stroke engine	Viertaktmotor
steam engine ['sti:m endʒɪn]	Dampfmaschine / -lokomotive
carburettor [kɑ:bə'retə] *BE* / *AE* **carburetor**	**Vergaser**
cylinder ['sɪlɪndə]	**Zylinder**
piston ['pɪstən]	**Kolben**
gear [gɪə] – **gears**	**Zahnrad – Getriebe;** (*Auto*) **Gang – Gänge**
gearbox ['gɪəbɒks]	Getriebe(gehäuse)
gear-cutting machine	Zahnradfräsmaschine
drive in first gear (– drove – driven)	im ersten Gang fahren
change (into third) gear	(in den dritten Gang) schalten
(drive) **shaft** [ʃɑ:ft]	(Antriebs-)**Welle**
crankshaft – camshaft	Kurbelwelle – Nockenwelle
connecting rod [kə'nektɪŋ rɒd]	**Pleuelstange**
flywheel ['flaɪwi:l]	**Schwungrad**
torque [tɔ:k]	**Drehmoment**
(ball) **bearing(s)** [(bɔ:l) 'beərɪŋ(z)]	(Kugel-)**Lager**
spring [sprɪŋ]	**Feder**
(safety) **valve** [vælv]	(Sicherheits-)**Ventil**
washer ['wɒʃə]	**Unterleg- / Dichtungsscheibe**
brake [breɪk]	**Bremse; bremsen**
apply [ə'plaɪ] / put on the brakes	die Bremse betätigen
I had to brake hard / sharply.	Ich musste scharf bremsen.
clutch (pedal) ['klʌtʃ (pedl)]	**Kupplung**(spedal)
patent ['pætnt] applied for / pending	(zum) **Patent** angemeldet

Earth-moving equipment.

Manufacturing
Fabrikproduktion

... the throb and whine of machinery, the clash of metal, the unceasing motion of the assembly lines, the ebb and flow of workers changing shifts, the hiss of airbrakes and the growl of diesel engines from wagons delivering raw materials at one gate, taking away finished goods at the other.
(*David Lodge, English novelist, born in 1935*)

manufacture [mænju'fæktʃə]	**herstellen; fertigen; Herstellung**
manufacture a wide range of products	eine Vielzahl von Produkten herstellen
manufactured goods / products	Industrieerzeugnisse
manufacturing method ['meθəd]	Fabrikationsmethode / -weise
manufacturing / production facilities	Fertigungs- / Produktionsanlagen
plan manufacturing processes	Herstellungsprozesse / -abläufe planen
manufacturing engineer [endʒɪ'nɪə]	Betriebsingenieur(in)
the manufacture of children's clothing	die Fabrikation von Kinderkleidung
manufacturer [mænju'fæktʃərə]	**Hersteller**
the leading car manufacturers	die führenden Automobilhersteller
send it back to the manufacturers	es an die Herstellerfirma zurückschicken
fabricate ['fæbrɪkeɪt]	**herstellen**
The wooden parts used to be fabricated piece by piece.	Die Holzteile wurden früher einzeln hergestellt.
the fabrication of consumer goods	die Herstellung von Konsumgütern

Fabricate / fabrication können *manufacture / manufacturing* ersetzen, kommen aber weniger häufig vor. Außerdem haben *fabricate / fabrication* auch eine übertragene Bedeutung, nämlich „fälschen / Fälschung“: *fabricate banknotes* (= Banknoten fälschen), *the fabrication of works of art* (= die Fälschung von Kunstwerken).

make (– made – made)	**machen; erzeugen; herstellen**
We make / manufacture toys.	Wir stellen Spielwaren her.
made in Germany	in Deutschland hergestellt
produce [prə'dju:s]	**herstellen; produzieren**
steel produced in the USA	in den USA hergestellter Stahl
a mass-produced article ['ɑ:tɪkl]	ein Massenartikel
finished products [fɪnɪʃt 'prɒdʌkts]	Fertigerzeugnisse
production [prə'dʌkʃn]	**Produktion; Herstellung; Fertigung**
mass production [mæs prə'dʌkʃn]	Massenherstellung / -fertigung
production line [prə'dʌkʃn laɪn]	Fertigungsstraße; Fließband
processing ['prəʊsesɪŋ]	**Bearbeitung; Veredelung**
a paper-processing plant [plɑ:nt]	ein Papierverarbeitungsbetrieb
assemble [ə'sembl]	**montieren**
assembly [ə'sembli] (plant)	**Montage**(werk)
assembly shop [ə'sembli ʃɒp]	Montagehalle
assembly line [ə'sembli laɪn]	Montageband; Fließband
computer-controlled assembly	computergesteuerte Montage

maintenance ['meɪntənəns]	**Wartung; Instandhaltung**
factory ['fæktri]	**Fabrik**
factory workers / hands	Fabrikarbeiter(innen)
(manufacturing) **plant** [plɑ:nt]	**Werk; Betrieb; Maschinen**
Opel's Eisenach plant	das Opel-Werk in Eisenach
outdated [aʊt'deɪtɪd] plants	veraltete Anlagen
manage ['mænɪdʒ] a plant	ein Werk / einen Betrieb leiten
plant / works manager ['mænɪdʒə]	Betriebsleiter(in)
invest [ɪn'vest] millions in plant	Millionen in Maschinen investieren
(a cement [sə'ment]) **works** *Pl.* works	(ein Zement-)**Werk**
(work)shop [('wɜ:k)ʃɒp]	**Werkstatt; Betrieb; Werk**
a repair shop [rɪ'peə ʃɒp]	eine Reparaturwerkstatt
an engineering [endʒɪ'nɪərɪŋ] shop	ein Maschinenbaubetrieb
on the shop floor [ʃɒp 'flɔ:]	im Betrieb; in der Produktion
the workers on the shop floor	die einfachen Arbeiter(innen)
the car / automotive **industry**	die Automobil**industrie**
the processing industries ['ɪndəstriz]	die verarbeitende Industrie
industrial [ɪn'dʌstriəl] development	die **industrielle** Entwicklung
industrial robot [ɪndʌstriəl 'rəʊbɒt]	Industrieroboter
output ['aʊtpʊt]	**(Produktions-)Leistung**
output per worker hour	Ausstoß pro Arbeitsstunde
boost [bu:st] output (by) 5 per cent	die Produktionsleistung um 5 Prozent steigern
efficiency [ɪ'fɪʃnsi]	**Leistung(sfähigkeit); Wirkungsgrad**
thermal ['θɜ:ml] efficiency	Wärmewirkungsgrad
performance [pə'fɔ:məns]	(*Maschine*) **Leistung**
increased **productivity** [prɒdʌk'tɪvəti]	erhöhte **Produktivität**
mechanization [mekənaɪ'zeɪʃn]	**Mechanisierung**
automation [ɔ:tə'meɪʃn]	**Automatisierung; Automation**
an **automated** production process	ein **automatisierter** Produktionsablauf
automatic [ɔ:tə'mætɪk] regulation	**automatische** Regelung / Einstellung
perform [pə'fɔ:m] an operation automatically	einen Arbeitsgang automatisch ausführen
computerize [kəm'pju:təraɪz] a process	einen Arbeitsablauf **computerisieren**
cost(s) [kɒst(s)]	**Kosten**
cut labour costs ['leɪbə kɒsts]	die Lohnkosten senken
lower ['ləʊə] the cost per unit ['ju:nɪt]	die Stückkosten senken
conveyor belt [kən'veɪə belt]	**Förderband**
interchangeable [ɪntə'tʃeɪndʒəbl] **parts**	**auswechselbare Teile**
mechanic [mɪ'kænɪk]	**Mechaniker(in)**
fitter ['fɪtə]	**Monteur; (Maschinen-)Schlosser**
(machine) **operator** ['ɒpəreɪtə]	(Maschinen-)**Bediener(in)**

Bei der Fertigungssteuerung (= *in production management*) wird heute zunehmend *JIT* (= *just-in-time*) praktiziert: Die Zulieferer (= *suppliers* [sə'plaɪəz]) der Automobilindustrie z.B. liefern die Teile (= *components* [kəm'pəʊnənts]) exakt zu dem Zeitpunkt an (= *supply / deliver*), wo sie für die Montage (= *assembly* [ə'sembli]) benötigt werden.

Electricity and electronics
Elektrizität und Elektronik

→ 16.1 Physics, 18.7 Computers

Why sir, there is every possibility that you will soon be able to tax it!
(English scientist and electricity pioneer Michael Faraday, 1791–1867, to Prime Minister Gladstone, when asked whether electricity was useful)

electricity [ɪlek'trɪsəti]	(die) **Elektrizität**; (elektrischer) **Strom**
electricity company ['kʌmpəni]	Elektrizitätsgesellschaft
(electricity) meter ['mi:tə]	(Strom-)Zähler
an **electric(al)** [ɪ'lektrɪk(l)] shock	ein **elektrischer** Schlag / Stromschlag
electrical engineering [endʒɪ'nɪərɪŋ]	(die) Elektrotechnik
electrical engineer [endʒɪ'nɪə]	Elektroingenieur(in)
electrician [ɪlek'trɪʃn]	**Elektriker(in)**
generate ['dʒenəreɪt] electricity	Elektrizität / Strom **erzeugen**
generating station	Kraftwerk; Elektrizitätswerk
generator ['dʒenəreɪtə]	**Generator**; (*Auto AE*) **Lichtmaschine**
dynamo ['daɪnəməʊ]	**Dynamo**; (*Auto BE*) **Lichtmaschine**
battery ['bætəri]	**Batterie**
accumulator [ə'kju:mjəleɪtə] *BE* / *AE* **storage cell**	**Akku(mulator)**
capacitor [kə'pæsɪtə] / **condenser**	**Kondensator**
spark [spɑ:k]	**Funke**
spark plug / *BE auch* sparking plug	Zündkerze
an electrostatic [ɪlektrə'stætɪk] **charge**	eine elektrostatische **Aufladung**
put a battery on charge [tʃɑ:dʒ] *BE*	eine Batterie aufladen
(re)charge the battery ['bætəri]	die Batterie (wieder) aufladen
direct current [daɪrekt 'kʌrənt] / **DC**	**Gleichstrom**
alternating ['ɔ:ltəneɪtɪŋ] **current** / **AC**	**Wechselstrom**
the current flowing through a device	der Strom, der durch ein Gerät fließt
alternator ['ɔ:ltəneɪtə]	**Wechselstromgenerator**
220 **volts** [vəʊlts]	220 **Volt**
voltage ['vəʊltɪdʒ]	**(Volt- / Netz-)Spannung**
high voltage / high tension ['tenʃn]	Hochspannung
high-voltage / high-tension line	Hochspannungsleitung
a 100-**watt** [wɒt] light bulb	eine 100-**Watt**-Glühbirne
ampere ['æmpeə] / **amp** [æmp]	**Ampere**
a 30-amp fuse [fju:z]	eine 30-Ampere-Sicherung
amperage ['æmpərɪdʒ]	**Stromstärke**
three-phase power ['paʊə]	**Dreiphasenstrom; Drehstrom**
converter [kən'vɜ:tə]	**Umformer**
transformer [træns'fɔ:mə]	**Transformator**
coil [kɔɪl]	**Spule**
the **peak load** ['pi:k ləʊd]	die **Spitzenbelastung**
electricity supply / *BE auch* **mains**	**Stromnetz**
switch the electricity off at the mains	den Strom am Hauptschalter abschalten

cable ['keɪbl]	**Kabel; Leitung**
flex [fleks] *BE / AE* **cord** [kɔ:d]	**(Anschluss-)Kabel / Schnur; Litze**
extension lead [li:d] *BE / AE* **cord**	**Verlängerungsschnur**
the **live wire** [laɪv 'waɪə]	die **Strom führende Ader;** die **Phase**
earth [ɜ:θ] *BE / AE* **ground** [graʊnd]	**Erde; Erdung; Masse**
The appliance [ə'plaɪəns] wasn't properly earthed *BE / AE* grounded.	Das Gerät war nicht richtig geerdet.
circuit ['sɜ:kɪt]	**Stromkreis; Schaltkreis**
circuit breaker ['sɜ:kɪt breɪkə]	Leistungsschalter; Unterbrecher
short circuit [ʃɔ:t 'sɜ:kɪt]	Kurzschluss
fuse [fju:z] (box)	**Sicherung**(skasten)
The fuse has blown [bləʊn].	Die Sicherung ist raus(geflogen).
outlet ['aʊtlet]	**Steckdose;** (Strom-)**Verbrauchsstelle**
socket ['sɒkɪt] / *BE auch* **power point**	**Steckdose**
plug [plʌg]	**Stecker**
plug it in	den Stecker in die Steckdose stecken
Where do you plug in the speakers?	Wo schließt man die Lautsprecher an?
It can't work. It isn't plugged [plʌgd] in.	Es kann nicht funktionieren. Es ist ja nicht angeschlossen / in der Steckdose.
unplug [ʌn'plʌg] the TV	den Stecker des Fernsehers rausziehen
adaptor [ə'dæptə]	**Adapter; Zwischenstecker**
on – off	(*an elektr. Geräten*) **an – aus**
switch [swɪtʃ]	**Schalter; schalten**
flick a switch	einen Schalter an- / ausknipsen
switch / turn the TV on / off	den Fernseher ein- / ausschalten
switch / turn the lights on / off	das Licht an- / ausmachen
turn off the supply [sə'plaɪ] / power	den Strom **abschalten**
incandescent [ɪnkæn'desnt] **lamp**	**Glühlampe**
light bulb ['laɪt bʌlb]	**Glühbirne**
fluorescent [flɔ:'resnt] **lamp / tube**	**Leuchtstofflampe / -röhre**
insulate – insulation [ɪnsju'leɪʃn]	**isolieren – Isolierung**
insulating tape ['ɪnsjuleɪtɪŋ teɪp]	Isolierband
He was **electrocuted** [ɪ'lektrəkju:tɪd].	Er erhielt einen tödlichen Stromschlag.

Silicon Valley [sɪlɪkən 'væli] (= „das Silicium-Tal") heißt die *region* ['ri:dʒən] *south of San Francisco*, in der die amerikanische *computer and electronics industry* [ɪlek'trɒnɪks ɪndəstri] konzentriert ist.

electronic data ['deɪtə] processing	**elektronische** Datenverarbeitung; EDV
electronic devices [ɪlektrɒnɪk dɪ'vaɪsɪz]	elektronische Geräte
microelectronics *Mit Singularverb!*	(die) **Mikroelektronik**
microchip ['maɪkrəʊtʃɪp]	**(Mikro-)Chip**
microprocessor ['maɪkrəʊprəʊsesə]	**Mikroprozessor**
transistor [træn'zɪstə]	**Transistor; Transistorradio**
amplify ['æmplɪfaɪ] – **amplifier**	**verstärken – Verstärker**
digital ['dɪdʒɪtl]	**digital; Digital-**
digitize ['dɪdʒɪtaɪz] – **digitization**	**digitalisieren – Digitalisierung**

Containers
Behälter

→ S. 59

You can't tell what's in a package by its cover. (*Proverb*)

container [kən'teɪnə]	**Behälter;** (*genormter*) **Container**
The box contains spare parts.	Die Kiste / Der Karton / Kasten enthält Ersatzteile.
receptacle [rɪ'septəkl]	**Behälter; Gefäß**
pack [pæk]	**(ein)packen**
Have you packed (your bags)?	Hast du (deine Koffer) gepackt?
Aren't you going to pack a sweater?	Willst du keinen Pullover einpacken?
put it in a cardboard box (– put – put)	es in einen Pappkarton **tun** / **packen**
a **packet** of biscuits ['bɪskɪts] *BE* / *AE* a **package** of cookies	eine **Packung** Kekse
packaging ['pækɪdʒɪŋ] (material)	**Verpackung**(smaterial)
a **carton** ['kɑːtn] of milk	eine **Tüte** Milch
a carton of yoghurt ['jɒgət]	ein Becher Joghurt
chest [tʃest]	(große Holz-)**Kiste; Truhe**
a **case** [keɪs] of wine	eine **Kiste** Wein
a **crate** [kreɪt] of beer	ein **Kasten** Bier
a **sack** [sæk] of potatoes	ein **Sack** Kartoffeln
backpack / *BE auch* **rucksack** ['rʌksæk]	**Rucksack**
handbag *BE* / *AE* **purse** [pɜːs]	**Handtasche**
carrier bag *BE* / *AE* **shopping bag**	**Tragetasche**
attaché case [ə'tæʃeɪ keɪs]	**Diplomatenkoffer**
briefcase ['briːfkeɪs]	**Aktentasche**
file [faɪl]	**Aktenordner**
(file) folder ['fəʊldə]	Aktendeckel
file a letter (away)	einen Brief ablegen
envelope ['envələʊp]	**(Brief-)Umschlag**
(coffee / tea) **pot** [pɒt]	(Kaffee- / Tee-)**Kanne**
The pot was full to the brim.	Der Topf war randvoll.
Is the US a melting pot ['meltɪŋ pɒt]?	Sind die USA ein Schmelztiegel?
bucket ['bʌkɪt] / *bes. AE auch* **pail**	**Eimer**
pour [pɔː] water into the bucket	Wasser in den Eimer gießen / schütten
can [kæn]	**Kanne; Büchse; Dose**
a can / *BE auch* tin of beans [biːnz]	eine Büchse / Dose Bohnen (→ S. 59)
petrol ['petrəl] can *BE* / *AE* gas can	Benzinkanister
oilcan ['ɔɪlkæn]	Ölkanne
(fuel / petrol / oil) **tank** [tæŋk]	(Treibstoff- / Benzin- / Öl-)**Tank**
fill up the tank	den Tank voll machen
barrel ['bærəl]	**Fass; Tonne**
a barrel of beer [bɪə]	ein Fass Bier
Sherry is stored in oak **casks** [kɑːsks].	Sherry wird in Eichen**fässern** gelagert.
thermos flask / **thermos bottle**	**Thermosflasche**
vase [vɑːz]	**Vase**

Information and communications
Information und Kommunikation

Reference sources
Nachschlagemöglichkeiten

→ 18.7 Computers

Information networks straddle the world. Nothing remains concealed. But the sheer volume of information dissolves the information. We are unable to take it all in. (*Günter Grass, German writer, born in 1927*)

a **reference** ['refrəns] book / work	ein **Nachschlage**buch / -werk
dictionary ['dɪkʃənəri]	**Wörterbuch**
I'll look it up in the dictionary.	Ich werde es im Wörterbuch nachschlagen.
thesaurus [θɪ'sɔ:rəs]	**Thesaurus; Wörterbuch sinnverwandter Wörter**
encyclopedia [ɪnsaɪklə'pi:diə]	**Enzyklopädie; (Konversations-) Lexikon**
an entry in an encyclopedia	ein Eintrag in einem Lexikon
supplement ['sʌpləmənt]	(*Lexikon*) **Nachtragsband**
glossary ['glɒsəri]	**Glossar; Wörterverzeichnis**
gazetteer [gæzə'tɪə]	**alphabetisches Ortsverzeichnis**
index ['ɪndeks]	**Register; Index**
almanac ['ɔ:lmənæk]	**Almanach**
manual ['mænjuəl] / **handbook**	**Handbuch**
consult [kən'sʌlt] the manual / handbook	im Handbuch nachsehen
yearbook ['jɪəbʊk]	**Jahrbuch**
catalogue ['kætəlɒg]	**Katalog**
atlas ['ætləs]	**Atlas**
bibliography [bɪbli'ɒgrəfi]	**Bibliografie; Schriftenverzeichnis**
directory [də'rektəri]	**Adressbuch**
telephone ['telɪfəʊn] directory	Telefonbuch
library ['laɪbrəri]	**Bibliothek; Bücherei**
borrow a book from the library	ein Buch aus der Bibliothek entleihen
public library [pʌblɪk 'laɪbrəri]	öffentliche Bibliothek
reference library ['refrəns laɪbrəri]	Präsenzbibliothek
audiovisual [ɔ:diəʊ'vɪʒuəl] library	Mediothek
librarian [laɪ'breəriən]	**Bibliothekar(in)**
microfilm ['maɪkrəʊfɪlm]	**Mikrofilm**
microfiche ['maɪkrəʊfi:ʃ]	**Mikrofiche**
photocopy ['fəʊtəʊkɒpi]	**Fotokopie; fotokopieren**
study the specialist literature ['lɪtrətʃə]	die Fachliteratur **studieren**
browse [braʊz] through a book	in einem Buch **blättern**
search [sɜ:tʃ] for a particular name	einen bestimmten Namen **suchen**
scan [skæn] an article	einen Artikel **überfliegen**
record [rɪ'kɔ:d] something	etwas (schriftlich oder auf Datenträger) **aufzeichnen / festhalten**
information [ɪnfə'meɪʃn] *Kein Plural!*	**Information(en)**
try to find a piece of information	eine Information suchen
information retrieval [rɪ'tri:vl]	Informations- / Datenabruf

a computerized information system	ein computerisiertes Informationssystem
the information (super)highway	die Datenautobahn
cyberspace ['saɪbəspeɪs] / **virtual reality** [vɜːtʃuəl ri'æləti]	**virtuelle Realität**
online ['ɒnlaɪn] services	**Online**-Dienste
the **Internet** ['ɪntənet] / the **Web**	das **Internet**
The Internet is a global computer network.	Das Internet ist ein weltumspannendes Computernetz.
download text from the Internet	Text aus dem Internet kopieren / herunterladen / „downloaden"
e-mail ['iː meɪl] **(= electronic mail)**	**E-Mail (= elektronische Post)**
an e-mail (message ['mesɪdʒ])	eine E-Mail
E-mail us your questions.	Senden Sie uns Ihre Fragen per E-Mail.
CD-ROM [siːdiː'rɒm]	**CD-ROM**
A 24-volume ['vɒljʊm] encyclopedia fits on a single CD-ROM.	Eine 24-bändige Enzyklopädie passt auf eine einzige CD-ROM.
full-text **search** [sɜːtʃ]	Volltext**suche**
run a search (– ran – run)	einen Suchlauf durchführen / machen
search engine ['sɜːtʃ enʒɪn]	Suchmaschine
search term ['sɜːtʃ tɜːm]	Suchbegriff
keyword ['kiːwɜːd]	**Suchwort; Stichwort**
multimedia [mʌlti'miːdiə]	**Multimedia**
interactive [ɪntər'æktɪv]	**interaktiv**
transmit **data** [trænzmɪt 'deɪtə]	**Daten** übertragen
The data are / is interesting ['ɪntrəstɪŋ].	Die Daten sind interessant.
database ['deɪtəbeɪs]	Datenbestand; Datenbank
data bank ['deɪtə bæŋk]	Datenbank

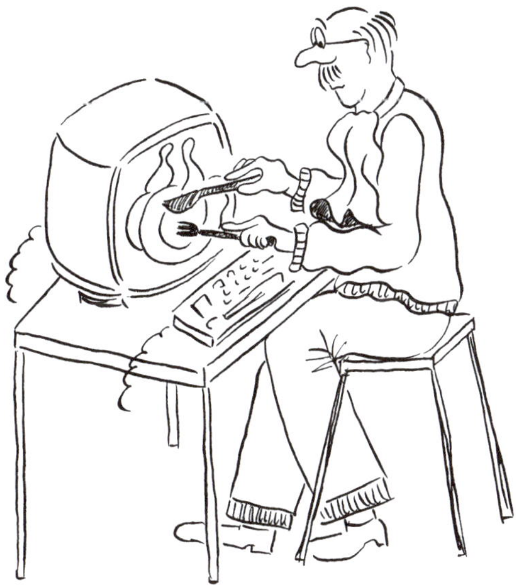

Virtual reality.

Books and publishing
Bücher und Verlagswesen

→ 11.7 Literature

When I get a little money, I buy books; and if any is left, I buy food and clothes. (*Erasmus of Rotterdam, Dutch humanist scholar, 1466–1536*)

book [bʊk]	**Buch**
nonfiction [nɒn'fɪkʃn] books	Sachbücher
bookseller – bookstall ['bʊkstɔ:l]	Buchhändler(in) – Bücherstand
book club ['bʊk klʌb]	Buchklub; Buchgemeinschaft
secondhand / **antiquarian** books	**antiquarische** Bücher
secondhand / antiquarian bookshop	Antiquariat

Ein *antiquarian* [æntɪ'kweəriən] *book* ist kostbarer als ein *secondhand book* und ein *antiquarian bookshop* ist teurer als ein *secondhand bookshop.*

the **cover** ['kʌvə] of a book	der **Einband** eines Buches
a **hardback** *BE* / *AE* **hardcover** (book)	ein **Buch mit festem Einband**
the hardback / hardcover edition	die gebundene Ausgabe
paperback ['peɪpəbæk]	**Taschenbuch(-)**
a paperback edition [ɪ'dɪʃn]	eine Taschenbuchausgabe
the **binding** ['baɪndɪŋ]	der **Einband**; die **Bindung**
(bound [baʊnd] in) **cloth** [klɒθ]	(in) **Leinen** (gebunden)
the **(dust) jacket** [('dʌst) dʒækɪt]	der **Schutzumschlag**
the **blurb** [blɜ:b]	der **Klappentext** / **Waschzettel**
the **title page** ['taɪtl peɪdʒ]	die **Titelseite**
foreword / **preface** ['prefəs]	**Vorwort**

Ein *preface* stammt vom Autor; ein *foreword* ist von jemand anders verfasst.

introduction [ɪntrə'dʌkʃn]	**Einleitung**
(table of) **contents** ['kɒntents]	**Inhalt**(sverzeichnis)
page [peɪdʒ]	(Buch-)**Seite**
chapter ['tʃæptə]	**Kapitel**
footnote ['fʊtnəʊt]	**Fußnote**
the lists in the **appendix** [ə'pendɪks]	die Listen im **Anhang**
author ['ɔ:θə] – **reader** ['ri:də]	**Autor(in)** – **Leser(in)**
pen name ['pen neɪm]	**Schriftstellername; Pseudonym**
translate [træns'leɪt]	**übersetzen; übertragen**
a **translation** [træns'leɪʃn] into Danish	eine **Übersetzung** ins Dänische
a translation from the Danish ['deɪnɪʃ]	eine Übersetzung aus dem Dänischen
translator [træns'leɪtə]	**Übersetzer(in)**

ISBN (= International Standard ['stændəd] *Book Number):* International eingeführtes Identifikationsmerkmal für jedes Buch. Zum Beispiel in 3-19-002657-2 steht 3 für Deutschland, 19 für Max Hueber Verlag, 002657 für den Titel *Große Lerngrammatik Englisch* und 2 als Prüfziffer.

adapt ['ə'dæpt] – **adaptation**	**bearbeiten – Bearbeitung**
the TV adaptation of a novel ['nɒvl]	die Fernsehbearbeitung eines Romans
abridge [ə'brɪdʒ] – **abridgment**	**kürzen – Kürzung**
an (un)abridged version ['vɜːʃn]	eine (un)gekürzte Fassung
copyright ['kɒpiraɪt]	**Copyright; Urheberrecht**
royalties ['rɔɪəltiz]	**Autorenhonorar(e)**
publish ['pʌblɪʃ]	**veröffentlichen; publizieren; verlegen**
publishing house / firm / company	Verlag
one of the leading textbook publishers	einer der führenden Lehrbuchverlage
desktop publishing ['pʌblɪʃɪŋ]	Desktop-Publishing

The book came out / was published ['pʌblɪʃt] *last May.* (= Das Buch ist im vergangenen Mai erschienen.) • *bring a book out* (= ein Buch herausbringen) • *launch a book* (= ein Buch auf den Markt bringen)

manuscript ['mænju-] – **typescript**	**Manuskript – Typoskript**
edit ['edɪt] a manuscript	ein Manuskript **lektorieren / redigieren**
editor ['edɪtə]	**Lektor(in); Redakteur(in)**
editorial [edɪ'tɔːriəl] **department**	**Lektorat**
edition [ɪ'dɪʃn]	**Ausgabe; Auflage**
the first edition of a book	die Erstausgabe eines Buches
typeset a book (– typeset – typeset)	ein Buch **setzen**
typesetter / compositor [kəm'pɒzɪtə]	**(Schrift-)Setzer(in)**
read the proofs [pruːfs]	**Korrektur lesen**
the galley proofs / galleys ['gæliz]	die (Druck-)Fahnen
the page proofs ['peɪdʒ pruːfs]	der Umbruch
proofreader ['pruːfriːdə]	**Korrektor(in)**
the **bluelines** ['bluːlaɪnz] / **blues**	die **Blaupausen**
printer's error ['erə]	**Satzfehler**
misprint ['mɪsprɪnt]	**Druckfehler**
print [prɪnt]	**drucken; Druck**
printed on acid-free ['æsɪd friː] paper	auf säurefreiem Papier gedruckt
large / clear print	großer / deutlicher Druck
books in print	lieferbare Bücher
The book is out of print.	Das Buch ist vergriffen.
a print run of 5,000 copies	eine (Druck-)Auflage von 5000
the **printer(s)** ['prɪntə(z)]	die **Druckerei**
The book has gone [ɒ] to the printer(s).	Das Buch ist in Druck gegangen.
pub(lication) date [pʌb(lɪ'keɪʃn)]	**Erscheinungstermin**
a **copy** ['kɒpi] of the book	ein **Exemplar** des Buches
advance copy [əd'vɑːns kɒpi]	Vorausexemplar
the **Frankfurt Book Fair**	die **Frankfurter Buchmesse**
bestseller [best'selə]	**Bestseller**
a best-selling author ['ɔːθə]	ein(e) Bestseller(autor/in)

Ein sehr spannendes Buch ist *a page turner,* ja es ist *unputdownable.*

The press
Die Presse

How many beautiful trees gave their lives that today's scandal should, without delay, reach a million readers!
(*Edwin Way Teale, US naturalist and writer, 1899–1980*)

the (mass) **media** ['mi:diə] are / is …	die (Massen-)**Medien** sind …
a media event [ɪ'vent]	ein Medienereignis
freedom ['fri:dəm] of the **press**	**Presse**freiheit
press censorship ['sensəʃɪp]	(die) Pressezensur
hold a press conference ['kɒnfərəns]	eine Pressekonferenz geben
journalism ['dʒɜ:nəlɪzm] – **journalist**	**Journalismus** – **Journalist(in)**
an **item** / a **news item** ['nju:z aɪtəm]	eine **Nachricht**
news agency ['nju:z eɪdʒənsi]	Nachrichtenagentur

Fleet Street – die Londoner Straße, wo früher die meisten *national newspapers* ihre *headquarters* (= Zentralen) hatten – wird immer noch zur Bezeichnung der britischen Presse verwendet: *a Fleet Street reporter* (= *a reporter working for a British paper*). Seit den 80er-Jahren ist das östlich der *Tower Bridge* gelegene *Wapping* ['wɒpɪŋ] das neue *centre of the UK newspaper industry.*

a national **(news)paper** [('nju:s)peɪpə]	eine überregionale **Zeitung**
a local ['ləʊkl] (news)paper	eine Lokalzeitung
morning / evening paper	Morgen- / Abendzeitung
news(paper)man / -woman	Reporter / Reporterin
newsagent *BE* / *AE* newsdealer	Zeitungshändler(in)
newsvendor ['nju:zvendə] *BE*	Zeitungsverkäufer(in)
newsstand ['nju:zstænd]	Zeitungskiosk; Zeitungsstand
a **daily** ['deɪli] (paper)	eine **Tageszeitung**
a **weekly** ['wi:kli]	eine **Wochenzeitung** / **-zeitschrift**
magazine [mægə'zi:n]	**Magazin; Zeitschrift**
women's ['wɪmɪnz] magazine	Frauenzeitschrift
newsmagazine ['nju:zmægəzi:n]	Nachrichtenmagazin
periodical [pɪəri'ɒdɪkl]	**Zeitschrift**
a monthly / satirical periodical	eine Monats- / satirische Zeitschrift
a **technical journal** ['dʒɜ:nl]	eine **Fachzeitschrift**

Der Boulevardpresse (= *popular press* / *tabloid* ['tæblɔɪd] *press*) steht die seriöse Presse (= *quality* ['kwɒləti] *press* / *serious press*) gegenüber. Die durchweg kleinformatigen Boulevardzeitungen sind *tabloids,* während man großformatige Qualitätszeitungen wie die britische *Times* und die amerikanische *Washington Post* als *broadsheets* ['brɔ:dʃi:ts] bezeichnet. Die Sensationspresse (= *sensational press*) nennt man abschätzig (= *disparagingly* [dɪ'spærɪdʒɪŋli]) im BE *the gutter press* und im AE *the yellow press.* Hier arbeiten *irresponsible* [ɪrɪ'spɒnsəbl] (= verantwortungslose) *journalists,* die *muckraking* (= „Mistharken", also Sensationsmache) betreiben und für pikante (= *spicy*) Informationen (= *information*) hohe Summen zahlen (*chequebook journalism* = Scheckbuchjournalismus). Skandalblätter (= *scandal* ['skændl] *sheets*) haben riesige Auflagen (= *huge* [hju:dʒ] *circulations*).

story ['stɔ:ri]	**Bericht; Meldung; Story**
carry a story	eine Meldung bringen
the reporter who wrote the story	der Reporter, der den Artikel schrieb
cover ['kʌvə] a story	über ein Ereignis berichten
report [rɪ'pɔ:t]	**berichten; melden; Bericht; Meldung**
Heavy fighting is reported from X.	Aus X werden schwere Kämpfe gemeldet.
according [ə'kɔ:dɪŋ] to news reports	Presseberichten zufolge
a report on child prostitution	eine Reportage über Kinderprostitution
a **feature** ['fi:tʃə] on the Mafia ['mæfiə]	ein **Dokumentarbericht** über die Mafia
bulletin ['bʊlətɪn]	**Meldung; Nachricht; Bulletin**
announce [ə'naʊns]	**bekannt geben; verlautbaren**
He announced his resignation.	Er kündigte seinen Rücktritt an.
cover ['kʌvə]	(*Magazin*) **Titelseite**
cover story / lead [li:d] story	Titelgeschichte
the **front page** [frʌnt 'peɪdʒ]	die **Titelseite** (*einer Zeitung*)
The divorce made front-page news.	Die Scheidung machte Schlagzeilen.
sports / business ['bɪznəs] **section**	Sport- / Wirtschafts**teil**
Sunday **supplement** ['sʌplәmәnt]	Sonntags**beilage**
(international) **edition** [ɪ'dɪʃn]	(internationale) **Ausgabe**
editor ['editə] (in chief [tʃi:f])	(Chef-)**Redakteur(in)**
city editor *AE* / *BE* local news editor	Lokalredakteur(in)
City editor *BE* / *AE* financial editor	Wirtschaftsredakteur(in)
letters to the editor	Leserbriefe
editorial [edɪ'tɔ:riəl] / **leader**	**Leitartikel**
lead [li:d] with a story (– led – led)	eine Story **groß herausstellen**
column ['kɒləm]	(*Zeitung*) **Spalte, Kolumne**
agony ['ægəni] *BE* / *AE* advice column	Ratgeber(spalte)
gossip ['gɒsɪp] column	Klatschspalte
columnist ['kɒləmnɪst]	**Kolumnist(in)**
a TIME **contributor** [kən'trɪbjʊtə]	ein(e) TIME-**Mitarbeiter(in)**
correspondent [kɒrə'spɒndənt]	**Korrespondent(in)**
copy ['kɒpi]	**Text(e); Artikel; Stoff**
The war [wɔ:] made good copy.	Der Krieg ließ sich gut verkaufen.
heading ['hedɪŋ]	**Überschrift**
headline ['hedlaɪn]	**Schlagzeile**
hit the headlines (– hit – hit)	Schlagzeilen machen
the **caption** ['kæpʃn] read …	die **Bildunterschrift** lautete …
deadline ['dedlaɪn]	(*Manuskriptabgabe*) **(letzter) Termin**
a **circulation** [sɜ:kju'leɪʃn] of 3 million	eine **Auflage** von 3 Millionen
subscribe [səb'skraɪb] to a newspaper	eine Zeitung **im Abonnement beziehen**
subscriber – **subscription**	**Abonnent(in)** – **Abonnement**
take out a subscription to a paper	eine Zeitung abonnieren
spokesman ['spəʊks-] / **-woman**	**(Presse-)Sprecher / Sprecherin**

Radio and television
Rundfunk und Fernsehen

→ 18.3 The press, 11.5 Theatre and cinema

I find television very educational. Every time someone switches it on I go into another room and read a good book. (*Groucho Marx, US comedian, 1890–1977*)

radio ['reɪdiəʊ]	**Rundfunk(-); Radio(-); Hörfunk**
listen ['lɪsn] to the radio	Radio hören
I heard [hɜːd] it on the radio.	Das habe ich im Radio gehört.
radio set ['reɪdiəʊ set]	Rundfunk- / Radiogerät
television ['telɪvɪʒn] / **TV** [tiː'viː]	(das) **Fernsehen; Fernseh-; Fernseher**
What's on (the) television tonight?	Was ist heute Abend im Fernsehen?
watch [wɒtʃ] television / TV	fernsehen
cable ['keɪbl] television	(das) Kabelfernsehen
commercial [kə'mɜːʃl] television	(das) Privatfernsehen
broadcast (– broadcast – broadcast)	**senden; übertragen; ausstrahlen**
broadcast ['brɔːdkɑːst] a soccer match	ein Fußballspiel (im Fernsehen / Rundfunk) übertragen
The ceremony was broadcast live [laɪv].	Die Feier wurde direkt übertragen.
live broadcast [laɪv 'brɔːdkɑːst]	Direktübertragung; Livesendung
broadcasting corporation [kɔːpə'reɪʃn]	Rundfunkanstalt
televise / **telecast** (– telecast – telecast)	**im Fernsehen senden / übertragen**
the telecast of the concert	die (Fernseh-)Übertragung des Konzerts
network ['netwɜːk] / **station**	(*Rundfunk / Fernsehen*) **Sender**
The show was broadcast on 50 television networks.	Die Show wurde von 50 Fernsehsendern übertragen.
channel ['tʃænl]	**(Fernseh-)Kanal**
channel-hop *BE* / *AE* channel-surf	zwischen den Programmen hin und her schalten
zap [zæp] – **zapping**	**zappen** (= *channel-hop*) – **Zappen**
tune in to a German station	einen deutschen Sender **einstellen**
go on / off the **air** [eə]	die Sendung(en) beginnen / beenden
The programme (was) aired last Monday.	Das Programm wurde vorigen Montag gesendet / ausgestrahlt.
many hours of **airtime**	viele Stunden **Sendezeit**

Als *couch potatoes* bezeichnet man Leute, die körperliche Bewegung (= *physical exercise*) meiden bzw. ihre Freizeit (= *leisure* ['leʒə] *time*) überwiegend mit Fernsehen (= *watching television*) verbringen. Für den Fernsehapparat selbst (= *the television set / the TV set / the television / the telly*) gibt es vielsagende (= *telltale*) Bezeichnungen wie *boob tube* ['buːb tjuːb] (= „Dummenröhre") oder *idiot* ['ɪdiət] *box*. Unverzichtbarer (= *indispensable*) Bestandteil der Programmplanung (= *programming*) sind seichte (= *shallow*), sentimentale (= *sentimental*), melodramatische (= *melodramatic*) „Seifenopern" (= *soap operas / soaps*) wie *Dallas* und

Dynasty, die man auch *cotton candy for the mind* (= Zuckerwatte für den Geist) genannt hat.

(radio / TV) **programme** ['prəʊgræm]	(Rundfunk- / Fernseh-)**Sendung**
news programme *BE* / *AE* newscast	Nachrichtensendung
sports programme *BE* / *AE* sportscast	Sportsendung
documentary [dɒkju'mentri]	**Dokumentarfilm**
docudrama ['dɒkjudrɑːmə]	**Dokumentarspiel**
a **commercial** [kə'mɜːʃl]	ein **Werbespot**
television play / **teleplay**	**Fernsehspiel**
television film / **telefilm**	**Fernsehfilm**
a popular TV **series** ['sɪəriːz] *Pl.* series	eine beliebte Fernseh**serie**
sitcom / **situation comedy**	(amüsante) **Familienserie**
quiz show ['kwɪz ʃəʊ]	**Quizsendung**
chat show *BE* / *AE* talk show	Talkshow
chat / talk show host [həʊst]	Talkmaster(in)
call-in (programme)	**Anrufsendung**
candid camera [kændɪd 'kæmərə]	**versteckte Kamera**
edutainment / **infotainment**	(Unterhaltung, die bildet / informiert)
episode ['epɪsəʊd]	**Folge** (einer Fernsehserie)
repeat [rɪ'piːt] / **rerun** ['riːrʌn]	**Wiederholung**
interview ['ɪntəvjuː] – **interviewer**	**Interview** – **Interviewer(in)**
announcer [ə'naʊnsə]	**Ansager(in); Sprecher(in)**
newscaster / *BE auch* **newsreader**	**Nachrichtensprecher(in)**
presenter [prɪ'zentə] *BE* / *AE* **anchor** ['æŋkə] / **anchorman** / **-woman**	**Moderator(in)**
a show anchored by Dan Fox	eine von Dan Fox moderierte Sendung
commentator ['kɒmənteɪtə]	**Kommentator(in)**
sports commentator	Sportreporter(in)
disc jockey ['dɪsk dʒɒki]	**Diskjockey**
weatherman / **-woman** / **-person**	**Wettermann** / **-frau**
producer [prə'djuːsə]	**Produzent(in)**
sponsor ['spɒnsə]	**Sponsor(in)**
listener ['lɪsnə]	(Rundfunk-)**Hörer(in)**
Thanks for listening ['lɪsnɪŋ].	Danke fürs Zuhören.
viewer ['vjuːə]	(Fernseh-)**Zuschauer(in)**
prime time ['praɪm taɪm]	**Hauptsendezeit; Haupteinschaltzeit**
high / low **ratings** ['reɪtɪŋz]	hohe / niedrige **Einschaltquoten**
The series has done well in the ratings.	Die Serie hat gute Einschaltquoten.
clock radio / **radio alarm** [ə'lɑːm]	**Radiowecker**
ghetto blaster / *AE auch* **boom box**	**(Lärm erzeugender Radiorekorder)**
tape recorder ['teɪp rɪkɔːdə]	**Tonbandgerät**
cassette recorder [kə'set rɪkɔːdə]	Kassettenrekorder
video ['vɪdiəʊ]	**Video(-);** *BE* **Videorekorder**
videocassette [vɪdiəʊkə'set]	Videokassette
video(cassette) recorder / VCR	Videorekorder
DVD [diːviː'diː] **(player)**	**DVD(-Player / -Abspielgerät)**
microphone ['maɪkrəfəʊn] / **mike**	**Mikrofon**
good / poor **reception** [rɪ'sepʃn]	guter / schlechter **Empfang**

5 The postal service

Der Postdienst

Britain remains the only country in the world not to be named on its stamps – the monarch's head is considered sufficient national identification.
(*Adapted, from Encyclopedia of Britain, by Bamber Gascoigne, born in 1935*)

post [pəʊst]	**Post**
take a letter to the post	einen Brief auf die Post bringen
My letter was ten days in the post.	Mein Brief war zehn Tage unterwegs.
We'll send it by post.	Wir schicken es mit der Post.
by the same post	mit gleicher Post
inland post *BE* / *AE* domestic [də'mestɪk] mail	Inlandspost
post *BE* / *AE* mail a letter	einen Brief auf die Post geben
by return [rɪ'tɜ:n] (of post)	postwendend
We posted *BE* / *AE* mailed the parcel yesterday.	Wir haben das Paket gestern abgeschickt.
post office ['pəʊst ɒfɪs]	**Post(filiale / -amt)**
the Post Office	die Post (*als Einrichtung*)
post-office box / POB / PO box	Postfach
the **Postmaster General** ['dʒenrəl]	der / die **Postminister(in)**
postal rates / charges ['tʃɑ:dʒɪz]	**Post**gebühren
postal worker / employee [ɪm'plɔɪi:]	Postbeschäftigte(r) / -mitarbeiter(in)
postal order ['pəʊstl ɔ:də] *BE*	Postanweisung
postal vote ['pəʊstl vəʊt]	Briefwahl; briefl. Stimmabgabe

Für Postzusteller(in) / Briefträger(in) / Postfrau etc. gibt es eine Reihe von Entsprechungen: BE *postman / postwoman,* AE *mailman / mail carrier / letter carrier / postman.*

mail [meɪl]	**Post(-)**
Has the mail / *BE auch* post come yet?	Ist die Post schon da?
mail train / plane ['meɪl treɪn / pleɪn]	Postzug / -flugzeug
surface mail ['sɜ:fɪs meɪl]	auf dem Land- / Seeweg beförderte Post
mailing list ['meɪlɪŋ lɪst]	Adressenliste

In den USA versteht man unter *first-class mail* Briefe (= *letters*) und Postkarten (= *postcards / postal cards*); *second-class mail* sind Zeitungen (= *newspapers*) etc.; *third-class mail* sind Bücher (= *books*) etc.; *fourth-class mail* ist Paketpost (= *parcel post*). Im UK bedeutet *first class* bevorzugte Beförderung: *first-class letters* sind normalerweise nur einen Tag unterwegs, *second-class post* bis zu drei Tagen. *Swiftair* gewährleistet bevorzugte Luftpostbeförderung vom UK ins Ausland (= *overseas*); *Express* [ɪk'spres] *Mail, Priority* [praɪ'ɒrəti] *Mail* und *Special Handling* bieten bevorzugte Beförderung in den USA.

aerogramme ['eərəʊgræm] / *BE auch* **airletter**	**Aerogramm** (= Luftpostleichtbrief)

parcel ['pɑːsl]	**Paket**
pack / unpack a parcel	ein Paket / Päckchen packen / auspacken
a bulky ['bʌlki] parcel	ein sperriges Paket
The items will be shipped by parcel post.	Die Artikel werden per Paketpost versandt.
parcel bomb ['pɑːsl bɒm]	Paketbombe
small packet ['pækɪt] *BE* / *AE* **small parcel**	**Päckchen**
printed matter ['prɪntɪd mætə]	**Drucksache(n)**
an item ['aɪtəm] of printed matter	eine Drucksache

Postkarten sind im BE immer *postcards,* im AE entweder *postcards* (= kommerziell hergestellte Post- bzw. Ansichtskarten) oder *postal cards* (= von der Post verkaufte Postkarten mit aufgedruckter Briefmarke).

deliver [dɪ'lɪvə] – **delivery** [dɪ'lɪvəri]	**zustellen – Zustellung**
millions of pieces ['piːsɪz] of undelivered mail	Millionen nicht zugestellter Postsendungen
If undelivered, please return [rɪ'tɜːn] to sender.	Falls unzustellbar, bitte zurück an Absender.
special delivery [speʃl dɪ'lɪvəri]	Eilzustellung
cash *BE* / *AE* collect [kə'lekt] on delivery (COD)	per Nachnahme
send something COD	etwas per Nachnahme schicken
send a letter **recorded delivery** *BE* / *AE* by **certified** ['sɜːtɪfaɪd] **mail**	einen **Brief per Einschreiben** (*unversichert*) schicken
by **registered** ['redʒɪstəd] **post** *BE* / *AE* **mail**	**per Einschreiben** (*versichert*)
by *BE* / *AE* via ['vaɪə] **airmail**	mit / per **Luftpost**
We'll send it (by / via) airmail.	Wir schicken es per Luftpost.
poste restante [pəʊst 'restɒnt] *BE* / *AE* **general delivery**	**postlagernd**
Freepost ['friːpəʊst] *BE*	**Werbeantwort; Gebühr zahlt Empfänger**
international reply coupon ['kuːpɒn]	**internationaler Antwortschein**

Ein Briefkasten auf der Straße ist im BE *postbox, letterbox* oder (veraltet) *pillar box* ['pɪlə bɒks], im AE *mailbox.* Ein privater Briefkasten ist im BE *letterbox,* im AE *mailbox.*

please **forward** ['fɔːwəd]	bitte **nachsenden**
forwarding address ['fɔːwədɪŋ ədres]	Nachsendeanschrift
date as **postmark** ['pəʊstmɑːk]	Datum des **Poststempels**
The letter was postmarked "Leeds".	Der Brief war in Leeds abgestempelt.
postage ['pəʊstɪdʒ]	**Porto**
What's the postage on this letter?	Was kostet dieser Brief an Porto?
(postage) stamp [stæmp]	**Briefmarke**
the **postcode** *BE* / *AE* **zip code** ['zɪp kəʊd]	die **Postleitzahl**

Telephone and fax
Telefon und Fax

Well, if I called the wrong number, why did you answer the phone?
(*James Thurber, US writer and cartoonist, 1894–1961*)

(tele)phone [('telɪ)fəʊn]	**Telefon(-); Fernsprech-**
Our phone is out of order.	Unser Telefon ist gestört.
You're wanted on the phone.	Sie werden am Telefon verlangt.
answer ['ɑːnsə] the phone	ans Telefon / an den Apparat gehen
pick up the phone	den Hörer abnehmen
during a (tele)phone conversation	während eines Telefongesprächs
telephone charges ['telɪfəʊn tʃɑːdʒɪz]	Telefongebühren
cordless ['kɔːdləs] phone	schnurloses Telefon
mobile (phone) *BE* / *AE* cell phone	Funk- / Mobiltelefon; Handy
We (tele)phoned the doctor.	Wir riefen den Arzt an.
We (tele)phoned for a doctor.	Wir telefonierten nach einem Arzt.
call [kɔːl]	**anrufen; Anruf; Telefonat**
I called her (up) at the office.	Ich habe sie im Büro angerufen.
Can I call you back?	Kann ich Sie zurückrufen?
Thank you / Thanks for calling.	Vielen Dank für Ihren Anruf.
make a phone call (– made – made)	ein Telefongespräch führen
local call [ləʊkl 'kɔːl]	Ortsgespräch
long-distance call / *AE auch* toll call	Ferngespräch
the **caller** ['kɔːlə] / **calling party**	der / die **Anrufer(in)**
ring (– rang – rung) *BE* / *AE* call	**anrufen**
I'll ring you tonight.	Ich rufe dich heute Abend an.
I rang her up in London.	Ich habe sie in London angerufen.
Give me a ring sometime.	Rufe mich doch mal an.
ring off *BE* / *AE* hang up	einhängen; auflegen
buzz [bʌz]	**summen; Summen**
I'll give you a buzz when it comes.	Ich ruf dich an, wenn es kommt.
(tele)phone number ['nʌmbə]	**Telefonnummer**
You can call me on *BE* / *AE* at this number.	Sie können mich unter dieser Nummer anrufen.
You've got the / a wrong number.	Sie sind falsch verbunden.
toll-free ['təʊl friː] number	(gebührenfrei anrufbare Nummer)
an ex-directory [eksdə'rektəri] *BE* / *AE* unlisted number	eine Nummer, die nicht im Telefonbuch steht

How to say phone numbers **(= Wie man Telefonnummern spricht)**
From Germany, the code for the UK is 0044 (double oh, double four).
Within the UK, the code for central London is 0171 (oh one seven one).
Our phone number is 385 1300 (three eight five, one three double oh).
Our fax number is 734 6117 (seven three four, six one one seven).

phone book / **telephone directory**	**Telefonbuch**
Yellow Pages [jeləʊ 'peɪdʒɪz]	**Gelbe Seiten; Branchentelefonbuch**
directory enquiries [ɪn'kwaɪəriz] *BE* / *AE* **directory assistance** [ə'sɪstəns]	(die) **Telefonauskunft**

subscriber [səb'skraɪbə]	**(Telefon-)Kunde / Kundin**
the (dialling *BE* / *AE* area) **code** [kəʊd]	die **Vorwahl**(nummer)
dial ['daɪəl] a number	eine Nummer **wählen**
dialling *BE* / *AE* dial tone [təʊn]	Freizeichen; Wählton; Rufton
The number's **engaged** *BE* / *AE* **busy**.	Die Nummer ist **besetzt**.

Phrases used on the phone **(= Am Telefon benutzte Redensarten)**
Who's this? (= Wer ist da?) • *Is that Mrs King?* (= Ist da Frau King?) • *Speaking.* (= Am Apparat.) • *Can I speak to Pat, please?* (= Kann ich bitte Pat sprechen?) • *Hold on, I'll connect you.* (= Moment, ich verbinde Sie.) • *One moment, please.* (= Einen Augenblick bitte.) • *This is Jill Fox (speaking).* (= Hier ist / spricht Jill Fox.) • *Can you speak a bit louder, please?* (= Können Sie bitte ein bisschen lauter sprechen?) • *We've been disconnected.* (= Wir sind getrennt worden.)

a bad **connection** [kə'nekʃn] / **line**	eine schlechte **Verbindung** / **Leitung**
tap a telephone **line** [laɪn]	eine Telefon**leitung** anzapfen
have a new line installed [ɪn'stɔ:ld]	einen Neuanschluss einrichten lassen
Will you please hold the line.	Bleiben Sie bitte am Apparat.
hot line ['hɒt laɪn]	**Servicetelefon; tel. Beratungsdienst**
the hot line between Washington and Moscow	der heiße Draht zwischen Washington und Moskau
extension [ɪk'stenʃn]	**Nebenstelle; Apparat**
I'm on extension 244.	Ich habe Apparat 244.
receiver [rɪ'si:və]	**(Telefon-)Hörer**
replace [rɪ'pleɪs] the receiver	(den Hörer) auflegen
answering machine / *BE auch* **answerphone**	**Anrufbeantworter**
call box *BE* / **(tele)phone box** *BE* / *AE* **(tele)phone booth** [bu:ð]	**Telefonzelle**
pay phone / *AE auch* **pay station**	**Münz- / Kartentelefon**
phonecard ['fəʊnkɑ:d]	**Telefonkarte**
operator ['ɒpəreɪtə]	**Vermittlung**
a call through the operator	ein handvermitteltes Gespräch
switchboard ['swɪtʃbɔ:d]	**(Telefon-)Zentrale / Vermittlung**
send an **SMS (message)**	eine **SMS** senden
roaming ['rəʊmɪŋ]	**Roaming**

☞ Beachten Sie den Unterschied zwischen *hang on* (= warten / dran bleiben) und *hang up* (= einhängen / auflegen): *Hang on a minute.* (= Augenblick bitte.) *He had the cheek to hang up on me.* (= Er besaß die Frechheit, einfach aufzulegen.)

fax [fæks]	**(Tele-)Fax; faxen**
Didn't you get my fax?	Hast du denn mein Fax nicht erhalten?
Could you send it by fax?	Könnten Sie es per Fax senden?
I'll give you my fax number.	Ich gebe Ihnen meine Faxnummer.
We'll fax you our offer today.	Wir faxen Ihnen heute unser Angebot.
We'll fax it through to you.	Wir faxen es Ihnen durch.
fax machine	(Tele-)Faxgerät

Computers
Computer

→ 18.1 Reference sources

To err is human but to really foul things up requires a computer.
(*Anonymous, in Farmers' Almanac for 1978*)

computer [kəm'pju:tə]	**Computer; Rechner**
personal ['pɜ:snəl] computer / PC	Personalcomputer / PC
notebook (computer) ['nəʊtbʊk]	Notizbuch(computer)
stand-alone (computer) ['stændələʊn]	eigenständiger Rechner
computer-aided instruction [ɪn'strʌkʃn]	computergestützter Unterricht
computer game [geɪm]	Computerspiel
computer literacy ['lɪtrəsi]	Computerkenntnisse / -verstand
computer-literate ['lɪtrət] kids	Kinder mit Computerverstand
computer science ['saɪəns]	(die) Informatik
computerese [kəmpju:tə'ri:z]	**Computerjargon**
use a **word processor** ['prəʊsesə]	eine **Textverarbeitung** benutzen
a word-processing program	ein Textverarbeitungsprogramm
enter **data** ['deɪtə] into the computer	**Daten** in den Computer eingeben
data processing (system)	Datenverarbeitung(sanlage); EDV
data exchange [ɪks'tʃeɪndʒ]	Datenaustausch
data transfer ['trænsfɜ:]	Datenübertragung / -transfer
data retrieval [rɪ'tri:vl]	Datenwiedergewinnung
data protection [prə'tekʃn] (act)	Datenschutz(gesetz)
program ['prəʊgræm]	**Programm(-); programmieren**
programmer ['prəʊgræmə]	**Programmierer(in)**
programming ['prəʊgræmɪŋ]	**Programmieren; Programmierung**
software package ['sɒftweə pækɪdʒ]	**Software**paket; **Programm**paket
bundled ['bʌndld] software	Gratissoftware
bug [bʌg]	**Programmfehler; Macke**
debug [di:'bʌg] a program	ein Programm von Fehlern befreien
correct a **flaw** [flɔ:]	einen **Fehler** beheben
a **flawed** [flɔ:d] microprocessor	ein **fehlerhafter** Mikroprozessor
crash [kræʃ]	**abstürzen; Absturz**
operating system ['sɪstəm] / OS	Betriebssystem / BS

Aussprache ins Deutsche übernommener Computerwörter
configuration [kənfɪgjə'reɪʃn] • *cursor* ['kɜ:sə] • *display* [dɪ'spleɪ] • *excel* [ɪk'sel] • *hacker* ['hækə] • *hardware* ['hɑ:dweə] • *hypertext* ['haɪpətekst] • *icon* ['aɪkɒn] • *interactive* [ɪntər'æktɪv] • *joystick* ['dʒɔɪstɪk] • *laptop* ['læptɒp] • *macro* ['mækrəʊ] • *modem* ['məʊdem] • *monitor* ['mɒnɪtə] • *parameter* [pə'ræmɪtə] • *software* ['sɒftweə]

workstation ['wɜ:ksteɪʃn]	**Bildschirmarbeitsplatz**
online – offline	**verbunden – nicht verbunden**
keyboard ['ki:bɔ:d]	**Tastatur**
VDU (= visual ['vɪʒuəl] display unit)	**Bildschirmgerät**

VDU operator ['ɒpəreitə]	Bildschirmarbeiter(in)
VDU [viːdiː'juː] work	Bildschirmarbeit
(VDU) **screen** [skriːn]	**Bildschirm**
change the text on screen	den Text am Bildschirm ändern
LCD (= liquid-crystal ['krɪstl] display)	**Flüssigkristallanzeige**
(ink-jet / laser ['leɪzə]) **printer**	(Tintenstrahl- / Laser-)**Drucker**
thermal ['θɜːml] printer	Thermoprinter
printout ['prɪntaʊt]	**Ausdruck**
interface ['ɪntəfeɪs]	**Schnittstelle**
(serial ['sɪəriəl]) **port**	(serieller) **Anschluss**
drive [draɪv]	**Laufwerk**
the CD-ROM drive	das CD-ROM-Laufwerk
diskette [dɪ'sket] / **floppy (disk)** / **disk**	**Diskette**
boot (up) [buːt] / **start up**	**hochfahren; starten**
power up ['paʊə] – **power down**	**an- / einschalten – ab- / ausschalten**
shut down / **off**	**abschalten**
load [ləʊd]	**laden; Lade-**
download a file from the Net	eine Datei aus dem Netz herunterladen
a download ['daʊnləʊd]	eine heruntergeladene Datei
install [ɪn'stɔːl]	**installieren**
installation [ɪnstə'leɪʃn]	**Installation**
log on [lɒg 'ɒn] – **log off** [lɒg 'ɒf]	**sich anmelden – sich abmelden**
log-on ['lɒg ɒn]	Anmeldung; Anmelde-
log-off ['lɒg ɒf]	Abmeldung; Abmelde-
I/O (= input ['ɪnpʊt] – output)	**Eingabe – Ausgabe**
(sub)directory [(sʌb)daɪ'rektəri]	**(Unter-)Verzeichnis**
file [faɪl]	**Datei(-)**
create [kri'eɪt] a file	eine Datei anlegen / erstellen
open / close a file	eine Datei öffnen / schließen
file management ['mænɪdʒmənt]	Dateiverwaltung
file compression [kəm'preʃn]	Dateikomprimierung
access ['ækses] to the Net	**Zugang** zum Internet
access data ['deɪtə]	auf Daten zugreifen
exit ['eksɪt] a program	ein Programm **verlassen**
format ['fɔːmæt]	**formatieren; Format**
scroll [skrəʊl] **(up / down)**	**(zurück- / vor)scrollen**
highlight ['haɪlaɪt]	**hervorheben; markieren**
edit ['edɪt]	**editieren; bearbeiten**
search and replace [rɪ'pleɪs]	**suchen und ersetzen**
copy ['kɒpi]	**kopieren; Kopie**
delete [dɪ'liːt] / **erase** [ɪ'reɪz]	**löschen**
drag and drop	**„ziehen und fallen lassen"** (Transport von Text- / Bildteilen mit der Maus)
save [seiv]	**sichern; schützen; (ab)speichern**
store [stɔː] – **storage** ['stɔːrɪdʒ]	**speichern – Speicher-**
data stored on the hard disk	auf der Festplatte gespeicherte Daten
storage capacity [kə'pæsəti]	Speicherkapazität
memory ['meməri]	**(Arbeits-)Speicher**
memory expansion [ɪk'spænʃn]	Speichererweiterung

buffer ['bʌfə]	**Puffer(speicher); Zwischenablage**
backup (copy) ['bækʌp]	**Sicherungskopie**

Ein Akronym (= aus Anfangsbuchstaben gebildetes Wort) aus der Frühzeit des Computers: *GIGO* ['gaɪgəʊ] (= *garbage* ['gɑːbɪdʒ] *in, garbage out*) (= Gibt man Unsinn ein, kommt Unsinn raus.)

menu control [kən'trəʊl]	**Menüsteuerung**
command [kə'mɑːnd] (line / menu)	**Befehl**(szeile / -smenü)
pop-up menu ['menjuː]	**Pop-up-Menü; Balkenmenü**
toggle ['tɒgl]	**Zweistellungsschalter**
tool bar ['tuːl bɑː]	**Symbolleiste**
dialog box ['daɪəlɒg bɒks]	**Dialogfeld**
mode [məʊd]	**Modus; Betriebsart**
default [dɪ'fɔːlt] (option / setting)	**Standard**(einstellung); **Voreinstellung**
click on the Search button	die Schaltfläche Suchen **anklicken**
double-click on an icon ['aɪkɒn]	auf ein Bildsymbol doppelklicken
shift key ['ʃɪft kiː]	**Umschalttaste**
function key ['fʌŋkʃn kiː]	Funktionstaste
arrow key ['ærəʊ kiː]	Pfeiltaste; Cursortaste
press / hit the return key [rɪ'tɜːn kiː]	die Eingabetaste drücken
control [kən'trəʊl] / **Ctrl**	**Steuerung / Strg**
press / hit **Enter** ['entə]	**Eingabe** drücken
execute ['eksɪkjuːt]	**ausführen**
character ['kærəktə]	**Zeichen**
proportional font [fɒnt] / **spacing**	**Proportionalschrift**
hard hyphen ['haɪfn]	**geschützter Bindestrich**
soft [sɒft] hyphen	bedingter Trennstrich
paragraph ['pærəgrɑːf] **mark / sign**	**Absatzmarke**
backslash ['bækslæʃ]	**Backslash; negativer Schrägstrich**
spell checker ['spel tʃekə]	**Rechtschreibhilfe**
activate ['æktɪveɪt] the spell checker	die Rechtschreibhilfe aktivieren
message ['mesɪdʒ]	**Mitteilung; Meldung; Nachricht(en-)**
machine-readable [məʃiːn 'riːdəbl]	**maschinenlesbar**
OCR (= optical character recognition)	**optische Zeichenerkennung**
optical ['ɒptɪkl] **scanner**	**optischer Scanner**
bar code ['bɑː kəʊd]	**Strichcode; Streifencode; Balkencode**
voice recognition [rekəg'nɪʃn]	**Spracherkennung**
update [ʌp'deɪt]	**aktualisieren**
an updated version of the software	eine aktualisierte Fassung der Software
upgrade ['ʌpgreɪd]	**verbesserte Version**
upgrade [ʌp'greɪd] the software	die Software auf den neuesten Stand bringen
technical support [teknɪkl sə'pɔːt]	**technische Unterstützung**
user ['juːzə]	**Anwender(in); Benutzer(in)**
user interface ['ɪntəfeɪs]	Benutzeroberfläche, -schnittstelle
user-friendly ['juːzə frendli]	benutzerfreundlich
telecommuting ['telikəmjuːtɪŋ]	**Tele(heim)arbeit**
telecommuter ['telikəmjuːtə]	Tele(heim)arbeiter(in)
books on demand [dɪ'mɑːnd]	auf Bestellung (elektronisch) produzierte Bücher

electronic [elek'trɒnɪk] **publishing**	**elektronisches Publizieren**
network ['netwɜːk]	**Netz(werk)**
terminal ['tɜːmɪnəl]	**Terminal; Dateneingabestation**
modem ['məʊdem]	**Modem**
leased line [liːst 'laɪn]	**Standleitung**
host [həʊst]	**Host** (= Zentralrechnersystem)
node [nəʊd]	**Knoten(punkt)**
data link ['deɪtə lɪŋk]	**Datenverbindung**
data capture ['deɪtə kæptʃə]	**Datenerfassung**
compress [kəm'pres] a file	eine Datei **komprimieren**
encode [ɪn'kəʊd] – **decode** [diː'kəʊd]	**kodieren – dekodieren**
encrypt [ɪn'krɪpt] – **decrypt** [diː'krɪpt]	**verschlüsseln – entschlüsseln**
cache [kæʃ]	**Cache; temporärer Zwischenspeicher**
clipboard ['klɪpbɔːd]	**Zwischenablage**
algorithm ['ælgərɪðm]	**Algorithmus**
blank [blæŋk]	**Leerzeichen**
activate ['æktɪveɪt]	**aktivieren; einschalten**
deactivate [diː'æktɪveɪt]	**deaktivieren; ausschalten; abschalten**
path [pɑːθ]	**Pfad**
dial-up ['daɪəl ʌp]	**Einwahl**
provider [prə'vaɪdə]	**Betreiber; Anbieter** (eines Zugangs zum Internet)
online service provider	Online-Dienst
flat rate [flæt 'reɪt]	**Pauschaltarif** (zum Surfen im Internet)
the **Web** (= the **World Wide Web**)	das **Netz**
search [sɜːtʃ] the Web / Internet / Net	das Netz / Internet durchsuchen
companies ['kʌmpəniz] on the Web	im Netz / Internet vertretene Firmen
web browser ['web braʊzə]	(Programm zum Verwalten, Finden und Ansehen von Internet-Dateien)
website ['websaɪt]	Website
visit ['vɪzɪt] a website	eine Website besuchen
design [dɪ'zaɪn] the website of a company	den Internetauftritt einer Firma gestalten
webpage ['webpeɪdʒ]	Webseite
webpage designer [dɪ'zaɪnə]	Webpage-Designer(in)
web-enabled [ɪn'eɪbəld] / Internet-enabled (mobile phone)	internetfähig(es Handy / Mobiltelefon)
on the **Internet** ['ɪntənet]	im **Internet**
homepage ['həʊmpeɪdʒ]	Start- / Ausgangsseite im WWW
design [dɪ'zaɪn] a homepage	eine Homepage entwerfen / gestalten
site [saɪt]	**Site** (= „Standort" einer Firma etc. im Internet)
hit [hɪt]	**Zugriff** (auf eine Internet-Seite)
browse [braʊz]	**browsen; surfen**
browse / surf the Internet	im Internet surfen
link [lɪŋk]	(interaktiver Verweis auf andere Informationen in demselben oder einem anderen Dokument)
hyperlink ['haɪpəlɪŋk]	(Verbindung von einer Internetseite zu einer anderen)
anchor ['æŋkə]	**Anker**

country code ['kʌntri kəʊd]	**Länderkennung** (z.B. .de für Deutschland)
domain [dəʊ'meɪn]	**Domain; Domäne**
@ (= at [æt])	(*in E-Mail-Adressen*) bei
the @ sign [ði 'æt saɪn]	das *at*-Zeichen; der Klammeraffe
.edu ['edjʊ]	(*in Internetadressen*) US-amerik. Bildungseinrichtung
e-mail ['i: meɪl] – **snail mail** ['sneɪl meɪl]	**E-Mail – herkömmliche Post**
mail server ['meɪl sɜ:və]	(Rechner, über den der E-Mail-Verkehr abgewickelt wird)
mailbox ['meɪlbɒks]	elektronischer Briefkasten
voice mail ['vɔɪs meɪl]	Voicemail
attachment [ə'tætʃmənt]	(E-Mail-)**Anlage**
smiley ['smaɪli]	**Smiley** (= „Lächeln"-Symbol in E-Mails)
emoticon [ɪ'məʊtɪkɒn]	**Emoticon** (= Symbol, das die Stimmungslage des Absenders einer E-Mail illustriert)
spam [spæm]	**unerwünschte Reklame-E-Mails; Werbemüll**
spam somebody	jemand zuspammen
netiquette ['netɪket]	**Internet-Verhaltenskodex**
Internet café ['kæfeɪ] / **cybercafé** ['saɪbəkæfeɪ]	**Internetcafé**
chat [tʃæt]	**Chat** (= Konversation über das Internet); **chatten**
join a chat group ['tʃæt gru:p]	in einer Chat-Group mitmachen
newsgroup ['nju:zgru:p]	**Newsgroup** (= Diskussionsgruppe im Internet)
flame [fleɪm]	verbaler Angriff auf anderen Newsgroup-Teilnehmer
posting ['pəʊstɪŋ]	(Zuschrift an eine Newsgroup im Internet)
adult check [ædʌlt 'tʃek]	(System zum Jugendschutz im Internet)
cookie ['kʊki]	**Cookie**
crack [kræk]	(den Kopierschutz) **knacken**
cracker ['krækə]	Cracker(in) (= jem., der illegal in ein Computersystem eindringt)
(computer) **virus** ['vaɪrəs]	(Computer-)**Virus**
the virus erases [ɪ'reɪzɪz] your hard disk / hard drive	der Virus löscht deine Festplatte
(anti)virus protection [prə'tekʃn]	Schutz gegen Viren
antivirus software ['sɒftweə]	Antivirenprogramm(e), -software
Trojan horse [trəʊdʒən 'hɔ:s]	**Trojanisches Pferd**
worm [wɜ:m]	**Wurm**
back hacking ['bæk hækɪŋ]	(Versuch, die Spuren eines Hackers zu verfolgen)
firewall ['faɪəwɔ:l]	(Schutzmechanismus gegen Zugriffe aus dem Internet)
e-business ['i: bɪznəs]	**Internetgeschäfte; Internetfirma**

e-commerce ['iː kɒmɜːs]	**elektronischer Handel**
m-commerce ['em kɒmɜːs]	elektronischer Handel über mobile Geräte
s-commerce ['es kɒmɜːs]	(durch Verschlüsselung sicherer E-Commerce)
secure server [sɪ'kjʊə 'sɜːvə]	**sicherer** (d.h. verschlüsselter) **Server**
e-cash ['iː kæʃ]	**elektronischer Zahlungsverkehr**
home banking [həʊm 'bæŋkɪŋ]	Banktransaktionen online von zu Hause aus
digital signature [dɪdʒɪtl 'sɪgnətʃə]	**digitale Unterschrift / Signatur**
password ['pɑːswɜːd]	**Passwort**
a **dot com** [dɒt 'kɒm] / a **dot-com company**	eine **Internetfirma**; ein **Internetunternehmen**
cyberfraud ['saɪbəfrɔːd]	(Betrug beim Einkaufen im Internet)
telelearning / **teleteaching** ['teli-]	(Fernunterricht über das Internet)
courseware ['kɔːsweə]	**Lernsoftware**
shareware ['ʃeəweə]	(kostenlose Testversion einer Software)
freeware ['friːweə]	(frei kopierbare Software)
multimedia [mʌlti'miːdiə]	**Multimedia**
Yahoo!™ [jɑː'huː]	(umfassender Informationsanbieter im Internet)
bookmark ['bʊkmɑːk]	**Lesezeichen**
ascending [ə'sendɪŋ] – **descending** [dɪ'sendɪŋ]	(*Tabelle*) **aufsteigend** – **absteigend**
simple **query** ['kwɪəri]	einfache **Abfrage**
advanced [əd'vɑːnst] query	erweiterte Abfrage
wild card ['waɪld kɑːd]	**Wildcard; Joker- / Platzhalterzeichen**
FAQ(s) (= frequently asked questions)	**häufig gestellte Fragen**

Mit dem Begriff *Web* (kurz für *World Wide Web*) sind in neuerer Zeit eine Vielzahl von Zusammensetzungen gebildet worden. So werden zum Beispiel mit einem *webcam* fotografische Aufnahmen in das Internet eingespeist, *webcasts* sind (analog zu *broadcasts* und *telecasts*) Liveübertragungen, die im Internet gesendet werden, und *weblogs* (häufiger kurz *blogs* genannt) sind *websites*, in denen so genannte *bloggers* regelmäßig tagebuchartige Beiträge zu bestimmten Themen ins Netz stellen. Ein *webmaster* verwaltet (= *administers*) *a website*, und *web address* ist eine andere Bezeichnung für das Akronym *URL* (= *uniform resource locator*).

Means of transport
Transportmittel

1 Motor vehicles and road traffic
Kraftfahrzeuge und Straßenverkehr

Take most people, they're crazy about cars. They worry if they get a little scratch on them, and they're always talking about how many miles they get to a gallon, and if they get a brand-new car already they start thinking about trading it in for one that's even newer. (*J.D. Salinger, US writer, born in 1919*)

(motor) vehicle [(məʊtə) 'viːɪkl]	**(Kraft-)Fahrzeug**
an efficient **means of transport** ['trænspɔːt] *BE / AE* **transportation**	ein effizientes **Transportmittel / Verkehrsmittel**
car / *AE auch* **auto(mobile)** ['ɔːtəʊ]	**Auto**
I usually ['juːʒəli] go by car.	Meistens fahre ich mit dem Wagen.
car rental ['rentl] – rental car	Autovermietung – Mietwagen
limo(usine) ['lɪməʊ / 'lɪməziːn]	**Limousine**
stretch limo ['stretʃ lɪməʊ] *AE*	(verlängerte, luxuriöse Limousine)
lorry ['lɒri] *BE / AE* **truck** [trʌk]	**Lastwagen; Lkw; Laster**
lorry driver *BE / AE* truckdriver / trucker	Lkw-Fahrer(in); Fernfahrer(in)
van [væn]	(geschlossener) **Lieferwagen**
removal van *BE / AE* moving van	Möbelwagen
fire engine / *AE auch* **fire truck**	**Feuerwehrfahrzeug**
drive [draɪv] (– drove – driven)	**fahren** (*d.h. am Steuer sitzen*)
She drives very well.	Sie fährt sehr gut.
It's an hour's drive.	Mit dem Auto ist es eine Stunde.
drive-by shooting ['draɪv baɪ ʃuːtɪŋ] *AE*	Schießen aus dem fahrenden Auto
driver ['draɪvə]	**Fahrer(in)**
a **driving school** ['draɪvɪŋ skuːl]	eine **Fahrschule**
run [rʌn] (– ran – run)	(*jemand / ein Fahrzeug*) **fahren**
Shall I run / drive you home?	Soll ich Sie nach Hause fahren?
cruise [kruːz] at 55 mph (= miles per hour)	mit einer Dauer- / Reisegeschwindigkeit von 90 km/h **fahren**
motorist ['məʊtərɪst]	**Autofahrer(in); Kraftfahrer(in)**
commute [kə'mjuːt]	**pendeln**
I commute to X every day.	Ich fahre jeden Tag nach X zur Arbeit.
a two-hour commute [kə'mjuːt]	eine zweistündige Fahrt zur Arbeit
commuter [kə'mjuːtə]	Pendler(in)
hitchhike ['hɪtʃhaɪk]	**per Anhalter fahren; trampen**
hitchhiker ['hɪtʃhaɪkə]	Anhalter(in); Tramper(in)
Can you give me a **lift** / **ride**?	Können Sie mich mitnehmen?
We had a smooth [smuːð] ride.	Wir hatten eine ruhige Fahrt.

Autobahnen sind im BE *motorways*; im AE heißen autobahnartige Straßen *superhighways, freeways, expressways* oder *interstates.* Auf amerikanischen *thruways* (= Schnellstraßen), *turnpikes* und anderen *toll roads* zahlt man für die Benutzung *a toll* [təʊl] (= eine Gebühr), die *at a tollgate or tollbooth* ['təʊlbuːð] entrichtet wird. Hauptverkehrsstraßen (= *main roads*) heißen im AE allgemein *highways,* im BE auch *trunk roads* (= Fernstraßen). Deutsche Autobahnen nennt man meist auch englisch so – der Plural lautet *autobahns* (→ S. 157).

road [rəʊd]	**Straße** (als Verkehrsweg)
ship goods by road	Waren auf der Straße befördern
road safety ['seɪfti]	Verkehrssicherheit
road rage ['rəʊd reɪdʒ]	extrem aggressives Verhalten im Straßenverkehr
thoroughfare ['θʌrəfeə]	**Durchgangs- / Durchfahrtsstraße**
through traffic ['θruː træfɪk]	**Durchgangsverkehr**
side street ['saɪd striːt]	**Nebenstraße**
one-way street [wʌn weɪ 'striːt]	**Einbahnstraße**
cul-de-sac ['kʌl də sæk]	**Sackgasse**
bend / **curve** [kɜːv]	**Kurve**
There's a bend in the road.	Die Straße macht da eine Kurve.

Idioms mit *bend: He must be (a)round the bend.* (= Der muss ja verrückt sein.) • *This noise is driving / sending me (a)round the bend.* (= Dieser Lärm macht mich wahnsinnig.) • *Have you gone* [gɒn] *(a)round the bend?* (= Spinnst du?)

at / on the **corner** ['kɔːnə]	an der **Ecke**
stop at a **crossroads** ['krɒsrəʊdz]	an einer **Kreuzung** (an)halten
junction *BE / AE* **intersection**	**(Straßen-)Kreuzung**
roundabout *BE / AE* **traffic circle**	**Kreisverkehr**
traffic light(s) ['træfɪk laɪt(s)]	**Verkehrsampel**
stop at a red light	an einer roten Ampel halten
Turn right at the lights.	Biegen Sie an der Ampel rechts ab.
make a **U-turn** (– made – made)	wenden
lane [leɪn] – **bus lane**	**(Fahr-)Spur** – **Busspur**
the best / quickest **route** [ruːt] to X	der beste / schnellste **Weg** nach X
We came by a roundabout route.	Wir haben einen Umweg gemacht.
make a **detour** ['diːtʊə] (– made – made)	einen **Umweg** machen
diversion [daɪ'vɜːʃn] – **bypass**	**Umleitung** – **Umgehungsstraße**
pavement *BE / AE* **sidewalk**	**Bürgersteig; Gehsteig**
(pedestrian [pə'destriən]) **crossing**	(Fußgänger-)**Überweg**
zebra ['zebrə] crossing *BE / AE* crosswalk	Zebrastreifen; Fußgängerüberweg
heavy **traffic** ['træfɪk]	starker **Verkehr**
an obstruction [əb'strʌkʃn] to traffic	ein Verkehrshindernis
rush-hour ['rʌʃ aʊə] traffic	Berufsverkehr
stop-and-go traffic	stockender Verkehr
get snarled [snɑːld] up / stuck in traffic	im Verkehr stecken bleiben
traffic jams during rush hours	**Staus** während der Hauptverkehrszeiten
congested [kən'dʒestɪd] roads	**verstopfte** Straßen
increasing traffic congestion	immer mehr Staus auf den Straßen
tailbacks on the motorway *BE*	**Staus** auf der Autobahn
backups on the expressway *AE*	**Staus** auf der Autobahn
Traffic regularly backs up here.	Hier kommt es regelmäßig zu Staus.
bumper to bumper ['bʌmpə]	**Stoßstange an Stoßstange**
gridlock ['grɪdlɒk] *AE*	**Verkehrsinfarkt; Verkehrskollaps**
service area ['sɜːvɪs eəriə] *BE*	**(Autobahn-)Raststätte**

transport café ['kæfeɪ] *BE* / *AE* **truck stop**	**Fernfahrerlokal, -raststätte**
petrol ['petrəl] *BE* / *AE* **gas station**	**Tankstelle**
a **breakdown** ['breɪkdaʊn]	eine **Panne**
My car's at the **garage** ['gærɑːʒ].	Mein Auto ist in der **Werkstatt.**
a spare **tyre** ['taɪə] / wheel	ein Ersatz**reifen** / -rad
check the tyre pressure ['preʃə]	den Reifendruck prüfen
burst tyre / flat tyre / blowout	geplatzter Reifen; Reifenpanne
change [tʃeɪndʒ] a tyre / the oil	einen Reifen / das Öl **wechseln**
Can you **fix** it?	Können Sie es **reparieren?**
I've just had my car **serviced** ['sɜːvɪst].	Mein Auto war gerade zur Inspektion.

Das Schild *TOWAWAY ZONE* ['təʊəweɪ zəʊn] (= Abschleppzone) warnt Sie in den USA, dass Ihr Fahrzeug abgeschleppt wird (= *gets towed* [təʊd] *away*), wenn es falsch geparkt ist (= *illegally* [ɪ'liːgəli] *parked*).

You can't **park** here.	Hier können Sie nicht **parken.**
a parked [pɑːkt] car	ein parkendes Auto
a no parking sign	ein Parkverbotsschild
find a parking space (– found – found)	eine Parklücke finden
parking meter ['miːtə]	Parkuhr
parking attendant [ə'tendənt]	Parkwächter(in)
parking ticket ['tɪkɪt]	Strafzettel (für Falschparken)
parking fine [faɪn]	Geldbuße für Falschparken
car park *BE* / *AE* **parking lot**	**Parkplatz**
multi-storey (car park) *BE* / *AE* parking garage	Parkhaus
traffic cop ['træfɪk kɒp] *AE*	**Verkehrspolizist(in)**
traffic violation [vaɪə'leɪʃn]	**Verkehrsverstoß** / **-delikt**
driving licence ['laɪsns] *BE* / *AE* **driver's license**	**Führerschein**
car / vehicle **documents** ['dɒkjumənts]	Auto- / Fahrzeug**papiere**
I was fined for **speeding.**	Ich bekam einen Bußgeldbescheid wegen **zu schnellen Fahrens.**
He **ran a stop sign** [saɪn]. *AE*	Er **überfuhr ein Stoppschild.**
reckless driving [rekləs 'draɪvɪŋ]	**rücksichtsloses Fahren**
drink-driving *BE* / *AE* **drunk driving**	**Trunkenheit am Steuer**
road / **traffic accident** ['æksɪdənt]	**Verkehrsunfall**
road / traffic fatalities [fə'tælətiz]	Verkehrstote
motorcycle ['məʊtəsaɪkl] / **motorbike**	**Motorrad**
ride a motorcycle / motorbike (– rode – ridden)	Motorrad fahren
He got on / off his motorbike.	Er stieg aufs / vom Motorrad.
motorcyclist / **motorcycle rider**	**Motorradfahrer(in)**
moped ['məʊped]	**Moped**
bicycle ['baɪsɪkl] / **bike** / **cycle** ['saɪkl]	**Fahrrad**
go by bike / bicycle / cycle	mit dem Fahrrad fahren
go for a bike / bicycle / cycle ride	eine Radtour machen
They jumped on their cycles and rode away.	Sie sprangen auf ihre Fahrräder und fuhren davon.
bike path ['baɪk pɑːθ]	**Fahrradweg; Radweg**

Rail transport
Beförderung mit der Eisenbahn

One broken rail will wreck a train. (*Proverb*)

rail [reɪl]	**Schiene(n-); (Eisen-)Bahn(-)**
rail strike ['reɪl straɪk]	Eisenbahnerstreik
London's rail terminals ['tɜ:mɪnlz]	die Londoner (Fern-)Bahnhöfe
railway *BE* / *AE* **railroad**	**Eisenbahn**
railway *BE* / *AE* railroad line	(Eisen-)Bahnlinie / -strecke
the rail(way) workers	die Eisenbahner
nationalize ['næʃnəlaɪz] the railways	die Eisenbahnen verstaatlichen
privatize ['praɪvətaɪz] the railways	die Eisenbahnen privatisieren
an important railway junction	ein wichtiger Eisenbahnknotenpunkt
The train (was) **derailed** on a curve.	Der Zug **entgleiste** in einer Kurve.

Amtrak ['æmtræk], die staatlich subventionierte (= *government-subsidized* ['sʌbsɪdaɪzd]) Eisenbahngesellschaft der USA, ist für die Personenbeförderung auf der Schiene (= *by rail*) zuständig: *go by / take Amtrak* (= mit Amtrak / mit der Eisenbahn fahren).

train [treɪn]	**Zug**
go / travel by train	mit dem Zug / der Bahn fahren
catch a train (– caught [ɔ:] – caught)	einen Zug nehmen / schaffen
We missed our train.	Wir haben unseren Zug verpasst.
When's the next train to / for Hull?	Wann geht der nächste Zug nach Hull?
goods train *BE* / *AE* freight [eɪ] train	Güterzug
local (train) ['ləʊkl]	Nahverkehrszug; Regionalbahn
express (train) [ɪk'spres]	Schnellzug
high-speed train [haɪ spi:d 'treɪn]	Hochgeschwindigkeitszug
a through train ['θru: treɪn]	ein durchgehender Zug
train service ['sɜ:vɪs]	**Zugverbindung**
a direct ['daɪrekt] service	eine Direktverbindung
intercity services to York	Intercity-Verbindungen nach York
The service for Poole departs [dɪ'pɑ:ts] from platform 1.	Der Zug nach Poole fährt von Bahnsteig 1 (ab).
No services will operate ['ɒpəreɪt] between A and B.	Zwischen A und B werden keine Züge verkehren.
a **shuttle** (service) ['ʃʌtl]	**Pendelverkehr**
railway **carriage** ['kærɪdʒ] *BE* / *AE* railroad **car**	Eisenbahn**wagen**
sleeping car / sleeper	Schlafwagen
dining car / *AE auch* diner / *BE auch* restaurant ['restrɒnt] car	Speisewagen
buffet (car) ['bʊfeɪ]	Büfettwagen; (*Dt. Bahn*) Bistro
(non-)smoker ['sməʊkə]	**(Nicht-)Raucher(wagen / -abteil)**
engine ['endʒɪn] / **loco(motive)**	**Lokomotive**
electric locomotive [ləʊkə'məʊtɪv]	Elektrolok(omotive)
steam / diesel locomotive	Dampf- / Diesellok(omotive)

engine driver *BE / AE* **engineer**	**Lok(omotiv)führer(in)**
(first-class) **compartment** [kəm'pɑːt-]	(Erster-Klasse-)**Abteil**
reserve [rɪ'zɜːv] a **seat**	einen **Platz** reservieren
This seat is taken / occupied.	Dieser Platz ist besetzt.
guard [gɑːd] *BE / AE* **conductor**	**Zugbegleiter(in); Schaffner(in)**
station / *AE auch* **depot** ['depəʊ]	**Bahnhof**
mainline station	Fernbahnhof
call at a station	an einem Bahnhof halten
terminus ['tɜːmɪnəs]	**Endstation**
platform 3 *BE / AE* **track** 3	**Bahnsteig** 3; **Gleis** 3
Keep off the tracks.	Betreten der Gleise verboten.
waiting room ['weɪtɪŋ rʊm]	**Wartesaal**
porter / *AE auch* **redcap** ['redkæp]	**Gepäckträger**
luggage trolley *BE / AE* **baggage cart**	**Kofferkuli**
Where can I check in my **luggage**?	Wo kann ich mein **Gepäck** aufgeben?
the left-luggage (office) *BE / AE* checkroom	die Gepäckaufbewahrung
the lost-property (office) *BE / AE* lost-and-found (office)	das Fundbüro
fare (increase / *AE auch* hike)	**Fahrpreis**(erhöhung)
ticket (office)	**Fahrkarte**(nschalter)
return ticket *BE / AE* round-trip ticket	Rückfahrkarte
Two first-class singles to Hull, please.	Bitte zweimal erste Klasse einfach nach Hull.
cheap day return [rɪ'tɜːn] *BE*	verbilligte Tagesrückfahrkarte
get on a train / **board** [bɔːd] a train	in einen Zug **einsteigen**
get off (a train) (– got – got)	(aus einem Zug) **aussteigen**
a train **journey** / *AE auch* train **ride**	eine Bahn**fahrt**
outward / return journey ['dʒɜːni]	Hin- / Rückreise
the journey there and back / the round trip	die Hin- und Rückfahrt
journey time / travel time	Fahrzeit
a comfortable ['kʌmftəbl] **ride**	eine bequeme **Fahrt**
a 10-ride ticket *AE*	eine Zehnerkarte
change [tʃeɪndʒ] at Rugby	in Rugby **umsteigen**
Where do I change for Cologne?	Wo muss ich nach Köln umsteigen?
make / miss a **connection** [kə'nekʃn]	einen **Anschluss** schaffen / verpassen
a **stopover** in Chicago [ʃɪ'kɑːgəʊ]	ein **Zwischenaufenthalt** in Chicago
departure [di'pɑːtʃə] – **arrival**	**Abfahrt** – **Ankunft**
timetable *BE / AE* **schedule**	**Fahrplan; Kursbuch**
The train was on **schedule** ['ʃedjuːl].	Der Zug war **pünktlich.**
The train is behind schedule.	Der Zug hat Verspätung.
The train is **scheduled** to arrive at 6.35.	Der Zug soll fahrplanmäßig um 6.35 Uhr ankommen.
The trains usually run **on time**.	Meistens fahren die Züge **pünktlich**.
Many trains are running **late** today.	Viele Züge haben heute Verspätung.
cut **travel time** in half	die **Fahrzeit** auf die Hälfte verkürzen
travel **off peak** [ɒf 'piːk]	**außerhalb der Stoßzeiten** reisen
What time do we **get to** York?	Wann **kommen** wir in York **an**?
passenger ['pæsɪndʒə]	**Fahrgast; Reisende(r); Passagier**

Air transport
Beförderung mit dem Flugzeug

Better to bear the ills we have than fly to others we know not of. (*Proverb*)

fly [flaɪ] (– flew [flu:] – flown [fləʊn])	**fliegen**
fly economy [ɪ'kɒnəmi] class / *AE* fly coach	in der Touristenklasse fliegen
He's afraid of flying.	Er hat Angst vor dem Fliegen.
ideal [aɪ'dɪəl] flying weather	ideales Flugwetter
The flying / flight time is six hours.	Die Flugzeit beträgt sechs Stunden.
frequent flyer [fri:kwənt 'flaɪə]	**Vielflieger(in)**
travel / go by **air** / **plane**	mit dem **Flugzeug** reisen / fliegen
ship / send goods by air	Waren auf dem Luftweg versenden
the latest increase ['ɪŋkri:s] in air fares	die letzte Erhöhung der Flugpreise
aircraft ['eəkrɑ:ft] *Plural ohne -s!*	**Flugzeug(e)**
This aircraft is very fast.	Dieses Flugzeug ist sehr schnell.
These aircraft are very fast.	Diese Flugzeuge sind sehr schnell.
a supersonic [su:pə'sɒnɪk] aircraft	ein Überschallflugzeug
plane / **airplane** *AE* / *BE* **aeroplane**	**Flugzeug**
He died [daɪd] in a plane crash.	Er kam bei einem Flugzeugabsturz ums Leben.
airliner ['eəlaɪnə]	**Verkehrsflugzeug, -maschine**
jet [dʒet]	**Düsenflugzeug, -maschine**
jet lag ['dʒet læg]	Jetlag
jumbo (jet) ['dʒʌmbəʊ]	(Boeing 747 Großraumflugzeug)
jetliner ['dʒetlaɪnə]	Düsenverkehrsflugzeug
airline ['eəlaɪn]	**Fluggesellschaft; (Flug-)Linie**
an airline ticket in his name	ein Flugschein auf seinen Namen
airport ['eəpɔ:t]	**Flughafen**
Shall I meet you at the airport?	Soll ich dich am Flughafen abholen?
The city is served by two airports.	Die Stadt hat zwei Flughäfen.
heliport ['helipɔ:t]	**Hubschrauberlandeplatz**
terminal ['tɜ:mɪnl]	(Abfertigungsgebäude am Flughafen)
timetable / **flight schedule** ['ʃedju:l]	**Flugplan**
arrival(s) [ə'raɪvl(z)] – **departure(s)**	**Ankunft** – **Abflug**
arrival / departure lounge [laʊndʒ]	Ankunfts- / Abflughalle
Scheduled arrival time is 16:05 (sixteen oh five), but the flight will be delayed.	Die flugplanmäßige Ankunftszeit ist 16.05 Uhr, aber der Flug wird verspätet eintreffen.
cancel ['kænsl]	**streichen; stornieren; ausfallen lassen**
Flight 452 has been cancelled.	Flug 452 fällt aus.
cancel a reservation [rezə'veɪʃn]	eine Reservierung rückgängig machen
destination [destɪ'neɪʃn]	**Zielflughafen; Reiseziel**
domestic **flight** [dəmestɪk 'flaɪt]	Inland**flug**
direct flight [daɪrekt 'flaɪt]	Direktverbindung mit Zwischenlandung
nonstop flight [nɒnstɒp 'flaɪt]	Flug ohne Zwischenlandung
I want to book a seat on the 9 o'clock flight to Chicago.	Ich möchte einen Platz für den 9-Uhr-Flug nach Chicago buchen.
security [sɪ'kjʊərəti] **search** / **check**	**Sicherheitskontrolle**

Da erfahrungsgemäß ein bestimmter Prozentsatz von Fluggästen (= *passengers*) mit bestätigter Reservierung (= *a confirmed reservation*) zum Abflug nicht erscheint (= *don't show up* – man nennt sie deshalb *no-shows*), überbuchen (= *overbook*) die *airlines* routinemäßig (= *routinely* [ru:'ti:nli]) ihre Flüge. Stellen sich alle Fluggäste entgegen der Statistik zum Abflug ein, so ist die *airline* gezwungen, überzählige *passengers* zurückzulassen – in der *airline*-Sprache: *to bump them.*

check-in counter ['tʃekin kaʊntə]	(Fluggast-)**Abfertigungsschalter**
What time do we have to check in?	Um welche Zeit müssen wir am Abfertigungsschalter sein?
upgrade ['ʌpgreɪd]	**Höherstufung** (z.B. von *economy class* zur *business* ['bɪznəs] *class*)
Your flight leaves from **gate** 4.	Ihr Flug geht von **Flugsteig** 4 (ab).
an **unaccompanied minor** ['maɪnə]	ein **unbegleitetes Kind**
carry-on bag – **carry-on baggage**	**Bordtasche** – **Kabinengepäck**
one piece of hand baggage / luggage	ein Stück Handgepäck
boarding pass / **card**	**Einsteigekarte; Bordkarte**
standby ['stændbaɪ] (passenger)	Fluggast / Passagier auf Warteliste
charter ['tʃɑ:tə] flight / plane	**Charter**flug / -maschine
go charter (– went – gone [gɒn])	einen Charterflug nehmen
charter a helicopter ['helɪkɒptə]	einen Hubschrauber chartern
scheduled ['ʃedju:ld] flight	Linienflug / -maschine
Please fasten ['fɑ:sn] your **seatbelt**.	Bitte schnallen Sie sich an.
oxygen mask ['ɒksɪdʒən mɑ:sk]	**Sauerstoffmaske**
life jacket ['laɪf dʒækɪt] / **life vest**	**Schwimmweste**
overhead ['əʊvəhed] **rack** / **locker**	**über dem Sitz befindliches Gepäckfach**
cockpit ['kɒkpɪt]	**Cockpit; Pilotenkabine**
Captain Fox and his **crew** [kru:]	Flugkapitän Fox und die **Besatzung**
the ground crew ['graʊnd kru:]	das Bodenpersonal
pilot ['paɪlət]	**Pilot(in); Flugzeugführer(in)**
runway ['rʌnweɪ]	**Start- / Landebahn**
shortly after **takeoff** ['teɪkɒf]	kurz nach dem **Start**
cruising altitude ['kru:zɪŋ æltitju:d]	**Reiseflughöhe**

Flugbegleiter(innen) (= *flight attendants* ['flaɪt ətendənts]) heißen auch *stewardesses* / *stewards* oder (nur weibl.) *(air) hostesses* ['həʊstəsɪz].

The air(-traffic) **controllers** [kən'trəʊləz] are on strike.	Die **Fluglotsen** streiken.
hijack ['haɪdʒæk] / **skyjack** a plane	ein Flugzeug **entführen**
a hijacking / skyjacking	eine Flugzeugentführung
the hijackers / skyjackers	die Flugzeugentführer
air freight ['eə freɪt] / **air cargo**	**Luftfracht**
We'll airfreight it (out) to you today.	Wir schicken es Ihnen heute per Luftfracht.

Water transport
Beförderung auf dem Wasserweg

Land was created to provide a place for steamers to visit.
(Brooks Atkinson, US critic and essayist, 1894–1984)

go to **sea** (– went – gone [gɒn])	zur **See** gehen
in heavy seas [hevi 'si:z]	bei schwerer See
in international [ɪntə'næʃnəl] **waters**	in internationalen **Gewässern**
in Libyan territorial [terə'tɔ:riəl] waters	in den libyschen Hoheitsgewässern
ship [ʃɪp]	**Schiff; verschiffen**
The captain ['kæptən] goes down with his ship / vessel.	Der Kapitän geht mit seinem Schiff unter.
I had the books shipped over from the US.	Ich ließ mir die Bücher aus den USA schicken.
shipping ['ʃɪpɪŋ]	(die) **Schifffahrt; Schiffe**
closed [kləʊzd] to shipping	für die Schifffahrt gesperrt
They were **shipwrecked** ['ʃɪprekt].	Sie erlitten Schiffbruch.
shipyard ['ʃɪpjɑ:d] (workers)	**Werft**(arbeiter)
a 23-**vessel** ['vesl] armada [ɑ:'mɑ:də]	eine Armada / Flotte von 23 **Schiffen**
boat [bəʊt]	**Boot; Schiff; Fähre**
the boat train to Dover ['dəʊvə]	der Zug zur Fähre in Dover
canoe [kə'nu:]	**Kanu (fahren); Paddelboot; paddeln**
on board the **ferry** ['feri]	an Bord der **Fähre**

***Kinds of watercraft* (= Arten von Wasserfahrzeugen)**
ocean liner ['əʊʃn laɪnə] (= Ozeandampfer) • *passenger liner* (= Passagierschiff) • *steamship* (= Dampfschiff) • *steamer* (= Dampfer) • *cargo ship / freighter* (= Frachtschiff / Frachter) • *merchant* ['mɜ:tʃənt] *ship* (= Handelsschiff) • *container ship* (= Containerschiff) • *oil tanker* (= Öltanker) • *supertanker* (= Supertanker) • *fishing trawler* ['trɔ:lə] (= Fischkutter) • *whaler* ['weɪlə] (= Walfänger) • *paddle steamer* (= Raddampfer) • *tug (boat)* (= Schlepper) • *lifeboat* (= Rettungsboot) • *motorboat* (= Motorboot) • *yacht* [jɒt] (= Jacht) • *sailing boat* BE / AE *sailboat* (= Segelboot) • *rowing* [əʊ] *boat* BE / AE *rowboat* (= Ruderboot) • *raft* [rɑ:ft] (= Floß)

sail [seɪl]	**Segel**
They went sailing.	Sie gingen segeln.
Our ship sails tomorrow.	Unser Schiff läuft morgen aus.
sail under a flag of convenience	unter einer Billigflagge fahren
sailing / **yachting** ['jɒtɪŋ]	**Segeln; Segel-**
go on a **cruise** [kru:z] (– went – gone)	eine **Kreuzfahrt** machen
voyage ['vɔɪɪdʒ]	**(See-)Reise**
the Titanic on its / her maiden voyage	die Titanic auf ihrer Jungfernfahrt

☞ Schiffe sind *it* oder *she: The Titanic* [tai'tænɪk] */ It / She sank within three hours, and of its / her 2206 passengers* ['pæsɪndʒəz] *only 703 were saved.* (= Die Titanic sank innerhalb von drei Stunden, und von ihren 2206 Passagieren wurden nur 703 gerettet.)

passage ['pæsɪdʒ] — **Überfahrt**
book a passage to America — eine Schiffsreise nach Amerika buchen

passengers travelling steerage — **Passagiere**, die im Zwischendeck reisen

stowaway ['stəʊəweɪ] — **blinder Passagier**
embark [ɪm'bɑ:k] — **sich einschiffen**
disembark [dɪsɪm'bɑ:k] — von Bord gehen
aboard [ə'bɔ:d] / **on board** (the) ship — **an Bord** des Schiffes
go / come **ashore** [ə'ʃɔ:] — **an Land** gehen / kommen
run **aground** [ə'graʊnd] (– ran – run) — **auf Grund** laufen; stranden
capsize [kæp'saɪz] — **kentern**
The ferry capsized and sank. — Die Fähre kenterte und sank.
The Titanic **struck** / **hit** an iceberg. — Die Titanic **stieß gegen** / **rammte** einen Eisberg.

No ship is **unsinkable**. — Kein Schiff ist **unsinkbar**.
change **course** [tʃeindʒ 'kɔ:s] — den **Kurs** ändern
on course – off course — auf Kurs – vom Kurs abgekommen
bow [baʊ] – **stern** [stɜ:n] — **Bug** – **Heck**
port [pɔ:t] – **starboard** ['stɑ:bəd] — **Backbord** – **Steuerbord**
the port where the ship **docked** [dɒkt] — der Hafen, in dem das Schiff **anlegte**
anchor ['æŋkə] — **Anker; (ver)ankern**
ride / lie at anchor — vor Anker liegen

"Nautical" idioms **(= „nautische" Idioms)**
I was between the devil and the deep blue sea. (= Ich war in einer argen Zwickmühle.) • *Frankly, I'm all at sea.* (= Offen gesagt, ich blicke nicht mehr durch.) • *There are plenty more fish in the sea.* (= Auch andere Mütter haben schöne Töchter.) • *We're all in the same boat.* (= Wir sitzen doch alle im gleichen Boot.) • *Economically, we've missed the boat.* (= Wirtschaftlich haben wir den Anschluss verpasst.) • *You don't want to rock the boat, do you?* (= Du willst dich doch nicht quer legen, oder?) • *When my ship comes home …* (= Wenn ich mein Glück gemacht habe …) • *She accused* [ə'kju:zd] *me of sailing under false* [fɔ:ls] *colours.* (= Sie warf mir vor, unter falscher Flagge zu segeln.) • *It's time for you to nail your colours* ['kʌləz] *to the mast* [mɑ:st]. (= Es wird Zeit, dass du Farbe bekennst.)

sailor ['seilə] — **Seemann; Matrose**
I'm afraid I'm not a good sailor. — Leider bin ich nicht seefest.
captain ['kæptən] / **skipper** ['skɪpə] — **Kapitän**
radio operator ['reɪdiəʊ ɒpəreɪtə] — **Funker**
crew [kru:] — **Mannschaft; Besatzung**
All **hands** on deck! — Alle Mann an Deck!
pilot ['paɪlət] — **Lotse**
shipowner ['ʃɪpəʊnə] — **Schiffseigner(in); Reeder**
pirate ['paɪrət] – **piracy** ['paɪrəsi] — **Pirat** – **Piraterie**
seasick ['si:sɪk] – **seasickness** — **seekrank** – **Seekrankheit**
lighthouse ['laɪthaʊs] — **Leuchtturm**
navigable ['nævɪgəbl] waterways — **schiffbare** / **befahrbare** Wasserstraßen
lock [lɒk] — **Schleuse**

Public transport
Öffentlicher Nahverkehr

Commuter – one who spends his life / In riding to and from his wife; / A man who shaves and takes a train, / And then rides back to shave again. (*E.B. White, US journalist and writer, 1899–1985*)

the **underground** *BE / AE* **subway**	die **U-Bahn**
underground *BE / AE* subway station	U-Bahnhof
ride the subway (– rode – ridden) *AE*	mit der U-Bahn fahren
the **tube** [tju:b]	die **U-Bahn** (*in London*)
Where's the nearest tube? *BE*	Wo ist der nächste U-Bahnhof?
Buses are slower than tubes. *BE*	Busse sind langsamer als U-Bahnen.
the **metro** ['metrəʊ]	die **U-Bahn** (*z.B. in Washington, DC*)
a half-hour **journey** [ɜ:] *BE / AE* **ride**	eine halbstündige **Fahrt**
The S-Bahn is useful for longer journeys / rides / runs.	Die S-Bahn ist gut für längere Fahrten.
Children age 4 and under ride free. *AE*	Kinder bis zu 4 Jahren fahren frei.
subway riders ['sʌbweɪ raɪdəz] *AE*	**U-Bahnfahrer; U-Bahnfahrgäste**
the **elevated railroad** / the **el** [el]	die **Hochbahn** (*z.B. in Chicago*)
a train **bound** for Watford ['wɒtfəd]	ein Zug nach Watford

Dem britischen *public transport* ['trænspɔ:t] sowie den überwiegend im AE gebräuchlichen Bezeichnungen *public transportation, public transit* ['trænsɪt], *mass transportation* und *mass transit* entsprechen im Deutschen die Begriffe öffentlicher (Personen-)Nahverkehr bzw. öffentliche Verkehrsmittel.
Entsprechend: *use public transport* BE / AE *ride public transportation* (= öffentliche Verkehrsmittel benutzen), *an efficient* [ɪ'fɪʃnt] *public transport(ation) system / mass transit system* (= ein leistungsfähiges System von öffentlichen Verkehrsmitteln).
Means of transport(ation) kann Einzahl oder Mehrzahl sein: *a means of transport(ation)* (= ein Verkehrsmittel) – *these means of transport(ation)* (= diese Verkehrsmittel).

tram [træm] *BE / AE* **streetcar**	**Straßenbahn**
cable car ['keɪbl kɑ:]	(seilgezogene Straßenbahn in San Francisco)
monorail ['mɒnəʊreɪl]	**Einschienenbahn**
I travel to work by **bus** [bʌs].	Ich fahre mit dem **Bus** zur Arbeit.
double-decker (bus) [dʌbl'dekə]	Doppeldecker(bus)
The buses run every five minutes.	Die Busse verkehren alle fünf Minuten.
the number 6 bus route ['bʌs ru:t]	die Buslinie 6
bus stop ['bʌs stɒp]	**Bushaltestelle**
request stop [rɪ'kwest stɒp]	**Bedarfshaltestelle**
trolley(bus) ['trɒli(bʌs)]	**Oberleitungs(omni)bus; Obus**
minibus ['mɪnibʌs]	**Kleinbus**
coach [kəʊtʃ] *BE*	**Reisebus**

5 Leute, die regelmäßig mit öffentlichen Verkehrsmitteln zur Arbeit fahren (= *who commute* [kə'mju:t] *to work by public transport*), nennt man auch *straphangers* (= Leute, die sich am Halteriemen in Bus oder Bahn festhalten).

hail a **cab** / **taxi** ['tæksi]	ein **Taxi** heran- / herbeiwinken
a taxi ride / journey ['tæksi raɪd / dʒɜ:ni]	eine Taxifahrt
taxi rank *BE* / *AE* taxi stand	Taxistand
turn the **meter** ['mi:tə] on / off	das **Taxameter** / die **Uhr** ein- / ausschalten
a $2 **surcharge** ['sɜ:tʃɑ:dʒ]	ein **Zuschlag** / **Aufschlag** von 2 Dollar
tip the driver ['draɪvə]	dem Fahrer **ein Trinkgeld geben**
short-trip / short-distance **ticket**	Kurzstrecken**karte**
ticket machine ['tɪkɪt məʃi:n]	Fahrkartenautomat
a **transfer** ['trænsfɜ:] *AE*	ein **Umsteigefahrschein**
In London, **fares** are graduated ['grædʒueɪtɪd] according to zones.	In London sind die **Fahrpreise** nach Zonen gestaffelt.
The conductor [kən'dʌktə] collects the fares.	Der Schaffner / Die Schaffnerin kassiert das Fahrgeld.
a flat fare ['flæt feə]	ein Einheits- / Pauschalfahrpreis
a fare increase / *AE auch* fare hike	eine Fahrpreiserhöhung
fare dodging ['dɒdʒɪŋ]	Schwarzfahren
Fare dodgers face a stiff fine.	Schwarzfahrern droht eine hohe Geldstrafe.
One Day **Travelcard** ['trævlkɑ:d]	(verbilligte Tageskarte in London)

Tokens ['təʊkənz] sind als Fahrausweis dienende Metallmarken, die man an einer *token booth* kauft und beim Betreten des Bahnsteigs (= *platform*) oder des Busses (= *bus*) in ein Drehkreuz (= *turnstile*) steckt.

Some useful expressions **(= Nützliche Redensarten)**

How do I get to X, please?	Wie komme ich bitte nach X?
Which platform for Victoria [vɪk'tɔ:riə]?	Von welchem Bahnsteig geht es nach Victoria?
Follow the signs [saɪnz] for Circle Line.	Folgen Sie den Schildern zur Circle-Linie.
Take the Central Line eastbound ['i:stbaʊnd].	Fahren Sie mit der Central-Linie in Richtung Osten.
Does this train go to ...?	Fährt dieser Zug nach ...?
The train goes via Charing Cross.	Der Zug fährt über Charing Cross.
Where do I change / transfer for ...?	Wo muss ich nach ... umsteigen?
What bus / train do I take for ...?	Welcher Bus / Zug fährt nach ...?
When / Where do I have to get off?	Wann / Wo muss ich aussteigen?
It's six stops to Victoria.	Nach Victoria sind es sechs Stationen.
You can get there on Line 1.	Da kommen Sie mit der Linie 1 hin.
Train terminates ['tɜ:mɪneɪts] here.	(Der) Zug endet hier.
The escalator is out of service.	Die Rolltreppe ist außer Betrieb.
Mind [maɪnd] the gap!	Beachten Sie den Spalt (zwischen Bahnsteig und Zug)!

The economy
Die Wirtschaft

1 Economic theory and policy
Wirtschaftstheorie und -politik

2 Business
Das Geschäftsleben

3 Money and finance
Geld und Finanzwesen

4 Advertising
Werbung

5 Insurance
Versicherung

6 Real estate
Immobilien

7 Occupations and job titles
Berufe und Funktionsbezeichnungen

8 In the office
Im Büro

9 Labour relations
Beziehungen zwischen den Tarifpartnern

Economic theory and policy
Wirtschaftstheorie und -politik

The truth is, we are all caught in a great economic system which is heartless.
(*Woodrow Wilson, US president, 1856–1924*)

economic(ally) [i:kə'nɒmɪk(li)]	**wirtschaftlich; ökonomisch**
economic system ['sɪstəm]	Wirtschaftssystem
economic performance [pə'fɔ:məns]	(die) Wirtschaftsleistung
economic policy ['pɒləsi]	(die) Wirtschaftspolitik
raise economic growth [grəʊθ]	das Wirtschaftswachstum steigern
a slow economic recovery [rɪ'kʌvəri]	eine langsame Erholung der Wirtschaft
Is it **economically** viable ['vaɪəbl]?	Ist es **wirtschaftlich** sinnvoll?
economist [ɪ'kɒnəmɪst]	**Volkswirt(schaftler)(in); Wirtschaftswissenschaftler(in)**
the (national) **economy** [ɪ'kɒnəmi]	die (Volks-)**Wirtschaft**
command [kə'mɑ:nd] economy	Kommandowirtschaft
(centrally ['sentrəli]) planned economy	(zentrale) Planwirtschaft
(social) market economy	(soziale) Marktwirtschaft
black economy [ɪ'kɒnəmi]	Schattenwirtschaft

Economic ist „wirtschaftlich = mit der Wirtschaft zusammenhängend"; *economical* ist „wirtschaftlich = sparsam". – *The economy* ist die Wirtschaft (eines Landes); *economy* (ohne Artikel) ist Sparsamkeit / Wirtschaftlichkeit. *Economics* ist (die) Wirtschaftswissenschaft / Volkswirtschaftslehre.

goods and services	**Waren und Dienstleistungen**
the exchange [ɪks'tʃeɪndʒ] of goods	der Warenaustausch / -verkehr
investment [-'vest-] / capital goods	Investitionsgüter
the **service** sector ['sektə]	der **Dienstleistungs**bereich / -sektor
supply and demand [dɪ'mɑ:nd]	**Angebot und Nachfrage**
market forces ['fɔ:sɪz]	(die) **Marktkräfte**
market share [ʃeə]	Marktanteil
in the global ['gləʊbl] **marketplace**	auf dem **Weltmarkt**
free / unfair **competition** [kɒmpə'tɪʃn]	freier / unlauterer **Wettbewerb**
(government) **regulation** [regju'leɪʃn]	(staatliche) **Regulierung / Kontrolle**
deregulation [di:regju'leɪʃn]	**Aufhebung staatlicher Kontrollen**
factors of **production** [prə'dʌkʃn]	**Produktionsfaktoren**
production costs [kɒsts]	(die) Produktionskosten
private property [praɪvət 'prɒpəti]	**Privat**eigentum
private ownership of the means of production	Privateigentum an den Produktionsmitteln
the private sector [praɪvət 'sektə]	die Privatwirtschaft
(state) **enterprise** ['entəpraɪz]	(Staats-)**Unternehmen**
free enterprise [fri: 'entəpraiz]	freies Unternehmertum
entrepreneur [ɒntrəprə'nɜ:]	**Unternehmer(in)**
business **profits** [bɪznəs 'prɒfɪts]	(die) Unternehmer**gewinne**
maximize ['mæksɪmaɪz] profits	die Gewinne maximieren
accumulate [ə'kju:mjəleɪt] **capital**	**Kapital** bilden

prosperity [prɒ'sperəti]	**Wohlstand**
wealth [welθ]	**Reichtum; Vermögen**
create [kri'eɪt] wealth	Vermögen bilden
the national wealth	das Volksvermögen
aggregate ['ægrɪgət] (income / cost)	**Gesamt**(einkommen / -kosten)
gross [grəʊs] **national product** / **GNP**	**Bruttosozialprodukt**
balance of trade [bæləns əv 'treɪd]	**Handelsbilanz**
balance of payments ['peɪmənts]	Zahlungsbilanz
a balanced **budget** ['bʌdʒɪt]	ein ausgeglichener **(Staats-)Haushalt**
the budget deficit ['defəsɪt]	das Haushaltsdefizit
budget cuts / freeze	Haushaltskürzungen / -stopp
fill budget holes / fill budget(ary) gaps / plug budget deficits	Haushaltslöcher stopfen
deficit spending [defəsɪt 'spendɪŋ]	**Defizitfinanzierung**
the national **debt** [det]	die Staats**schuld** / **-verschuldung**
austerity measures [ɔː'sterəti meʒəz]	**Sparmaßnahmen**
austerity programme ['prəʊgræm]	Sparprogramm
austerity package / austerity budget	Sparpaket
rationing ['ræʃnɪŋ]	**Rationierung**
cut / reduce **subsidies** ['sʌbsədiz]	**Subventionen** abbauen
eliminate [ɪ'lɪmɪneɪt] **trade barriers**	**Handelsschranken** beseitigen
cut **interest rates** ['ɪntrəst reɪts]	die **Zinsen** senken
push up interest rates	die Zinsen in die Höhe treiben
increase **productivity** [prɒdʌk'tɪvəti]	die **Produktivität** erhöhen
the **standard of living** / **living standard** ['stændəd]	der **Lebensstandard**
the **cost of living** [kɒst əv 'lɪvɪŋ]	die **Lebenshaltungskosten**
cost increases ['ɪŋkriːsɪz]	Kostensteigerungen
purchasing ['pɜːtʃəsɪŋ] **power** / **buying power**	(die) **Kaufkraft**
consumer prices [kən'sjuːmə praɪsɪz]	(die) **Verbraucher**preise
consumption [kən'sʌmpʃn]	(der) **Verbrauch** / **Konsum**
(in)stability [(ɪn)stə'bɪləti]	**(In-)Stabilität**
the ups and downs of the **business cycle** ['bɪznəs saɪkl]	das Auf und Ab der **Konjunktur**
wait for the **upturn** ['ʌptɜːn]	auf den **Aufschwung** warten
a **downturn** in the economy	ein **Rückgang** der Konjunktur
recession [rɪ'seʃn]	**Rezession; Konjunkturrückgang**
the (Great) **Depression** [dɪ'preʃn]	die **Weltwirtschaftskrise** (*ab 1929*)
inflation [ɪn'fleɪʃn] – **deflation**	**Inflation** – **Deflation**
the inflation rate	die Inflationsrate
creeping / galloping ['gæləpɪŋ] inflation	schleichende / galoppierende Inflation
double-digit ['dʌbl dɪdʒɪt] inflation	eine zweistellige Inflationsrate

Business
Das Geschäftsleben

→ 12.7 Shopping, 20.3 Money and finance

The business of America is business. (*Calvin Coolidge, US president, 1872–1933*)

business ['bɪznəs]	(das) **Geschäft; Geschäfts-**
Business is good / brisk / booming.	Die Geschäfte gehen gut.
Business is bad / slack / quiet.	Die Geschäfte laufen schlecht.
We do a lot of business with them.	Wir haben viel mit ihnen zu tun.
Are you here on business?	Sind Sie geschäftlich hier?
a business appointment [ə'pɔɪntmənt]	ein geschäftlicher Termin
a thriving ['θraɪvɪŋ] export business	ein florierendes Exportunternehmen
She's in the textile ['tekstaɪl] business.	Sie ist in der Textilbranche.
business acumen ['ækjəmən]	**Geschäftssinn**
businessman / -woman / -people	**Geschäftsmann / -frau / -leute**
in our **line** of business ['bɪznəs]	in unserer **Branche**
our spring line	unsere Frühjahrskollektion
a successful [sək'sesfl] line	ein gut gehender (Waren-)Artikel
commerce ['kɒmɜːs]	**Handel(sverkehr)**
chamber ['tʃeɪmbə] of commerce	(Industrie- und) Handelskammer
Commerce (Department) *AE* / *BE* Board of Trade	Handelsministerium
commercial [kə'mɜːʃl]	**kaufmännisch; kommerziell; Handels-**
commercial English ['ɪŋglɪʃ]	Handelsenglisch
trade [treɪd]	**Handel; Gewerbe**
the furniture ['fɜːnɪtʃə] trade	die Möbelbranche
sell to the trade (– sold – sold)	an Wiederverkäufer verkaufen
trade show / trade fair	(Handels-)Messe; Ausstellung
merchant ['mɜːtʃənt]	**Kaufmann / -frau**
arms merchant / arms dealer	Waffenhändler(in)
(quality) **merchandise / goods**	(Qualitäts-)**Ware**
deal in something (– dealt [e] – dealt)	mit etwas **handeln**
companies ['kʌmpəniz] we've been dealing with for years	Firmen, mit denen wir seit Jahren Geschäfte machen
It's a deal.	Abgemacht.
partnership ['pɑːtnəʃɪp]	**Personen- / Personalgesellschaft**
owner / proprietor [prə'praɪətə]	**Besitzer(in); Eigentümer(in)**
shopkeeper ['ʃɒpkiːpə]	**Ladenbesitzer(in)**
company ['kʌmpəni]	**Gesellschaft; Firma; Unternehmen**
a troubled ['trʌbld] company	ein in Schwierigkeiten geratenes Unternehmen
multinational (company / corporation)	multinationaler Konzern; Multi
non-profitmaking *BE* / *AE* nonprofit company	gemeinnützige Gesellschaft
(un)limited **liability** [laɪə'bɪləti]	(un)beschränkte **Haftung**

Die Abkürzung *plc / PLC* nach britischen Firmennamen bedeutet, dass es sich um eine *public limited company* handelt, d.h. eine Gesellschaft, die ungefähr einer Aktiengesellschaft entspricht; der Zusatz *Ltd* (= *limited*) deutet auf eine GmbH-ähnliche Gesellschaftsform. – *Inc.* [ɪŋk] (= *incorporated* [ɪn'kɔ:pəreɪtɪd]) nach amerikanischen Namen bezeichnet eine *corporation*, also eine (als juristische Person eingetragene) (Kapital-)Gesellschaft.

General Motors and other **corporate** giants ['dʒaɪənts]	General Motors und andere Riesenkonzerne
their corporate ['kɔ:pərət] culture	ihre Unternehmenskultur
outsourcing ['aʊtsɔ:sɪŋ]	**Auslagerung / -gliederung** (von Unternehmensaktivitäten)
industrialist [ɪn'dʌstriəlɪst]	**Industrielle(r)**
shareholder / stockholder	**Aktionär(in)**
shareholder value ['vælju:]	Wertsteigerung für Aktionäre
director [də'rektə]	**Direktor(in)**
the **board** [bɔ:d] **of directors**	der **Vorstand**
chairman of the board	Vorstandsvorsitzende(r); *AE auch* Aufsichtsratsvorsitzende(r)
manager ['mænɪdʒə]	**Leiter(in)**
data-processing manager	Leiter(in) der EDV-Abteilung
sales manager / *AE auch* vice president of sales	Verkaufs- / Vertriebsdirektor(in)
middle **management** ['mænɪdʒmənt]	mittleres **Management**
a hands-on management style	ein zupackender Führungsstil
executive [ɪg'zekjətɪv]	**leitende(r) Angestellte(r); Manager(in)**
several top-flight executives	mehrere Spitzenmanager

Der *president* einer amerikanischen *corporation* (= Kapitalgesellschaft) entspricht etwa einem Vorstandsvorsitzenden oder Generaldirektor; *vice presidents* [vaɪs 'prezɪdənts] sind Vorstandsmitglieder oder Direktor(inn)en, je nach Größe der Gesellschaft aber auch nur Abteilungsleiter(innen). Ein *vice president of marketing* entspricht etwa einem Marketingdirektor, ein *sales vice president* einem Vertriebsleiter und ein *vice president for human resources* ist ein Personaldirektor. *The CEO / chief executive officer* ist im AE Chef(in) / Vorstandsvorsitzende(r) eines Großkonzerns: *He was appointed* [ə'pɔɪntɪd] *CEO.* (= Er wurde zum Vorstandsvorsitzenden berufen.)

sell (– sold – sold)	**verkaufen**
hard / soft [sɒft] sell	harte / weiche Verkaufsmethoden
a hard-sell campaign [kæm'peɪn]	eine aggressive Werbekampagne
sale [seɪl]	**Verkauf; Vertrieb**
boost sales [bu:st 'seɪlz]	die Umsätze in die Höhe treiben
the latest sales figures ['seilz fɪgəz]	die neusten Verkaufs- / Absatzzahlen
a drop / fall / decline [dɪ'klaɪn] in sales	ein Umsatzrückgang
a slump [slʌmp] in sales	ein dramatischer Umsatzrückgang
Sales have dropped / fallen / declined.	Die Umsätze sind zurückgegangen.
Sales have plummeted ['plʌmɪtɪd] / slumped.	Die Umsätze sind stark / dramatisch zurückgegangen.
Earnings ['ɜ:nɪŋz] have jumped.	Die **Erträge** sind sprunghaft angestiegen.

seller – buyer ['baɪə]	**Verkäufer(in) – Käufer(in)**
This line is a big seller / a winner.	Dieser Artikel ist ein Renner.
salesman – saleswoman	**Verkäufer – Verkäuferin**
travelling salesman	(Handels- / Reise-)Vertreter
our sales force ['seɪlz fɔːs]	unser Vertreterstab / Außendienst
salesmanship ['seɪlzmənʃɪp]	die Kunst des Verkaufens
representative [reprɪ'zentətɪv]	**Vertreter(in); Repräsentant(in)**
sales rep(resentative) ['seilz rep]	(Handels-)Vertreter(in)
a **prospect**(ive customer) ['prɒspekt]	ein(e) **potenzielle(r) Kunde / Kundin**
a **commission** [kə'mɪʃn] of 25 per cent	eine **Provision** von 25 Prozent
They paid millions of dollars in **kickbacks**.	Sie zahlten **Schmiergelder / illegale Provisionen** in Millionenhöhe.
wholesale ['həʊlseɪl] – **retail** ['riːteɪl]	**Großhandel(s-) – Einzelhandel(s-)**
wholesaler – retailer ['riːteɪlə]	Großhändler – Einzelhändler
distribute [dɪ'strɪbjuːt] goods	Waren **vertreiben / ausliefern**
our distributors [dɪ'strɪbjʊtəz] abroad	unsere Vertriebspartner im Ausland
sole distribution [dɪstrɪ'bjuːʃn]	Alleinvertretung / -vertrieb
distribution agreement [ə'griːmənt]	Vertriebsvereinbarung
under the terms of the **contract** ['kɒn-]	gemäß den **Vertrag**sbestimmungen
buy [baɪ] (– bought [ɔː] – bought)	**(an- / ein)kaufen**
buyout ['baɪaʊt]	**Firmenkauf** (durch Erwerb einer Mehrheit von Anteilen)
turnover ['tɜːnəʊvə]	(der) **Umsatz**
turn over 1.5 billion ['bɪljən]	1,5 Milliarden umsetzen
Volume ['vɒljuːm] is down / up 9 per cent.	Der **Umsatz** ist um 9 Prozent gesunken / gestiegen.
make a **profit** ['prɒ-] (– made – made)	**Gewinn** erzielen
high / low profit margins ['mɑːdʒɪnz]	große / kleine Gewinnspannen
issue a profit warning	eine Gewinnwarnung ausgeben
profitable ['prɒfɪtəbl]	**Gewinn bringend; rentabel**
profitability [prɒfɪtə'bɪləti]	Rentabilität
break even ['iːvn] (– broke – broken)	**kostendeckend arbeiten**
in the black / red	**in den schwarzen / roten Zahlen**
lose [luːz] (– lost [lɒst] – lost)	**verlieren**
loss [lɒs]	**Verlust**
suffer huge [hjuːdʒ] losses	enorme Verluste erleiden
They face big losses.	Es drohen ihnen große Verluste.
haggle ['hægl] over the best **price**	um den besten **Preis** feilschen
list price ['lɪst praɪs]	Listen- / Katalogpreis
purchase price ['pɜːtʃəs praɪs]	Einkaufspreis
retail price ['riːteɪl praɪs]	Einzelhandels- / Ladenpreis
cut prices (– cut – cut)	die Preise senken
slash prices / costs [kɒsts]	die Preise / Kosten drastisch senken
price tag ['praɪs tæg]	**Preisschild**
The price tag is going up.	Die Kosten steigen.
overpriced ['əʊvəpraɪst] goods	**zu teure / überteuerte** Ware(n)
They **priced** [praɪst] themselves out of the market.	Sie waren durch überhöhte Preise nicht mehr wettbewerbsfähig.
overcharge [əʊvə'tʃɑːdʒ] someone	jemand **zu viel abverlangen**
discount ['dɪskaʊnt]	**Discount-; Diskont-**
at a discount of 25 per cent [pə 'sent]	mit einem Rabatt von 25 Prozent

a **me-too** product ['prɒdʌkt]	ein der Konkurrenz nachempfundenes Produkt ohne Originalität
fierce [fɪəs] / sharp / keen **competition**	heftige / scharfe **Konkurrenz**
cut-throat competition [kɒmpə'tɪʃn]	Verdrängungswettbewerb
drive a **competitor** [kəm'petɪtə] out of business	einen **Konkurrenten** / **Mitanbieter** vom Markt verdrängen
go into **liquidation** [lɪkwɪ'deɪʃn]	in **Liquidation** gehen
bid for something (– bid – bid)	ein Angebot für etwas abgeben
takeover (bid) ['teɪkəʊvə]	**Übernahme**(angebot)
acquisition [ækwɪ'zɪʃn]	**Neuerwerbung; Übernahme**
merger ['mɜːdʒə]	**Fusion**
offer ['ɒfə]	**Angebot; anbieten**
showroom ['ʃəʊruːm]	**Ausstellungsraum**
We're **in the market for** a couple ['kʌpl] of new PCs.	Wir **wollen** eine Reihe von neuen PCs **kaufen**.
place an **order** with a firm	(einen) **Auftrag** an eine Firma erteilen
fill / fulfil / execute an order	einen Auftrag ausführen
the execution [eksɪ'kjuːʃn] of an order	die Ausführung eines Auftrags
Can you **supply** these items ['aɪtəmz]?	Können Sie diese Artikel **liefern**?
supplier [sə'plaɪə]	**Lieferant**
deliver [dɪ'lɪvə] from stock	vom Lager **(aus)liefern**
the **delivery** [dɪ'lɪvəri] of goods	die **Lieferung** von Waren
ship / **forward** / **dispatch** something	etwas **versenden**
shipment / **consignment** [kən'saɪn-]	**(Waren-)Sendung; Lieferung**
shipping documents ['dɒkjumənts]	**Versandpapiere** / **-dokumente**
packing list ['pækɪŋ lɪst]	**Packliste**
stock [stɒk]	**Lager**
The model is in stock / out of stock.	Das Modell ist (nicht) vorrätig.
Our stocks are running low.	Unsere Vorräte gehen zur Neige.
while stocks last	solange der Vorrat reicht
warehouse ['weəhaʊs]	**Lagerhaus; (Waren-)Lager**
inventory ['ɪnvəntri]	**Inventar; Lager-** / **Warenbestand**
guarantee [gærən'tiː]	**garantieren** (für); **Garantie(schein)**
a two-year guarantee / warranty [ɒ]	eine zweijährige Garantie
It isn't covered by the guarantee.	Das fällt nicht unter die Garantie.
franchise ['fræntʃaɪz]	(eine) **Lizenz** / **Konzession (erteilen)**
a chain of franchise restaurants ['restrɒnts]	eine Kette von Restaurants, die in Franchise-Form geführt werden
import ['ɪmpɔːt] – **export** ['ekspɔːt]	**Import** – **Export**
import [ɪm'pɔːt] / export something	etwas importieren / exportieren

Spätestens seit Hilmar Kopper, der seinerzeitige Vorstandssprecher (= *chief executive*) der Deutschen Bank, im Zusammenhang mit den durch den Konkurs (= *bankruptcy*) der Schneider-Gruppe entstandenen Riesenverlusten (= *huge losses*) von *peanuts* (= einem lächerlichen Betrag) sprach, kennt in Deutschland jeder wirtschaftlich Interessierte das Wort. Statt *peanuts* hätte man auf Englisch auch *chicken feed* oder *small potatoes* sagen können.

Money and finance
Geld und Finanzwesen

→ 6.9 Taxation, 20.2 Business, 20.1 Economic theory and policy

Money is a good servant but a bad master. (*Proverb*)

(make a lot of) **money** ['mʌni]	(viel) **Geld** (verdienen)
a large / small amount of money	ein großer / kleiner Geldbetrag
Money is tight [taɪt].	Das Geld ist knapp.
I haven't got any **cash** [kæʃ] on me.	Ich habe kein **(Bar-)Geld** bei mir.
five thousand dollars in cash	5000 Dollar in bar
Are you paying (in) cash?	Zahlen Sie bar?
I'm rather short of cash.	Ich bin ziemlich knapp bei Kasse.
cash payment ['kæʃ peɪmənt]	Barzahlung
cash register ['kæʃ redʒɪstə]	**(Registrier- / Laden-)Kasse**
cash machine / *BE auch* **cash dispenser** / *AE auch* **ATM** (= automated-teller machine)	**Geldautomat**

Beachten Sie die Einzahl- und Mehrzahlformen bei Geldbeträgen
We've got £60 (= sixty ***pounds****) in the bank.* (= Wir haben 60 Pfund auf der Bank.) • *They bid half a million* ***dollars****.* (= Sie boten eine halbe Million Dollar.) • *That's eleven* ***euros*** *thirty.* (= Das macht dann elf Euro dreißig.) • *He had only* ***20 cents*** *in his pocket.* (= Er hatte nur 20 Cent in der Tasche.) • *a 20-****euro*** *note* BE / AE *bill* (= ein 20-Euro-Schein) • *a 50-****pound*** *note / 50-****dollar*** *bill* (= eine 50-Pfund-Note / 50-Dollar-Note).
Genaue Geldbeträge stehen mit Einzahlverb: *50,000 pounds / dollars* ***is*** *a lot of money.* (= 50 000 Pfund / Dollar sind viel Geld.) • *Five million dollars* ***doesn't*** *mean much to her.* (= Fünf Millionen Dollar bedeuten ihr nicht viel.)
Unbestimmte Summen stehen mit Mehrzahlverb: *There* ***are*** *millions of dollars involved.* (= Es geht um Millionen Dollar.)

How much did he **charge** for the job?	Was hat er für die Arbeit **berechnet**?
You can charge it to my account.	Belasten Sie es meinem Konto.
bank charges ['bæŋk tʃɑːdʒɪz]	Bankspesen / -gebühren
cost [kɒst] (– cost – cost)	**kosten**
It costs / cost £500.	Es kostet / kostete 500 Pfund.
They cost 60p [sɪksti 'piː] each.	Sie koste(te)n 60 Pence das Stück.
change a 100-euro note	einen Hunderteuroschein **wechseln**
Have you got change for a pound?	Können Sie mir ein Pfund wechseln?

Names of US coins **(= Namen amerikanischer Münzen)**
1¢ = one cent = a penny
5¢ = five cents = a nickel
10¢ = ten cents = a dime
25¢ = twenty-five cents = a quarter
50¢ = fifty cents = a half dollar

pay [peɪ] (– paid [peɪd] – paid)	**(be)zahlen**
pay for goods	Waren bezahlen

pay the cabdriver	den Taxifahrer bezahlen
pay a bill	eine Rechnung bezahlen
She's paid (off) all her debts [dets].	Sie hat alle ihre Schulden bezahlt.
pay by cheque / by credit card	mit Scheck / Kreditkarte bezahlen
pay / settle an account [ə'kaʊnt]	ein Konto ausgleichen; eine Rechnung begleichen
payment / **settlement** of an outstanding invoice	**Bezahlung** / **Ausgleich** einer offen stehenden Rechnung
wallet ['wɒlɪt] / *AE auch* **billfold**	**Brieftasche**
purse [pɜːs] *BE* / *AE* **change purse**	**Portmonee; Geldbeutel**

Dollars sind umgangssprachlich *bucks*; *pounds* sind *quid: I owe her two hundred bucks / quid.* (= Ich schulde ihr zweihundert Dollar / Pfund.)

spend money (on) (– spent – spent)	Geld **ausgeben** (für)
expenditure(s) [ɪk'spendɪtʃə(z)]	**Ausgaben; Aufwendungen**
overheads *BE* / *AE* **overhead**	**Gemeinkosten**
lend money to someone (– lent – lent)	jemand Geld **leihen**
borrow money from someone	(sich) Geld von jemand **borgen**
grant [grɑːnt] / repay a **loan**	einen **Kredit** gewähren / zurückzahlen
lease [liːs] a car	einen Wagen **leasen**
save money ['mʌni]	Geld **sparen**
encourage [ɪn'kʌrɪdʒ] saving	die Spartätigkeit fördern
the savings rate ['seɪvɪŋz reɪt]	die Sparquote
invoice ['ɪnvɔɪs]	**(Waren-)Rechnung; Faktura**
foot [fʊt] the **bill**	die **Rechnung** bezahlen / begleichen
open an **account** [ə'kaʊnt] with a bank	bei einer Bank ein **Konto** eröffnen
deposit [dɪ'pɒzɪt] money in an account	Geld auf ein Konto einzahlen
transfer [-'fɜː] money to an account	Geld auf ein Konto überweisen
pay money into an account	Geld auf ein Konto einzahlen
current account *BE* / *AE* checking account	Girokonto
savings account *BE* / *AE* thrift account	Sparkonto
deposit account / *AE auch* time deposit	Festgeldkonto
bank (sorting) code [kəʊd]	**Bankleitzahl**
bank **deposits** [dɪ'pɒzɪts]	Bank**einlagen**
withdraw (– withdrew – withdrawn)	(*Geld*) **abheben**
make a withdrawal [wɪð'drɔːəl]	Geld abheben
I'd like to **take out** £100 (= a / one hundred pounds) in cash.	Ich möchte 100 Pfund in bar **abheben**.
savings bank ['seɪvɪŋz bæŋk]	**Sparkasse**
building society *BE* / *AE* **savings and loan association**	**Bausparkasse**
building loan ['bɪldɪŋ ləʊn]	**Baudarleh(e)n**

Thrift institutions / *thrifts* [θrɪfts] ist in den USA eine kollektive Bezeichnung für *savings banks* und *savings and loan associations* [əsəʊsi'eɪʃnz].

the **high street banks** *BE*	die **Großbanken**
banker – **bank manager** ['mænɪdʒə]	**Bank(i)er** – **Zweigstellenleiter(in)**

the **central bank** [sentrəl 'bæŋk]	die **Zentralbank**
cut / reduce **key** [ki:] **interest rates**	die **Leitzinsen** senken
the **Fed(eral Reserve Board)**	der **amerikanische Zentralbankrat**
treasurer ['treʒərə]	**Schatzmeister(in); Leiter(in) der Finanzabteilung; Kassenwart**
the city treasurer	der Stadtkämmerer
the **Treasury** ['treʒəri] (Department)	das **Finanzministerium**
Treasury Secretary ['sekrətri] *AE*	Finanzminister(in)
monetary ['mʌnɪtri] policy	(die) **Geld(markt)- / Währungspolitik**
the European monetary system	das europäische Währungssystem
monetary union [mʌnɪtri 'ju:niən]	(die) Währungsunion
fiscal policy [fɪskl 'pɒləsi]	(die) **Finanzpolitik**
the peso was **devalued** by 50%	der Peso wurde um 50% **abgewertet**
a 10% devaluation [di:vælju'eɪʃn]	eine zehnprozentige Abwertung
exchange rates [ɪks'tʃeɪndʒ reɪts]	**Wechsel- / Devisenkurse**
foreign exchange [fɒrən ɪks'tʃeɪndʒ]	Devisen
the foreign-exchange markets	die Devisenbörsen
create a common **currency** ['kʌrənsi]	eine gemeinsame **Währung** schaffen
invest – **investor** – **investment**	**investieren** – **Investor(in)** – **Investition**
invest millions in a project ['prɒdʒekt]	Millionen in ein(em) Projekt investieren
a highly lucrative ['lu:krə-] investment	eine höchst lukrative Geldanlage
our **financial** [faɪ'nænʃl] position	unsere **finanzielle** Lage
if you can't meet your financial obligations [ɒblɪ'geɪʃnz]	wenn man seinen finanziellen Verpflichtungen nicht nachkommen kann
their financial strength / power	ihre Finanzkraft
the financial markets	die Finanzmärkte
the previous ['pri:viəs] financial year	das vorangegangene Geschäftsjahr
finance [faɪ'næns] a project	ein Projekt **finanzieren**
become **insolvent** [ɪn'sɒlvənt]	**zahlungsunfähig** werden
stave off / avert [ə'vɜ:t] **insolvency**	die **Zahlungsunfähigkeit** abwenden
pay for something by **instalments**	etwas in **Raten** bezahlen
The first instalment is due in May.	Die erste Rate ist im Mai fällig.
assets and liabilities [laɪə'bɪlətiz]	**Aktiva und Passiva**
per capita [pə 'kæpɪtə] **income**	Pro-Kopf-**Einkommen**
disposable [dɪ'spəʊzəbl] income	verfügbares Einkommen
the **stock exchange** ['stɒk ɪkstʃeɪndʒ]	die **Börse**
commodity [kə'mɒdəti] exchange	Warenbörse
stocks [stɒks]	**Aktien**
bonds [bɒndz]	**festverzinsliche Wertpapiere**
securities / **stocks and bonds**	**Wertpapiere**
unit trust *BE* / *AE* **mutual fund**	**Investmentfonds**
speculator ['spekjuleɪtə]	**Spekulant(in)**
bull [ʊ] **market** – **bear** [eə] **market**	(*Börse*) **Hausse** – **Baisse**
dividend ['dɪvɪdend]	**Dividende; Gewinnanteil**
maximum **returns** [rɪ'tɜ:nz]	maximale **Erträge**
broker ['brəʊkə]	(*z.B. Börsen-*)**Makler(in)**
portfolio [pɔ:t'fəʊliəʊ] **manager**	**Effektenverwalter(in)**
fund [fʌnd] **manager**	**Fondsverwalter(in)**
stock-market crash [kræʃ]	**Zusammenbruch des Aktienmarktes**

Advertising
Werbung

Doing business without advertising is like winking at a girl in the dark: you know what you are doing, but nobody else does. (*E.W. Howe, US editor and writer, 1853–1937*)

advertising ['ædvətaɪzɪŋ]	(die) **Werbung; Reklame**
make advertising more efficient	(die) Werbung wirksamer gestalten
deceptive [dɪ'septɪv] advertising	irreführende Werbung
the advertising industry ['ɪndəstri]	die Werbeindustrie / -branche
advertising agency ['eɪdʒənsi]	Werbeagentur
advertising department [dɪ'pɑ:tmənt]	Werbeabteilung
advertising manager ['mænɪdʒə]	Werbeleiter(in)
advertising concept ['kɒnsept]	Werbekonzeption
advertising campaign [kæm'peɪn] / drive	Werbekampagne / -feldzug
advertising medium ['mi:diəm]	Werbemittel; Werbeträger
advertising rates [reɪts]	Anzeigentarif(e) / -preise
advertising slogan ['sləʊgən]	Werbeslogan
advertise ['ædvətaɪz] a product	für ein Produkt **Reklame machen**
advertiser ['ædvətaɪzə]	**Inserent(in)**
They're big advertisers.	Sie haben einen großen Werbeetat.
advertisement [əd'vɜ:tɪsmənt] / **ad** [æd] / *BE auch* **advert** ['ædvɜ:t]	**(Werbe-)Anzeige; Werbespot; Reklame**
It isn't a good advertisement for us.	Das ist keine gute Reklame für uns.
place ad(vertisement)s	Anzeigen schalten
an ad series ['æd sɪəri:z]	eine Anzeigenserie
classified ad(vertisement) ['klæsɪfaɪd]	Kleinanzeige

Madison Avenue [mædɪsn 'ævənju:]: Straße in New York City, in der viele Werbeagenturen (= *advertising agencies*) ihre Büros (= *offices*) haben – von daher ein Symbol für amerikanische Werbepraktiken (= *advertising practices*) und für Werbung (= *advertising*) schlechthin: *the latest buzzword on Madison Avenue* (= das neueste Schlagwort in der amerikanischen Werbeindustrie).

the **clients** ['klaɪənts] of an agency	die **Kunden** einer (Werbe-)Agentur
account [ə'kaʊnt]	**Kunde(netat)** (einer Werbeagentur)
account executive [ɪg'zekjʊ-] / manager	Kundenberater(in) / -betreuer(in)
estimate ['estɪmət]	**Kosten(vor)anschlag**
art director ['ɑ:t dərektə]	**Artdirector; künstlerische(r) Leiter(in)**
copywriter ['kɒpiraɪtə]	**(Werbe-)Texter(in)**
copy ['kɒpi]	(ein / der) **Werbetext**
He writes good copy.	Er schreibt gute Werbetexte.
creative(ly) [kri'eɪtɪv(li)]	**kreativ; schöpferisch; gestaltend**
marketing ['mɑ:kɪtɪŋ]	**Marketing(-)**
direct ['daɪrekt] marketing	Direktmarketing; Direktwerbung
telemarketing ['telimɑ:kɪtɪŋ]	(Verkauf / Werbung per Telefon)
market-oriented ['ɔ:rientɪd]	**marktorientiert**

market research [rɪ'sɜ:tʃ]	(die) **Marktforschung**
promotion [prə'məʊʃn]	**Verkaufsförderung**
sales promotion ['seɪlz prəməʊʃn]	Verkaufs- / Absatzförderung
promotional materials [mə'tɪəriəlz]	**Werbe**material / -unterlagen
promote [prə'məʊt] a product	ein Produkt **bewerben**
plug [plʌg] a product	für ein Erzeugnis **die Werbetrommel rühren**
USP [ju: es 'pi:] (= unique [ju:'ni:k] selling proposition)	einzigartiges verkaufsförderndes Merkmal; einzigartiges Verkaufsargument
publicity [pʌb'lɪsəti]	**Publicity; Werbung**
launch [lɔ:ntʃ] a publicity campaign	eine Werbekampagne starten
a publicity tour [pʌb'lɪsəti tʊə]	eine Werbereise / -tour
Public relations [pʌblɪk rɪ'leɪʃnz] is very important.	(Die) **Öffentlichkeitsarbeit** ist sehr wichtig.
They hired a public relations expert to revamp [ri:'væmp] their image.	Sie holten sich einen PR-Fachmann, der ihr Image aufpolieren sollte.
hype [haɪp]	**(Reklame-)Rummel; Publicity**
introduce a product with a lot of hype	ein Produkt mit großem Reklamerummel einführen
media hype ['mi:diə haɪp]	Medienrummel
our corporate **identity** [aɪ'dentəti]	die **Identity** unseres Unternehmens
our corporate **image** ['ɪmɪdʒ]	unser Firmen-**Image**
logo ['ləʊgəʊ]	(*Firmen-*)**Signet / Logo**
goodwill [gʊd'wɪl]	**Goodwill; ideeller Firmenwert**
brand loyalty ['lɔɪəlti] (of consumers)	**Markentreue** (der Verbraucher)
press kit ['pres kɪt]	**Pressemappe** (*mit Infomaterial*)
photo opportunity [ɒpə'tju:nəti]	**Fototermin**
commercials [kə'mɜ:ʃlz]	(*Fernsehen / Radio*) **Werbespots**
product placement ['prɒdʌkt pleɪsmənt]	**Schleichwerbung**
brochure ['brəʊʃə]	**Werbeschrift; Prospekt**
leaflet ['li:flət]	**Werbezettel; Prospekt**
flyer ['flaɪə] / **handbill**	**Handzettel**
direct mail [dairekt 'meɪl]	**Infopost; Postwurfsendungen**
junk mail ['dʒʌŋk meɪl]	(*abfällig*) **Reklamesendungen**
hoarding ['hɔ:dɪŋ] *BE* / *AE* **billboard**	**Reklame- / Plakatwand**
bus / subway **card** *AE*	Bus- / U-Bahn**plakat**
display [dɪ'spleɪ]	**Display**
shopwindow display	Schaufensterauslage
distribute **coupons** ['ku:pɒnz]	**(Werbe-)Gutscheine** verteilen
giveaway ['gɪvəweɪ]	**Werbegeschenk**
response rate [rɪ'spɒns reɪt]	**Rücklauf**
positive ['pɒzətɪv] / negative **feedback**	positives / negatives **Echo**
target group / **target audience** ['ɔ:diəns]	**Zielgruppe**
test market ['test mɑ:kɪt]	**Testmarkt**
age group ['eɪdʒ gru:p]	**Altersgruppe**

Insurance
Versicherung

I detest life-insurance agents. They always argue that I shall some day die, which is not so. (*Stephen Leacock, Canadian humorist, 1869–1944*)

insurance [ɪn'ʃʊərəns] *Kein Plural!*	**Versicherung**
take out / buy insurance / an insurance policy	eine Versicherung abschließen
make an insurance claim	einen Versicherungsanspruch geltend machen
I've got private health insurance.	Ich bin privat krankenversichert.

Insurance wird in der Bedeutung Versicherung nicht mit dem unbestimmten Artikel *a(n)* und nicht im Plural gebraucht! Eine Versicherung ist je nach Bedeutung *an insurance policy / a policy* oder *an insurance company.*

insurance rates [reɪts]	(die) Versicherungstarife
life insurance / *BE auch* life assurance	Lebensversicherung
accident ['æksɪdənt] insurance	Unfallversicherung
disability [dɪsə'bɪləti] insurance	Invaliditätsversicherung
fire insurance ['faɪər ɪnʃʊərəns]	Feuerversicherung
household (contents) insurance	Hausratversicherung
motor / car / automobile insurance	Kfz- / Kraftfahrt- / Autoversicherung
comprehensive insurance	Vollkaskoversicherung
third party, fire and theft *BE*	Teilkasko(versicherung)
third-party insurance / policy *BE*	(*Kfz*) Haftpflichtversicherung
liability [laɪə'bɪləti] insurance	(*allg.*) Haftpflichtversicherung
insurance policy ['pɒləsi]	Versicherung(spolice / -schein)
insurance agent / salesman / -woman	Versicherungsvertreter(in)
insure [ɪn'ʃʊə] against a risk	**sich** gegen ein Risiko **versichern**
Are we insured against theft [θeft]?	Sind wir gegen Diebstahl versichert?
the insured (person / party)	die versicherte Person
policyholder ['pɒləsihəʊldə]	**Versicherungsnehmer(in)**
insurer [ɪn'ʃʊərə] / **underwriter**	**Versicherer**
cover ['kʌvə] / **coverage** ['kʌvərɪdʒ]	**Versicherungsschutz**
Do we have adequate cover(age)?	Sind wir ausreichend versichert?
provide [prə'vaɪd] cover(age)	Versicherungsschutz gewähren
cover note ['kʌvə nəʊt]	Deckungskarte / -zusage
fill out / *BE auch* fill in / complete a **form**	ein **Formular** ausfüllen
under the **terms** of the policy	gemäß den Versicherungs**bedingungen**
annual **premium** ['pri:miəm]	Jahres**prämie**; jährlicher **Beitrag**
settle / **adjust** [ə'dʒʌst] a claim	einen Schaden / Anspruch **regulieren**
settlement / **adjustment** of a claim	**Regulierung** eines Schadens
damage ['dæmɪdʒ] caused by an act of God	durch höhere Gewalt verursachte **Schäden**
pay **damages** ['dæmɪdʒɪz]	**Schadenersatz** leisten

6 Real estate
Immobilien

→ 5.1 Flats and houses, 7.1 Housing shortage, 11.6 Architecture

This was one of my prayers: for a parcel of land not so very large, which should have a garden and a spring of ever-flowing water near the house, and a bit of woodland as well as these. (*Horace, Roman poet, 65–8 BC*)

property ['prɒpəti] *BE* / *AE* **real estate** ['rɪəl ɪsteɪt] / *AE* **real property**	**Immobilien; Grundstücke**
invest money in property / real estate	Geld in Immobilien anlegen
He's in property / real estate.	Er ist im Immobiliengeschäft.
the property / real-estate market	der Immobilien- / Grundstücksmarkt
property / real-estate prices	(die) Grundstücks- / Immobilienpreise
property / real-estate speculator	Grundstücksspekulant(in)
property / real-estate management	Grundstücksverwaltung
property owner ['prɒpəti əʊnə]	Grundstückseigentümer(in)
Private property. Keep off / out.	Privatgrundstück. Betreten verboten.
estate agent *BE* / *AE* **real estate agent** / *AE* **realtor** ['rɪəltə]	**Immobilien- / Grundstücksmakler(in)**
plot / **parcel of land**	**Stück Land; Grundstück; Parzelle**
This plot (of land) is for sale.	Dieses Grundstück ist zu verkaufen.
a building plot ['bɪldɪŋ plɒt]	ein Baugrundstück
a **piece of land** [pi:s əv 'lænd]	ein **Stück Land**
a vacant ['veɪkənt] **lot**	ein unbebautes **Grundstück**
the **site** for the new school	das **Gelände** für die neue Schule
a developed [dɪ'veləpt] site / property	ein erschlossenes Grundstück
an undeveloped **tract** of land	ein unerschlossenes **Gelände**
a 40,000-acre ['eɪkə] tract	ein Gebiet von 40 000 Morgen; 40 000 Morgen Land
a **strip** of land [lænd]	ein **schmaler Streifen** (Land)
land / **property register** ['redʒɪstə]	**Grundbuch**
have a property on **leasehold** ['li:s-]	ein Grundstück in **Pacht** haben
have the **freehold** of a house	(zeitlich unbegrenztes) **Eigentumsrecht** an einem Haus haben
let *BE* / *AE* **rent** a house to someone	ein Haus an jemand **vermieten**
rent a house from someone	ein Haus von jemand mieten
house to let *BE* / *AE* house for rent	Haus zu vermieten
building regulations *BE* / *AE* **building code**	**Bauordnung**
planning permission *BE* / *AE* **building permit** ['pɜ:mɪt]	**Baugenehmigung**
notary (public) ['nəʊtəri ('pʌblɪk)]	**Notar(in)**
abstract ['æbstrækt] **of title**	**Eigentumsnachweis**
title deed ['taɪtl di:d]	**Eigentumsurkunde**
mortgage ['mɔ:gɪdʒ]	**Hypothek; Grundschuld**
take out a mortgage (– took – taken)	eine Hypothek aufnehmen
high mortgage rates	hohe Hypothekenzinsen
mortgage a house	ein Haus mit einer Hypothek belasten

Occupations and job titles
Berufe und Funktionsbezeichnungen

Hier nicht aufgeführte Berufe sind in den betreffenden Sachkapiteln zu finden.

Work is much more fun than fun. (*Noël Coward, English playwright, 1899–1973*)

vocation [vəʊ'kəɪʃn]	**Berufung**
His real vocation was composer, not conductor.	Seine eigentliche Berufung war das Komponieren, nicht das Dirigieren.
family, home and **job**	Familie, Haushalt und **Beruf**

Beruf
What does she do (for a living)? (= Was macht sie beruflich?) • *He's a butcher* ['bʊtʃə] *by trade.* (= Er ist Fleischer von Beruf.) • *Occupation* [ɒkju'peɪʃn]: *Housewife* (= Beruf: Hausfrau)
Professional people sind Angehörige der freien bzw. hoch qualifizierter oder besonders hoch angesehener Berufe, also etwa der *legal* ['li:gl], *medical* ['medɪkl], *or teaching professions.* Entsprechend: *She's a lawyer* ['lɔ:jə] *by profession.* (= Von Beruf ist sie Rechtsanwältin.)

work as an **au pair** [əʊ 'peə]	als **Aupairmädchen** arbeiten
work **freelance** ['fri:lɑ:ns]	**freiberuflich** tätig sein
freelance(r) ['fri:lɑ:ns(ə)]	Freiberufler(in)
as a freelance writer	als freie(r) Schriftsteller(in)
a **self-employed** photographer [-'tɒg-]	ein(e) **selb(st)ständige(r)** Fotograf(in)
the self-employed [self ɪm'plɔɪd]	die Selb(st)ständigen
the **boss** [bɒs]	der **Chef** / die **Chefin**
foreman ['fɔ:mən] *Pl.* -men	**Vorarbeiter; (Werk-)Meister**
head [hed] (of a department)	**Leiter(in)** (einer Abteilung)
head(master / -mistress) *BE* / *AE* **principal** ['prɪnsəpl]	(*Schule*) **Direktor(in)** / **Leiter(in)**
(school)master – **(school)mistress** (*veraltet*)	**Lehrer** – **Lehrerin**

Lehrer(in) kann auch *instructor* [ɪn'strʌktə] **sein:**
driving instructor (= Fahrlehrer/in) • *riding instructor* (= Reitlehrer/in) • *swimming instructor* (= Schwimmlehrer/in) • *ski* [ski:] / *skiing instructor* (= Skilehrer/in) • *flight* / *flying instructor* (= Fluglehrer/in)

chief of police [tʃi:f əv pə'li:s] *AE*	Polizei**chef(in)** / **-präsident(in)**
chief administrative [-'mɪnɪs-] officer	Verwaltungschef(in)
the **chair**(man) ['tʃeə(mən)]	der **Vorsitzende**
the chair(woman) ['tʃeə(wʊmən)]	die Vorsitzende
the chair(person) ['tʃeə(pɜ:sn)]	der / die Vorsitzende
She chairs the committee [kə'mɪti].	Sie ist Vorsitzende des Ausschusses.
She was elected chair(woman).	Sie wurde zur Vorsitzenden gewählt.
labourer ['leɪbərə]	**(Hilfs-)Arbeiter(in)**
unskilled **worker** [ʌnskɪld 'wɜ:kə]	ungelernte(r) **Arbeiter(in)**
semiskilled worker [semɪskɪld 'wɜ:kə]	angelernte(r) Arbeiter(in)

skilled worker [skɪld 'wɜ:kə]	Facharbeiter(in)
blue-collar [blu: 'kɒlə] worker	Arbeiter(in)
white-collar worker	Angestellte(r)
office worker ['ɒfɪs wɜ:kə]	Büroangestellte(r)
social worker ['səʊʃl wɜ:kə]	Sozialarbeiter(in)
apprentice [ə'prentɪs]	**Lehrling; Auszubildende(r)**
trainee [treɪ'ni:]	**in der Ausbildung Stehende(r)**
lecturer *BE* / *AE* **assistant professor**	(*etwa*) **Lehrbeauftragte(r)**

Artikelgebrauch
Nicht einmalige Berufe / Funktionen stehen mit dem Artikel *a(n):*
He's a professor of sociology at the University of California. (Die *University of California* hat mehr als einen Lehrstuhl für Soziologie.)
Funktionen, die es nur einmal gibt, stehen ohne Artikel oder mit *the:*
She's professor of sociology at the University of Akron. (Die Universität Akron hat nur einen Lehrstuhl für Soziologie.)
He's the city manager of Hartford, Connecticut. (= Er ist Stadtdirektor von Hartford, Connecticut.)

caretaker *BE* / *AE* **janitor** ['dʒænɪtə]	**Hausmeister(in)**
miner ['maɪnə] – **miners**	**Bergmann – Bergleute**
docker *BE* / **longshoreman** *Pl.* -men	**Hafen- / Dockarbeiter; Schauermann**
fisherman ['fɪʃəmən] *Pl.* -men	**Fischer; Angler**
hunter / **huntsman** ['hʌntsmən]	**Jäger**
forest warden ['wɔ:dn] *BE* / *AE* **forest ranger** ['reɪndʒə]	**Förster(in)**
workman / **tradesman** ['treɪdzmən]	**Handwerker**
craftsman ['krɑ:fts-] / **craftswoman**	**Kunsthandwerker(in)**

Traditionelle Handwerksberufe (deutsch jeweils auch weiblich)
baker (= Bäcker) • *shoemaker* (= Schuhmacher) • *bricklayer* (= Maurer) • *butcher* ['bʊtʃə] (= Fleischer / Metzger) • *cabinetmaker* (= Kunst- / Möbeltischler) • *carpenter* (= Zimmermann / Bautischler) • *chimney sweep* (= Schornsteinfeger) • *clockmaker* / *watchmaker* (= Uhrmacher) • *joiner* (= Tischler / Schreiner) • *decorator* ['dekəreɪtə] (BE = Maler und Tapezierer) • *dressmaker* (= Damenschneider) • *tailor* (= Herrenschneider) • *plumber* ['plʌmə] (= Klempner / Installateur)

accountant [ə'kaʊntənt] / **bookkeeper**	**Buchhalter(in)**
chartered accountant *BE* / *AE* certified ['sɜ:tɪfaɪd] public accountant	Wirtschaftsprüfer(in)
teller / **cashier** [kæ'ʃɪə]	(*Bank*) **Kassierer(in)**

Consultant [kən'sʌltənt] **ist Berater(in) für ein spezielles Fachgebiet**
management consultant (= Unternehmensberater/in) • *political consultant* (= politische/r Berater/in) • *technical consultant* (= technische/r Berater/in) • *pension scheme* [ski:m] *consultant* (= Rentenberater/in)

shorthand typist [ʃɔ:thænd 'taɪpɪst]	**Stenotypistin**
secretary ['sekrətri]	**Sekretär(in)**
personal assistant [ə'sɪstənt] / **PA** *BE*	(*etwa*) **Chefsekretärin / Assistentin**
girl / man Friday [gɜ:l 'fraɪdeɪ] *BE*	**„Mädchen für alles"** (*im Büro*)
telephonist [tə'lefənɪst] *BE / AE* **switchboard operator**	**Telefonist(in)**

Employee [ɪm'plɔɪi:] = **Angestellte(r) / Mitarbeiter(in)**
bank employee (= Bankangestellte/r) • *civil service employee* (= Angestellte/r im öffentlichen Dienst) • *a male employee* (= ein Mitarbeiter) • *a female employee* (= eine Mitarbeiterin) • *a former employee* (= ein früherer Mitarbeiter / eine frühere Mitarbeiterin)

shop assistant ['ʃɒp əsɪstənt] *BE*	**Verkäufer(in)** (*in Laden, Kaufhaus etc.*)
(street) **vendor** ['vendə]	(Straßen-)**Verkäufer(in)**
icecream vendor	Eisverkäufer(in)

Clerk **hat oft eine ähnliche Bedeutung wie *employee***
bank clerk ['bæŋk klɑ:k] (= Bankangestellte/r) • *booking clerk* BE / AE *reservation and ticketing clerk* (= jemand, der Fahrkarten verkauft oder Reservierungen vornimmt) • *checkout clerk* (= Kassierer/in im Supermarkt) • *desk clerk* (AE = Dame / Herr an der Hotelrezeption) • *filing clerk* (= jemand, der in der Ablage / im Archiv arbeitet) • *office clerk* (= Büroangestellte/r) • *postal clerk* (= Schalterangestellte/r bei der Post) • *salesclerk* (AE = Verkäufer/in) • *supermarket clerk* (= Supermarktangestellte/r)

civil servant [sɪvl 'sɜ:vənt] / *AE auch* **government employee**	(*etwa*) **Beamter / Beamtin**
civil engineer [sɪvl endʒɪ'nɪə]	**Bauingenieur(in)**
inventor [ɪn'ventə]	**Erfinder(in)**
(aircraft) **designer** [dɪ'zaɪnə]	(Flugzeug-)**Konstrukteur(in)**
fashion designer	Modeschöpfer(in)
model ['mɒdl]	**Mannequin; Fotomodell**

Attendants [ə'tendənts] **sind Männer oder Frauen, die an öffentlichen Orten aufpassen oder Dienstleistungen erbringen**
swimming-pool attendant (= Bademeister/in) • *car-park attendant* BE / AE *parking attendant* (= Parkwächter/in) • *lavatory* ['lævətri] *attendant* (= Toilettenmann / -frau) • *museum* [mju'zɪəm] *attendant* (= Museumswärter/in)

housewife / *AE auch* **homemaker**	**Hausfrau**
househusband / *AE auch* homemaker	Hausmann
housekeeper ['haʊski:pə]	**Haushälterin; Wirtschafterin**
cleaner ['kli:nə]	**Raumpfleger(in); Reinigungskraft**
maid [meɪd]	**Dienstmädchen**
chambermaid ['tʃeɪmbəmeɪd]	Zimmermädchen (*im Hotel*)
chauffeur ['ʃəʊfə]	**Chauffeur(in)**
gardener ['gɑ:dnə]	**Gärtner(in)**

In the office
Im Büro

→ 18.5 The postal service, 18.6 Telephone and fax, 18.7 Computers

(Boss to department head:) How many people work in your office? – (Department head:) About half of them, sir.
(*Gyles Brandreth, English author and broadcaster, born in 1948*)

office ['ɒfɪs]	**Büro**; (*Anwalt*) **Kanzlei**
open-plan office	Großraumbüro
office manager ['mænɪdʒə]	Bürovorsteher(in) / -leiter(in)
office hours ['aʊəz]	Dienst- / Arbeitsstunden
after office hours	nach Dienstschluss
office block *BE* / *AE* office building	Bürogebäude
superior [su'pɪəriə] / *AE auch* **supervisor** ['su:pəvaɪzə]	**Vorgesetzte(r)**
my **colleagues** ['kɒli:gz] / **coworkers**	meine **Kolleg(inn)en**
her **subordinates** [sə'bɔ:dɪnəts]	ihre **Untergebenen** / **Mitarbeiter(innen)**
the **receptionist** [rɪ'sepʃənɪst]	die **Dame** / der **Herr am Empfang**
arrange an **appointment** [ə'pɔɪntment]	einen **Termin** vereinbaren
I've an appointment to see Mr Fox.	Ich habe einen Termin bei Herrn Fox.
A Mr Dole to **see** you.	Ein Herr Dole möchte Sie sprechen.
meet with someone (– met – met)	mit jemand **eine Unterredung haben**
hold a **meeting** (– held – held)	eine **Sitzung** / **Besprechung** abhalten
She's going to a meeting.	Sie ist auf dem Weg zu einer Besprechung.
She's still in **conference** ['kɒnfrəns].	Sie ist noch in einer **Besprechung.**
conference room	Konferenzzimmer
business card ['bɪznəs kɑ:d]	**Visiten-** / **Geschäftskarte**
business lunch ['bɪznəs lʌntʃ]	**Arbeitsessen**
luncheon voucher ['lʌntʃən vaʊtʃə] *BE*	**Essen(s)marke**
desk [desk]	**Schreibtisch**
desk lamp	Schreibtischlampe
a desk job	eine Bürotätigkeit
draft [drɑ:ft] a letter	einen Brief **entwerfen**
a draft letter	ein Briefentwurf
type [taɪp] a letter	einen Brief **auf der Maschine schreiben** / **tippen**
a typed [taɪpt] letter	ein maschine(n)geschriebener Brief
Could you type this right away?	Könnten Sie dies direkt schreiben?
You don't need to type it out again.	Sie brauchen es nicht noch einmal zu schreiben.
How long will it take to type out the contract ['kɒntrækt]?	Wie lange wird es dauern, den Vertrag (auf der Maschine) zu schreiben?
type up the minutes of the meeting	das Protokoll der Sitzung (in die Maschine) schreiben

typing error ['erə] / **typo** ['taɪpəʊ]	**Tippfehler**
typing paper ['taɪpɪŋ peɪpə]	**Schreibmaschinenpapier**
typing pool ['taɪpɪŋ pu:l]	**Schreibzentrale; zentraler Schreibdienst**
typewriter ['taɪpraɪtə]	**Schreibmaschine**
dictate [dɪk'teɪt] letters to a secretary	einer Sekretärin Briefe **diktieren**
dictated by X and signed in his / her absence ['æbsəns]	nach Diktat verreist
dictating machine [dɪk'teɪtɪŋ məʃi:n]	**Diktiergerät**
take **dictation** (– took – taken)	ein **Diktat** aufnehmen
take something down in **shorthand**	etwas **stenografieren**
Get me the Smith **file,** please.	Bringen Sie mir bitte die **Akte** Smith.
These things can be filed (away).	Diese Sachen können in die Ablage.
photocopier / **Xerox™ machine**	**Fotokopierer**
photocopy / **xerox™** ['zɪərɒks]	**Fotokopie; fotokopieren**
I have some copying / xeroxing to do.	Ich muss noch einiges fotokopieren.
a xeroxed copy of the document	eine Fotokopie des Dokuments
copy paper ['kɒpi peɪpə]	Kopierpapier
take on extra work (– took – taken)	zusätzliche Arbeit **übernehmen**
I'm afraid I'm **busy** ['bɪzi] right now.	Im Moment bin ich leider **beschäftigt**.
(office) **stationery** ['steɪʃənri]	**Büromaterial;** (Firmen-)**Briefpapier**
paper clip ['peɪpə klɪp]	**Büroklammer**
clipboard ['klɪpbɔ:d]	**Klemmbrett; Manuskripthalter**
staple ['steɪpl] – **stapler** ['steɪplə]	**Heftklammer** – **Heftmaschine**
staple papers together	Papiere zusammenheften
(hole) **punch** [pʌntʃ]	**Locher**
notepad ['nəʊtpæd] – **notebook**	**Notizblock** – **Notizbuch**
ring binder ['rɪŋ baɪndə]	**Ringbuch**
card index [kɑ:d 'ɪndeks]	**Kartei**
notice board *BE* / *AE* **bulletin board**	**Anschlagtafel; schwarzes Brett**
drawing pin *BE* / *AE* **thumbtack**	**Reißzwecke; Reißnagel**
write [raɪt] (– wrote – written)	**schreiben**
writing paper ['raɪtɪŋ peɪpə]	Schreibpapier, Briefpapier
pencil ['pensl]	**Bleistift**
pencil sharpener ['ʃɑ:pnə]	Bleistift(an)spitzer
propelling *BE* / *AE* mechanical pencil	Drehbleistift; Druckbleistift
ballpoint (pen) / *BE auch* **biro** ['baɪrəʊ]	**Kugelschreiber**
refill ['ri:fɪl]	(Kugelschreiber- / Bleistift-)**Mine**
felt tip (pen) / **felt pen** ['felt pen]	**Filzstift; Filzschreiber**
marker (pen) ['mɑ:kə]	**Markierstift**
fountain pen ['faʊntən pen]	**Füll(feder)halter; Füller**
written in **ink** [ɪŋk]	mit **Tinte** geschrieben
(ink) **cartridge** ['kɑ:trɪdʒ]	(Tinten-)**Patrone**
rubber *BE* / *AE* **eraser** [ɪ'reɪzə]	**Radiergummi**
Sellotape™ *BE* / *AE* **Scotch tape™**	**Tesafilm™; Klebefilm**

Etwas mit Bleistift / Kugelschreiber / etc. schreiben ist *write something in pencil / ballpoint* / etc. *Pencilled notes* sind mit Bleistift geschriebene Notizen; *pencil something in* heißt etwas nicht endgültig notieren: *We can pencil it in for Monday.* (= Wir können es ja erst mal für Montag vormerken.)

Labour relations
Beziehungen zwischen den Tarifpartnern

→ 6.10 Social security, 7.2 Unemployment

It is one of the characteristics of a free and democratic modern nation that it have free and independent labor unions. (*Franklin D. Roosevelt, US president, 1882–1945*)

labour ['leɪbə]	**Arbeit; die Arbeiterschaft**
labour unrest [ʌn'rest]	Unruhe in der Arbeit(nehm)erschaft
organized / unionized ['ju:niənaɪzd] labour	gewerkschaftlich organisierte Arbeitnehmer(innen)
the **work force** ['wɜ:k fɔ:s]	die **Belegschaft**
10% of the industry's ['ɪndəstriz] work force	10% der in dem Industriezweig Beschäftigten

Labour relations bezeichnet die Beziehungen zwischen der Unternehmensleitung (= *management*) und den Mitarbeitern (= *employees* [ɪm'plɔɪi:z]), zwischen Arbeitgebern (= *employers*) und Gewerkschaften (= *unions*): *The company was losing* ['lu:zɪŋ] *money, and labour relations were poor.* (= Das Unternehmen machte Verlust und die Beziehungen zwischen Betriebsleitung und Belegschaft waren schlecht.)

trade union *BE* / *AE* **labor union**	**Gewerkschaft**
enrol *BE* / *AE* enroll in a union	in eine Gewerkschaft eintreten
belong to a union ['ju:niən]	einer Gewerkschaft angehören; gewerkschaftlich organisiert sein
union member ['ju:niən membə]	Gewerkschaftsmitglied
nonunion workers ['nɒnju:niən wɜ:kəz]	nicht gewerkschaftlich organisierte Arbeiter(innen)
the union leadership ['li:dəʃɪp]	die Gewerkschaftsführung
(trade *BE* / *AE* labor) **unionist**	**Gewerkschaft(l)er(in)**
federation of trade / labor unions	Gewerkschafts**bund**
TUC / **Trades Union Congress**	(britischer Gewerkschaftsbund)

Häufig in den Schlagzeilen (= *headlines*) der US-Presse war und ist die *Teamsters Union*, die mächtigste Einzelgewerkschaft der USA, die Lkw-Fahrer (= *teamsters*) und Arbeiter zahlreicher anderer Industrien repräsentiert. Korruption (= *corruption* [kə'rʌpʃn]) und Verbindungen zu Verbrecherorganisationen (= *organized crime*) gehören bei dieser Gewerkschaft zur Tradition und zahlreiche Funktionäre kamen ins Gefängnis (= *went to prison*), u.a. der berüchtigte (= *notorious*) James R. Hoffa, der die Gewerkschaft vom Gefängnis aus leitete und – nach vorzeitiger Freilassung 1971 unter Präsident Nixon – 1975 unter mysteriösen Umständen verschwand.

strike (– struck – struck)	**streiken**
striking workers	streikende Arbeiter(innen)
take strike action against a company	eine Firma bestreiken
The miners are on strike.	Die Bergarbeiter streiken.
The strike has paralysed ['pærəlaɪzd] public transport.	Der Streik hat den öffentlichen Nahverkehr lahm gelegt.
There's a strike on at this plant.	Dieser Betrieb wird bestreikt.
a strike-bound company ['kʌmpəni]	ein bestreiktes Unternehmen
a strike in the public sector ['sektə]	ein Streik im öffentlichen Dienst
an unofficial / wildcat strike	ein wilder Streik
a sympathy ['sɪmpəθi] strike	ein Sympathiestreik
stage warning ['wɔ:nɪŋ] strikes	Warnstreiks organisieren / durchführen
call a (general ['dʒenrəl]) strike	einen (General-)Streik ausrufen
call off a strike	einen Streik abblasen / beenden
head off a strike	einen Streik abwenden
settle a strike	einen Streik beilegen
strikebreaker ['straɪkbreɪkə]	**Streikbrecher(in)**
the result of the **ballot** ['bælət]	das Ergebnis der **Urabstimmung**

Arbeitskämpfe sind allgemein *industrial disputes* [dɪ'spju:ts] oder *labour disputes.* Kommt es zum Streik, so heißt das im BE gern offiziell-beschönigend *industrial action: CLOSED DUE TO INDUSTRIAL ACTION* (= Wegen Streiks geschlossen.) Im AE gibt es den Euphemismus (= beschönigenden Ausdruck) *job action: a job action among 2,300 workers at a GM plant* (= ein Streik von 2300 Arbeitern in einem Werk von General Motors). In den Streik / Ausstand treten wird auch durch *walk out* ausgedrückt: *Thousands of workers have walked out* (= sind in den Streik / Ausstand getreten). *A fast-spreading walkout* (= ein schnell um sich greifender Streik). Wo (z.B. bei *public employees* = Beschäftigten im öffentlichen Dienst) Streiks verboten sind, hilft man sich mit einem *sickout,* d.h. einem organisierten Fernbleiben von der Arbeit.

work to rule [ru:l]	**Dienst nach Vorschrift (machen)**
a **go-slow** *BE / AE* **slowdown**	ein **Bummelstreik**
stop work / **down tools** [tu:lz]	die **Arbeit niederlegen**
disrupt [dɪs'rʌpt] holiday travel	den Urlaubsreiseverkehr **empfindlich stören**
lock out [lɒk 'aʊt] – **lockout** ['lɒkaʊt]	**aussperren** – **Aussperrung**
lock out thousands of workers	tausende von Arbeitern aussperren
the workers affected [ə'fektɪd] by the lockout	die von der Aussperrung betroffenen Arbeiter
showdown ['ʃəʊdaʊn]	**Auseinandersetzung; Kraftprobe**

Picketing nennt man das Aufstellen von Streikposten, *a picketer* ist ein Streikposten und *cross(ing) (the) picket line(s)* heißt, dass man sich als Streikbrecher betätigt.

minimum **wage** [mɪnɪməm 'weɪdʒ]	**Mindestlohn**
demand [dɪ'mɑːnd] wage increases	Lohnerhöhungen fordern
a higher hourly ['aʊəli] wage	ein höherer Stundenlohn
an increase in **piecework pay**	eine Erhöhung des **Akkordlohns**
fringe benefits ['frɪndʒ benɪfɪts]	zusätzlich (zu Lohn / Gehalt) gewährte Leistungen
bonus ['bəʊnəs]	**Bonus; Zulage; Prämie**
a Christmas ['krɪsməs] bonus	eine Weihnachtsgratifikation
a reduction in **working hours**	eine Verkürzung der **Arbeitszeit**
work **overtime** ['əʊvətaɪm]	**Überstunden** machen
overtime rates / pay	Überstundentarife / -lohn
paid holidays *BE* / *AE* **vacations**	**bezahlter Urlaub**
improved **working conditions**	verbesserte **Arbeitsbedingungen**
job security [sɪ'kjʊərəti]	**Sicherung des Arbeitsplatzes**
equal opportunity / **-ities**	**Chancengleichheit**
promotion [prə'məʊʃn]	**Beförderung**
employment contract ['kɒntrækt]	**Arbeits-** / **Dienstvertrag**
violate ['vaɪəleɪt] rights	Rechte **verletzen**
industrial tribunal [traɪ'bjuːnl] *BE*	(*etwa*) **Arbeitsgericht**
workers' **grievances** ['griːvnsɪz]	**Beschwerden** / **Klagen** der Arbeiter
a **grievance procedure** [prə'siːdʒə]	ein **Schlichtungsverfahren**

Kollektive Tarifverhandlungen zwischen Arbeitgeber- und Gewerkschaftsseite nennt man generell *collective bargaining*; im konkreten Einzelfall spricht man auch von *pay* / *wage negotiations* / AE auch *labor negotiations*. Dem deutschen Tarifvertrag entsprechen Bezeichnungen wie *collective bargaining agreement* oder *pay* / *wage* / AE auch *labor agreement*.

negotiate [nɪ'gəʊʃieɪt] / **bargain** ['bɑːgən] with the unions	mit den Gewerkschaften **verhandeln**
negotiate a pay agreement [ə'griːmənt]	einen Tarifvertrag aushandeln
their negotiators [nɪ'gəʊʃieɪtəz]	ihre Verhandlungsführer
mediate ['miːdieɪt] (in) a dispute	in einem Streit **vermitteln**
mediator ['miːdieɪtə]	Vermittler(in); Schlichter(in)
arbitrate ['ɑːbɪtreɪt] – **arbitrator**	**schlichten** – **Schlichter(in)**
arbitration [ɑːbɪ'treɪʃn]	Schlichtung
settle a dispute [dɪ'spjuːt]	einen Streit **beilegen**
pay / wage settlement ['setlmənt]	Tarifabschluss
return [rɪ'tɜːn] to / **go back** to work	die Arbeit **wieder aufnehmen**
layoffs ['leɪɒfs]	(vorübergehende) **Entlassungen**
short-time work	**Kurzarbeit**
They're on short time [ʃɔːt 'taɪm].	Sie machen Kurzarbeit.

Das „Freisetzen", also Entlassen von Arbeitskräften (= *workers*) wird gern beschönigend umschrieben durch Ausdrucksweisen wie *making redundant* [rɪ'dʌndənt] (*She's been made redundant.*) oder *downsizing* ['daʊnsaiziŋ] (= Verschlanken). Direkter wären: *dismiss* [dɪs'mɪs] (= entlassen), *fire* (= feuern), *sack* (= rausschmeißen), *give someone notice* ['nəʊtɪs] (= jemand kündigen). – *Lay off* hieß ursprünglich „vorübergehend entlassen", meint aber heute in der Regel das endgültige Aus. (Vgl. S. 126–127.)

Anhang

- Englische Kurzgrammatik
- Register Englisch
- Register Deutsch

Englische Kurzgrammatik

Geometry is to sculpture what grammar is to the art of the writer.
(*Guillaume Apollinaire, French poet, 1880–1918*)

Nomen: Pluralbildung

Durch Anhängen von -s = [z]:	cars dogs	Autos Hunde	balls paths	Bälle Pfade
Durch Anhängen von -s = [s]:	streets roofs	Straßen Dächer	books months	Bücher Monate
Nach Zischlauten: -es = [ɪz]:	buses boxes	Busse Kästen	churches pages	Kirchen Seiten
-f(e) wird oft zu -ves:	leaf wife wolf	leaves wives wolves	Blatt Ehefrau Wolf	Blätter Ehefrauen Wölfe
-y wird nach Konsonant zu -ies:	baby copy	babies copies	Baby Kopie	Babys Kopien
	Nicht aber bei Namen: Kennedy – the Kennedys			
Unregelmäßig:	man [mæn] woman ['wʊmən] foot [fʊt] goose [gu:s] tooth [tu:θ] mouse [maʊs] child [tʃaɪld] crisis ['kraɪsɪs]	**men** [men] **women** ['wɪmɪn] **feet** [fi:t] **geese** [gi:s] **teeth** [ti:θ] **mice** [maɪs] **children** ['tʃɪldrən] **crises** ['kraɪsi:z]	Mann Frau Fuß Gans Zahn Maus Kind Krise	Männer Frauen Füße Gänse Zähne Mäuse Kinder Krisen
Pluralform identisch mit Singularform:	aircraft crossroads	Flugzeug/e Kreuzung/en	series sheep	Serie/n Schaf/e

Nomen: Singular oder Plural

Stets **Singular**:	this information **is**	diese Informationen **sind**
	the furniture **is**	die Möbel **sind**
	her knowledge **is**	ihre Kenntnisse **sind**
	this news **comes**	diese Nachrichten **kommen**
	the United States **is**	die Vereinigten Staaten **sind**
	the Netherlands **is**	die Niederlande **sind**
	the United Nations **is**	die Vereinten Nationen **sind**

Stets **Plural**:	the police **are**	die Polizei **ist**
	these trousers / pants / shorts **are**	diese Hose **ist**
	my glasses **are**	meine Brille **ist**
	my pyjamas **are**	mein Schlafanzug **ist**
	his ashes **are**	seine Asche **ist**
	the contents **are**	der Inhalt **ist**
	these stairs **are**	diese Treppe **ist**

Genus: Besonderheiten

Je nachdem, ob das **Geschlecht bekannt oder unbekannt** ist:	The **baby** has lost **his/her/its** rattle.	Das Baby hat **seine** Klapper verloren.
Personifizierung (he/she) oder Nichtpersonifizierung (it) von **Tieren**:	The **cat** scratches but the old lady loves **her / him / it.**	Die Katze kratzt, aber die alte Dame liebt **sie.**
Sachen heute nur noch selten personifiziert:	The **Titanic** sank on **its/ her** maiden voyage.	Die Titanic sank auf **ihrer** Jungfernfahrt.
Bezug auf **geschlechtsneutrale Pronomen:**	**Everyone** did **their** job.	Jeder machte **seine** Arbeit.
	Someone has lost **their** key.	Jemand hat **seinen** Schlüssel verloren.
	No one wants to revenge **themselves.**	Niemand will **sich** rächen.

Genitiv

Unterschied zwischen **Singular** (-'s) und **Plural** (-s') beachten:	the **boy's** room	das Zimmer des Jungen
	the **boys'** room	das Zimmer der Jungen
Bei **nicht** auf -s endendem **Plural** dagegen stets -'s:	the **child's** room	das Zimmer des Kindes
	the **children's** room	das Zimmer der Kinder
Namen auf -s haben im Genitiv -'s oder -s':	Mrs **Collins's/Collins'** house	Frau Collins' Haus
	Aussprache in beiden Fällen meist: ['kɒlɪnzɪz]	

Apostroph stets am **letzten** **Element**:	the Duke of **Kent's** car	der Wagen des Herzogs von Kent
	my parents-in-**law's** house	das Haus meiner Schwiegereltern
	someone **else's** umbrella	der Schirm von jemand anderem
Genitiv häufig mit **of-Konstruktion** austauschbar:	the **boss's** daughter = the daughter **of the boss**	
	the **book's** success = the success **of the book**	
	Die Wahl erfolgt aufgrund von Wohlklang oder beabsichtigter Betonung:	
	*Betonung auf **name**:*	the **woman's** name
	*Betonung auf **woman**:*	the name **of the woman**
	Genitiv unmöglich:	the name **of the woman** in the red dress
Alleinstehender Genitiv:	Your plan is better than **Tim's**.	Dein Plan ist besser als der von Tim.
	We met at **Sarah's**.	Wir trafen uns bei Sarah.
	It's near **St Paul's**.	Es ist in der Nähe des St.-Pauls-Doms.
	Genitiv und endungslose Form gleich richtig:	
	They're friends of **Bill('s)**.	Sie sind Freunde von Bill.
	I'm a patient of **Dr Brown('s)**.	Ich bin eine Patientin von Herrn Dr. Brown.
Genitiv in **Zeitangaben**:	It's ten **minutes'** walk.	Es sind zehn Minuten zu Fuß.
	It's an **hour's** drive.	Es ist eine einstündige Fahrt.
	Aber auch:	It's **a ten-minute** walk.
		It's **a one-hour** drive.

Bestimmter Artikel (*the*)

Aussprache **[ðə]** vor gesprochenem **Konsonant**:	**the** [ðə] book **the** [ðə] hotel	**the** [ðə] USA **the** [ðə] one-eyed man
Aussprache **[ðɪ]** vor gesprochenem **Vokal**:	**the** [ðɪ] answer **the** [ðɪ] egg	**the** [ðɪ] honour **the** [ðɪ] MP
Verwendung des Artikels **seltener** als im Deutschen, d. h. nur bei **besonderer Spezifizierung**:	She's not afraid of **death**.	Sie hat keine Angst vor dem Tod.
	The death of her dog upset her.	Der Tod ihres Hundes erschütterte sie.

Institutionen, Weltanschauungen etc. meist **ohne** the, außer bei **besonderer Spezifizierung**:	parliament congress socialism democracy religion freedom	das Parlament der Kongress der Sozialismus die Demokratie die Religion die Freiheit
	Aber:	
	the European Parliament the US Congress the socialism of the future the democracy they wanted the Christian religion the freedom of the press	das Europäische Parlament der amerikanische Kongress der Sozialismus der Zukunft die Demokratie, die sie sich wünschten die christliche Religion die Freiheit der Presse
Ländernamen stehen ohne the:	in Switzerland in Turkey invade Iraq greetings from sunny Italy	in der Schweiz in der Türkei in den Irak einmarschieren Grüße aus dem sonnigen Italien
	Ausnahmen mit the: the United States, the Netherlands, the Czech [tʃek] Republic	
Wochentage, Monatsnamen, Jahreszeiten und night **ohne** the, außer bei Spezifizierung:	on **Monday**	on **the Monday** following the concert
	Spring is a wonderful time.	**The spring** of that year was extremely warm.
	at **night** on **the night** of May 6	abends/nachts am Abend des 6. Mai
Fügungen ohne the:	go by car/train the kids at/in school go to kindergarten/school She's at church / in prison. Most people know about it. at first sight out of practice lose interest	mit dem Auto/Zug fahren die Kinder in der Schule in den Kindergarten / in die Schule gehen Sie ist in der Kirche / im Gefängnis. Die meisten Leute wissen davon. auf den ersten Blick aus der Übung das Interesse verlieren

The vor **Komparativen:**	**the** sooner, **the** better **The** more you practise, **the** better you play. That makes it all **the** harder.	je eher, desto besser Je mehr man übt, desto besser spielt man. Das macht es umso schwieriger.
Stellung von the bei all, most, half, twice, double, quite:	shut all **the** windows most of **the** time half **the** children at twice/double **the** speed quite **the** wrong thing	die Fenster alle schließen den größten Teil der Zeit die Hälfte der Kinder mit zweifacher/doppelter Geschwindigkeit genau das Falsche

Unbestimmter Artikel (*a/an*)

A vor gesprochenem **Konsonant**, **an** vor gesprochenem **Vokal:**	**a** number **a** woman **a** one-way street **a** US soldier *Aber:* **an** honest man	eine Zahl eine Frau eine Einbahnstraße ein US-Soldat ein ehrlicher Mann
Gebrauch von a(n) bei **nicht einmaligen Berufen, Funktionen** etc.:	She's **an architect.** He's **a US citizen.** He's **a Roman Catholic.**	Sie ist Architektin. Er ist amerikanischer Staatsbürger. Er ist Katholik.
Bei **einmaligen Funktionen** jedoch **ohne** a(n):	He was elected **mayor** in 2002. As **president** you don't have many friends.	Er wurde 2002 zum Bürgermeister gewählt. Als Präsident hat man nicht viele Freunde.
A(n) bei **hundred/thousand** etc. und in der Bedeutung **„pro“**:	**a** hundred years about **a** thousand visitors **a** hundred thousand 50 miles **an** hour once **a** week	hundert Jahre etwa tausend Besucher hunderttausend 50 Meilen in der Stunde einmal in der Woche
Nicht zählbare Begriffe **ohne** a(n):	It's **good advice.** That's **interesting information.** She brought **good news.** It pays to take out **insurance.**	Es ist ein guter Rat. Das ist eine interessante Information Sie brachte eine gute Nachricht. Es lohnt sich, eine Versicherung abzuschließen.

Anders als im Deutschen **mit Artikel:**	have **a** birthday have **a** fever have **a** headache come to **an** end be in **a** hurry in **a** loud voice without **a** break for **a** change	Geburtstag haben Fieber haben Kopfschmerzen haben zu Ende gehen in Eile sein mit lauter Stimme ohne Unterbrechung zur Abwechslung
Besonderheiten der Stellung von **a(n):**	That's **rather a** lot. It was **quite an** achievement. She's **such a** nice girl. **What a** fool I was!	Das ist ziemlich viel. Es war eine ziemliche Leistung. Sie ist so ein nettes Mädchen. Was für ein Idiot ich doch war!

Personalpronomen

	Subjektform		Objektform	
Singular	I you he she it	ich du/Sie er sie es/er/sie	me you him her it	mich/mir dich/Sie/dir/Ihnen ihn/ihm sie/ihr es/ihn/sie/ihm/ihr
Plural	we you they	wir ihr/Sie sie	us you them	uns euch/Sie/Ihnen sie/ihnen

One (= man) als neutrale Form des Personalpronomens:	That's something **one** often hears. **One** must have a style of **one's** own. **One** must learn to control **oneself**.	So etwas hört man oft. Man muss einen eigenen Stil haben. Man muss lernen, sich zu beherrschen.
Besonderer Gebrauch der Objektform:	It's **me**. "Who said that?" – "**Me.**" if I were **him** He's younger than **her**.	Ich bin's. „Wer hat das gesagt?" – „Ich." wenn ich er wäre Er ist jünger als sie.

It als bedeutungsleeres Strukturwort:	Who is **it**? if **it** hadn't been for you The car has had **it**. The old man is still very much with **it**.	Wer ist da? wenn du nicht gewesen wärest Das Auto ist im Eimer. Der Alte ist immer noch schwer auf Zack.
Entsprechungen für dt. „sie":	I don't know who **you** mean. I mean **you**, not your sister. **She** loves him and he loves **her**. **It** (the turkey) tasted awful. He pulled a gun and aimed **it** at me. **They** lost their jobs. **She** picked some berries and ate **them**.	Ich weiß nicht, wen **Sie** meinen. Ich meine **Sie**, nicht Ihre Schwester. **Sie** liebt ihn und er liebt **sie**. **Sie** (die Pute) schmeckte furchtbar. Er zog eine Pistole heraus und richtete **sie** auf mich. **Sie** verloren ihren Arbeitsplatz. **Sie** pflückte einige Beeren ab und aß **sie**.

Pronomen auf *-self/-selves*

Rückbezüglicher Gebrauch:	I consider **myself** an expert. Make **yourself** comfortable. He introduced **himself**. She regards **herself** as an innocent victim. The baby might hurt **itself**. We have to protect **ourselves**. Enjoy **yourselves**. They call **themselves** idealists.	Ich betrachte **mich** als Experten. Machen Sie es **sich** bequem. Er stellte **sich** vor. Sie sieht **sich** als unschuldiges Opfer. Das Baby könnte **sich** wehtun. Wir müssen **uns** schützen. Amüsiert **euch** schön. Sie nennen **sich** Idealisten.
Wichtiger Unterschied:	They love **themselves**. They love **each other** / **one another**.	Sie lieben sich (d. h. sich selbst). Sie lieben sich (d. h. einander).

Betonender Gebrauch:	I spoke to the president **myself**.	Ich sprach **selbst** mit dem Präsidenten.
	I spoke to the president **himself**.	Ich sprach mit dem Präsidenten **selbst**.
	She ate the chocolate **herself**.	Sie aß die Schokolade **selbst**.
	She **herself** ate the chocolate.	Sie **selbst** aß die Schokolade.
	You **yourself** are not to blame.	Dich **selbst** trifft keine Schuld.
	He has a dog nearly as big as **himself**.	Er hat einen Hund, der fast so groß wie **er selbst** ist.

Possessivpronomen

Begleitende (d.h. vor einem Nomen stehende) **Possessiv-pronomen:**	Singular	**my** work	meine Arbeit
		your work	deine/Ihre Arbeit
		his work	seine Arbeit
		her work	ihre Arbeit
		its work	seine/ihre Arbeit
	Plural	**our** work	unsere Arbeit
		your work	eure/Ihre Arbeit
		their work	ihre Arbeit
	Neutrale Form	One must do **one's** work.	Man muss seine Arbeit machen.

Vom Deutschen abweichender Gebrauch bei Körperteilen, Kleidungsstücken etc.:	She opened **her** eyes.	Sie öffnete **die** Augen.
	He had **his** hands in **his** pockets.	Er hatte **die** Hände in **den** Taschen.
	She saved **his** life.	Sie rettete ihm **das** Leben.
Allein stehende Possessiv-pronomen:	His room is below **mine**.	Sein Zimmer ist unter meinem.
	She's a friend of **mine**.	Sie ist eine Freundin von mir.
	The choice is **yours**.	Die Wahl liegt bei dir/Ihnen/euch.
	The decision is **his/hers**.	Die Entscheidung liegt bei ihm/ihr.
	It's a speciality of **ours**.	Es ist eine Spezialität von uns.
	The house is still **theirs**.	Das Haus gehört immer noch ihnen.
	Theirs is a difficult relationship.	Ihre ist eine schwierige Beziehung.

Fragepronomen

Who fragt nach **Personen.**	**Who**'s that woman? I don't know **who** she is. **Who** do you mean? I don't know **who** you mean. **Who**'s the parcel for? I don't know **who** the parcel is for.	Wer ist die Frau da? Ich weiß nicht, wer sie ist. Wen meinen Sie? Ich weiß nicht, wen Sie meinen. Für wen ist das Paket? Ich weiß nicht, für wen das Paket ist.
Whose fragt nach dem **Besitzer.**	**Whose** are these gloves? **Whose** fault is it?	Wem gehören diese Handschuhe? Wessen Schuld ist es?
What fragt aus einer **nicht näher bezeichneten Menge.**	**What** happened then? **What** do you do? **What** does she look like? **What** size are you?	Was passierte dann? Was machen Sie beruflich? Wie sieht sie aus? Welche Größe haben Sie?
Which wählt aus einer **genannten oder gedachten Menge** aus.	**Which** diet is the best? **Which** of them is the best? **Which** is the best diet?	Welche Diät ist die beste? Welche von ihnen ist die beste? Welches ist die beste Diät?

Relativpronomen und Relativsätze

Who steht als Relativpronomen mit Bezug auf **Personen(gruppen) und personifizierte Tiere.**	I have an uncle **who is a lawyer.** the dog **who loved too much**	Ich habe einen Onkel, der Anwalt ist. der Hund, der zu sehr liebte
Das Relativpronomen **whom** ist als **Objektform** von who fast nur in der **Schriftsprache** gebräuchlich.	She married a man **(who[m]) she didn't love.** They had six children, two of **whom** died in infancy.	Sie heiratete einen Mann, den sie nicht liebte. Sie hatten sechs Kinder, von denen zwei im frühen Kindesalter starben.
Whose steht als Relativpronomen mit Bezug auf **Personen** oder **Sachen.**	children **whose parents are dead** a car **whose engine runs fine**	Kinder, deren Eltern tot sind ein Auto, dessen Motor gut läuft

Which steht als Relativpronomen mit Bezug auf **Nicht-Personen und nicht personifizierte Tiere.**	ideas **which look good on paper** the dogs **which roam the streets**	Ideen, die auf dem Papier gut aussehen die Hunde, die in den Straßen herumstreunen
Which kann sich auch auf **Sätze** beziehen.	He has money, **which is a good thing.**	Er hat Geld, was ein Vorteil ist.
That steht als Relativpronomen mit Bezug auf **Sachen** und – seltener – **Personen.**	the plane **that takes off at 9.30** companies **that offer this service** the dearest friend **(that) I have ever had**	die Maschine, die um 9.30 Uhr abfliegt Firmen, die diesen Service anbieten der liebste Freund, den ich je hatte
Ein in **Objektposition** stehendes Relativpronomen wird in **bestimmenden Relativsätzen** häufig **weggelassen.**	the books (which) **he wanted to buy** a person (whom/that) **you can trust**	die Bücher, die er kaufen wollte ein Mensch, dem man trauen kann

Demonstrativpronomen

This (Plural: **these**) weist auf **näher Liegendes, that** (Plural: **those**) auf **ferner Liegendes.**	**this** boy here **that** boy over there **These** are my socks. **Those** were the days.	dieser Junge hier dieser Junge da drüben Dies sind meine Socken. Das waren noch Zeiten.
This und **that** werden auch **adverbial** gebraucht.	It's about **this** thick. He isn't **that** good.	Es ist ungefähr so dick. So gut ist er nun auch wieder nicht.

Indefinite Pronomen

Some steht in **bejahten Aussagesätzen.**	I've got **some** photos.	Ich habe einige Fotos.
Some steht auch in **Fragesätzen,** auf die man eine **bejahende Antwort** erwartet oder die als **Einladung** gemeint sind.	Can I have **some** salt, please? Would you like **something** to drink?	Kann ich bitte etwas Salz haben? Möchtest du was zu trinken?

Any steht in **echten Fragesätzen** und **verneinten Aussagesätzen** sowie häufig in **if-Sätzen**.	Is there **any** news? I don't know **any-body** round here. if you have **any** doubts	Gibt es Neues? Ich kenne hier niemand. falls Sie Zweifel haben
In **bejahten Aussagesätzen** bedeutet **any** „jede(r/s) x-beliebige".	**Any** child knows that.	Das weiß doch jedes Kind.
Every bedeutet „jede(r/s) allgemein", **each** dagegen „jede(r/s) aus einer beschränkten Anzahl".	**Every** child needs love. **Each** child in the group gets a card.	Jedes Kind braucht Liebe. Jedes Kind in der Gruppe erhält eine Karte.

Steigerung und Vergleich

Kürzere Adjektive werden mit **-(e)r / -(e)st** gesteigert.	cheap – cheap**er** – cheap**est** fine – fin**er** – fin**est** early – earl**ier** – earl**iest**	billig – billiger – billigste fein – feiner – feinste früh – früher – frühste
Längere Adjektive werden mit **more/most** gesteigert.	modern – **more** modern – **most** modern attractive – **more** attractive – **most** attractive	modern – moderner – modernste attraktiv – attraktiver – attraktivste
Beachten Sie den Unterschied:	**the most** convincing answer **a most** convincing answer	die überzeugendste Antwort eine höchst überzeugende Antwort
Unregelmäßige Steigerung:	bad – worse – worst good – better – best little – less – least much/many – more – most	schlimm – schlimmer – schlimmste gut – besser – beste wenig – weniger – wenigste viel/viele – mehr – meiste
Typische **Vergleichskonstruktionen:**	colder **than** **less** cold **than** **(not) as** cold **as** **the** cold**est** night **of** the year	kälter als weniger kalt als (nicht) so kalt wie die kälteste Nacht des Jahres

Stützwort *one*

Will man ein zählbares Nomen nicht wiederholen, so ersetzt man es durch das Stützwort one (im Plural: ones).	The last exercise was easy but this is a hard **one**. Secondhand cars are cheaper than new **ones**.	Die letzte Übung war leicht, aber dies ist eine schwierige. Gebrauchtwagen sind billiger als neue.

Mit *-ly* abgeleitete Adverbien

Adjektive werden durch Anhängen von -ly zu **Adverbien**.	slow – slow**ly** surprising – surprising**ly**	langsam – langsam überraschend – überraschend(erweise)
Die -ly-Form steht, wenn das Wort sich nicht auf ein (Pro-)Nomen bezieht, sondern auf ein Verb, Adjektiv, Adverb oder einen (Teil-)Satz.	He's a **slow** worker. He works **slowly**. It's **unpleasant**. It's **unpleasantly** hot. Time passed **extremely slowly**.	Er ist ein langsamer Arbeiter. Er arbeitet langsam. Es ist unangenehm. Es ist unangenehm heiß. Die Zeit verging äußerst langsam.
Das Adverb zu **good** ist **well**.	She did a **good** job. She did it very **well**.	Sie hat gute Arbeit geleistet. Sie hat es sehr gut gemacht.
Hardly hat eine von **hard** abweichende Bedeutung.	He works **hard**. I **hardly** know her.	Er arbeitet schwer. Ich kenne sie kaum.

Verb: *Simple Present Tense*

Die -s-Form des Verbs steht nach **he/she/it** oder einem Wort, das durch he/she/it ersetzt werden kann.	He/She **knows** about it. The solution **satisfies** both parties. He **has** an ulcer. **Does** she live here?	Er/Sie weiß davon. Die Lösung befriedigt beide Parteien. Er hat ein Magengeschwür. Wohnt sie hier?
Alle anderen Formen sind identisch mit dem **Infinitiv**.	I/you/we/they **know** about it.	Ich weiß davon. / Sie/wir/sie wissen davon.

GR

Verb: *Simple Past Tense*

Die Vergangenheitsform wird bei **regelmäßigen Verben** durch Anhängen von -(e)d gebildet. (Zur Vergangenheitsform der **unregelmäßigen Verben** → S. 336–337)	play ask act guide hurry stop travel	play**ed** ask**ed** act**ed** guid**ed** hurr**ied** stop**ped** travel**(l)ed**	[pleɪd] [ɑːskt] ['æktɪd] ['gaɪdɪd] ['hʌrɪd] [stɒpt] ['trævəld]
Besteht eine ausdrückliche oder gedachte Zuordnung zu einem Zeitpunkt oder Zeitraum der Vergangenheit („**Datierung**"), so muss das Past Tense (statt des im Deutschen oft möglichen Perfekts) stehen.	He **arrived** yesterday. When **did** you send it off? **Did** Brahms also write an opera?	Er ist gestern angekommen. Wann hast du es abgeschickt? Hat Brahms auch eine Oper geschrieben?	

Verb: *Simple Present Perfect*

Das Simple Present Perfect wird aus **have/has (!) + -ed-Partizip** (→ S. 334) gebildet.	I **have seen** the new model. They **have disappeared**.	Ich habe das neue Modell gesehen. Sie sind verschwunden.
Gebrauch für **abgeschlossene Handlungen:**	I **have shut** all the windows. She **has published** a new book.	Ich habe alle Fenster zugemacht. Sie hat ein neues Buch herausgebracht.
Bei „Datierung" hingegen steht das Past Tense	She **published** a new book last year.	Sie hat voriges Jahr ein neues Buch herausgebracht.
Gebrauch für **in die Gegenwart reichende Handlungen:**	We **have been** married (for) six years. We **have lived** here since 1995.	Wir sind sechs Jahre verheiratet. Wir wohnen seit 1995 hier.
„seit" = **since** mit Bezug auf **Zeitpunkt:** „seit" = **for** mit Bezug auf **Zeitraum:**	**since** two o'clock **for** two hours	seit zwei Uhr seit zwei Stunden

Verb: *Simple Past Perfect*

Das Simple Past Perfect wird aus **had (!)** + -ed-**Partizip** (→ S. 334) gebildet.	I **had borrowed** it. She **had** already **left**. I wish you **hadn't done** that.	Ich hatte es mir geliehen. Sie war bereits abgereist. Ich wünschte, du hättest das nicht getan.

Verb: Verlaufsform

Bildung der Verlaufsform / Progressive Form aus einer Form von **be** + **-ing-Partizip**:	He **is sleeping**. It **was raining**. Look, it **has been snowing**. They **had been waiting** for hours. This possibility **is being** discussed.	Er schläft (gerade). Es regnete (gerade). Schau mal, es hat geschneit. Sie hatten (bereits) stundenlang gewartet. Diese Möglichkeit wird (zurzeit) diskutiert.
Durch den Gebrauch der **Verlaufsform** betont man den **Verlauf einer Handlung** zu einem bestimmten Zeitpunkt bzw. innerhalb eines bestimmten Zeitraums, während die **einfache Form** zum Ausdruck von **Tatsachenfeststellungen** und sich **wiederholenden Vorgängen** dient.	What **are** you **reading?** I often **read** poetry. **Is** she still **working** for Scott & Trimble? She **works** for a car rental firm. **Were** you **dreaming**? **Did** you **dream** that? How long **have** you **been waiting**? Why **have** you **waited** so long?	Was liest du gerade? Ich lese oft Lyrik. Arbeitet sie immer noch bei Scott & Trimble? Sie arbeitet bei einer Mietwagenfirma. Hast du geträumt? Hast du das geträumt? Wie lange **wartest** du schon? Warum hast du so lange gewartet?

Verb: Futur

Im Englischen lässt sich die Zukünftigkeit von Handlungen oder Ereignissen auf unterschiedliche Weise ausdrücken:

Durch **will** / **'ll** (**„neutrale" Zukunft**):	The boy **will be** five next February. When **will** I **see** you again? I'm sure we'**ll meet** again.	Der Junge wird nächsten Februar fünf. Wann sehe ich dich wieder? Ich bin sicher, dass wir uns wiedersehen.

Durch **be going to** (Betonung von **Absicht** oder **Gewissheit**):	I'**m** not **going to argue** with you. We'**re going to be** very busy.	Ich will mich nicht mit dir streiten. Wir werden sehr viel zu tun haben.
Durch die **Verlaufsform**, meist mit Zeitbestimmung der Zukunft (betont, dass etwas **geplant** ist):	They'**re getting married** in May. What **are** you **doing** on Sunday?	Sie heiraten im Mai. Was macht ihr am Sonntag?
Durch **will** + **be** + **-ing** (für **fest vorgesehene Handlungen, höfliche Fragen** nach jemandes Plänen und für Handlungen, die zu einem bestimmten Zukunftszeitpunkt **gerade ablaufen** werden):	We'**ll be staying** at the King's Hotel. What time **will** you **be arriving**, sir? At this time tomorrow we'**ll be sunbathing** in Florida.	Wir werden im King's Hotel wohnen Um welche Zeit werden Sie ankommen? Morgen um diese Zeit werden wir in Florida sonnenbaden.
Durch das **Simple Present Tense** (für **„fahrplanmäßig" festgesetzte Zukunftshandlungen**):	The show **begins** at eight. He **retires** next year.	Die Vorstellung beginnt um acht. Er geht nächstes Jahr in Rente.

Bedingungssätze

Grundtyp 1 (if-Satz Present Tense, Hauptsatz will + Infinitiv):	If we **get** tickets, we **will go**.	Wenn wir Karten bekommen, werden wir gehen.
Grundtyp 2 (if-Satz Past Tense, Hauptsatz would + Infinitiv):	If we **got** tickets, we **would go**.	Wenn wir Karten bekämen, würden wir gehen.
Grundtyp 3 (if-Satz Past Perfect, Hauptsatz would have + -ed-Partizip):	If we **had got(ten)** tickets, we **would have gone**.	Wenn wir Karten bekommen hätten, wären wir gegangen.
Übliche Kurzformen:	If we get tickets, we'll go. If we got tickets, we'd go. If we'd got(ten) tickets, we would've gone.	

Indirekte Rede und Frage

Steht das **Berichtsverb** (said, asked etc.) in der **Vergangenheit**, so **rückt** das Verb in der indirekten Rede bzw. Frage gegenüber der direkten um eine Zeitstufe **in die Vergangenheit**.	"I **like** him." She said (that) she **liked** him.	Sie sagte, dass er ihr gefiele.
	"I'**m** married." He told her (that) he **was** married.	Er sagte ihr, dass er verheiratet sei.
	"**Will** you come?" He asked if I **would** come.	Er fragte, ob ich kommen würde.
Indirekte Aufforderung:	"Hurry up!" She told him to hurry up.	Sie sagte ihm, er solle sich beeilen.
	"Please don't go away." She asked him not to go away.	Sie bat ihn, nicht wegzugehen.

Verb: Passiv

Das Passiv wird aus einer Form von **be + -ed-Partizip** (→ S. 334) gebildet. Der im Aktiv genannte Verursacher der Handlung (Subjekt) wird im Passiv gelegentlich mit **by** angeschlossen.	Our teachers **recommend** the book. The book **is recommended** by our teachers.	Unsere Lehrern empfehlen das Buch. Das Buch wird von unseren Lehrern empfohlen.
	Someone **has stolen** my bike. My bike **has been stolen.**	Man hat mir mein Fahrrad gestohlen. Mein Fahrrad ist gestohlen (worden).
	We **can solve** that problem. That problem **can be solved.**	Wir können dieses Problem lösen. Das Problem kann gelöst werden.
	The FBI **is investigating** the case. The case **is being investigated** (by the FBI).	Der/Das FBI untersucht den Fall. Der Fall wird (zurzeit) (vom FBI) untersucht.
Passiver Infinitiv:	That was **to be expected.** That remains **to be seen.**	Das war zu erwarten. Das bleibt abzuwarten.

GR

Verb: *-ing*-Form

Gebrauch als **Subjekt, Prädikativum, Objekt**:	**Reading** broadens the mind. My favourite pastime is **reading**. I prefer **reading** to **watching** TV.	Lesen erweitert den Horizont. Meine Lieblingsbeschäftigung ist Lesen. Ich ziehe (das) Lesen dem Fernsehen vor.
Gebrauch **nach Präpositionen**:	I'm looking forward to **seeing** you. He insisted on **paying** the bill.	Ich freue mich darauf, dich zu sehen. Er bestand darauf, die Rechnung zu bezahlen.
Gebrauch nach **Kettenverben, Kettennomen** etc.:	I enjoy **reading**. It's no use **hoping** for better times. I had difficulty **understanding** him. She's busy **packing** her bags.	Ich lese gern. Es hat keinen Zweck, auf bessere Zeiten zu hoffen. Ich hatte Schwierigkeiten, ihn zu verstehen. Sie ist damit beschäftigt, ihre Koffer zu packen.
Gebrauch **mit eigenem Sinnsubjekt**:	I can't imagine her **doing** that. I'm sorry I kept you **waiting**.	Ich kann mir nicht vorstellen, dass sie das tut. Es tut mir Leid, dass ich Sie habe warten lassen.
Gebrauch zur **Satzverkürzung**:	Who's the man **standing** next to the president? He was shot while **walking** his dog.	Wer ist der Mann, der neben dem Präsidenten steht? Er wurde erschossen, als er mit seinem Hund spazieren ging.

Verb: *-ed*-Partizip

Das -ed-Partizip wird bei regelmäßigen Verben wie das Simple Past (→ S. 330) gebildet.
Zur Form des -ed-Partizips bei unregelmäßigen Verben → S. 336–337.

Typische Fügungen mit dem -ed-Partizip:	an **escaped** prisoner She had the letter **translated**. I want this blouse **dry-cleaned**.	ein entflohener Gefangener Sie ließ den Brief übersetzen. Ich möchte diese Bluse reinigen lassen.

(Zum -ed-Partizip in Perfekt- und Passivformen → S. 330, 331, 333)	the data **supplied** by you **Impressed** by his eloquence, she hired him.	die von Ihnen gelieferten Daten Von seinem Redetalent beeindruckt, stellte sie ihn ein.
Beachten Sie den Unterschied:	We had **made** a copy. We had a copy **made**.	Wir hatten eine Kopie gemacht. Wir ließen eine Kopie anfertigen.

Verben mit *to*-Objekt

Bei describe, dictate, explain, introduce, report, suggest kann ein zweites Objekt **nicht ohne to** stehen.	She described the man **to the police**. He explained the method **to me**. She introduced me **to her friend**. He suggested this solution **to us**.	Sie beschrieb den Mann der Polizei. Er erklärte mir die Methode. Sie stellte mich ihrer Freundin vor. Er schlug uns diese Lösung vor.

Bildung von Frage und Verneinung

Bei **Vollverben** werden **Frage** und **Verneinung** mit Hilfe von **do/does/did** gebildet.	**Do you know** him? **Does he come** often? Where **did you get** it? I **don't need** it. She **doesn't work**. They **didn't want** it. **Don't you like** it?	Kennst du ihn? Kommt er oft? Wo hast du es bekommen? Ich brauche es nicht. Sie arbeitet nicht. Sie wollten es nicht. Gefällt es dir denn nicht?
Ist ein **Fragewort Subjekt** oder Teil des Subjekts, wird die Frageform **nicht mit do** gebildet.	Who **wants** a pizza? Which picture **looks** better? *Aber:* Who **doesn't want** it?	Wer möchte eine Pizza? Welches Bild sieht besser aus? Wer will es nicht?
Bei Formen von **be** sowie bei den **Modalverben** can, could, must, should, will, would etc. wird **nicht mit do** umschrieben.	Is(n't) that true? Can you help us? He wouldn't do such a thing. Shouldn't we wait?	Stimmt das (denn nicht)? Kannst du uns helfen? Er würde so etwas nicht tun. Sollten wir nicht warten?

Ausnahme sind **Imperative** mit **be**:	**Don't be** so stubborn.	Sei doch nicht so stur.
Außer in Kombination mit got und in anderen Perfektkonstruktionen wird **have** heute in **Frage** und **Verneinung** meist mit **do** umschrieben.	**Do they have** any children? What time **do you have** to leave? We **don't have** a freezer. We **didn't have** to wait.	Haben sie Kinder? Um welche Zeit müsst ihr weg? Wir haben keine Tiefkühltruhe. Wir brauchten nicht zu warten.

Frageanhängsel

Die im Englischen variablen Question Tags entsprechen deutschen Frageanhängseln wie „nicht wahr?" und „oder?".

Vorne bejaht, hinten verneint:	You **know** him, **don't you?** She's coming to the meeting, **isn't she?** We **could** take a taxi, **couldn't we?**	Sie kennen ihn doch, nicht wahr? Sie kommt doch zu der Sitzung, nicht wahr? Wir könnten doch ein Taxi nehmen, oder?
Vorne verneint, hinten bejaht:	You **don't** want that happening, **do you?** They **didn't** see you, **did they?**	Du willst doch nicht, dass das passiert, oder? Man hat dich doch nicht gesehen, oder?

Unregelmäßige Verben

Angegebene Formen: Infinitiv, Past Tense, -ed-Partizip.
* = Auch die regelmäßige Form (auf -ed) ist gebräuchlich.

beat, beat, beaten
become, became, become
begin, began, begun
bet, bet*, bet*
bid, bid, bid
bind, bound, bound
bite, bit, bitten
bleed, bled, bled
blow, blew, blown
break, broke, broken
bring, brought, brought
build, built, built
burn, burnt*, burnt*
burst, burst, burst
buy, bought, bought
catch, caught, caught,
choose, chose, chosen
come, came, come
cost, cost, cost
creep, crept, crept

cut, cut, cut
deal, dealt [e], dealt [e]
dig, dug, dug
do, did, done [ʌ]
draw, drew, drawn
dream, dreamt* [e], dreamt* [e]
drink, drank, drunk
drive, drove, driven [ɪ]
eat, ate, eaten
fall, fell, fallen
feed, fed, fed
feel, felt, felt
fight, fought, fought
find, found, found
flee, fled, fled
fly, flew, flown
forbid, forbade, forbidden
forget, forgot, forgotten
forgive, forgave, forgiven
freeze, froze, frozen
get, got, got (*AE auch* gotten)
give, gave, given
go, went, gone [ɒ]
grow, grew, grown
hang, hung*, hung*
hear, heard [ɜː], heard [ɜː]
hide, hid, hidden / hid
hit, hit, hit
hold, held, held
hurt, hurt, hurt
keep, kept, kept
know, knew, known
lay, laid, laid
lead, led, led
lean, leant* [e], leant* [e]
learn, learnt*, learnt*
leave, left, left
lend, lent, lent
let, let, let
lie, lay, lain
light, lit*, lit*
lose, lost, lost
make, made, made
mean, meant [e], meant [e]
meet, met, met
pay, paid, paid
put, put, put
read, read [e], read [e]
ride, rode, ridden
ring, rang, rung
rise, rose, risen [ɪ]
run, ran, run
say, said [e], said [e]
see, saw, seen
seek, sought, sought
sell, sold, sold
send, sent, sent
set, set, set
shake, shook, shaken
shoot, shot, shot
show, showed, shown
shrink, shrank, shrunk
shut, shut, shut
sing, sang, sung
sink, sank, sunk
sit, sat, sat
sleep, slept, slept
smell, smelt*, smelt*
speak, spoke, spoken
spell, spelt*, spelt*
spend, spent, spent
split, split, split
spread, spread, spread
stand, stood, stood
steal, stole, stolen
strike, struck, struck
swear, swore, sworn
sweep, swept, swept
swim, swam, swum
take, took, taken
teach, taught, taught
tell, told, told
think, thought, thought
throw, threw, thrown
understand, understood, -stood
wake, woke*, woken*
wear, wore, worn
weep, wept, wept
win, won, won
write, wrote, written

GR

Schreibunterschiede AE – BE

AE *or* / BE *our*

AE *behavior*	BE *behaviour*
AE *color*	BE *colour*
AE *favor*	BE *favour*
AE *favorite*	BE *favourite*
AE *flavor*	BE *flavour*
AE *harbor*	BE *harbour*
AE *honor*	BE *honour*
AE *honorable*	BE *honourable*
AE *labor*	BE *labour*
AE *laborer*	BE *labourer*
AE *misdemeanor*	BE *misdemeanour*
AE *neighbor*	BE *neighbour*
AE *tumor*	BE *tumour*
AE *vapor*	BE *vapour*

AE *er* / BE *re*

AE *center*	BE *centre*
AE *centimeter*	BE *centimetre*
AE *fiber*	BE *fibre*
AE *kilometer*	BE *kilometre*
AE *liter*	BE *litre*
AE *meter*	BE *metre*
AE *theater*	BE *theatre*

AE *l* / BE *ll*

AE *canceled*	BE *cancelled*
AE *canceling*	BE *cancelling*
AE *counselor*	BE *counsellor*
AE *dialed*	BE *dialled*
AE *dialing*	BE *dialling*
AE *disheveled*	BE *dishevelled*
AE *jeweler*	BE *jeweller*
AE *modeled*	BE *modelled*
AE *quarreled*	BE *quarrelled*
AE *teetotaler*	BE *teetotaller*
AE *traveled*	BE *travelled*
AE *traveler*	BE *traveller*
AE *traveling*	BE *travelling*

AE *ll* / BE *l*

AE *enroll*	BE *enrol*
AE *fulfill*	BE *fulfil*
AE *installment*	BE *instalment*

AE *s* / BE *c*

AE *defense*	BE *defence*
AE *license*	BE *licence*[1]
AE *offense*	BE *offence*

AE *log* / BE *logue*

AE *catalog*	BE *catalogue*
AE *dialog*	BE *dialogue*

AE *k* / BE *c*

AE *disk*	BE *disc*
AE *skeptic*	BE *sceptic*
AE *skeptical*	BE *sceptical*
AE *skepticism*	BE *scepticism*

AE *e* / BE *ae*

AE *anesthesia*	BE *anaesthesia*
AE *anesthetic*	BE *anaesthetic*
AE *anesthetist*	BE *anaesthetist*
AE *archeological*	BE *archaeological*
AE *archeologist*	BE *archaeologist*
AE *archeology*	BE *archaeology*
AE *Cesarean*	BE *Caesarean*
AE *feces*	BE *faeces*
AE *gynecologist*	BE *gynaecologist*
AE *gynecology*	BE *gynaecology*
AE *hemorrhoids*	BE *haemorrhoids*
AE *orthopedist*	BE *orthopaedist*
AE *orthopedic*	BE *orthopaedic*
AE *pediatrician*	BE *paediatrician*
AE *pediatric(s)*	BE *paediatric(s)*
AE *toxemia*	BE *toxaemia*

Verschiedene

AE *check*	BE *cheque*[2]
AE *donut*	BE *doughnut*
AE *draft*	BE *draught*
AE *gray*	BE *grey*
AE *maneuver*	BE *manoeuvre*
AE *paralyze*	BE *paralyse*
AE *percent*	BE *per cent*
AE *program*	BE *programme*[3]
AE *story*	BE *storey*
AE *tire*	BE *tyre*

[1] Dieser Unterschied gilt nur beim Nomen; das Verb wird auch im BE meist mit *s* geschrieben.
[2] BE *cheque* nur in der Bedeutung *Scheck*.
[3] Im Zusammenhang mit Computerprogrammen ist auch im BE die AE-Schreibung *program* üblich.

Ausspracheunterschiede AE – BE

1. AE mit [r] – BE ohne [r]:

car	AE [kɑ:r]	BE [kɑ:]
word	AE [wɜ:rd]	BE [wɜ:d]

2. AE [æ] – BE [ɑ:]:

chance	AE [tʃæns]	BE [tʃɑ:ns]
half	AE [hæf]	BE [hɑ:f]

3. AE [ɑ:] – BE [ɒ]:

job	AE [dʒɑ:b]	BE [dʒɒb]
not	AE [nɑ:t]	BE [nɒt]

4. AE [u:] – BE [ju:]:

new	AE [nu:]	BE [nju:]
tune	AE [tu:n]	BE [tju:n]

5. AE [d] – BE [t]:

city	AE ['sɪdi]	BE ['sɪti]
matter	AE ['mædər]	BE ['mætə]

Nach *n* verschwindet das *t* im AE mitunter ganz:

twenty	AE ['tweni]	BE ['twenti]
center / centre	AE ['senər]	BE ['sentə]

6. Kein „Verschlucken" schwach betonter Silben im AE:

secretary	AE ['sekrəteri]	BE ['sekrətri]
temporary	AE ['tempəreri]	BE ['temprəri]

7. Einzelfälle abweichender Aussprache:

advertisement	AE [ædvər'taɪzmənt]	BE [əd'vɜ:tɪsmənt]
clerk	AE [klɜ:rk]	BE [klɑ:k]
derby	AE ['dɜ:rbi]	BE ['dɑ:bi]
garage	AE [gə'rɑ:ʒ]	BE ['gærɑ:ʒ]
laboratory	AE ['læbrətɔ:ri]	BE [lə'bɒrətri]
leisure	AE ['li:ʒər]	BE ['leʒə]
lever	AE ['levər]	BE ['li:və]
neither	AE ['ni:ðər]	BE ['naɪðə]
schedule	AE ['skedʒu:l]	BE ['ʃedju:l]
tomato	AE [tə'meɪdoʊ]	BE [tə'mɑ:təʊ]
vase	AE [veɪs]	BE [vɑ:z]
z	AE [zi:]	BE [zed]

Register Englisch

Zahlen, Wochentage, Monatsnamen, Personennamen und Ländernamen sowie die nachstehend aufgelisteten Wörter sind in diesem Register normalerweise nicht berücksichtigt – es sei denn, sie sind Teil einer Kollokation oder vom Sprachgebrauch her besonders zu beachten.

a(n)
about
after
again
all
also
am
American
and
are
as
at
be
because
been
before
between
Britain
British
but
by
can('t)
cannot
couldn('t)
did
didn't
do
does(n't)
don't
down
England
English
first
for
from
got
had
has
have
he
her
here
herself
him
himself
his
how
I
if
in
into
is
it
its
itself
just
man
many
me
more
most
much
must
my
myself
no
not
now
of
on
one
only
or
other
our
ourselves
out
over
people
she
so
some
somebody
someone
something
such
than
that
the
their
them
themselves
then
there
these
they
this
those
through
to
too
up
us
US(A)
very
was
we
well
were
what
when
where
which
who
why
will
with
without
woman
won't
would(n't)
yes
you
yourself
yourselves

A

A

A

A

B

C

C

C

C

D

D

D

E

F

F

G

G

H

I

J

M

M

P

P

P

P

P

Q

R

R

R

S

S

S

S

S

T

T

T

U

V

Register Deutsch

Um Platz zu sparen, ist bei Wörtern wie *Politiker(in)*, *Rentner(in)*, *Student(in)* nur die männliche Form aufgeführt. Die weibliche Form ist nur dann genannt, wenn ihr im Englischen ein eigenes Wort entspricht (z. B. *headmistress = Direktorin, draughtswoman = Zeichnerin*).

A

A

B

C

E

E

F

G

G

H

H

I

J

K

K

K

K

L

K

M

M

M

P

R

R

S

S

T

S

T

V

V

W

Z